Literarischer Primitivismus

Untersuchungen
zur deutschen
Literaturgeschichte

—
Band 143

Literarischer Primitivismus

―

Herausgegeben von
Nicola Gess

DE GRUYTER

ISBN 978-3-11-068288-5
e-ISBN 978-3-11-028667-0
ISSN 0083-4564

Library of Congress Cataloging-in-Publication Data
A CIP catalog record for this book has been applied for at the Library of Congress.

Bibliografische Information der Deutschen Nationalbibliothek
Die Deutsche Nationalbibliothek verzeichnet diese Publikation in der Deutschen Nationalbibliografie; detaillierte bibliografische Daten sind im Internet über http://dnb.dnb.de abrufbar.

© 2019 Walter de Gruyter GmbH, Berlin/Boston
Dieser Band ist text- und seitenidentisch mit der 2013 erschienenen gebundenen Ausgabe.
Satz: Konrad Triltsch Print und digitale Medien GmbH, Ochsenfurt
Druck und Bindung: Hubert & Co. GmbH & Co. KG, Göttingen
♾ Gedruckt auf säurefreiem Papier
Printed in Germany

www.degruyter.com

Inhalt

Nicola Gess
Literarischer Primitivismus: Chancen und Grenzen eines Begriffs —— 1

Teil I: **Theorie(n) des Primitivismus** —— 11

Erhard Schüttpelz
Zur Definition des literarischen Primitivismus —— 13

Sven Werkmeister
Analoge Kulturen
Der Primitivismus und die Frage der Schrift um 1900 —— 29

Claudia Öhlschläger
Abstraktion im Licht der Faszination
Wilhelm Worringer am Ort des Primitivismus —— 59

Iris Därmann
Primitivismus in den Bildtheorien des 20. Jahrhunderts —— 75

Doris Kaufmann
„Primitivismus": Zur Geschichte eines semantischen Feldes 1900–1930 —— 93

Marcus Hahn
Primitivismus und Literaturtheorie —— 125

Teil II: **Geschichte des Primitivismus** —— 139

Lucas Marco Gisi
Die Genese des modernen Primitivismus als wissenschaftliche Methode
Konjekturen über eine primitive Mentalität im 18. Jahrhundert —— 141

Michael C. Frank
Überlebsel
Das Primitive in Anthropologie und Evolutionstheorie
des 19. Jahrhunderts —— 159

Teil III: Primitivismus in Literatur und Kunst des 20. Jahrhunderts —— 189

Sabine Schneider
Tödliche Präsenz
Primitivismus in Hofmannsthals *Elektra* —— 191

Alexander Honold
Exotisch entgrenzte Kriegslandschaften: Alfred Döblins Weg zum „Geonarrativ"
Berge Meere und Giganten —— 211

Elisabeth Heyne
Die Stimmen der „Primitiven" in Canettis *Masse und Macht*
Zur Kommunikation zwischen Erzähler und ethnologischem Material —— 235

Susanne Klengel
Mário de Andrade – Lehrling in Sachen Primitivismus? Oder: Vom Verlernen des Primitivismus —— 253

Aage A. Hansen-Löve
Vom Vorgestern ins Übermorgen: Neoprimitivismus in der russischen Avantgarde —— 269

Burkhard Meyer-Sickendiek
Primitivismus
Literarische „Anti-Kunst" im Spannungsfeld von Provokation und Diskriminierung —— 315

Beiträgerinnen und Beiträger —— 335

Nicola Gess
Literarischer Primitivismus: Chancen und Grenzen eines Begriffs

Im Unterschied zur Kunstgeschichte hat sich der Begriff des Primitivismus in der Literaturwissenschaft noch kaum etabliert.[1] Das hat gute Gründe.[2] Der für den kunstgeschichtlichen Kontext wichtige Ausstellungskatalog Rubins *Primitivismus in der Kunst des 20. Jahrhunderts* versteht unter Primitivismus eine europäische Kunstrichtung, die sich Artefakte westafrikanischer und ozeanischer Stammeskulturen zum Vorbild nahm, indem sie vor allem deren Formgebung aufgriff.[3] Ein solches Verfahren ließ sich für die Literatur jedoch nur schwer realisieren. Denn während dem europäischen Betrachter diese Artefakte scheinbar unmittelbar zugänglich und klassifizierbar waren, wurde dem europäischen Leser das Verständnis der entsprechenden fremdsprachigen Literaturen durch eine Sprachbarriere erschwert. Kaum ein Schriftsteller konnte die fremden Sprachen verstehen, es gab nur wenige Übersetzungen und diese nahmen keine Rücksicht auf

---

[1] Der folgende Text fasst Überlegungen aus der Einleitung des Buchs der Herausgeberin zusammen (Nicola Gess: *Primitives Denken. Wilde, Kinder und Wahnsinnige in der literarischen Moderne [Müller, Musil, Benn, Benjamin]*, erscheint 2013 in München bei Fink), in dem sie ihre Theorie eines literarischen Primitivismus entwickelt, diskursgeschichtlich fundiert und an Sprach- und Metaphertheorien des frühen 20. Jahrhunderts sowie an Texten Müllers, Musils, Benns und Benjamins ausführt.
[2] Entsprechend ist die Forschungsliteratur noch recht überschaubar. Zur Frage eines literarischen Primitivismus vgl. aus der Germanistik, die im Fokus dieses Bandes steht: Schultz, Joachim: *Wild, irre und rein. Wörterbuch zum Primitivismus der literarischen Avantgarden zwischen 1900 und 1940*. Gießen 1995; Pan, David: *Primitive Renaissance. Rethinking German Expressionism*. Lincoln 2001; Schüttpelz, Erhard: *Die Moderne im Spiegel des Primitiven. Weltliteratur und Ethnologie (1870–1960)*. München 2005; Werkmeister, Sven: *Kulturen jenseits der Schrift. Zur Figur des Primitiven in Ethnologie, Kulturtheorie und Literatur um 1900*. München 2010; Gess: *Primitives Denken*; sowie ferner einschlägig der Aufsatz von Lethen, Helmut: „Masken der Authentizität. Der Diskurs des ‚Primitivismus' in Manifesten der Avantgarde". In: *Manifeste: Intentionalität*. Hg. v. Hubert van den Berg u. Ralf Grüttemeier. Amsterdam 1998, S. 227–258 und die Aufsätze von Wolfgang Riedel, z. B. „Archäologie des Geistes. Theorien des wilden Denken um 1900". In: *Das schwierige neunzehnte Jahrhundert*. Hg. v. Jürgen Barkhoff, Gilbert Carr u. Roger Paulin. Tübingen 2000, S. 467–485 und „Ursprache und Spätkultur. Poetischer Primitivismus in der österreichischen Literatur der Klassischen Moderne (Hofmannsthal, Müller, Musil)". In: *Europäische Begegnungen: Um die schöne blaue Donau...* Hg. v. Stefan Krimm u. Martin Sachse. München 2002, S. 182–202.
[3] Rubin, William S. (Hg.): *Primitivismus in der Kunst des zwanzigsten Jahrhunderts*. München 1984.

semantische Vollständigkeit oder gar stilistische Eigentümlichkeiten. Erhard Schüttpelz hat darum zu Recht und programmatisch formuliert, dass der „Augenfälligkeit der Vorbild-Beziehung", die den Primitivismus der modernen Kunst auszeichnete, „im Bereich des Sprachlichen [die] Sprache selbst" im Weg stand.[4]

Neben dem von Rubin vertretenen Primitivismus-Begriff existieren in der Kunstgeschichte jedoch auch andere, die sich als produktiver für die Frage nach analogen Entwicklungen in der Literatur erweisen. Sie erweitern den Primitivismus-Begriff sowohl im Hinblick auf sein semantisches Spektrum wie auch auf die Vielfalt seiner künstlerischen Rezeption. Sie berücksichtigen zum einen, dass als ‚primitiv' nicht nur die westafrikanische und ozeanische Stammeskunst, sondern auch andere außereuropäische Kunst verstanden wurde und darüber hinaus auch europäische Volkskunst, Kunst von Kindern und Geisteskranken und mittelalterliche Kunst. Bilang schreibt:

> In der Vorstellung der Maler und Bildhauer ist ‚primitive' Kunst ein fluktuierender Begriff, der entsprechend seinem Wortsinn (Elementar, Ursprünglich) auf einen großen Komplex nichtklassischer bzw. nichtprofessioneller Kunstäußerungen, wie urgesellschaftliche, archaische, ethnographische Kunst, aber auch auf naive Malerei, europäische Volkskunst sowie bildnerische Äußerungen von Kindern, angewendet wird.[5]

Berücksichtigt man diese weitere Bedeutung, so rücken etwa die Künstler im Umkreis des *Blauen Reiter* ins Zentrum der Betrachtung, weil in den von Kandinsky und Marc veranstalteten Ausstellungen und dem von ihnen herausgegebenen Almanach Volks-, Kinder- und Mittelalterkunst eine wichtige Rolle spielten und der modernen Kunst zu einer Neuorientierung verhelfen sollten.

Zum anderen betonen die alternativen Angebote in der Kunstgeschichte, dass das Interesse an ‚primitiver' Kunst nur Teil eines Interesses an ‚primitiven' Kulturen im Allgemeinen gewesen sei. Darum müssten als primitivistisch auch solche Strömungen der europäischen Kunst verstanden werden, die sich nicht unbedingt bestimmte Artefakte zum Vorbild nahmen, sondern sich vom ‚primitiven' Weltbild begeistern ließen. In diesem Sinne schreibt Rhodes:

> there is a large body of Primitivist art, particularly among Dadaists and Surrealists, which bears no direct relationship to primitive art – its Primitivism lies in the artists' interest in the primitive mind and it is usually marked by attempts to gain access to what are considered to be more fundamental modes of thinking and seeing.[6]

---

4 Schüttpelz: *Die Moderne im Spiegel des Primitiven*, S. 360.
5 Bilang, Karla: *Bild und Gegenbild. Das Ursprüngliche in der Kunst des 20. Jahrhunderts*. Stuttgart 1990, S. 8.
6 Rhodes, Colin: *Primitivism and modern art*. London 1994, S. 7.

Der Kubismus und seine formorientierte, analytische Rezeption ‚primitiver' Kunst, die Rubin hauptsächlich thematisiert, sind dann durch den Dadaismus und den Surrealismus und eine Rezeption ‚primitiver' Kultur zu ergänzen, die nicht auf Nachahmung von Objektqualitäten, sondern auf der Aneignung einer vermeintlich ‚primitiven' Weltwahrnehmung und -anschauung basierte.

An einen solchermaßen ausgeweiteten Primitivismus-Begriff kann die Literaturwissenschaft sehr viel leichter anschließen. Zum einen fehlt durch die Einbeziehung von innereuropäischer Kunst nun die Sprachbarriere. Zum anderen ist die Verschiebung der Perspektive von Artefakten auf Kulturen bzw. auf andere Weisen des Denkens und den daraus hervorgehenden Weltanschauungen für die Literatur besonders relevant, weil sie nicht nur in der Tat ein gesteigertes Interesse dafür an den Tag legte, sondern im Umgang damit auch der bildenden Kunst überlegen war. Ihre Stärke lag, wie einige Forschungsbeiträge zur Frage eines literarischen Primitivismus bereits nahegelegt haben,[7] gerade darin, den philosophischen Gehalt des ‚primitiven' Denkens, wie es die entsprechenden Diskurse der Zeit konstruierten, reflektieren und gegebenenfalls auch umsetzen zu können. Von einem literarischen Primitivismus lässt sich also insofern sprechen, als die Literatur am Diskurs des ‚primitiven' Denkens partizipierte, dieses Denken auch vorführte und zugleich umfassend reflektierte und dafür besser als andere Künste geeignet war.

Bemüht man sich, einen genaueren Begriff davon zu bekommen, was im frühen 20. Jahrhundert unter diesem ‚primitiven' Denken verstanden wurde, so ist es notwendig, die Rede vom ‚primitiven' Denken wissenschaftsgeschichtlich zu kontextualisieren. Dabei zeigt sich, dass keinesfalls allein die Ethnologie diese Rede aufgebracht und geprägt hat, sondern auch andere Humanwissenschaften dafür eine wichtige Rolle spielten. Ethnologie, Entwicklungspsychologie und medizinische wie psychologische Psychopathologie teilten im frühen 20. Jahrhundert das Primitive als ein Paradigma, mit dem sie das Denken und Verhalten dreier Anderer der modernen Gesellschaft, der sogenannten ‚Naturvölker', der Kinder und der Geisteskranken, erklären wollten. Methodologisch griffen sie dabei zu Analogisierungen, die über die temporalen Modelle der Ungeschichtlichkeit und des *survivals* (Tylor), der Rekapitulation der Phylo- in der Ontogenese und der Regression auf frühere Entwicklungsstadien beglaubigt wurden. Das heißt: Sie fanden das Verhalten und Denken der anfänglichen Menschen in dem indigener Völker wieder, weil diesen die Fähigkeit zur Entwicklung und damit jegliche eigene Geschichte abgesprochen wurde, sie fanden sie in dem der Kinder wieder,

---

7 Schüttpelz: *Die Moderne im Spiegel des Primitiven*, vor allem S. 385–389 sowie Werkmeister: *Kulturen jenseits der Schrift*, S. 77–82; Riedel: „Archäologie des Geistes".

weil diese in ihrer Entwicklung vermeintlich die Phylogenese rekapitulierten, und sie fanden sie in Geisteskranken, vor allem in Schizophrenen wieder, weil deren Krankheit angeblich auf einer Regression auf frühere Entwicklungsstadien des Menschen basierte. Darüber hinaus ist das Primitive auch als ein diese drei humanwissenschaftlichen Disziplinen prägendes Paradigma für die Untersuchung von Anfang und Wesen des Menschen und der menschlichen Kultur zu verstehen. Anhand von indigenen Völkern, Kindern und Geisteskranken wurden Ursprungsstudien betrieben, die entweder fortschrittslogisch, genealogisch oder aber auch ontologisch ausgerichtet waren, d. h. das eigentliche Wesen des Menschen ergründen wollten. Letzteres traf insbesondere auf die Kunstwissenschaften zu, die auf dem Weg der Ursprungsstudien bestrebt waren, sich als Wissenschaften zu behaupten. Stellvertretend dafür mag hier nur Ernst Grosse stehen, der mit seinem Buch *Die Anfänge der Kunst* (1894) die Wissenschaftlichkeit der Kunstwissenschaften dadurch sicherstellen wollte, dass diese die Gesetze des „Wesens und Lebens der Kunst" ergründen sollten, indem sie „von Unten" anfangen, d. h. beim Studium der Kunst der „Naturvölker".[8]

Oben wurde das Primitive als ein Paradigma bezeichnet, insofern es ganze Disziplinen, deren Fragestellungen und Antworten konfiguriert. Zugleich sollte aber klar sein, dass es sich, um mit einem Ausdruck des historischen Epistemologen Bachelard zu sprechen, um ein „Poem" handelt, d. h. um eine von den Affekten, Bedürfnissen und Vorstellungen der Wissenschaftler geprägte Fiktion, die weitestgehend einer wissenschaftlichen Grundlage entbehre.[9] Interessanterweise legt Bachelard selbst den Bezug des Poems zum Diskurs des Primitiven nahe, indem er von der „Primitivität" des am Poem ausgerichteten Denkens spricht.[10] Einerseits folgt er hier selbst, wie Erich Hoerl ausgeführt hat, dem „Denkzwang der Zeit",[11] das Schema des Primitiven zur Anwendung zu bringen. Seine Beschreibung ist aber andererseits auch subversiv, weil sie nicht dem Anderen, sondern den Beobachtern des Anderen, den europäischen Wissenschaftlern, diese Primitivität zuspricht. Diese Wissenschaftler dachten in der Bildung des Poems des Primitiven also selbst auf eine Art und Weise, die sie den ‚Primitiven' zuschrieben und die auch Bachelard als ‚primitiv' einordnet, nämlich analogisierend und die Analogien zugleich für real haltend, substantialisierend und animistisch, indem sie das Primitive in verschiedenen Figuren verkörpert fanden und in ihnen den Ursprung des Menschen und seiner Kultur suchten.

---

[8] Grosse, Ernst: *Die Anfänge der Kunst*. Freiburg i. Br., Leipzig 1894, S. 18 u. S. 20.
[9] Bachelard, Gaston: *Psychoanalyse des Feuers*. München, Wien 1985, S. 6.
[10] Ebd., S. 36
[11] Hoerl, Erich: *Die heiligen Kanäle. Über die archaische Illusion der Kommunikation*. Zürich 2005, S. 17.

Neben Paradigma und Poem muss das Primitive schließlich auch als eine wirkmächtige Denkfigur verstanden werden:[12] Zum einen, weil die drei genannten Humanwissenschaften über das Primitive anhand dreier anthropomorpher Figuren – d. h. des ‚Primitiven' in seinen drei Erscheinungsformen ‚Naturvolk', Kind und Geisteskranker – nachdachten, zum anderen aber vor allem, weil diesen Figuren des ‚Primitiven' ein bestimmtes Denken zugeschrieben wurde, von dem oben schon kurz die Rede war. Damit ist ein Denken in alogischen Beziehungsnetzen gemeint, die bei indigenen Völkern, Kindern und Geisteskranken aus Sicht der jeweiligen Wissenschaften Perzeption und Weltanschauung zu bestimmen schienen. Für von den Steinen hieß das zum Beispiel, dass sich Mitglieder eines Amazonasstammes angeblich für rote Papageien hielten; für Kretschmer, dass Schizophrene sich vermeintlich von magischer Fernwirkung beeinflusst fühlten; für Piaget, dass Kinder meinten, mit Tieren sprechen oder Gegenstände verwandeln zu können. Mal wurde dieses Denken als magisches (bei Piaget, bei Preuß, bei Kretschmer), mal als mythisches (bei Cassirer, bei Wundt), mal als prälogisches und mystisches (bei Lévy-Bruhl) bezeichnet.

Von diesem Denken wiederum wurde in vielen ethnologischen, entwicklungspsychologischen und psychopathologischen Texten eine Brücke zum Wesen des Künstlers geschlagen. Der Ethnologe Tylor etwa bezeichnete die mentale Verfassung indigener Völker als Schlüssel zur Dichtung.[13] Oder der Reformpädagoge Hartlaub schrieb in seinem Buch *Der Genius im Kinde*: „jene allgemeine einbildungskräftige Möglichkeit des Kindes [...] erhält sich nur der Dichter und Künstler [...]. Der ‚Künstler' allein weiß mehr oder weniger von jenem ganzen ungeheueren inneren Leben der Kindheit [...] zu retten".[14] Und der bereits erwähnte Psychiater Kretschmer stellte die These auf, dass die Kunstrichtung des Expressionismus aus dem Denken des anfänglichen Menschen erklärt werden könne, das im Schizophrenen wiederkehre.[15] Die Kunstwissenschaften der Zeit griffen dieses humanwissenschaftliche Interesse an der ‚primitiven' Kunst begierig auf, mitsamt dem Anspruch zu einer neuen ästhetischen Begriffsbildung. Das betraf zum Beispiel die Metapherntheorien der Zeit, die die humanwissenschaft-

---

12 Anders als zu „Figur" und „Figuration" mangelt es der Forschung noch an theoretischen Überlegungen zur „Denkfigur". Vgl. aber Müller-Tamm, Jutta: „Die Denkfigur als wissensgeschichtliche Kategorie". In: *Wissens-Ordnungen. Zu einer historischen Epistemologie der Literatur*. Hg. v. Nicola Gess u. Sandra Janßen. Erscheint Berlin 2013.
13 Tylor, Edward B.: *Anfänge der Cultur. Untersuchungen über die Entwicklung der Mythologie, Philosophie, Religion, Kunst und Sitte*. Ins Deutsche übertragen v. J.W. Spengel u. Fr. Poske. 2 Bde. Leipzig 1873, Bd. II, S. 404.
14 Hartlaub, Gustav Friedrich: *Der Genius im Kinde. Zeichnungen und Malversuche begabter Kinder*. Breslau 1922, S. 30.
15 Kretschmer, Ernst: *Medizinische Psychologie*. Stuttgart 1963, S. 137 ff.

lichen Thesen zur ‚primitiven' Sprache übernahmen, um das Metaphorische als „primäre Anschauungsform", die Metapher als deren sprachlichen Ausdruck und die zeitgenössische Dichtung als deren Erben zu bestimmen.¹⁶ Die Berufung auf die Thesen der Ethnologie, Entwicklungspsychologie und Psychopathologie zum ‚primitiven' Denken und seiner Affinität zum Kunstschaffen erlaubte den Kunstwissenschaftlern mithin eine neue Einordnung und Rechtfertigung der Kunst. Aber auch viele Künstler der Zeit stilisierten sich wahlweise als Erben der ‚Naturvölker', des Kindes oder als dem Wahnsinn verschwistert, oder sie nahmen sich die Kunst dieser ‚primitiven' Figuren zum Vorbild für eine Erneuerung der eigenen Kunst. Stellvertretend dafür soll hier nur ein berühmtes Zitat von Paul Klee aus dem Kontext des *Blauen Reiter* stehen, das uns wieder an den Anfang dieser Einleitung zurückführt:

> Es gibt nämlich auch noch Uranfänge von Kunst, wie man sie eher im ethnographischen Museum findet oder daheim in der Kinderstube [...]; parallele Erscheinungen sind die Zeichnungen Geisteskranker [...]. Alles das ist in Wahrheit viel ernster zu nehmen als sämtliche Kunstmuseen, wenn es gilt, die heutige Kunst zu reformieren. So weit müssen wir zurück, um nicht einfach zu altertümeln.¹⁷

Im vorliegenden Band wird nur eine der drei genannten Diskursfiguren (‚Naturvolk', Kind, Wahnsinniger) des ‚Primitiven' bzw. des ‚primitiven Denkens' auf ihre Relevanz für die Literatur der Zeit und das heißt für die Herausbildung eines literarischen Primitivismus untersucht: das ‚Naturvolk' und mit ihm der anfängliche Mensch, der in ihm, so die damals verbreitete Wissenschaftsmeinung, vermeintlich überlebt hätte.¹⁸ Dafür versammelt der Band einen Großteil der Germanisten, die sich in den letzten Jahren mit dem neuen Forschungsfeld eines literarischen Primitivismus befasst haben, ergänzt um Wissenschaftler aus benachbarten Disziplinen (Hispanistik, Anglistik, Slavistik, Philosophie, Geschich-

---

16 Biese, Alfred: *Die Philosophie des Metaphorischen. In Grundlinien dargestellt.* Leipzig 1893. Vgl. zum Primitivismus der Sprach- und Metaphertheorie: Riedel, Wolfgang: „Arara ist Bororo oder die metaphorische Synthesis". In: *Anthropologie der Literatur. Poetogene Strukturen und ästhetisch-soziale Handlungsfelder.* Hg. v. Rüdiger Zymner u. Manfred Engel. Paderborn 2004, S. 220–242; Gess, Nicola: „,So ist damit der Blitz zur Schlange geworden'. Anthropologie und Metapherntheorie um 1900". In: *Deutsche Vierteljahresschrift für Literaturwissenschaft und Geistesgeschichte* 83, 2009, Heft 4, S. 643–666; Werkmeister: *Kulturen jenseits der Schrift*, S. 197–247.
17 Klee, Paul: „Ausstellungsrezension, Dez. 1911". Publ. in: *Die Alpen* 6, Jan. 1912. Zit. nach: *Der blaue Reiter. Dokumente einer geistigen Bewegung.* Hg. v. Andreas Hueneke. Leipzig 1989, S. 170.
18 Für die anderen Figuren des ‚Primitiven' vgl.: Gess: *Primitives Denken.*

te).¹⁹ Die Beiträge gehen zurück auf zwei Veranstaltungen aus dem Herbst 2010, einem Panel zum Literarischen Primitivismus auf dem Freiburger Germanistentag sowie eine Tagung zum Literarischen Primitivismus an der Freien Universität Berlin. Die einzelnen Beiträge des Bandes sind ganz bewusst nicht an den Primitivismus-Begriff der Herausgeberin gebunden, der in der Einleitung entworfen wird. Vielmehr werden im ersten Teil des Bandes auch andere Ansätze entwickelt, um so das ganze Spektrum der noch jungen Theoriebildung zum literarischen Primitivismus aufzuzeigen. So unternehmen die Beiträge Versuche einer Bestimmung des literarischen Primitivismus vor dem Hintergrund der damaligen und gegenwärtigen *Anthropology* (Schüttpelz), dem kunstwissenschaftlichen Diskurs des frühen 20. Jahrhunderts (Kaufmann), der Mediengeschichte (Werkmeister), der Abstraktionstheorie Worringers (Oehlschläger), französischer Bildtheorien des 20. Jahrhunderts (Därmann) und der generischen Tradition des Persischen Briefs (Hahn). Darüber hinaus wird im zweiten Teil des Bandes auch der Frage nach der Vorgeschichte oder einer *longue durée* des Primitivismus nachgegangen, zum einen anhand von Konzeptionen des Mythos und des mythischen Denkens um 1800 (Gisi), zum anderen anhand von *Anthropology* und Evolutionstheorie im späten 19. Jahrhundert (Frank). Der dritte Teil schließlich versammelt exemplarische Studien zum literarischen Primitivismus und zeigt anhand von Hofmannsthal (Schneider), Döblin (Honold), Canetti (Heyne) und Jahnn (Meyer-Sickendiek), ergänzt um die Perspektive brasilianischer Schriftsteller (Andrade, im Aufsatz von Klengel) und der russischen Avantgarde (Hansen-Löve) auf, dass der literarische Primitivismus wesentlicher Bestandteil der literarischen Moderne und aus ihrem Selbst- und Fremdverständnis kaum wegzudenken ist.

Dieser Band wäre ohne die finanzielle Hilfe des Fachbereichs für Philosophie und Geisteswissenschaften der Freien Universität Berlin (Mittel für Gleichstellung) und des Clusters Languages of Emotion der Freien Universität Berlin, die die Tagung großzügig unterstützt haben, nicht zustande gekommen. Ihnen gilt an

---

19 Für die Germanistik siehe Fußnote 2; einschlägig sind ferner folgende Schriften weiterer Beiträger/innen: Därmann, Iris: *Fremde Monde der Vernunft*. Paderborn 2005; Doris Kaufmanns Aufsätze, z. B. „‚Pushing the limits of understanding': the discourse on primitivism in German *Kulturwissenschaften*, 1880–1930". In: *Studies in History and Philosophy of Science* 39, 2008, S. 434–443, „Die Entdeckung der ‚primitiven Kunst'. Zur Kulturdiskussion in der amerikanischen Anthropologie um Franz Boas, 1890–1940". In: *Kulturrelativismus und Antirassismus. Der Anthropologe Franz Boas (1858–1942)*. Hg. v. Hans-Walter Schmuhl. Bielefeld 2009, S. 211–230; Frank, Michael C.: *Kulturelle Einflussangst. Inszenierungen der Grenze in der Reiseliteratur des 19. Jahrhunderts*. Bielefeld 2006; Klengel, Susanna u. Holger Siever (Hg.): *Das Dritte Ufer. Vilém Flusser und Brasilien. Kontexte – Migration – Übersetzungen*. Würzburg 2009.

dieser Stelle mein herzlicher Dank. Danken möchte ich auch den Organisatoren/innen des Germanistentags 2010 in Freiburg, Christine Lubkoll, Martin Huber, Steffen Martus und Yvonne Wübben, die uns die Möglichkeit eröffnet haben, einige der hier versammelten Vorträge auf einem Panel zum Literarischen Primitivismus vorab zu Gehör zu bringen. Zu danken ist schließlich den Helfern, die bei der Organisation des Panels und der Tagung sowie der Einrichtung des Bandes für die Drucklegung keine Mühen gescheut haben: Lucas Marco Gisi, Simone Sumpf, Elisabeth Heyne, Annina Nora Gonzenbach und Tatjana Socin.

Literaturverzeichnis

Bachelard, Gaston: *Psychoanalyse des Feuers*. München, Wien 1985.
Biese, Alfred: *Die Philosophie des Metaphorischen. In Grundlinien dargestellt*. Leipzig 1893.
Bilang, Karla: *Bild und Gegenbild. Das Ursprüngliche in der Kunst des 20. Jahrhunderts*. Stuttgart 1990.
Därmann, Iris: *Fremde Monde der Vernunft*. Paderborn 2005.
Frank, Michael C.: *Kulturelle Einflussangst. Inszenierungen der Grenze in der Reiseliteratur des 19. Jahrhunderts*. Bielefeld 2006.
Gess, Nicola: *Primitives Denken. Wilde, Kinder und Wahnsinnige in der literarischen Moderne (Müller, Musil, Benn, Benjamin)*. Erscheint 2013.
Gess, Nicola: „‚So ist damit der Blitz zur Schlange geworden'. Anthropologie und Metapherntheorie um 1900". In: *Deutsche Vierteljahresschrift für Literaturwissenschaft und Geistesgeschichte* 83, 2009, Heft 4, S. 643–666.
Grosse, Ernst: *Die Anfänge der Kunst*. Freiburg i. Br., Leipzig 1894.
Hartlaub, Gustav Friedrich: *Der Genius im Kinde. Zeichnungen und Malversuche begabter Kinder*. Breslau 1922.
Hoerl, Erich: *Die heiligen Kanäle. Über die archaische Illusion der Kommunikation*. Zürich 2005.
Kaufmann, Doris: „Die Entdeckung der ‚primitiven Kunst'. Zur Kulturdiskussion in der amerikanischen Anthropologie um Franz Boas, 1890–1940". In: *Kulturrelativismus und Antirassismus. Der Anthropologe Franz Boas (1858–1942)*. Hg. v. Hans-Walter Schmuhl. Bielefeld 2009, S. 211–230.
Kaufmann, Doris: „‚Pushing the limits of understanding': the discourse on primitivism in German *Kulturwissenschaften*, 1880–1930". In: *Studies in History and Philosophy of Science* 39, 2008, S. 434–443.
Klee, Paul: „Ausstellungsrezension, Dez. 1911". Publ. in: *Die Alpen* 6, Jan. 1912. Zit. nach: *Der blaue Reiter. Dokumente einer geistigen Bewegung*. Hg. v. Andreas Hueneke. Leipzig 1989.
Klengel, Susanna u. Holger Siever (Hg.): *Das Dritte Ufer. Vilém Flusser und Brasilien. Kontexte – Migration – Übersetzungen*. Würzburg 2009.
Kretschmer, Ernst: *Medizinische Psychologie*. Stuttgart 1963.
Lethen, Helmut: „Masken der Authentizität. Der Diskurs des ‚Primitivismus' in Manifesten der Avantgarde". In: *Manifeste: Intentionalität*. Hg. v. Hubert van den Berg u. Ralf Grüttemeier. Amsterdam 1998, S. 227–258.

Müller-Tamm, Jutta: „Die Denkfigur als wissensgeschichtliche Kategorie". In: *Wissens-Ordnungen. Zu einer historischen Epistemologie der Literatur.* Hg. v. Nicola Gess u. Sandra Janßen. Berlin 2013 (In Vorbereitung).
Pan, David: *Primitive Renaissance. Rethinking German Expressionism.* Lincoln 2001.
Rhodes, Colin: *Primitivism and modern art.* London 1994.
Riedel, Wolfgang: „Arara ist Bororo oder die metaphorische Synthesis". In: *Anthropologie der Literatur. Poetogene Strukturen und ästhetisch-soziale Handlungsfelder.* Hg. v. Rüdiger Zymner u. Manfred Engel. Paderborn 2004, S. 220–242.
Riedel, Wolfgang: „Archäologie des Geistes. Theorien des wilden Denken um 1900". In: *Das schwierige neunzehnte Jahrhundert.* Hg. v. Jürgen Barkhoff, Gilbert Carr u. Roger Paulin. Tübingen 2000, S. 467–485.
Riedel, Wolfgang: „Ursprache und Spätkultur. Poetischer Primitivismus in der österreichischen Literatur der Klassischen Moderne (Hofmannsthal, Müller, Musil)". In: *Europäische Begegnungen: Um die schöne blaue Donau...* Hg. v. Stefan Krimm u. Martin Sachse. München 2002, S. 182–202.
Rubin, William S. (Hg.): *Primitivismus in der Kunst des zwanzigsten Jahrhunderts.* München 1984.
Schüttpelz, Erhard: *Die Moderne im Spiegel des Primitiven. Weltliteratur und Ethnologie (1870–1960).* München 2005.
Schultz, Joachim: *Wild, irre und rein. Wörterbuch zum Primitivismus der literarischen Avantgarden zwischen 1900 und 1940.* Gießen 1995.
Tylor, Edward B.: *Anfänge der Cultur. Untersuchungen über die Entwicklung der Mythologie, Philosophie, Religion, Kunst und Sitte.* Ins Deutsche übertragen v. J.W. Spengel u. Fr. Poske. 2 Bde. Leipzig 1873.
Werkmeister, Sven: *Kulturen jenseits der Schrift. Zur Figur des Primitiven in Ethnologie, Kulturtheorie und Literatur um 1900.* München 2010.

Teil I: **Theorie(n) des Primitivismus**

Erhard Schüttpelz
Zur Definition des literarischen Primitivismus

I

Wenn es um die Erforschung eines literarischen Primitivismus geht, lassen sich drei Forschungstraditionen unterscheiden. Die erste wird in Deutschland kaum diskutiert, spielt aber in englischsprachigen Publikationen, etwa zum Primitivismus im 18. Jahrhundert, weiterhin eine tragende Rolle. Die Untersuchung des „Primitivismus" war das älteste und gründlichste aller ideengeschichtlichen Projekte auf amerikanischer Seite, und wurde von Arthur Lovejoy und George Boas in den 1930er-Jahren für die gesamte abendländische Geschichte entwickelt.[1] Die Durchführung sollte von der Antike bis ins 18. Jahrhundert reichen, in Ansätzen auch bis ins 20. Jahrhundert, insbesondere durch die Charakterisierung einer romantischen Epistemologie, einer „Romantic Theory of Knowledge". Dieses ehrgeizige Projekt blieb in mehrerer Hinsicht ein Fragment, veröffentlicht wurden vor allem anthologische Abrisse zur Antike und zum Mittelalter[2] sowie Aufsätze und Editionen zum 17. und 18. Jahrhundert.[3] Es fällt nicht leicht, die Verdienste und Schwächen des Projekts gegeneinander abzuwägen, weil sie miteinander verschwistert bleiben. Boas und Lovejoy unterscheiden einen „chronologischen Primitivismus" von einem „kulturellen Primitivismus", d. h. sie unterscheiden, ob die Verwirklichung der höchsten kulturellen Werte am Ursprung der Geschichte angesiedelt ist (chronologischer Primitivismus), oder ob sie bei zeitgenössischen einfacheren Kulturen gesucht wird (kultureller Primitivismus).[4] Durch diese Unterscheidung wird einsichtig, dass in der Moderne beide Formen oft zusammengefallen sind, und dass dies historisch nicht die Regel sein muss oder sogar eine Ausnahme darstellt. Die Unterscheidung der beiden Primitivismen führte außer-

---

[1] Lovejoy, Arthur u. George Boas: *Primitivism and Related Ideas in Antiquity.* Baltimore 1935. In der Buchserie: *Contributions to the History of Primitivism.*
[2] Boas, George: *Essays on Primitivism and Related Ideas in the Middle Ages.* Baltimore 1948.
[3] Vgl. die programmatische Auflistung der geplanten Bände für die *Contributions to the History of Primitivism* in Lovejoy u. Boas: *Primitivism and Related Ideas*, S. x, Anm. 1.
[4] Ebd., S. 1ff.

dem dazu, dass das Projekt in Ansätzen bereits komparativ gedacht war und Exkurse zu indischen und mesopotamischen Primitivismen enthält.[5]

Ein weiteres Verdienst von Lovejoy und Boas ist die ausführliche Darstellung und Problematisierung des abendländischen „Natur"-Begriffs in seinen griechischen, lateinischen und neuzeitlichen Varianten. Der Natur-Begriff wird in der Korrelation mit dem chronologischen und/oder kulturellen Primitivismus skizziert und in seiner ganzen trügerischen Eigenart dargelegt – „one of the strangest, most potent and most persistent factors in Western thought",[6] so nennen ihn Lovejoy und Boas zweifelsohne zu Recht. Die erfolgreichste Studie Lovejoys, sein historischer Abriss zum Konzept der „Great Chain of Being",[7] der „Kette der Wesen", ist zuerst ein Seitenstück dieser Auseinandersetzung mit den gleisnerischen Fähigkeiten des abendländischen Naturbegriffs gewesen.

Allerdings lassen sich bei einer Relektüre die Beschränkungen des ideengeschichtlichen Ansatzes nicht übersehen. Der Dreh- und Angelpunkt des Projekts von Lovejoy und Boas war ihre eigene Fortschrittsgläubigkeit, die „Idee des Fortschritts", und zwar eines unverhohlen evolutionistischen Fortschritts, der von ihnen unhinterfragt zum Maßstab der Betrachtung gemacht wurde. In seiner Konsequenz erschien der „Primitivismus" den Autoren (in allen Varianten) allein als Antipode jeder Fortschrittsgeschichte.[8] Diese Vorentscheidung führte bereits für das 18. Jahrhundert und seinen „romanticism" zu verzerrten Ergebnissen, etwa in der Behandlung Rousseaus. Die Entgegensetzung von Primitivismus und Fortschrittstheorien wäre erst recht für das 19. und 20. Jahrhundert irreführend zu nennen. Literarischer Primitivismus wäre allein das, was den Fortschrittsgeschichten entgegenstrebt, etwa der „Edle Wilde" des 18. Jahrhunderts und das „Goldene Zeitalter" seit der Antike. Aber diese Aufteilung führt in der Moderne in die Irre, in literarischer wie in theoretischer Hinsicht. Um nur ein Beispiel, wenn nicht ein Paradigma zu nennen: Edward Tylors *Primitive Culture*[9] ist zweifelsohne die Schrift eines Fortschrittsgläubigen, auch und gerade was den Fortschritt der Religion und der Kultur insgesamt angeht. Andererseits ist der moderne Primitivismus ohne die Verallgemeinerung von Tylors „Survivals"-Konzept kaum zu denken, und mit ihm entstand ein großer Teil der affirmativen Bezüge zu einem

---

5 Albright, W. F.: „Primitivism in Ancient Western Asia" und Dumont, P.-E.: „Primitivism in Indian Literature". Anhang in: Lovejoy u. Boas: *Primitivism and Related Ideas*, S. 421–432 (Albright), und S. 433–447 (Dumont).
6 Ebd., S. 11f.; vgl. die lexikographische Analyse S. 447ff.
7 Lovejoy, Arthur: *The Great Chain of Being: The Study of the History of an Idea*. Cambridge, Mass. 1936.
8 Vgl. Lovejoy u. Boas: *Primitivism and Related Ideas*, „Preface".
9 Tylor, Edward: *Primitive Culture*. London 1871.

„primitiven" Ursprung moderner Institutionen. Wenn man Fortschrittsannahmen und Primitivismen in der Moderne zwischen 1860 und 1960 kategorisch zu trennen versucht, kann man weder den einen noch den anderen gerecht werden. Zur Beschreibung des modernen Primitivismus braucht man einen Sinn für Dialektik, der den ideengeschichtlichen Sortierungen fremd geblieben ist.

II

Die zweite Forschungstradition entstand nur zum Teil aus wissenschaftlichen Kategorisierungen und zu einem historisch wichtigeren Teil aus den lokalen Selbstverständigungen einer nicht-wissenschaftlichen Praxis. Der kunsthistorische Begriff des „Primitivismus" entsteht im 20. Jahrhundert in der Auseinandersetzung mit künstlerischen und kuratorischen Praktiken und Legitimationen, die „primitivistisch" genannt wurden und erst im Nachgang zu kunstkritischen Kontroversen um die Bildende Kunst führten. In dieser Abfolge – von der Kunst und Kunstkritik zur Kunstgeschichte – liegt zweifelsohne der große Vorteil dieses Begriffs, also im Entstehen aus den künstlerischen Praktiken und Legitimationen, die zuerst zwischen Künstlern und Kunstkritikern diskutiert und erst seit den 1930er-Jahren kunstwissenschaftlich verallgemeinert wurden.[10] Der Vorteil dieser „indigenen" Entstehung des Begriffs eines künstlerischen „Primitivismus" besteht darin, dass er sich in seiner Überprüfung weiterhin an der Rekonstruktion der künstlerischen und kuratorischen Praktiken orientieren kann und damit eine ideengeschichtliche, aber auch eine diskurshistorische Verallgemeinerung aushebelt. In dieser Hinsicht ist der kunsthistorische Begriff weiterhin wirksam und bleibt dort am prägnantesten, wo er diese Abfolge beachtet.[11]

Daher scheint es erst einmal fruchtbar, den kunsthistorischen Begriff auf die Literaturgeschichte zu übertragen. Allerdings stellt sich dann heraus, dass die literaturkritische Fremd- oder Selbstverortung als „Primitivist" in der Moderne – im Gegensatz zu den affirmativen Bezügen der Bildenden Künstler – meist gefehlt hat. Der kunsthistorische Begriff des „Primitivismus" muss für die Literaturgeschichte neu erfunden oder anders verallgemeinert werden, denn eine ähnlich prägnante Serie von literarischen Praktiken, literaturkritischen Kontroversen und

---

10 Die erste monographische Verallgemeinerung des kunsthistorischen Begriffs geschah durch: Goldwater, Robert John: *Primitivism in Modern Art*. Cambridge, Mass. 1938.
11 Etwa in der Darstellung von Perry, Gill: „Primitivism and the ‚Modern'". In: *Primitivism, Cubism, Abstraction. The early Twentieth Century*. Hg. v. Charles Harrison u. Francis Frascina. New Haven u. London 1993, S. 3–86.

ästhetischen Verallgemeinerungen kann in der Literaturgeschichte des „Primitivismus" nicht vorausgesetzt werden.

Eine Übertragung des kunsthistorischen Begriffs ist in der Literaturgeschichte bereits mehrfach geschehen, etwa in einer Monographie des D.H. Lawrence-Experten Michael Bell von 1972,[12] die den literarischen Primitivismus (mit Lovejoy und Boas) aus der Romantik, aber auch aus der Anthropologie und Psychologie der Jahrhundertwende herleitet; und in Deutschland in einer kommentierten Anthologie von Joachim Schultz.[13] Beide Monographien haben mit der Schwierigkeit zu kämpfen, dass der literarische „Primitivismus" kein eingeführter Begriff war und ist, sondern durch Belegstellen erst einmal erarbeitet werden muss. Je mehr Belegstellen verbunden werden, desto diffuser wird allerdings ihre historische Streuung, vor allem durch ein chronologisches Hin- und Herspringen bei der Verallgemeinerung der Belege, das einer historischen Überprüfung nur selten gut tut, und von Schultz ganz offen als eine Katalogisierung von Klischees interpretiert wird.

Lässt sich diese Schwäche vermeiden? Die Schwierigkeit einer Übertragung des kunsthistorischen Begriffs auf die Literaturgeschichte liegt nicht nur in der Frage einer Zusammenstellung von Belegstellen. Die größte Versuchung bei der Übernahme des kunsthistorischen Modells scheint darin zu bestehen, sich in der Aufgabenstellung einer Imagologie zu erschöpfen. Der, das oder die „Primitive" wird dann ein „Bild" aus Bildern, die möglichst genau von Bild zu Bild und damit von Belegstelle zu Belegstelle nachzuzeichnen sind. Auch die Rezeption von Edward Saids Diskursgeschichte des „Orientalismus"[14] hat zu dieser imagologischen Schlagseite beigetragen. Das kann zu einem gewissen Teil direkt auf Said zurückgeführt werden, denn Saids Buch war das Buch eines Literaturwissenschaftlers, der die Muster eines Diskurses verallgemeinern wollte und die Macht des Diskurses eindeutig verteilt sah. Aber Saids Buch war – obwohl es mittlerweile neu geschrieben werden müsste, um den interkontinentalen Austausch der orientalisierenden Praktiken in der Moderne zu beschreiben – keineswegs ein imagologisches Buch, auch wenn es von Literaturwissenschaftlern oft so gelesen wurde.

Die kunsthistorische Auseinandersetzung mit ihrem „Primitivismus" lässt sich allerdings auch ohne eine imagologische Reduktion auf die Literaturgeschichte übertragen, und zwar durch die Frage nach dem Vorbild-Charakter der „primitiven Kunst" für moderne Künstler. Analog zum künstlerischen Primitivis-

---

12 Bell, Michael: *Primitivism*. London 1972.
13 Schultz, Joachim: *Wild, irre und rein. Wörterbuch zum Primitivismus der literarischen Avantgarden in Deutschland und Frankreich zwischen 1900 und 1940*. Giessen 1995.
14 Said, Edward: *Orientalism*. New York 1978.

mus kann man dann fragen: Wo wurde die Kunst, in diesem Falle: die Dichtung der sogenannten „Primitiven", zum Vorbild und zur Vorlage für eigene ästhetische Entwürfe und individuelle literarische Arbeit? Wenn man diese Frage stellt, stößt man darauf, dass das dichterische Vorbild und die literarische Vorlage von modernen Schriftstellern sehr viel seltener in der „primitiven Dichtung" gesucht wurde als im Rekurs auf ein vorgeblich „primitives Denken". Dieser Sachverhalt macht den Rekurs auf eine dritte Forschungstradition zum „Primitivismus" notwendig, die aus verschiedenen Gründen bereits sehr früh den Vorbildcharakter des „primitiven Denkens" thematisieren konnte und musste.

III

Die wichtigsten Impulse zur Diskussion des literarischen Primitivismus kamen in den letzten Jahrzehnten weniger aus der Literaturwissenschaft als aus der Historisierung der anthropologischen Wissenschaften, insbesondere der Ethnologie, die im internationalen Rahmen bekanntlich „Anthropologie" oder „anthropology" heißt. Die Konstitution und die Kritik des „Primitivismus" ist mit der Etablierung der internationalen Ethnologie so intim verbunden, dass die Bestimmung, ab wann der „Primitivismus" in der Ethnologiegeschichte von einer konstitutiven Achse zu einem Objekt der kritischen Demontage und dann zu einem legitimen historischen Forschungsgegenstand geworden ist, arbiträr ausfällt. Spätestens in den späten 1940er-Jahren lässt die Erkenntnis des Primitivismus in der Ethnologie eine eigene Forschungstradition entstehen, die auch in ihren populären Varianten aus der internen (selbst-)kritischen Verständigung der Ethnologen und Anthropologen herrührt. Der Fall ist daher in gewissem Sinne parallel zum künstlerischen Primitivismus anzusetzen: Das kritische und historisierende Konzept entsteht auf Seiten der Praktiker des Feldes, wird erst später von kunsthistorischer bzw. wissenschaftshistorischer Seite aus verallgemeinert und dann für die Kulturwissenschaften zum Gemeingut.

Die lange Geschichte der anthropologischen Historisierung des Primitivismus läuft daher im Einklang mit der gesamten Kritik und Selbstkritik der Ethnologie, aber auch der anderen anthropologischen Wissenschaften nach dem 2. Weltkrieg. Sie findet auch dort statt, wo die Kategorie des „Primitiven" allem Anschein nach nicht diskutiert wird oder eine gewisse terminologische Ratlosigkeit auslöst, wie etwa in der „Writing Culture"-Debatte der 1980er-Jahre. Einige der klarsten Formulierungen finden sich in der Zeit kurz nach dem 2. Weltkrieg, insbesondere in den Schriften von Claude Lévi-Strauss und in der ersten bis heute gültigen Historisierung der ethnologischen Terminologiegeschichte durch Franz Steiner.¹⁵ In der deutschen Ethnologie sind vor allem zwei Bücher zu nennen, die zur Debatte um den Primitivismus beigetragen haben und unveraltet geblieben sind: Fritz Kramers Buch zur „Imaginären Ethnographie" des 19. Jahrhunderts,¹⁶ das bereits auf kunstvolle Weise zwischen Literaturgeschichte und Wissenschaftsgeschichte vermittelt; und Johannes Fabians *Time and the Other* von 1983,¹⁷ das in seiner Polemik heute nicht mehr ganz aktuell erscheint, weil der Schwerpunkt auf der Auseinandersetzung mit dem damaligen Strukturalismus und modernen Strukturfunktionalismus lag, aber es behandelt die entscheidende Kategorie zur Erforschung des modernen „Primitiven", die auch weiterhin im Mittelpunkt der anthropologischen Diskussion stehen sollte, nämlich die eigenartige „Allochronie" oder „Anderszeitigkeit" des Primitiven. In seiner Darstellung hat Johannes Fabian prägnant erfasst, warum eine imagologische Darstellung, aber auch eine Ideengeschichte des Primitivismus scheitern muss: der, das oder die „Primitive" war kein Objekt, sondern eine Kategorie. „*Primitive*, being essentially a temporal concept, is a category, not an object of Western thought."¹⁸

Diese Verschiebung des Begriffs – von einem imaginären Objekt der Anschauung zu einer Kategorie – führt bei Johannes Fabian, aber auch bei Fritz Kramer und in dessen Schule zu einer Konsequenz, die sich der bequemen Ideologiekritik entzieht. Wenn der oder das (oder die) „Primitive" im Kern eine zeitliche Kategorie ist und auf irreduzible Weise die Kategorie der Zeit selbst aufruft und kondensiert: die Zeit der Menschheitsgeschichte, aber auch die Zeit der Welt und die Zeit der Gegenwart, Vergangenheit und Zukunft von Individuen und Kollektiven, dann ist seine moderne Allochronie ohne weiteres mit anderen Allochronien vergleichbar. Der Primitivismus des modernen „Primitiven" wird entprivilegiert, denn es gab auch für die sogenannten „Primitiven" der Moderne vielfältige Möglichkeiten, ihre Gegenspieler in einer „Urzeit" oder „Vorzeit" oder „Anderszeit" zu verorten, also sie etwa als Abkömmlinge einer vergangenen Epoche der Menschheit oder untergegangener Weltzeitalter, und damit als „Primitive" zu qualifizieren.

Ein Vorteil der anthropologischen Historisierung des „Primitiven" – und des modernen Primitivismus – besteht dementsprechend darin, dass er symmetrisiert werden kann, und zwar bei allen nachzuzeichnenden Asymmetrien, die in den

---

15 Steiner, Franz: *Taboo*. Harmondsworth 1956.
16 Kramer, Fritz: *Verkehrte Welten. Zur imaginären Ethnographie des 19. Jahrhunderts*. Frankfurt a. M. 1977.
17 Fabian, Johannes: *Time and the Other. How Anthropology Makes its Object*. New York 1983.
18 Ebd., S. 18.

modernen Primitivismus eingewandert sind: Asymmetrien der Zeitkategorisierung, der Macht und des Wissens. Diese Möglichkeit einer Symmetrisierung des „Primitiven" wurde von Claude Lévi-Strauss kurz nach dem 2. Weltkrieg durch eine elegante Herleitung strukturiert, und zwar in einem epistemologischen Exkurs über „Die archaische Illusion".[19] Die moderne Angleichung und illustrative Vertauschbarkeit der Verhaltensweisen von Kindern, Geisteskranken und „Primitiven" charakterisiert Lévi-Strauss als eine anthropologische Illusion, die aber mit einer gewissen Notwendigkeit in jeder Kultur entstehen kann. Fremde Sitten und Gebräuche werden als kindlich und Kinder als „Wilde" empfunden, weil sie ein Potential von Verhaltensweisen ausprobieren, das der jeweiligen Erwachsenenwelt abgewöhnt worden ist; fremde Sitten und Gebräuche können als „verrückt" empfunden werden, sofern sie uns an jene individuellen Synthesen erinnern, die bei uns zum Ausschluss (und zur Internierung) als „Geisteskranker" führen. Aber nicht nur die Modernen und wir, sondern alle Gesellschaften und Kulturen können gegenüber fremden Kulturen sowie gegenüber ihren eigenen Kindern und Geisteskranken ähnliche Empfindungen hegen und entsprechende Kategorisierungen aufstellen – auch wenn ihre Erziehungsinstitutionen, sozialen Hierarchisierungen und die Behandlung von Geisteskrankheiten eine jeweils andere Form annehmen werden, die wiederum anderen als „krank", „verrückt", „kindisch", „wild" oder „primitiv" erscheinen kann.

Diese Symmetrisierung und damit Anthropologisierung des „Primitivismus", auch des vergangenen wissenschaftlichen Primitivismus, hat in der Geschichte der Ethnologie, und insbesondere in der Geschichte der amerikanischen Kulturanthropologie, einen langen Vorlauf. Ihre Denkmotive gehen auf die ständige Kritik ethnologischer Kategorisierungen von Primitiven zurück, deren Demontage in der Boas-Schule seit 1900 eingeübt wurde, und man findet sie didaktisch komprimiert innerhalb der Boas-Schule etwa in Ruth Benedicts Bestseller *Patterns of Culture*,[20] auf den sich auch die eleganten Zuspitzungen von Lévi-Strauss beziehen lassen: Fremde soziale Institutionen, psychopathologische Affekte und psychosoziale Defekte lassen sich quer zu den Kulturen vergleichen und in Beziehung setzen. Was an einem Ort eine pathologische Affekthandlung ist, kann an einem anderen Ort als Institution verwirklicht worden sein und an einem wiederum anderen als individueller Defekt stigmatisiert werden, zwischen den Kulturen und mitunter auch innerhalb einer Kultur. Dieser mögliche und weiterhin trügerische Vergleich von Defekt, Affekt und Institution antwortet auf die illuso-

---

19 Lévi-Strauss, Claude: *Die elementaren Strukturen der Verwandtschaft*. Frankfurt a. M. 1981, Kapitel VII.
20 Benedict, Ruth: *Patterns of Culture*. New York 1934, Teil I. – Deutsche Übersetzung: dies.: *Urformen der Kultur*. Reinbek 1955, insb. S. 23 ff. u. S. 39 ff.

rische Gleichung von Kindern, Geisteskranken und Primitiven, und macht sie zugleich – durch ihre von Lévi-Strauss vorgenommene Verallgemeinerung – als eine „archaische Illusion", als Illusion eines gemeinsamen archaischen Erbes, kenntlich.

Diese Einsichten sind in den Kulturwissenschaften trotz ihrer frühen Popularisierung durch Ruth Benedict und ihrer Zuspitzung durch Claude Lévi-Strauss nicht zum Allgemeingut geworden und auch ihre literaturwissenschaftlichen Konsequenzen stehen noch aus. Dennoch scheint mir die Feststellung angebracht, dass die Aufklärung und Rekonstruktion des modernen Primitivismus am schlüssigsten aus dieser bereits geschehenen Verallgemeinerung und Symmetrisierung innerhalb der Kulturanthropologie begründet werden kann, also aus dem berühmt-berüchtigten „Relativismus" der Ethnologie. Die Symmetrisierung hat den Vorteil, dass sie sich nicht nur auf Texte, sondern auf die gesamte koloniale Welt mit ihren verschiedenen Gegenspielern und Seitenwechseln, Handlungsweisen und Rechtfertigungen einlassen kann: Wir sind die Primitiven der Primitiven (gewesen), die Kolonisatoren und Weißen sind den sogenannten Primitiven an allen möglichen Orten der Welt als „Wilde",[21] als „Primitive", als Geisteskranke und als Kinder erschienen.

IV

Nach dieser kurzen Sichtung der drei wichtigsten Forschungstraditionen stellt sich die Frage, wie man den modernen literarischen Primitivismus mit ihrer Hilfe charakterisieren kann. Nach meinen Ausführungen ist es keine Überraschung, wenn ich dafür plädiere, die anthropologische Forschungstradition auch für literaturwissenschaftliche Fragestellungen in den Mittelpunkt zu stellen, und zwar insbesondere in den bereits genannten Punkten: in der Vertiefung einer Erkenntnis der Allochronie des modernen Primitivismus und in der Entprivilegierung der Kategorie des „Primitiven", eingeschlossen der auffälligen Konjunktion einer gemeinsamen Phänomenalisierung von Primitiven, Kindern und Geisteskranken, wie sie in der Moderne zwischen 1890 und 1950 zu beobachten ist.

Aber diese Entprivilegierung soll die Forschung nicht daran hindern, den modernen „Primitivismus" genauer zu datieren und in seiner Einzigartigkeit zu erkennen. Wenn man die Kategorie des „Primitiven" in der Moderne studiert, wird man sie nicht vor den 1860er-Jahren in der anthropologischen Diskussion entwickelt finden und ihre Durchsetzung in den Wissenschaften und Künsten auf das

---

21 Lips, Julius: *The Savage Hits Back*. London 1937.

letzte Drittel des 19. Jahrhunderts datieren, also in die Epoche der realpolitischen Eskalation des europäischen Imperialismus einerseits, und der wissenschaftlichen und populären Durchsetzung evolutionistischer Zeitordnungen andererseits. Im Gegenzug gilt, dass die anthropologische Kategorie des „Primitiven" in der Ethnologie seit dem frühen 20. Jahrhundert wiederholt kritisiert und eingeklammert wurde, aber erst im Laufe der Entkolonisierung nach dem 2. Weltkrieg nachhaltig gebrochen wird. Der Begriff bleibt daher – wie nur ganz selten ein Begriff – mit der Eskalation und dem Zusammenbruch einer weltpolitischen Ordnung einerseits, und einer bestimmten wissenschaftlichen und populären Konjunktur andererseits verbunden. Es handelt sich, wie Johannes Fabian bemerkte, um eine echte kosmologische „Kategorie".

Die Eingrenzung eines modernen „Primitivismus" sollte dieser untilgbaren Korrespondenz folgen, aber nicht durch eine schlichte Gleichsetzung von Wissen und Macht, sondern durch die zum Teil paradoxen Konsequenzen, die der vollentwickelte Imperialismus und Evolutionismus seinen Bewohnern abverlangte. Auf dem Höhepunkt der europäischen, der kolonialen und in den USA und anderen Ländern auch „postkolonialen" Welteroberung konnte es kaum einen Zweifel geben, welchen Bevölkerungen das Monopol an Macht, Wissenschaft und technischer Entwicklung zugefallen war. Diese Erfahrung erschien den Bewohnern der damaligen Welt als eine Erfahrung der historischen Exklusivität, und zwar der Zeitordnung, der Machtordnung und der Wissensansprüche. Durch die evolutionistische Zuspitzung dieser Exklusivität, vereinfacht gesprochen: ihrer selbstbezogenen Fortschrittsgeschichte, entstand die allochrone Kategorie des „Primitiven". Und hier kann man bereits in den anthropologischen Schriften der 1860er- und 1870er-Jahre nachlesen (also etwa in den Gründungsurkunden von Lubbock, Morgan, Maine und Tylor), dass die Behauptung einer welthistorischen Exklusivität in ihrer gedanklichen und praktischen Konsequenz einen Bumerangeffekt erzeugt, der die Möglichkeiten eines Primitivismus unausweislich erscheinen lässt. Auf Englisch könnte man – in Analogie zu Maurice Blochs „rebounding violence"[22] – von einer „re-bounding exclusivity" sprechen; und von Gewaltsamkeit ist die Erfahrung dieser Exklusivität nirgends fern geblieben.

Der moderne Primitivismus ist ein Bumerangeffekt der Kategorie des Primitiven; und daher bleibt es notwendig, ihn nicht auf eine ästhetische Ausrichtung einzuschränken, sondern durch jene epistemologische und geschichtsphilosophische Stellung zu bestimmen, aus der die wissenschaftlichen und ästhetischen Programme hervorgegangen sind. In Kurzform: Wer alle anderen ausschließt, wird sich aus der Welt ausgeschlossen finden. Wer alle anderen Bewohner der Erde aus

---

22 Bloch, Maurice: *Prey into Hunter. The Politics of Religious Experience.* Cambridge 1991.

seiner eigenen, minoritären Fortschrittsgeschichte ausschließt, oder, wie geschehen: aus der „Geschichte selbst" ausschließt, also wie die Viktorianer einen Monopolanspruch auf Vernunft, Macht und Wissen begründen will und begründen muss, der fühlt sich in der Folge dieses Entwurfs, und zugleich in der konkreten historischen Empirisierung der Zeitordnung aus einer noch umfassenderen Geschichte der Menschheit, und aus einer mehrheitlichen Ökumene der Menschheit ausgeschlossen. Diese Mehrheit erscheint dann – aufgrund ihrer Verschränkung von Vorzeit und Außenwelt – zugleich als eine „zeitliche Mehrheit", als ein „Abgrund von Zeit" vor der modernen Eskalation, und als eine Bevölkerungsmehrheit der Menschheit gegenüber der Minderheit der modernen Kolonisatoren, Missionare und Europäer. Die umfassendere Ökumene, sprich: die „Welt der Primitiven", in ihrer diffusen Verschränkung von kolonialer Außenwelt und Vorzeitigkeit, verkörpert dann zugleich die universalere Genealogie der Welt, aber auch der eigenen minoritären Hauptlinie oder Seitenlinie, sprich: den „Ursprung" und das „Wesen" (und durch das „Wesen" die „Natur") aller sozialen Institutionen und kulturellen Erfindungen, und insbesondere die Einheit dessen, was in den modernen Arbeitsteilungen auseinandersortiert worden war.

Wer alle anderen aus seiner eigenen Exklusivität ausschließt, wird sich aus einer universaleren Ökumene ausgeschlossen fühlen. Diese gedankliche, aber auch affektive Konsequenz der Einrichtung einer machtgestützten Allochronie, einer Zeitbarriere im Terminus des „Primitiven", führte unweigerlich in die Möglichkeiten eines ästhetischen und epistemologischen „Primitivismus", das heißt: in die Möglichkeit, den Bumerangeffekt der eigenen Exklusivität nicht nur zu erfahren und als Heimsuchung durch ein unbekannt Fremdes zu empfinden, sondern ihn auch zu gestalten. Die Ethnologie selbst, als wissenschaftliche Disziplin mit ihren ersten Lehrstühlen und Publikationsorganen für „Social Anthropology", „Cultural Anthropology" und „Ethnologie", entsteht und konsolidiert sich durch diesen Bumerangeffekt. Es ist, und in gewissem Sinne – „though on uneasy terms" – bleibt es auch ihre Aufgabe, die universalere und allochrone Ökumene der Menschheit zu erforschen. Darin scheint mir auch der eigentliche historische Grund zu liegen, warum die Ethnologie in den angelsächsischen Ländern, also in den zentralen Ländern der Weltherrschaft, und zwar ohne dass dies jemals so geplant oder offiziell gewünscht gewesen wäre, die Kategorie der „Anthropologie" erobert und bis heute nicht preisgegeben hat: Sie war in den USA und in Großbritannien, wie auch in Deutschland, eigentlich immer nur eines der wissenschaftlichen Felder der anthropologischen Wissenschaft(en), aber durch ihren Anspruch auf eine umfassende und zugleich allochrone Ökumene der Kulturen oder der Gesellschaften konnte sie in den USA und in Großbritannien (anders als in Deutschland) in das Zentrum der anthropologischen Forschungen und ihrer Benennungen vorrücken, was bis heute zur Abkürzung von „Social Anthropology" und „Cultural Anthropology" durch „Anthropology" führte.

Aber die Entstehung der Ethnologie und ihre Umbenennung zur „Anthropologie" ist zweifelsohne nicht der einzige Bumerangeffekt der evolutionistischen Zeitbarriere. Wenn man den ganzen Effekt der „re-bounding exclusivity" erfassen will, bleibt es hilfreich, ihn als Frage zu formulieren: Wann fühlten sich Angehörige der Moderne aus einer allochronen, aber potentiell universalen Überlieferung ausgeschlossen – insbesondere aus der Welt des „Primitiven" – , und wann wurde im Gegenzug die Affirmation dieser Überlieferung für sie zu einer Gestaltungsaufgabe, künstlerisch, wissenschaftlich oder philosophisch? Erst durch den Bumerangeffekt der Exklusivität entsteht der Vorbild-Charakter der „primitiven Kunst" und der Supplement-Charakter des „primitiven Denkens", der auch in den bisherigen kunsthistorischen Herleitungen eigentlich ohne Erklärung geblieben ist.

Hier soll ein Beispiel helfen, auch um zu demonstrieren, dass es in dieser Frage tatsächlich um eine ebenso konzeptuelle wie affektive Form der Selbstverständigung geht. Der Kunsthistoriker Aby Warburg schreibt 1927 zur Rechtfertigung seines wissenschaftlichen Werdegangs seit den 1890er-Jahren:

> mir fehlte vor allem der Masstab, um die Dynamismen, die sich im Kunstwerk widerspiegelten, als human notwendig innerliche Vorgänge zu begreifen. Das menschliche Verknüpftsein mit der Kunst wollte erst an irgend einem Punkte der Wirklichkeit in seiner wurzelhaften einheitlichen Zusammenexistenz von religiös-kultlicher und kunstwerklich-praktischer Zielhaftigkeit erfasst sein.
>
> Das Kunstwerk als Instrument magisch-primitiver Kultur erlebte ich nun 1895–96 auf den Tafelbergen von Neu-Mexiko bei den Maskentänzen der Hopi-Indianer, deren eigentümliche Zivilisation ich während vieler Monate studieren konnte. Ich gewann so die Ueberzeugung, daß der primitive Mensch, wo auch immer auf der Erde den inneren Masstab beibringt für das, was in der sogen. hohen Kultur als scheinbar ästhetischer Vorgang dargestellt zu werden pflegt. Und mit dieser innerlichen Belehrung über die Geistesverfassung des vorgeschichtlichen Menschen trat ich nach meiner Rückkehr weiter in den Bezirk der Florentinischen Kultur des Quattrocento ein, um nun auf ganz anderer, breiterer Basis die seelische Schichtung des Renaissancemenschen zu untersuchen.[23]

Diese Charakterisierung des eigenen Projekts kann zweifelsohne als eine „primitivistische" bezeichnet werden, und zwar im Sinne aller drei Forschungstraditionen, aber auch im Sinne des beschriebenen Bumerangeffekts der „re-bounding exclusivity". Zu beachten sind insbesondere:

---

23 Warburg, Aby: „Vom Arsenal zum Laboratorium". In: ders.: *Werke*. Berlin 2010, S. 683–694, hier S. 687.

- die Zeitbarriere einer unverrückbaren Allochronie: zeitgenössische Bevölkerungen belehren „über die Geistesverfassung des vorgeschichtlichen Menschen";
- der Entwurf einer umfassenderen Ökumene der Menschheit, die daher einen universaleren Aufschluss verspricht als die eigene partikulare Tradition: „dass der primitive Mensch, wo auch immer auf der Erde den inneren Masstab beibringt für das, was in der sogen. hohen Kultur" als ästhetischer Vorgang wirkt;
- der Vorbild-Charakter der „primitiven Kultur", ihr „Masstab"-Charakter;
- aber auch: die Heteronomie dessen, was in der modernen Kultur als scheinbare Autonomie (hier: der Kunst) wirksam wird, eine Herleitung, deren „Ursprung" den Ausgangsgegenstand der Betrachtung supplementär verschiebt: „das, was in der sogen. hohen Kultur als ästhetischer Vorgang dargestellt zu werden pflegt", aber das Kunstwerk dort „als Instrument magisch-primitiver Kultur" entstehen lässt.

Dieses Beispiel lässt sich durch seine Definition verallgemeinern. Als moderne Primitivisten und Primitivistinnen sollte man nur solche Künstler, Schriftsteller, Komponisten, Wissenschaftler und Philosophen bezeichnen, für die nachgewiesen werden kann, dass sie ein Projekt entwickelt oder durchgeführt haben, in dem der Exklusivitätsanspruch der eigenen Genealogie durch den Rekurs auf eine universalere – und zwar eine allochrone, sprich: „primitive" – Ökumene der Menschheit konterkariert oder supplementiert wurde. Dieses Kriterium anzulegen, scheint mir das fruchtbarste, denn mit seiner Hilfe stößt man auf die üblichen Verdächtigen, aber auch auf einige noch unrekonstruierte philosophische, wissenschaftliche und künstlerische Projekte der Moderne, und in der deutschen Geistesgeschichte und Literatur zumindest auf die folgenden kanonisierten Größen: Carl Einstein, Robert Musil, Gottfried Benn, Sigmund Freud, C.G. Jung, Leo Frobenius und seine kulturmorphologischen Schüler, Pater Schmidt und die seinen, Aby Warburg, Hans Henny Jahnn, Janheinz Jahn, Elias Canetti, Will-Erich Peuckert und Hubert Fichte.

V

Diese Skizze bleibt irreführend, wenn man ihr nicht einige Erläuterungen zur Warnung an die Seite stellt:

Erstens: Die Möglichkeit, sich auf eine fremde und allochrone Ökumene der Menschheit zu beziehen, konnte auch als Gelegenheit verstanden werden, den eigenen Universalitätsanspruch durch den Rekurs auf eine fremde und fremdartig bleibende allochrone Universalität zu steigern – wie im Fall des bereits zitierten Aby Warburg. Dieser Versuch einer Steigerung der eigenen Universalität durch einen „primitiven" Rekurs konnte künstlerisch oder wissenschaftlich, fortschrittsgläubig oder fortschrittsskeptisch, evolutionistisch oder anti-evolutionistisch, darwinistisch oder anti-darwinistisch, ernsthaft, agnostisch oder ironisch geschehen, und er konnte in verschiedener Gestalt auch durch die Angehörigen der Bevölkerungen adoptiert werden, die zuerst als „Primitive" aus dem Geschehen ausgeschlossen waren. Diese Aufzählung verweist – erneut – darauf, dass eine ideengeschichtliche oder imagologische Charakterisierung nicht weiterhilft, und eine diskurshistorische Reduktion über kurz oder lang an ihre Grenzen gerät.

Zweitens: Der literarische Primitivismus ist in der Moderne vor allem ein Korrelat und eine Fortsetzung der epistemologischen Frage nach dem „primitiven Denken", das die Wissenschaften und die Philosophie spätestens seit Tylors Verallgemeinerung des „Animismus" durchquerte. Wie in der zitierten Selbstverständigung Warburgs, war es gerade das Versprechen der prägnanten Gestaltung einer ästhetischen Heteronomie, die im Primitivismus – wie im Grunde in allen Inspirationslehren der modernen Avantgarden – aufgerufen werden konnte. Es ist höchste Zeit, die historische Darstellung dieses Versprechens einer ästhetischen Heteronomie (mitsamt allen parallelen Inspirationslehren) von den Unterstellungen eines Strebens nach ästhetischer Autonomie zu befreien – wenn das der Literaturwissenschaft nach Jahrzehnten der Einkerkerung in dem Glauben an literarische Selbstbezüglichkeiten noch gelingen kann.

Drittens: Die wissenschaftlichen und literarischen Praktiken, mit denen eine primitive Allochronie bewiesen, untersucht und dokumentiert werden konnte, waren zu einem großen Teil älter als der moderne Primitivismus. So bilden etwa Edward Tylors „Survivals" oder „Ueberlebsel" nur das Ende einer langen Kette von Kategorisierungen, mit denen in Europa seit der Antike der „Aberglaube" als aus der Vergangenheit „Überstehendes", als „superstitio" bezeichnet werden konnte,[24] und seit dem Humanismus „antiquities" oder „Alterthümer" gesammelt, dokumentiert und aufgeschrieben wurden, auch im Vergleich und im Kontakt mit außereuropäischen Kolonien. Der moderne Primitivismus ist, was die Entstehung seiner archäologischen, philologischen und historisierenden Praktiken und Zeitzuschreibungen angeht, nicht ohne die Herkunft der neuzeitlichen Kulturwissenschaften aus den wissenschaftlichen Praktiken des Antiquarianismus zu denken, so wie der moderne Literaturbegriff nicht ohne die Universalisierung dessen erfasst werden kann, was erst im 19. Jahrhundert „Folk-Lore" genannt

---

24 Harmening, Dieter: *Superstitio. Überlieferungs- und theoriegeschichtliche Untersuchungen zur kirchlich-theologischen Aberglaubensliteratur des Mittelalters*. Berlin 1979.

wurde und einen irreduziblen Bezug auf die Allochronie eines „Altertums" Europas und der Kolonien immer einschloss.[25]

Viertens: Der primitivistische Bumerangeffekt der Exklusivität, und insbesondere das widersprüchliche Verhältnis zwischen eigener Exklusivität und allochroner Universalisierung erzeugt mit Notwendigkeit Umkehrungen und Kippfiguren. Schon früh ist in der anthropologischen Praxis, und dann auch in der ethnologischen Erforschung des Primitivismus bemerkt worden, in Deutschland am prägnantesten durch Fritz Kramer, dass diese Umkehrungen – das Hin- und Herwechseln zwischen verschiedenen Exklusivitäten – eine ganze Gattung der europäischen Literatur beerbt haben, nämlich die „Persischen Briefe" des 18. Jahrhunderts.[26] Allerdings wurde diese literarische Erbschaft in der Moderne nur am Rande durch eine regelgerechte Modernisierung der Gattung ausgetragen, und in der Hauptsache durch eine unberechenbare Kipp-Figur, eine unendliche Figur der Fremdauslegung und Selbstauslegung zwischen Wissenschaften und Künsten: die Moderne im Spiegel des Primitiven.

Literaturverzeichnis

Albright, W. F.: „Primitivism in Ancient Western Asia". Anhang in: Lovejoy, Arthur u. George Boas: *Primitivism and Related Ideas in Antiquity.* Baltimore 1935, S. 421–432.
Bell, Michael: *Primitivism.* London 1972.
Benedict, Ruth: *Patterns of Culture.* New York 1934.
Benedict, Ruth: *Urformen der Kultur.* Reinbek 1955.
Bloch, Maurice: *Prey into Hunter. The Politics of Religious Experience.* Cambridge 1991.
Boas, George: *Essays on Primitivism and Related Ideas in the Middle Ages.* Baltimore 1948.
Dumont, P.-E.: „Primitivism in Indian Literature". Anhang in: Lovejoy, Arthur u. George Boas: *Primitivism and Related Ideas in Antiquity.* Baltimore 1935, S. 433–447.
Fabian, Johannes: *Time and the Other. How Anthropology Makes its Object.* New York 1983.
Goldwater, Robert John: *Primitivism in Modern Art.* Cambridge, Mass. 1938.

---

[25] Vgl. etwa Walsham, Alexandra: „Recording Superstition in Early Modern Britain: The Origins of Folklore". In: *The Religion of Fools? Superstition Past and Present.* Hg. v. S. A. Smith u. Alan Knight. Oxford 2008, S. 178–206.

[26] Auf diese Gattung stießen auch Lovejoy und Boas in ihren *Contributions to the History of Primitivism*, u. a. durch eine Edition von Lahontan, Louis-Armand de Lom d'Arce, Baron de: *Dialogues curieux entre l'auteur et un sauvage de bon sens qui a voyagé.* Hg. v. Gilbert Chinard. Baltimore 1931. – In der modernen Anthropologie wurde das kunstethnologische Buch von Julius Lips: *The Savage Hits Back*, zum Wendepunkt; mit einem Vorwort von Bronislaw Malinowski, der explizit auf die Gattung der „Persischen Briefe" verwies, um die Aufgabenstellung einer entsprechenden Anthropologie/Ethnologie zu umreißen.

Harmening, Dieter: *Superstitio. Überlieferungs- und theoriegeschichtliche Untersuchungen zur kirchlich-theologischen Aberglaubensliteratur des Mittelalters*. Berlin 1979.
Kramer, Fritz: *Verkehrte Welten. Zur imaginären Ethnographie des 19. Jahrhunderts*. Frankfurt a. M. 1977.
Lahontan, Louis-Armand de Lom d'Arce, Baron de: *Lahontan's Dialogues curieux entre l'auteur et un sauvage de bon sens qui a voyagé*. Hg. v. Gilbert Chinard. Baltimore 1931.
Lévi-Strauss, Claude: *Die elementaren Strukturen der Verwandtschaft*. Frankfurt a. M. 1981.
Lips, Julius: *The Savage Hits Back*. London 1937.
Lovejoy, Arthur u. George Boas: *Primitivism and Related Ideas in Antiquity*. Baltimore 1935.
Lovejoy, Arthur: *The Great Chain of Being: The Study of the History of an Idea*. Cambridge 1936.
Perry, Gill: „Primitivism and the ‚Modern'". In: *Primitivism, Cubism, Abstraction. The early Twentieth Century*. Hg. v. Charles Harrison u. Francis Frascina. New Haven u. London, S. 3–86.
Said, Edward: *Orientalism*. New York 1978.
Schultz, Joachim: *Wild, irre und rein. Wörterbuch zum Primitivismus der literarischen Avantgarden in Deutschland und Frankreich zwischen 1900 und 1940*. Giessen 1995.
Steiner, Franz: *Taboo*. Harmondsworth 1956.
Tylor, Edward: *Primitive Culture*. London 1871.
Walsham, Alexandra: „Recording Superstition in Early Modern Britain: The Origins of Folklore". In: *The Religion of Fools? Superstition Past and Present*. Hg. v. S. A. Smith u. Alan Knight. Oxford 2008, S. 178–206.
Warburg, Aby: „Vom Arsenal zum Laboratorium". In: ders.: *Werke*. Berlin 2010, S. 683–694.

Sven Werkmeister
Analoge Kulturen

Der Primitivismus und die Frage der Schrift um 1900

Die Figur des Primitiven betritt begriffsgeschichtlich erst im letzten Drittel des 19. Jahrhunderts die Bühne des europäischen Denkens. Als zunächst spezifisch ethnologische Reflexionsfigur kultureller Differenz und Relation zwischen Europa und seinem kulturell und entwicklungsgeschichtlich Anderen diskutiert, wandert die Figur des Primitiven um 1900 in weitere Diskursfelder: Kultur-, Kunst- Wahrnehmungs- und Zeichentheorien, bildende Kunst und Literatur knüpfen unmittelbar an die ethnologische Diskussion an. Sucht man nach einem gemeinsamen Schnittpunkt der verschiedenen Diskurse, so findet man diesen – so die These des vorliegenden Beitrags – in der Frage der Schrift bzw. genauer: in der Frage nach verschiedenen Formen der Schrift und des Zeichens.[1]

Die Differenz zwischen Europa und seinem kulturell Anderen wurde bereits seit der Zeit der spanischen Konquista als spezifisch mediale Differenz beschrieben. Den *alphabetschriftmächtigen* „Kulturvölkern" Europas stellte man die *schriftlosen* „Wilden" und „Naturvölker" in Übersee gegenüber. Dieser koloniale Diskurs diente bis ins 19. Jahrhundert nicht nur als Legitimation europäischer Herrschaftsansprüche, er prägte auch die wissenschaftliche Beschäftigung mit den außereuropäischen Kulturen. Hegel bspw. schließt noch 1822/23 in seinen *Vorlesungen zur Philosophie der Weltgeschichte* die Behandlung der afrikanischen Völker südlich der Sahara explizit aus, da sie – mangels Schrift – „noch nicht in die Geschichte eingetreten"[2] seien. Das Postulat der klaren Differenz und Machthierarchie zwischen alphabetschriftmächtigen und schriftlosen Völkern prägte die Diskussion des *Wilden* und der *Naturvölker* – so die zeitgenössischen Begriffe – bis in die zweite Hälfte des 19. Jahrhunderts. Mit dem Auftauchen des Begriffs des *Primitiven* im letzten Drittel des 19. Jahrhunderts jedoch verschiebt sich dieser Diskurs. Historisch – dieser Zusammenhang kann hier nur angedeutet werden – lässt sich diese Verschiebung in zwei Kontexte einordnen: *Erstens* die Herausbildung der neuen Disziplin der Ethnologie, die nicht nur die außereuro-

---

[1] Der vorliegende Beitrag fasst einige zentrale Thesen meiner 2010 publizierten Arbeit *Kulturen jenseits der Schrift* zusammen: Werkmeister, Sven: *Kulturen jenseits der Schrift. Zur Figur des Primitiven in Ethnologie, Kulturtheorie und Literatur um 1900*. Paderborn 2010.
[2] Hegel, Georg Wilhelm Friedrich: *Vorlesungen über die Philosophie der Weltgeschichte, Berlin 1822/1823*. Hg. v. Karl Heinz Ilting mit Nachschriften von Karl Gustav Julius von Griesheim. Hamburg 1996, S. 100.

päischen Kulturen als untersuchenswerten Gegenstand aufwertet und diskutiert, sondern für diese Untersuchung selbst auf neue, nicht-alphabetische Medien (u. a. Photographie und Phonographie) zurückgreift. *Zweitens* das Aufkommen und die zunehmende Verbreitung nicht alphabetischer Medien in Europa selbst. Um 1900 ist die Identifikation und Selbstdefinition Europas mit dem Medium der Alphabetschrift keineswegs mehr selbstverständlich. Photo-, Phono- und Kinematographie sowie der wissenschaftliche Einsatz von Kurvenschreibern und anderen analogen Aufzeichnungsmedien in den Wissenschaften vom Menschen und seiner Kultur stellen das europäische Schriftmonopol und insbesondere die Gleichung von Kultur gleich Alphabetschrift grundsätzlich in Frage.

Es ist dieser spezifisch *medien*historische Kontext, in dem der Primitive Ende des 19. Jahrhunderts zur zentralen Reflexionsfigur von wahrnehmungs-, zeichen-, kunst- und kulturtheoretischer Debatten werden konnte. Der Primitive verweist – so soll im Folgenden an drei ausgewählten Beispielen gezeigt werden – anders als die Figuren des *Wilden* und des *Naturvolks* nicht mehr auf das Andere der Schrift, sondern schlicht auf andere Schriften, genauer: auf die Herausforderung der europäischen Kultur durch die neuen *analogen* Schriften und Aufzeichnungstechniken um 1900. Die primitivistischen Debatten kreisen – medientheoretisch formuliert – immer wieder um den Gegensatz von *symbolischer* und *sinnlich-analoger* Wahrnehmung, Aufzeichnung und Speicherung.

Dass sich das *technisch* Andere der symbolischen Buchstabenschrift und ihr *kulturell* Anderes, die außereuropäischen Primitiven, im diskursiven Feld von Ethnologie und Kulturtheorie um 1900 unmittelbar übereinanderblenden ließen, war nicht nur in ihrer gemeinsamen Opposition zum Symbolsystem der europäischen Alphabetschrift begründet. Gemeinsam ist technischen Medien und den Beschreibungen des Primitiven auch die Fokussierung von sinnlich-aisthetischen Formen und Praktiken der Kultur. Diese These wird im Folgenden an drei Beispielen ausgeführt: 1. Wilhelm Wundts Theorie der Ausdrucksbewegungen, 2. Lévy-Bruhls Konzept der Kollektivvorstellungen und 3. Dietrich Westermanns Begriff des Lautbildes. Im zweiten Teil des vorliegenden Beitrages wird dann die Frage gestellt, welche Anknüpfungspunkte und Anregungen die primitivistische Theorie um 1900 für gegenwärtige Debatten geben kann.

I Ausdrucksbewegungen

Wilhelm Wundt fasste 1904 im ersten Band seiner Völkerpsychologie die klassischen Sprachursprungstheorien des 18. und 19. Jahrhunderts aus entwicklungsgeschichtlicher Perspektive zusammen und kritisierte dabei gerade deren Mangel an wirklicher *Historisierung*:

Denn obgleich in den bisher erwähnten Auffassungen auf gewisse wirkliche oder vermeintliche Entwicklungsmomente Wert gelegt ist, so läßt sich doch von ihnen sagen, daß ihnen der Grundgedanke einer eigentlichen Entwicklungstheorie fremd ist.[3]

Eine Entwicklungstheorie im Sinne Wundts kennt weder einen absoluten Anfang, noch eine kategoriale Differenz zwischen Naturlaut und Menschensprache – wie sie noch um 1800 bspw. bei Herder formuliert wurden: „Eben deshalb [nämlich weil es aus entwicklungstheoretischer Perspektive keinen absoluten Anfang der Sprache gibt] ist aber auch die Grenze zwischen Sprache und sprachlosem Naturzustand keine absolute."[4] Die Figur des *Primitiven* verweist in der Argumentation Wundts dabei gerade auf jenen entwicklungshistorischen Moment des Übergangs von Laut zu Sprache, auf das unscharfe *Grenzgebiet* zwischen Natur und Kultur, zeichentheoretisch gewendet: auf einen *fließenden* Übergang vom Naturlaut zum repräsentationalen Zeichen: „Das Problem des Ursprungs der Sprache kann demnach auch nur insofern erwogen werden, als man es auf die Frage einschränkt, wie die dem Menschen eigenen und seiner Bewußtseinsstufe adäquaten Ausdrucksbewegungen zu Sprachlauten und damit *allmählich* zu Symbolen der Gedankeninhalte geworden sind",[5] schreibt Wundt.

Die Theorie der *Ausdrucksbewegungen*, die Wundt seiner völkerpsychologischen Sprachtheorie zu Grunde legte, definiert Sprache als eine spezifische Form von „psychophysischen Lebensäußerungen",[6] d.h. von Handlungen, in denen sich psychischer und physisch-motorischer Ausdruck unmittelbar miteinander verbinden. Die Mitteilungs- und Bezeichnungsfunktion ist aus der Perspektive Wundts nicht primäres Merkmal der Sprache: „Die Gedankenmitteilung ist also immer nur ein möglicher Zweck, der nicht bei jeder einzelnen Sprachäußerung

---

3 Wundt, Wilhelm: *Völkerpsychologie. Eine Untersuchung der Entwicklungsgesetze von Sprache, Mythus und Sitte*, 2. Bd.: Die Sprache. 2. Teil. 3., neu bearb. Aufl. Leipzig 1912, S. 648. (Der genannte Überblick zur Geschichte der Sprachursprungstheorien erschien bereits in der Ausgabe aus dem Jahr 1904, in dieser war der Band *Sprache* noch der erste Band.)
4 Ebd., S. 650.
5 Ebd., S. 651. (Herv. S.W.) „Herder hätte uns das *Wachsen* der Besonnenheit oder der Vernunft zur Sprache zeigen sollen, dann hätte er seinen Zweck erreicht gehabt", hatte schon 1851 Heymann Steinthal, der spätere Herausgeber der *Zeitschrift für Völkerpsychologie und Sprachwissenschaft*, hervorgehoben und Wilhelm von Humboldts Sprachentwicklungstheorie gegen Herder ins Feld geführt. Steinthal, Heymann: *Der Ursprung der Sprache im Zusammenhange mit den letzten Fragen allen Wissens. Eine Darstellung der Ansicht Wilhelm v. Humboldts, verglichen mit denen Herders und Hamanns*. Berlin 1851, S. 37 (Herv. im Orig.).
6 Wundt: *Völkerpsychologie*, 1. Bd.: Die Sprache. 1. Teil. 3., neu bearb. Aufl. Leipzig 1911, S. 43.

notwendig bestehen muß."[7] Damit wird die Differenz von tierisch-instinkthaftem Schrei und menschensprachlichem Zeichen zu einer graduellen. Die Ausdrucksbewegungen gliedert Wundt „in die drei Klassen der automatischen, der Trieb- und der Willkürbewegungen",[8] die sich jeweils auf komplexe Weise überlagern und bedingen können. Die *automatischen* Bewegungen verweisen auf unbewusste, rein physiologische Reflex- und Mitbewegungen. *Willkürbewegungen* auf der anderen Seite bezeichnen komplexe, bewusste Willenshandlungen. Zwischen diesen beiden Bewegungsformen, im Zentrum von Wundts Modell der Ausdrucksbewegungen, stehen die *Triebbewegungen* als „einfache, infolge eines einzigen, das Gefühl erregenden Motivs entstehende Willenshandlungen".[9] Diese Triebbewegungen, psychophysische Ausdrucksformen primärer Gefühlsregungen, definiert das entwicklungstheoretische Modell Wundts als die „ursprünglichen tierischen und menschlichen Handlungen überhaupt".[10] Aus ihnen gehen sowohl automatische als auch Willkürbewegungen genetisch hervor.

Sprachtheoretisch gewendet, impliziert die Theorie der Ausdrucksbewegungen damit nicht nur eine Abkehr von der Annahme einer ursprünglich gegebenen *Bezeichnungs*funktion der Sprache, wie sie noch um 1800 diskutiert wurde. Auch die menschliche Vernunft verliert – ebenfalls in Opposition zu Sprachursprungstheorien um 1800 – ihre begründende Rolle: „Nicht aus intellektuellen Überlegungen und willkürlichen Zwecksetzungen, sondern aus dem Affekt und aus den den Affekt begleitenden unwillkürlichen Ausdrucksbewegungen ist sie [die Sprache] hervorgegangen. Denn sie ist lediglich eine natürliche Weiterbildung jener menschlichen Ausdrucksbewegungen, die auch da entstehen, wo von der Absicht einer Mittteilung nicht die Rede sein kann."[11] Eben dieses Entstehen der Sprache aus unwillkürlichen Ausdrucksbewegungen lässt sich – so die zentrale These von Wundts *Völkerpsychologie* – in den Sprachen der außereuropäischen Primitiven beobachten.

Die damit verbundene These einer ursprünglich engen Bindung des Sprachlauts an gestische und mimische Ausdrucksbewegungen entwickelte Wundt in direkter Bezugnahme auf die ethnologische Theorie des Primitiven, nämlich mit Referenz auf zeitgenössische Studien aus dem Bereich der afrikanistischen Sprachforschung. So hatte Diedrich Westermann, zunächst Basler Missionar in der deutschen Kolonie Togo und ab 1909 Nachfolger Carl Meinhofs

---

7 Ebd.
8 Ebd., S. 44.
9 Ebd.
10 Ebd., S. 50.
11 Wundt, Wilhelm: *Elemente der Völkerpsychologie. Grundlinien einer psychologischen Entwicklungsgeschichte der Menschheit.* Leipzig 1912, S. 60.

am Seminar für Orientalische Sprachen in Berlin, in seiner – in der Debatte um primitive Formen der Sprache und des Denkens immer wieder zitierten – *Grammatik der Ewe-Sprache* (1907) darauf hingewiesen, dass bei den oral tradierten afrikanischen Sprachen „der Laut stets von einer entsprechenden Bewegung des Kopfes, der Lippen oder der Augen begleitet wird".[12] Wundt nimmt in seinen sprachtheoretischen Überlegungen – ebenso wie zur gleichen Zeit Lévy-Bruhl in seiner einflussreichen Studie zu den Gesetzen primitiven Denkens – immer wieder direkten Bezug auf die Ausführungen des Afrikanisten Westermann.[13]

Das zeichentheoretische Modell Wundts, das er in doppelter Bezugnahme auf die Ergebnisse der experimentellen Psychophysik auf der einen wie der ethnologischen Sprachwissenschaft auf der anderen Seite entwickelte, lässt sich exemplarisch an der Frage der Wortbildung erläutern.[14] Das Wort ist für Wundt nicht merkmalabstrahierendes Zeichen, d.h. mittels der Vernunft gebildeter Begriff. Grundannahme ist vielmehr, dass „das Wort ein sehr zusammengesetztes psychisches Gebilde ist".[15] So untersuchte Wundt zur Analyse des psychophysischen Phänomens der Wortvorstellung unter anderem mit Hilfe eines Tachistoskops den Apperzeptionsprozess des schriftlichen Wortbildes und beschrieb die dabei wirkenden Assoziationen. Nicht die lesende Entzifferung und Zusammensetzung einzelner Buchstabenzeichen ist demnach Grundlage der Wahrnehmung eines Wortbildes, sondern eine *simultane* Apperzeption, die die einzelnen Merkmale des Wahrgenommenen immer bereits in einem Wahrnehmungs- und Empfindungskomplex verbindet.[16] Die Wortvorstellung als psychisches Phänomen umfasst demnach nicht nur einen lautlichen, einen graphischen (Zeichen oder Gebärde) und einen begrifflichen Bestandteil. Jeder dieser Teile gliedert sich im Schema Wundts wiederum in einen Vorstellungs- und einen Empfindungsteil. So gehört zur akustischen Lautvorstellung die motorische Artikulationsempfindung, zur optischen Zeichenvorstellung die motorische Bewegungsempfindung und zur Begriffsvorstellung ein „begleitender Gefühlston".[17] Zwischen diesen Bestand-

---

12 Westermann, Diedrich: *Grammatik der Ewe-Sprache*. Berlin 1907, S. 45. Die Grammatik Westermanns war nicht nur zentrale Referenz der sprachtheoretischen Überlegungen Wundts. Auch Lucien Lévy-Bruhl zitiert in seiner Studie zum Denken der Naturvölker ausführlich aus Westermanns Beschreibungen der Ewe-Sprache (s.u.). Lévy-Bruhl, Lucien: *Das Denken der Naturvölker*. Hg. u. eingeleitet v. Wilhelm Jerusalem. Wien, Leipzig 1926, S. 139 ff.
13 Wundt: *Elemente der Völkerpsychologie*, S. 59.
14 Vgl. hierzu Wundt: *Völkerpsychologie*, 1. Bd.: Die Sprache. 1. Teil, S. 568 ff. Außerdem: Kegel, Gerd: „Das Forschungsfeld ‚Sprache' bei Wilhelm Wundt". In: *Wilhelm Wundts anderes Erbe. Ein Missverständnis löst sich auf*. Hg. v. Gerd Jüttemann. Göttingen 2006, S. 144–155.
15 Wundt: *Völkerpsychologie*, 1. Bd.: Die Sprache. 1. Teil, S. 568.
16 Vgl. ebd., S. 575 ff.
17 Ebd., S. 570.

teilen der Wortvorstellung bestehen untereinander komplexe Assoziationsbeziehungen. So zum Beispiel „erweckt der Laut" auch dann noch ein „Begriffsgefühl, wenn er die zu ihm gehörige Vorstellung nicht mehr zu erregen vermag".[18]

Ein Zeichen ist – darauf läuft Wundts Psychophysik der Sprache hinaus – immer zugleich mehr als ein Zeichen. Zeichenbildung als psychophysisches Phänomen ist rückgebunden an unmittelbar *körperliche* Empfindungs- und Ausdrucksweisen. *Primitive* Sprachen zeigen diese Assoziationsprozesse zwischen Vorstellungsinhalten (Laut, graph. Zeichen, Begriff) und psychophysisch-motorischen Empfindungsmomenten besonders deutlich, weil diese Sprachen – so das entwicklungstheoretische Modell Wundts – noch näher am *Ursprung* der Sprache, d. h. der unmittelbaren Ausdrucksbewegung stehen. Primitive Sprachen, schreibt Wundt in Bezugnahme auf Westermanns Studien der Sudansprachen,[19] zeigen, inwiefern der Sprachlaut „durch die begleitenden mimischen und pantomimischen Bewegungen ursprünglich vollständig von seiner Beziehung zu dem, was er bedeutet, determiniert" ist.[20] Nicht ein merkmalerkennender Abstraktionsvorgang steht am Ursprung des Zeichens, sondern das psychophysische Phänomen affekthafter Triebbewegungen. In der primitiven Sprache sind mimisch-gestischer Ausdruck, Sprachlaut, Artikulationsbewegung und *Bedeutung* noch unmittelbar miteinander verbunden und noch nicht in einer binären Opposition von Zeichen und Bezeichnetem getrennt: Primitive Sprachen verweisen auf „viel intimere Beziehungen von Laut und Bedeutung […] als sie unsere Kultursprachen darbieten".[21]

Im Modell der Ausdrucksbewegungen führte Wundt die Ergebnisse experimentalpsychologischer Forschung und das Material der zeitgenössischen ethnologisch-völkerkundlichen Wissenschaft unmittelbar zusammen. Dabei zeigt sich die Nähe und Korrespondenz des wissenschaftlichen Einsatzes technischer Medien und der Referenz auf die Figur des Primitiven. Die ursprünglichen Ausdrucksbewegungen, von denen die primitiven Sprachen in besonderer Weise zeugen sollen, lassen sich gerade nicht im Code der alphabetisch-symbolischen Schrift anschreiben. Erst die Kurven analoger Aufzeichnungsmedien ermöglichen

---

[18] Ebd., S. 571.
[19] „Ein charakteristisches Beispiel bilden in dieser Beziehung besonders die afrikanischen Sudansprachen. Wenn man die Wortfügung einer solchen Sprache und die Gedankenformen, auf die die Sätze schließen lassen, analysiert, so gewinnt man den Eindruck, daß es kaum möglich ist, sich eine Form menschlichen Denkens vorzustellen, die in ihren wesentlichen Eigenschaften primitiver wäre als diese", schreibt Wundt unter Verweis auf Westermanns *Grammatik der Ewe-Sprache*. Wundt: *Elemente der Völkerpsychologie*, S. 58.
[20] Wundt: *Völkerpsychologie*, 2. Bd.: Die Sprache, 2. Teil, S. 653.
[21] Wundt: Elemente der *Völkerpsychologie*, S. 66.

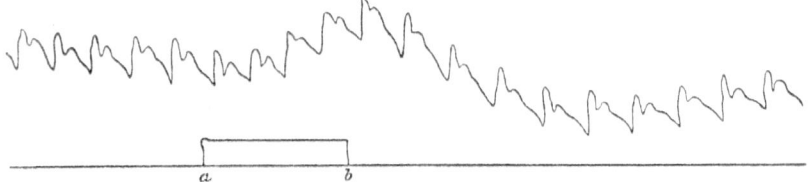

Fig. 2. Lust. (Bei *a b* Einwirkung eines sehr angenehmen Geruchs, Menthol, Lehmann Taf. XLIV B.)

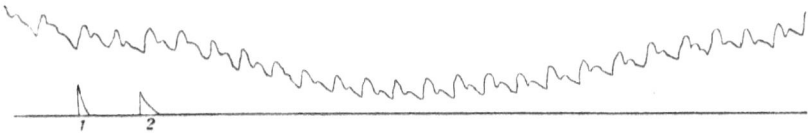

Fig. 3. Unlust. (Schwefels. Chinin, Einwirkung bei *1*, Anfang der Geschmacksempfindung bei *2*, Lehmann Taf. XXXI C.)

Ausdrucksbewegung – Abdruckbewegung: Kurvenaufzeichnung Lust/Unlust: Wilhelm Wundt: Völkerpsychologie. Eine Untersuchung der Entwicklungsgesetze von Sprache, Mythus und Sitte. Erster Band: Die Sprache. Erster Teil. 3., neu bearb. Aufl. Leipzig 1911, S. 53.)

die Verzeichnung jener unwillkürlichen Ausdrucks*bewegungen*. Das *primitive* Zeichen, das eben noch kein rein *symbolisches* ist, verweist damit direkt auf die spezifische Zeichenhaftigkeit jener analogen Medien, mit deren Hilfe es im psychophysischen Experiment aufgezeichnet wird. Die primitive *Ausdrucks*bewegung findet ihr direktes Analogon in der graphischen *Abdruck*bewegung von Kymographen und psychophysischen Messgeräten.

Grundsätzlich gilt auch für die Ausdrucksbewegungen „das allgemeinste Prinzip psychophysischen Inhalts, nach dem *mit jeder Veränderung psychischer Zustände zugleich Veränderungen physischer Korrelatvorgänge verbunden sind*".[22] Eben diese physischen Vorgänge lassen sich mittels analoger Medientechniken *verschriften*. So verzeichnet beispielsweise die Pulskurve den psychophysischen Verlauf von Lust- und Unlustgefühlen:

> Bei diesen einfachen Lust- und Unlustformen beobachtet man als regelmäßige Pulswirkungen, daß der lusterregende Eindruck die Pulswelle verstärkt und verlangsamt, der unlusterregende sie schwächt und beschleunigt, so daß sich also diese physischen Wirkungen ähnlich gegensätzlich zueinander verhalten wie die Gefühle selbst.[23] (Abb. 1)

---

22 Wundt: *Völkerpsychologie*, 1. Bd.: Die Sprache. 1. Teil, S. 97 (Herv. im Orig.).
23 Ebd., S. 52.

Die Figur des Primitiven verweist hier unmittelbar auf die Konkurrenz, die die alphabetische Schrift um 1900 durch die neuen technischen Aufzeichnungsmedien bekommen hat. Die europäische Sprachwissenschaft imaginiert eben dort eine primitive Alternative zum alphabetischen, mit Vernunft und Repräsentation argumentierenden Zeichenmodell, wo diese Sprachwissenschaft und -theorie selbst mit analogen Medientechniken zu operieren beginnt. Die „viel intimere Beziehung"[24] zwischen Zeichen und Bezeichnetem, von der die Theorie der primitiven Sprachen spricht, verweist somit direkt auf die spezifische Zeichenhaftigkeit der analogen Aufzeichnungsmedien, deren technische Graphie von jener quasi unmittelbaren Beziehung zwischen Laut, Bewegung und deren Verzeichnung zeugt. Die Theorie des vor-symbolischen, primitiven Zeichens spiegelt die spezifische Struktur des nach-symbolischen, technisch-analogen Zeichens.

II Kollektivvorstellungen

Das Zeichenmodell, das Wundt im Kontext seiner Theorie der psychophysischen Ausdrucksbewegungen entwickelt und als dunklen Ursprung der Sprache beschreibt, charakterisiert den gesamten primitivistischen Diskurs Anfang des 20. Jahrhunderts. Auch dort, wo nicht auf die Wundtsche Ausdrucksbewegung als theoretisches Erklärungsmodell Bezug genommen wird, bildet die Theorie einer spezifisch primitiven Zeichenhaftigkeit den gemeinsamen Diskurshorizont. Die Theorie der primitiven Magie und des Animismus, wie sie von Tylor und Frazer entwickelt worden war, die ethnologische Theorie des Fetischismus[25] ebenso wie Lévy-Bruhls Modell der Kollektivvorstellungen – alle Theorien des Primitiven verweisen auf dasselbe zeichentheoretische Problem: die fehlende oder (entwicklungstheoretisch formuliert) noch nicht ausgebildete Differenzierung von Zeichen und Bezeichnetem. Gemeinsam ist den Theorien des primitiven Denkens um 1900 die Annahme einer primitiven Indifferenz zwischen dem repräsentierenden Zeichen und dem repräsentierten Bezeichneten. Aus zeichentheoretischer

---

[24] Wundt: *Elemente der Völkerpsychologie*, S. 66.
[25] Vgl. grundlegend: Kohl, Karl-Heinz: *Die Macht der Dinge. Geschichte und Theorie sakraler Objekte*. München 2003. Und: Böhme, Hartmut: *Fetischismus und Kultur. Eine andere Theorie der Moderne*. Reinbek bei Hamburg 2006. Der „Skandal des Fetischs", so Karl-Heinz Kohl, besteht eben in dessen spezifischer Zeichenhaftigkeit: „Wenn wir zwischen einem Ding und seinem Referenten, einem Repräsentanten und dem von ihm Repräsentierten unterscheiden, dann scheint der Fetisch dieses wohlgeordnete Geflecht von gegenseitigen Beziehungen zu unterlaufen. Er repräsentiert nichts anderes als sich selbst. Er ist Zeichen und Bezeichnetes in einem." (Kohl: *Die Macht der Dinge*, S. 28.)

Perspektive entwerfen die Theorien des Primitiven also ein anti-repräsentationales Modell von Sprache und Zeichenhaftigkeit, das der – im Sinne Foucaults – *klassischen* Theorie des verweisenden, stellvertretenden Zeichens nicht nur entgegen steht, sondern dieses selbst als eine *historische* Erscheinung beschreibt.

Lucien Lévy-Bruhl, dessen Studie über *Das Denken der Naturvölker* aus dem Jahr 1910 zu einer der einflussreichsten Referenzen für den kulturtheoretischen, künstlerischen und literarischen Primitivismus wurde, setzt an die Stelle von Wundts psychophysischem Erklärungsmodell der Ausdrucksbewegung die soziologische Theorie der *Kollektivvorstellungen*. Auch dieser Begriff, den Lévy-Bruhl prägte, um die Gesetze primitiven Denkens zu erklären, verweist dabei – wie die Theorie Wundts – auf eine enge Relation von Verstand und Körperlichkeit in Sprache und Denken der Primitiven, nämlich auf „Zustände [...] in denen die emotionellen und motorischen Elemente *integrierende Bestandteile* der Vorstellungen sind".[26] Verstand und Erkenntnis sind im Denken der Primitiven noch unmittelbar an die psychophysischen Bedingtheiten des Menschen gebunden. Nicht nur dieses Argument läuft analog zur psychophysischen Theorie Wundts. Lévy-Bruhls Beschreibung der Kollektivvorstellungen gleicht der Wundtschen Beschreibung der Ausdrucksbewegungen sogar bis in die Formulierungen hinein, wenn er schreibt:

> Man muß unter dieser Form der geistigen Betätigung bei den Primitiven nicht ein bloßes Verstandesphänomen oder eine bloße Erkenntnis verstehen, sondern ein verwickeltes Phänomen, in welchem das, was für uns eigentlich Vorstellung ist, noch mit anderen Elementen von emotionellem oder motorischem Charakter vermischt, gefärbt, durchdrungen ist und welches infolgedessen ein anderes Verhalten hinsichtlich der vorgestellten Gegenstände mit sich bringt.[27]

Auch die Theorie der Kollektivvorstellungen, die noch einmal auf jene psychophysische Vermischt- und Verwickeltheit von Verstand und Physis des Menschen verweist, die Wundt mit der Theorie der Ausdrucksbewegungen zu erklären versuchte, geht dabei von einer fehlenden Differenz zwischen Zeichen und Bezeichnetem im Denken der Primitiven aus. So wie der Primitive „Namen niemals als bloße Bezeichnungen gebraucht",[28] so hält er auch „plastische Bilder der Wesen, mögen sie gemalt, graviert oder geschnitzt sein, für ebenso wirklich [...] wie diese Wesen selbst".[29] Dort wo das Denken noch unmittelbar an die psy-

---

26 Lévy-Bruhl, Lucien: *Das Denken der Naturvölker.* Hg. U. eingeleitet v. Wilhelm Jerusalem. Wien, Leipzig 1926, S. 22 (Herv. im Orig.).
27 Ebd.
28 Ebd., S. 36.
29 Ebd., S. 31.

chophysischen Bedingungen der Wahrnehmung und des Ausdrucks gebunden ist, kennt es auch noch nicht die repräsentationale Differenz von Zeichen und Bezeichnetem. Auch in den Ausführungen Lévy-Bruhls fehlt dabei nicht der Verweis auf technische Medien, wenn auch nur in Form des illustrierenden Beispiels. So zitiert er, um jene primitive Assoziation von Zeichen und Bezeichnetem zu erläutern, exemplarisch die „Geschichte eines Häuptlings, der sich photographieren ließ und einige Monate nachher krank wurde."[30] Durch die in den Kollektivvorstellungen begründete primitive Assoziation von Aufzeichnung und Aufgezeichnetem „kann das Bild das Modell vertreten und dessen Eigenschaften besitzen": „Die Krankheit nun wurde einem Unfall, der offenbar die photographische Platte betroffen hatte, zugeschrieben."[31]

Im Kontext sprachlicher Zeichen- und Begriffsbildung steht bei Lévy-Bruhl dabei die Frage der spezifischen Form primitiver *Abstraktion* zur Diskussion. Auch er geht – ebenfalls in deutlichem Gegensatz zur Sprachtheorie des 18. Jahrhunderts – davon aus, dass es sich bei der *zeichenhaften* Abstraktion im Sinne von vernunftmäßiger Merkmals- und Begriffsbildung nicht um eine anthropologische Konstante, sondern um ein historisch gewordenes Verfahren des *europäischen* Denkens handelt: „Das logische Denken klassifiziert mittels der Operationen selbst, durch welche die Begriffsbildung sich vollzieht. Denn diese Begriffe fassen in sich die Arbeit der Analyse und Synthese zusammen".[32] Die Funktionsweise analysierenden und synthetisierenden Denkens ist Ausdruck einer *spezifischen* Wahrnehmungs- und Geistesart, die – das ist das entscheidende Argument Lévy-Bruhls – historischen und kulturellen Bedingungen unterliegt.

Als Diskursbegründer und ersten Philosophen des *europäisch-logischen* Denkens zitiert Lévy-Bruhl Aristoteles: „Unsere Begriffe sind von einer Atmosphäre logischer Möglichkeiten (potentialité) umgeben. Das meinte *Aristoteles*, wenn er sagt, daß man niemals das Besondere als solches denke".[33] „Wenn ich meinen Hund oder mein Pferd sehe", fährt Lévy-Bruhl fort, „sehe ich sie zweifellos mit ihren individuellen Besonderheiten, aber auch als Angehörige der Gattung Hund oder der Gattung Tier."[34] Es sind die Gesetzmäßigkeiten des logischen Denkens selbst, die eine Wahrnehmung des Konkreten ohne Abstraktion unmöglich machen. Denn logisches Denken impliziert immer bereits – und das heißt: schon im Prozess der Wahrnehmung – Abstraktion und Klassifikation. Die abstrakt-klassifikatorische Tätigkeit des Geistes – jene begriffsbildende Merk-

---

30 Ebd., S. 32.
31 Ebd.
32 Ebd., S. 103.
33 Ebd., S. 102 (Herv. im Orig.).
34 Ebd.

malerkennung, die noch für Herder das spezifisch Menschliche der Vernunft ausmacht – ist für Lévy-Bruhl lediglich das Charakteristikum einer bestimmten – nämlich der logisch-europäischen – Form des Denkens.

Wenn Lévy-Bruhl fortfährt, das *konkrete* Bild könne sich im Wahrnehmungsprozess des *logischen* Geistes allenfalls „auf der Netzhaut des Auges spiegeln und meinem Bewußtsein in vollkommener Besonderheit erscheinen, während ich nicht darauf acht gebe",[35] so verweist dies nicht nur indirekt auf die umgekehrte Funktionsweise des primitiven, *prälogischen* Geistes, dem eben jene *andere* Art der Wahrnehmung möglich ist, die dem logischen Denken nur in Momenten des Ausschaltens verstandesmäßiger Aufmerksamkeit und vernunftmäßig-abstrahierender Merkmalerkennung *unbewusst* gelingt. Zugleich verweist Lévy-Bruhls Unterscheidung von verschiedenen Geistesarten und Wahrnehmungsweisen auch noch einmal auf die Differenz zwischen symbolisch-schriftlicher Aufzeichnung und technisch-analogen Medien.

Dem europäisch-logischen Denken mangelt es – so lässt sich Lévy-Bruhls Erläuterung (medien)technisch umformulieren – an der Fähigkeit, konkrete Sinnesdaten zu verarbeiten und zu prozessieren. Das logische Denken im Sinne Lévy-Bruhls verweist damit direkt auf die Bedingungen und die Verfahrensweise *symbolischer* Medien *vor* der historischen Möglichkeit medientechnischer Verzeichnung von Sinnesdaten und psychophysischen Wahrnehmungsvorgängen. Technische Medien, Kurvenschreiber und Kymographen ebenso wie Phonograph oder Photographie, erlauben erst seit der zweiten Hälfte des 19. Jahrhunderts die Speicherung und Verarbeitung eben jener konkreten Sinnesdaten, die mit logischem Denken nicht zu fassen sind. Technische Medien zeichnen – wie Walter Benjamin am Beispiel der Photographie beschreiben wird – gerade jenes „Optisch-Unbewußte"[36] auf, das der logisch, mittels zeichenhafter Abstraktion operierende Verstand nicht zu denken oder festzuhalten fähig ist: „das Besondere als solches".[37]

Funktioniert der europäisch-logische Geist in der Konzeption Lévy-Bruhls also nach dem Modell *symbolischer*, zeichen- und begriffsbildender Schrift, so wird das *primitive* Denken gerade durch die entgegengesetzte Funktionsweise *analoger* Medientechniken charakterisiert. Die Speicherung und Wiedergabe des Sinnlich-Konkreten, die um 1900 – jenseits von verstandesmäßiger Merkmalabstraktion – mit Hilfe technisch-analoger Medien möglich ist, erklärt Lévy-Bruhl zum zentralen Charakteristikum des *primitiven* Geistes. Wichtigstes Merkmal des primitiven

---

35 Ebd.
36 Benjamin, Walter: „Kleine Geschichte der Photographie". In: ders.: *Aufsätze, Essays, Vorträge. Gesammelte Schriften*, Bd. II, 1. Frankfurt a. M. 1991, S. 368–385, hier S. 371.
37 Lévy-Bruhl: *Das Denken der Naturvölker*, S. 102.

Geistes – dies ist um 1900 bereits ein Gemeinplatz ethnologischer Theoriebildung – ist die „außerordentliche Entwicklung des Gedächtnisses und der konkreten Erinnerung, welche sinnliche Eindrücke bis in die geringsten Details und in der Ordnung, in der sie empfangen wurden, wiedergibt".[38] Lévy-Bruhl führt mit dieser Argumentation zum einen zwar die eurozentrisch-abwertenden Gemeinplätze über die Sinnesbezogenheit primitiver Völker fort, die schon die Reisenden und Ethnologen des 19. Jahrhunderts immer wieder formuliert hatten. Zum anderen aber wird die einfache eurozentrische Hierarchiebildung zwischen logischem und primitivem Geist in der Argumentation Lévy-Bruhls zugleich unterlaufen, insofern der primitiven Geistesart Speicherfähigkeiten zugeschrieben werden, die dem Europäer mangeln:

> Bei uns ist das Gedächtnis, was die Verstandesfunktionen betrifft, auf die untergeordnete Rolle beschränkt, die Resultate aufzubewahren, welche durch die logische Ausarbeitung der Begriffe erworben worden sind. Doch für den prälogischen Geisteszustand sind die Erinnerungen fast ausschließlich sehr komplizierte Vorstellungen, welche in einer unveränderlichen Ordnung ablaufen und auf welche die elementarsten logischen Operationen [...] schwer anzuwenden wären.[39]

Das europäische Gedächtnis, heißt das, funktioniert *symbolisch*, zeichenhaft. Es erlaubt Abstraktion, Klassifikation und Zeichenkombinatorik. Das primitive Gedächtnis hingegen arbeitet mit einem *analogen* Verfahren, es nimmt das Sinnlich-Konkrete in seiner realen, unveränderlichen Ordnung auf. Lévy-Bruhls Beschreibung des primitiven Gedächtnisses formuliert die Funktionsweise analoger Speichermedien.

III Lautbilder

Die Anfang des 20. Jahrhunderts diskutierten ethnologischen Beschreibungen primitiven Denkens im Allgemeinen und primitiver Sprachen im Besonderen spiegeln die spezifischen Bedingungen und Verfahrensweisen analoger Aufzeichnungsmedien, insofern sie alle von einer engen Verknüpfung der primitiven Zeichenbildung mit den Bedingungen *sinnlich-konkreter* Wahrnehmung und Aufzeichnung ausgehen. Dies betrifft nicht nur den Prozess der *Speicherung* von Wahrnehmung durch das sinnlich-konkret verfahrende Gedächtnis, sondern

---

[38] Ebd., S. 91f.
[39] Ebd., S. 92.

ebenso die besondere Fähigkeit sinnlich-konkreter *Reproduktion* von Wahrnehmungsinhalten.

So kursieren in der ethnologischen und kulturtheoretischen Diskussion um 1900 verschiedene Theorien *primitiver Mimesis*, die den nicht-schriftlichen Völkern ein besonderes Reproduktions- und Nachahmungstalent zuschreiben. Dieses besondere Nachahmungstalent der Primitiven, von dem schon die Reisenden des 19. Jahrhunderts berichtet hatten und auf das sich Walter Benjamin noch Anfang der 1930er-Jahre in seiner Theorie des *mimetischen Vermögens* beziehen wird,[40] besteht demnach in einer primitiven Form der Reproduktion, die Sinneseindrücke – diesseits von *symbolischen* Abstraktionsverfahren – konkret, d. h. *nicht symbolisch* vermittelt, wiedergibt. Der primitiven Mimesis als einem Vermögen nicht-symbolischer Nachahmung des Sinnlich-Konkreten kommt im ethnologisch-kulturtheoretischen Diskurs um 1900 in zwei Kontexten besondere Bedeutung zu: auf der einen Seite im Bereich der Sprach- und Zeichentheorie, auf der anderen Seite in den Debatten um Form und Funktion primitiver Magie und Zauberei. Beide Kontexte haben in der Theorie *magischer Zeichen* einen gemeinsamen Bezugs- und Fluchtpunkt.

In der Diskussion primitiver Sprach- und Zeichensysteme greift Lévy-Bruhl, um das primitive Nachahmungstalent zu beschreiben, den Begriff des *Lautbilds* auf, den (der oben bereits erwähnte) Diedrich Westermann im Kontext der afrikanischen Sprachwissenschaft geprägt hatte.[41] Westermann hatte das *Lautbild* – am Beispiel des afrikanischen Ewe – als spezifische Eigenart primitiver Sprachen beschrieben:

> Die Sprache ist außerordentlich reich an Mitteln, um einen empfangenen Eindruck unmittelbar durch Laute wiederzugeben. Dieser Reichtum entspringt aus der fast unbezwinglichen Lust, jedes Gehörte, Gesehene, überhaupt irgendwie Empfundene nachzuahmen, durch einen oder mehrere Laute zu beschreiben. Diese Ausdrücke bezeichnen wir mit Lautbild.[42]

---

40 Benjamin, Walter: „Über das mimetische Vermögen". In: ders.: *Aufsätze, Essays, Vorträge. Gesammelte Schriften*, Bd. II, 1. Frankfurt a. M. 1991, S. 210–213.
41 Vgl. zum Begriff des *Lautbilds* in der experimentalphonetisch ausgerichteten Linguistik in Frankreich und – an diese anschließend – bei Ferdinand de Saussure: Brain, Robert: „Standards und Semiotik". In: *Electric Laokoon. Zeichen und Medien von der Lochkarte zur Grammatologie*. Hg. v. Michael Franz, Wolfgang Schäffner, Bernhard Siegert u. Robert Stockhammer. Berlin 2007, S. 200–223, hier S. 219 f. S. zu den Verschiebungen zwischen Primitivismus und Strukturalismus auch den zweiten Teil des vorliegenden Beitrags.
42 Westermann: *Grammatik der Ewe-Sprache*, S. 129. Vgl. auch ders.: „Laut, Ton und Sinn in westafrikanischen Sudansprachen". In: *Festschrift Meinhof. Sprachwissenschaftliche und andere Studien*. Hamburg 1927, S. 315–328.

Westermann führt eine Vielzahl solcher Lautbilder in der Ewe-Sprache an, so z. B. über Seiten hinweg Beispiele für „die verschiedenen Gangarten beschreibende Adverbien", unter anderem: „*bohoboho:* Gang eines korpulenten, schwerfälligen Menschen [...] *dabodabo:* watschelig, wackelig gehen [...] *lumolumo:* beschreibt das eilige Laufen kleiner Tiere, wie der Ratten, Mäuse".[43] Lautbilder in diesem Sinne sind *synästhetische* Onomatopoetika, lautliche Nachahmungen akustischer, optischer und anderer Sinnesempfindungen.

Lévy-Bruhl zitiert die extensive Beispielsammlung Westermanns ohne Kürzung[44] und übernimmt auch dessen Beschreibung jenes primitiven Vermögens genauer akustischer Reproduktion der Wahrnehmung fast wörtlich. Die primitive Eigenart, „einen empfangenen Eindruck durch Töne wiederzugeben [...] alles, was man wahrnimmt, nachzuahmen und mittels eines oder mehrerer Laute zu beschreiben [...] in erster Linie die Bewegungen",[45] rückt dabei die Theorie der primitiven Zeichenbildung noch einmal in die Nähe der spezifischen Verzeichnungsweise technischer Medien. *Bewegungsschreibende* Kymographen und *Lautbilder* (auf)zeichnende Phonographen erlaubten eben jene detailgenaue Registrierung und Reproduktion des Konkreten, die man als die spezifische Zeichenform primitiver Sprachen beschrieb. Lévy-Bruhl und vor allem der selbst als Experimentalpsychologe tätige Wundt entwickelten ihre großangelegten kulturtheoretischen Systematisierungen verschiedener Sprach- und Geistesarten mit direktem Bezug auf die Ergebnisse der Experimentalphonetiker und der um 1900 bereits mit technischen Aufzeichnungs- und Messgeräten arbeitenden afrikanischen Sprachwissenschaft um Carl Meinhof. Als Vermittler diente dabei immer wieder Diedrich Westermann, der 1909 die Professur Meinhofs am Seminar für Orientalische Sprachen in Berlin übernommen hatte, nachdem Meinhof selbst nach Hamburg gewechselt war.

Lévy-Bruhl spricht mit Blick auf die Frage der primitiven Abstraktion und Zeichenbildung, Westermanns Begriff des *Lautbildes* weiterführend, vom „Begriffsbild (concept-image)"[46] als der den primitiven Sprachen eigentümlichen Form der Abstraktion. Es handele sich dabei um „eine Art von Zeichnungen, in denen die geringsten Einzelheiten festgehalten werden".[47] Die gleiche Charakterisierung primitiver Sprachen findet sich auch bei Wundt, dessen Ausführungen sich ebenfalls auf Westermanns Ewe-Grammatik stützten. In primitiven Sprachen

---

43 Westermann: *Grammatik der Ewe-Sprache*, S. 84. (Das vorh. Zitat S. 83).
44 Vgl. das seitenlange Zitat der Beispiele Westermanns bei Lévy-Bruhl: *Das Denken der Naturvölker*, S. 140f.
45 Ebd., S. 139.
46 Ebd., S. 143.
47 Ebd., S. 146.

sind – so Wundt – die „symbolischen Zeichen selten, und auch sie bewahren den Charakter der Anschaulichkeit".[48] Das heißt, in primitiven Sprachen ist eben jener Schritt merkmalerkennender Abstraktion und Symbolbildung, der europäische Sprachen kennzeichnet (und der von Herder als Charakteristikum der menschlichen Sprache schlechthin beschrieben wurde), noch nicht vollzogen: „Der primitive Mensch sieht das Bild und die einzelnen Teile des Bildes, und wie er es schaut, so gibt er es in seiner Sprache wieder."[49] Die Reproduktion des konkreten Wahrnehmungseindrucks betrifft dabei nicht nur die Wortbildung primitiver Sprachen, sondern ebenso Satzbau und Syntax. Charakteristisch für primitive Sprachen ist – auch darin sind sich die ethnologischen Sprachtheorien um 1900 einig – ein besonders umfangreicher Wortschatz und eine Grammatik, die weitestgehend mit paratraktischen Aneinanderreihungen einzelner Sinneseindrücke arbeitet.

Rezeptionsgeschichtlich einflussreich wurde in diesem Zusammenhang Wundts Beschreibung der *Buschmann-Sprache*.[50] Die Syntax dieser Sprache halte sich – so Wundt – unmittelbar an die konkrete Abfolge einzelner sinnlich wahrnehmbarer Empfindungen. Als Beispiel der deutsche Satz: „Der Buschmann wurde zuerst von dem Weißen freundlich aufgenommen, damit er seine Schafe weide; dann mißhandelte der Weiße den Buschmann; dieser lief davon, woraufsich der Weiße einen anderen Buschmann nahm, dem es ähnlich erging." Übersetzt in die Satzstruktur der Buschmannsprache ergibt dies:

> Buschmann-da-gehen, hier-laufen-zu-Weißen, Weißer-geben-Tabak, Buschmann-gehen-rauchen, gehen-füllen-Tabak-Sack, Weißer-geben-Fleisch-Buschmann, Buschmann-gehen-essen-Fleisch, aufstehen-gehen-heim, gehen-lustig, gehen-setzen, weiden-Schafe-Weißen, Weißer-gehen-schlagen-Buschmann, Buschmann-schreien-sehr-Schmerz, Buschmann-gehen-laufen-weg-Weißen, Weißer-laufen-nach-Buschmann, Buschmann-da-anderer, dieser-weiden-Schafe, Buschmann-ganz-fort.[51]

Die Buschmannsprache verzichtet – so die Darstellung Wundts – auch in der Satzbildung auf jegliche Form logischer Verknüpfung, Ordnung und Abstraktion: „Was wir in verhältnismäßig abstrakten Begriffen ausdrücken, ist in lauter ein-

---

48 Wundt bezieht sich hier auf die Gebärdensprache als ursprüngliche sprachliche Ausdrucksbewegung. Wundt: *Elemente der Völkerpsychologie*, S. 64.
49 Ebd., S. 73.
50 Zur Rezeption des Wundtschen Beispiels s. z. B. Kretschmer, Ernst: *Medizinische Psychologie. Ein Leitfaden für Studium und Praxis*. Leipzig 1922, S. 16.
51 Wundt: *Elemente der Völkerpsychologie*, S. 72. Die Wahl des Sujets des Beispielsatzes verweist deutlich auf den kolonialen Kontext, in dem sich die gesamte ethnologische Sprachforschung um 1900 bewegt.

zelne anschauliche Bilder aufgelöst."[52] Parataktische Abfolge einzelner, konkret-anschaulicher Bilder anstelle von begriffhafter Abstraktion und logisch-ordnender Hypotaxe: Wundts Beschreibung der Zeichen- und Satzbildung der Buschmannsprache zeigt, wie die europäischen Beschreibungsmuster primitiven Denkens auf verschiedenen Ebenen immer wieder auf ähnliche Argumentationsfiguren zurückgriffen. So folgt Wundts Erklärung des Satzbaus der Buschmannsprache der gleichen Struktur wie Lévy-Bruhls Beschreibung primitiver Gedächtnisprozesse, jener „Erinnerungen, welche in einer unveränderlichen Ordnung ablaufen und auf welche die elementarsten logischen Operationen [...] schwer anzuwenden wären".[53] Die linguistische Theorie einer nicht-begrifflichen Sprache, die aus lauter einzelnen, konkret-sinnlichen Bildern zusammengefügt ist,[54] verweist dabei noch einmal auf die besondere Form des primitiven Zeichens, das im zeitgenössischen Diskurs analog zu einer *anderen* – d.h. nicht nach den Gesetzen europäischer Logik organisierten – Form des Denkens diskutiert und als dunkler, entwicklungsgeschichtlich früher Urgrund europäischer Rationalität beschrieben wurde.

IV Primitivismus und (Post)Strukturalismus

Von diesen knappen Befunden ausgehend, soll im Folgenden gefragt werden, wie die primitivistische Diskussion historisch zu verorten ist, bzw. welche Anknüpfungspunkte sie für gegenwärtige theoretische Diskussionen geben kann. Die drei genannten Beispiele verweisen jeweils auf den Zusammenhang von *zwei* Dimensionen des sprachlichen Zeichens: seiner Bedeutungs- oder Symbolebene auf der einen Seite und seiner konkreten, physisch-sinnlichen Materialität auf der anderen Seite. Die primitivistischen Theorien um 1900 reflektierten diese Beziehung auf zwei Ebenen. Erstens operierten Ethnologen, Experimentalpsychologen und Sprachwissenschaftler selbst mit analogen Aufzeichnungstechniken, die die scharfe Differenz von Zeichen und Bezeichnetem – schon auf der Ebene des Mediums – immer bereits unterliefen und die Untrennbarkeit von Signifikant und Signifikat gewissermaßen physisch vor Augen führten. Zweitens wurde diese spezifische Zeichenhaftigkeit analoger Medien in den Beschreibungen magisch-primitiver Symbole reflektiert und diskutiert. Die Spezifik primitiver Zeichen – so

---

52 Ebd., S. 73.
53 Lévy-Bruhl: *Das Denken der Naturvölker*, S. 92.
54 Es verwundert vor diesem Hintergrund nicht, dass die Figur des Primitiven auch im Kontext der frühen Filmtheorie immer wieder aufgegriffen wurde. Vgl. exemplarisch: Balázs, Béla: *Der sichtbare Mensch oder die Kultur des Films* (1924). Frankfurt a. M. 2001.

der gemeinsame Nenner der Theorien von Ausdrucksbewegungen, Kollektivvorstellungen oder synästhetischen Lautbildern – liegt eben in der untrennbaren Einheit von Zeichen und Bezeichnetem.

Historisch gesehen löst diese Reflexion der spezifischen Zeichenhaftigkeit des analogen oder primitiven Zeichens das Modell des repräsentationalen Zeichens ab. Die primitivistische Zeichentheorie ist dabei wiederum historisch gesehen nur von zeitlich sehr begrenzter Dauer. Sie weicht – mit dem Aufkommen der strukturalistischen Sprachtheorie – dem Fokus auf die *Differenzialität* von Zeichen in immer bereits symbolisch codierten Ordnungen. Diese diskursive Verschiebung, mit der das primitivistische Postulat einer Verwobenheit von Zeichen und Bezeichnetem endgültig verabschiedet werden sollte, lässt sich noch im Feld der frühen strukturalistischen Sprachtheorie beobachten.

Das von Ferdinand de Saussure formulierte Grundaxiom lautet: Wert und Bedeutung eines Zeichens werden „einzig und allein durch seine Beziehungen und Verschiedenheiten mit anderen Gliedern der Sprache gebildet".[55] Dem jedoch entgegengesetzt war die frühe strukturelle Linguistik selbst noch mit dem Problem des *unreinen*, von seiner physischen Materialisierung kontaminierten Zeichens beschäftigt. So hat Robert Brain auf die „konzeptionellen Risse" der sprachwissenschaftlichen Konzeption Saussures, nämlich ihre verdeckten und in der Rezeptionsgeschichte meist unterschlagenen Spuren experimentalphonetischer und psychophysischer Sprachbetrachtung, verwiesen.[56] Saussures Begriff des Zeichens zeugt von dieser noch unentschiedenen Ambivalenz der frühen strukturalistischen Linguistik zwischen experimentalpsychologischer Fokussierung der bedeutungsrelevanten Materialität von Zeichen und Lauten auf der einen und einem Modell der reinen Differenzialität des Zeichens auf der anderen Seite. Saussure schreibt: In

> der Sprache gibt es nur Verschiedenheiten *ohne positive Einzelglieder.* [...] Aber der Satz, daß in der Sprache alles negativ sei, gilt nur vom Bezeichneten und der Bezeichnung, wenn man

---

55 Saussure, Ferdinand de: *Grundfragen der allgemeinen Sprachwissenschaft.* Mit einem Nachwort v. Peter Ernst. 3. Aufl. Berlin, New York 2001, S. 140. Die Differenz zur primitivistischen Theorie wird besonders deutlich in Saussures Beschreibung von Lautbildern. Verwies dieser Begriff in primitivistischen und psychophysischen Sprachdebatten gerade auf die Untrennbarkeit von Zeichen und Bezeichnetem (s. o.), so schreibt Saussure, der den Begriff selbst aus der experimentalpsychologischen Diskussion übernommen hatte: „Da es kein Lautbild gibt, das besser als ein anderes dem entspricht, was es auszusagen bestimmt ist, so leuchtet ein, und zwar selbst a priori, daß niemals ein Bruchstück der Sprache letzten Endes auf etwas anderes begründet sein kann als auf sein Nichtzusammenfallen mit allem übrigen." Saussure: *Grundfragen der allgemeinen Sprachwissenschaft,* S. 140 f.
56 Brain: „Standards und Semiotik", S. 218 ff.

> diese gesondert betrachtet [...] Obgleich Zeichen und Bezeichnetes, jedes für sich genommen, lediglich differentiell und negativ sind, ist ihre Verbindung ein positives Faktum.[57]

Samuel Weber hat den „Hauptwiderspruch bei Saussure in seiner Bestimmung der Differenz als Prinzip der Signifikation einerseits und ihre[r] ‚Konkretisierung' in der Totalität des Zeichens"[58] anderseits verortet: „Hatte Saussure die radikale Heterogenität der zwei Ordnungen von Signifikanten und Signifikaten als Arbitrarität und Differenz betont, so hob er schließlich diese Heterogenität in der Totalität des konkreten Zeichens auf."[59] Eben diese Annahme einer Totalität des Zeichens wurde Saussure aus Perspektive eines Denkens der Differenz als ein Festhalten am repräsentationalen Zeichenmodell vorgeworfen. So schreibt in diesem Sinne exemplarisch Annette Bitsch:

> Seine Stellung im historischen Kontext bleibt ambivalent: Einerseits bleibt Saussure in seiner Insistenz auf der unauflöslichen Verbindung von Signifikant und Signifikat im Zeichen dem logozentrischen Denken verhaftet, anderseits antizipiert er in seiner Wertetheorie das nicht-repräsentationale Denkmodell der Differenzialität.[60]

In der (post)strukturalistischen Rezeptionsgeschichte der Saussurschen Zeichentheorie – exemplarisch bei Jakobson und daran anschließend bei Jacques Lacan – wurde denn auch vor allem diese differenzielle Dimension des Modells aufgegriffen, der Saussurschen Idee einer *Totalität des Zeichens* hingegen vorgeworfen, sie impliziere die Annahme – so noch einmal Annette Bitsch –, „daß ein Sinn, eine transzendental beglaubigte Bedeutung, den Signifikanten beherrscht, der dann degradiert werden kann zu einer reinen Exteriorität, zu einer reinen Repräsentationsfunktion".[61]

Dementgegen hat Robert Brain die Ambivalenz von Saussures Zeichenmodell *medienhistorisch* einzuordnen versucht und insbesondere auf die verdeckten Bezüge Saussures zur experimentellen Phonetik Ende des 19. Jahrhunderts in Frankreich hingewiesen. Nicht auf ein Transzendentalsignifikat, so lassen sich die

---

[57] Saussure: *Grundfragen der allgemeinen Sprachwissenschaft*, S. 143 f.
[58] Weber, Samuel: *Rückkehr zu Freud. Jacques Lacans Ent-stellung der Psychoanalyse*. Frankfurt a. M. u. a. 1978, S. 37.
[59] Ebd., S. 38.
[60] Bitsch, Annette: „Zwischen Linguistik und Kybernetik. Lacans Diskurs der Psychoanalyse". In: *Electric Laokoon. Zeichen und Medien von der Lochkarte zur Grammatologie*. Hg. v. Michael Franz, Wolfgang Schäffner, Bernhard Siegert u. Robert Stockhammer. Berlin 2007, S. 270–290, hier S. 271.
[61] So die Zusammenfassung der Saussure-Kritik Derridas durch Annette Bitsch. Ebd., S. 272. Vgl. auch Jacques Derrida: *Grammatologie*. Frankfurt a. M. 1983, S. 49 ff.

Ausführungen Brains zuspitzen, zielt die Idee der Totalität des Zeichens. Ihr Referenzpunkt sind vielmehr die analogen Graphien technischer Aufzeichnungsmedien. Dies exemplifiziert sich im Begriff des *Lautbildes*, den auch Saussure verwendete und direkt aus der experimentalphonetischen Forschung übernommen hatte.[62] Mit Verweis auf diese Bezüge zur Experimentalphonetik beschreibt Brain die sich auf der anderen Seite in Saussures *Wertetheorie* abzeichnende Fokussierung auf die differenzielle Zeichenfunktion denn auch als ein Reinigungsritual, insofern sie alle psychophysischen Reste des Zeichenbegriffs systematisch tilgt:

> Saussure verneinte [...] beharrlich die Bedeutung der materiellen Verkörperung der Signifikanten: Daß Worte von Schallwellen übertragen werden, sollte ebensowenig eine Rolle spielen wie die Tatsache, daß Münzen aus Metall sind. Gleichermaßen muß die Linguistik in ihrer endgültigen Gestalt – als Semiologie – von allen Spuren der Sprachhervorbringung, der körperlichen Anstrengung und der materiellen Kommunikationskanäle gereinigt werden, um Sprache als ein ‚formales System reiner Werte' behandeln zu können.[63]

Diesem Reinigungsprozess europäischer Linguistik und Semiologie widersteht und widerspricht der primitivistische Zeichendiskurs. Hier geht es gerade um jene in der Wertetheorie Saussures getilgte Dimension des Zeichens, um die Untrennbarkeit von Zeichen und konkreter, materieller Verkörperung.[64] Medientheoretisch formuliert: um die Untrennbarkeit von Kommunikation und Kommunikationskanal. Im primitiv-magischen Zeichen, das noch keine Differenz zwischen Zeichen und Bezeichnetem, Sinn und Verkörperung kennt, wird ein Zeichenmodell diskutiert, das nicht der Logik der Repräsentation folgt, dabei aber auch nicht ohne weiteres in reiner Differenzialität aufgeht. Mediale Referenz dieses Zeichenmodells – das wurde oben exemplarisch gezeigt – sind die technischen Medien und ihre analogen Graphien.[65]

---

62 Vgl. Brain: „Standards und Semiotik", S. 219.
63 Vgl. ebd., S. 222.
64 Saussures Wertetheorie des Zeichens schließt gerade diese materielle, sinnlich-physische Dimension des Zeichens aus, eben jene Dimension, die Nelson Goodman – mit Verweis auf ganz ähnliche Beispiele wie Saussure – die *analoge* Dimension des Zeichens nennen wird (Goodman, Nelson: *Sprachen der Kunst. Entwurf einer Symboltheorie.* Frankfurt a. M. 1997). „Das Material, mit dem Zeichen hervorgebracht werden, ist gänzlich gleichgültig, denn es berührt das System nicht [...] ob ich die Buchstaben weiß oder schwarz schreibe, vertieft oder erhöht, mit einer Feder oder einem Meißel, das ist für ihre Bedeutung gleichgültig." Saussure: *Grundfragen der allgemeinen Sprachwissenschaft*, S. 143.
65 Erich Hoerls Beschreibung des primitivistischen Diskurses als erste Imagination und Vorwegnahme eines rein symbolischen Denkens zielt im Gegensatz zur hier vorgenommenen Kontextualisierung und Differenzierung darauf, die Verbindungslinien und Kontinuitäten der

Wenn Lacan 1957 im Aufsatz über *Das Drängen des Buchstabens* noch einmal im Rückbezug auf Freud und Jakobson von der *symbolischen* Struktur des Unbewussten spricht, formuliert er dabei auch ganz explizit die Differenz im medientechnischen Modell von primitivistischem Diskurs um 1900 und (post)strukturalistischer Sprachtheorie in der zweiten Hälfte des 20. Jahrhunderts:

> Wir bezeichnen mit Buchstaben jenes materielle Substrat, das der konkrete Diskurs aus der Sprache bezieht. Diese einfache Definition verlangt, daß man Sprache nicht mit den verschiedenen somatischen und psychischen Funktionen verwechselt, von denen sie beim sprechenden Subjekt eher schlecht als recht begleitet wird.[66]

Orientierten sich die *psychophysischen* Sprachursprungstheorien des Primitivismus um 1900 am Modell analoger Aufzeichnungstechniken, so ist in der poststrukturalistischen Sprachtheorie Lacans noch einmal die symbolische, *alphabetische* Schrift medientheoretische Referenz:

> Daran sieht man, daß ein wesentliches Moment im Sprechen selbst vorherbestimmt war, in die beweglichen Charaktere zu schlüpfen, die, wo Didots und Garamonds ganz unten im Setzerkasten zusammenrücken, das, was wir Buchstabe, Letter, nennen, gültig vorstellen.[67]

Damit ist der primitivistische Sprachursprungsdiskurs beendet, und zugleich auch die Frage und Suche nach einem anderen, nicht-symbolischen Denken, wie es die analogen Medientechniken um 1900 imaginieren und – medientechnisch formuliert – auch (ver)zeichnen ließen.[68]

---

diskursiven Figuren von Primitivismus und (Post)Strukturalismus nachzuzeichnen. Aus dieser Perspektive erscheint der Primitivismus allerdings nur mehr als *archaische Illusion* eines noch nicht verstandenen, noch nicht technisch implementierten, rein symbolischen Denkens. Vgl. Hoerl, Erich: *Die heiligen Kanäle. Über die archaische Illusion der Kommunikation.* Zürich, Berlin 2005.

66 Lacan, Jacques: „Das Drängen des Buchstabens im Unbewussten oder die Vernunft seit Freud". In: ders.: *Schriften II*. Olten 1975, S. 15–85, hier S. 19.

67 Ebd., S. 26.

68 Wolfgang Schäffner hat mit Verweis auf die Freud-Lektüre Foucaults gezeigt, inwiefern der *mediale* Status des Unbewussten in den 1950er-Jahren Gegenstand kontroverser Debatten war. Schon 1954 hatte Foucault Freuds Traumdeutung mit Verweis auf die nicht genügend reflektierte *Bildhaftigkeit* der Traumsprache kritisiert: „Das Sprechen des Traums wird nur in seiner semantischen Funktion analysiert: seine morphologische und syntaktische Struktur wird von der Freudschen Analyse im dunkeln gelassen. [...] Die eigentliche Bildhaftigkeit der Sinndarstellung ist völlig übersehen." „Bei Freud ist der Traum [...] die ‚Symbolik' und die Grammatik der Psychologie. [...] Doch ist das Träumen gewiss etwas anderes als eine Bilder-Rhapsodie: aus dem einfachen Grunde, dass es eine Erfahrung im Modus der Bildhaftigkeit ist." Foucault, Michel: „Einleitung". In: *Traum und Existenz*. Hg. v. Ludwig Binswanger. Bern,

Man kann vor diesem Hintergrund – wie es Iris Därmann mit Blick auf die Theorie der Vorgängigkeit der Schrift bei Jacques Derrida getan hat – aus *ethnologischer* Perspektive fragen, inwieweit es sich beim (post)strukturalistischen Ausschluss eines Anderen der differenziellen Schrift um eine spezifische Form des Eurozentrismus handelt. Därmann fragt mit Blick auf Derridas Lektüre Claude Lévi-Strauss',

> ob Derridas Konzept der Urschrift nicht der subtile Versuch einer skripturalen Europäisierung aller Kulturen und Sprachen darstellt, mit dem in der Hauptsache eine Art Katharsis der abendländischen Verdrängung der Schrift auf Kosten fremd-kultureller Fremdverständnisse und Infragestellungen des Alphabets vollzogen wird.[69]

Die Theorie einer *inversiven Ethnologie* verweist im Gegensatz dazu – und steht damit in gewissem Sinne eher in der Tradition des Primitivismus um 1900 – auf die Übersetzungen und Kontinuitäten zwischen jenem nicht-schriftlichen Fremden und der eigenen europäisch-symbolischen Ordnung, *ohne* die mediale (und kulturelle) Differenz zwischen Eigenem und Fremdem durch den Verweis auf die Unhintergehbarkeit der Schrift einzuebnen. Wendet sich Derridas Schriftbegriff zwar gerade gegen die Reduktion der Schrift auf die buchstäbliche, phonetische Notation, so bleibt doch die Frage nach der Möglichkeit *medialer* Differenz – und damit auch von medial begründeter *kultureller* Differenz – im Denken der *Différance* offen. So unterbindet, wie Därmann kritisch bemerkt, gerade „die unbe-

---

Berlin 1992, S. 7–93, hier S. 15, 32f. Schäffner stellt diese Freud-Kritik Foucaults in den diskursgeschichtlichen Zusammenhang theoretischer Grundsatzfragen Mitte der 1950er-Jahre: „Foucaults Kritik richtet sich damit vornehmlich gegen jenen Freud, den Jacques Lacan entdeckt hat, für den das Unbewußte sich als Sprache konfiguriert. Foucault sieht aber gerade in dieser ‚Versprachlichung' des Unbewußten und damit auch des Traumes eine Psychologie des Sinns am Werk, die den indexikalischen Charakter des Traumbildes eher verbirgt als offenlegt." Indem Foucault „das nicht auf Sinn reduzible Bild ins Zentrum rückt", verweist er auf die symbolisch nicht einholbare Dimension des *Imaginären*, die dann auch Lacan aufgreifen wird: „Geradezu als instantane Parallelaktion zu [...] Foucaults Überlegungen zum Imaginären arbeitet nämlich auch Jacques Lacan in seinem Seminar das Imaginäre in seine Topik ein und verschiebt damit den Charakter des Symbolischen." Schäffner, Wolfgang: „Die Materialität des Bildes bei Foucault". In: *Electric Laokoon. Zeichen und Medien von der Lochkarte zur Grammatologie*. Hg. v. Michael Franz, Wolfgang Schäffner, Bernhard Siegert u. Robert Stockhammer. Berlin 2007, S. 182–194, hier S. 187. Vgl. hierzu auch Friedrich Kittlers medientheoretische Fortschreibung Lacans, die dessen Kategorien des Realen, Imaginären und Symbolischen auf die Medientechniken Grammophon, Film und Typewriter bezieht. Vgl. Kittler, Friedrich: *Grammophon, Film, Typewriter*. Berlin 1986, S. 27ff.
69 Därmann, Iris: *Fremde Monde der Vernunft. Die ethnologische Provokation der Philosophie*. München 2005, S. 667.

grenzte Reichweite der Urschrift, die keine Fremdheit einer anderen Schrift kennt, die sie nicht von vorneherein und von sich aus in sich einschließen könnte, die Möglichkeit eines kritischen Einbruches oder einer verfremdenden Rückwirkung".[70]

In diesem Sinne bewegt sich die von Därmann formulierte *ethnologische* Kritik analog zur *medientheoretischen* Kritik an Derridas Schriftdenken, wie sie exemplarisch Sybille Krämer formuliert hat. Krämer wirft dem Schriftdenken der Différance – ganz im Sinne der ethnologischen Kritik Därmanns – die Universalisierung *eines* Mediums (nämlich der Schrift) zu *dem* Medium der Realität selbst vor, d. h. die „Transformation eines Mediums in ein Realitätskonstrukt":[71]

> Die Kalkülisierbarkeit von dem Repräsentationssystem auf das Repräsentierte selbst zu übertragen, heißt dem Begriff der Schrift einen nahezu ontologischen Rang zu verleihen. [...] Jacques Derridas Idee der Schrift als Basisphänomen jeglicher Differenzbildung und damit Zeichenprozesse [... ist] Symptom[...] dieser Transformation eines Mediums in ein Realitätskonstrukt. Der Computer, der auf den ersten Blick die kulturelle Fixierung auf die Schriftlichkeit zu überwinden scheint, steht im Zusammenhang einer subtilen Aufwertung der Schrift, indem diese zum Inkrement des Realen selber wird.[72]

Dieser mit Blick auf Derrida konstatierten „subtilen Aufwertung der Schrift" – die Krämer medienhistorisch mit dem Aufkommen der symbolisch-digitalen Schrift des Computers verbindet – steht dem sprach- und zeichentheoretische Diskurs des Primitivismus um 1900 in seiner Orientierung an *analogen* Medientechniken, die gerade nicht mit symbolisch-diskreten Zeichen und Schriften operieren, diametral gegenüber.

Es wundert daher nicht, wenn in gegenwärtigen medientheoretischen Debatten, gerade dort, wo sie Skepsis gegenüber der dekonstruktiven These einer Vorgängigkeit von Schrift und Diskursivierung formulieren, noch einmal an die Figuren und Argumente der primitivistischen Zeichentheorie, wie sie bereits um 1900 entworfen wurde, angeknüpft wird. So unterscheidet Krämer, anknüpfend an Überlegungen Colin Samples, zwei Dimensionen von Sprache:

> Einerseits eine semiotische Schicht der Bedeutungsgebung, die auf der Diskursivität, der Arbitrarität, der Konventionalität und der Rationalität der Sprache beruht. Andererseits eine mimetische Bedeutungsfunktion, die mit körperlicher Kinästhesie, mit Bildlichkeit, Stimmlichkeit, Expressivität und Affektivität zu tun hat. Es ist unsere Körperlichkeit, die zum

---

70 Ebd.
71 Krämer, Sybille: „Zentralperspektive, Kalkül, virtuelle Realität. Sieben Thesen über die Weltbildimplikationen symbolischer Formen". In: *Medien – Welten – Wirklichkeiten*. Hg. v. Gianni Vattimo u. Wolfgang Welsch. München 1998, S. 27–37, hier S. 34.
72 Ebd.

Resonanzboden der physiognomischen Sprachaspekte wird. Die mimetische Kommunikation verkörpert eine präsymbolische, präpositionale Verständigungsleistung, die zwar phylogenetisch [sic] primär ist – Kinder erwerben zuerst diese Bedeutungsfunktion –, die jedoch in jeder Kommunikation erhalten bleibt. Mimik, Gestik, Körperhaltung, Intensität, Klangfarbe und Rhythmus der Stimme bedeuten, indem sie etwas zeigen.[73]

Krämer führt hier nicht nur noch einmal alle Topoi der primitivistischen Zeichentheorie um 1900 zusammen, sondern schreibt zugleich auch die These der entwicklungsgeschichtlichen Abfolge der verschiedenen Medienformen fort.

Auch den Begriff der *physiognomischen* Dimension der Sprache hat nicht erst Colin Sample formuliert, auf den sich Krämer bezieht.[74] Schon 1928 hatte Heinz Werner, der als Leiter des psychologischen Laboratoriums an der Hamburger Universität in den 1920er-Jahren eng mit dem Afrikanisten Carl Meinhof und den Experimentalphonetikern in dessen Umkreis zusammengearbeitet hatte, den Begriff der *Sprachphysiognomik* geprägt und damit – unmittelbar anknüpfend an die primitivistische *und* an die experimentalpsychologische Forschung um 1900 – auf eben jene zweite, nicht-semiotische Dimension der Sprache verwiesen:

Wägt man schließlich die Bedeutung und den Wert der verschiedenen Wahrnehmungsweisen: der sachlich-begrifflichen und der physiognomischen gegeneinander ab, so kann man schwer die *genetische Priorität* der physiognomischen gegenüber der sachlichen Fassung leugnen. Die Tatsachen aus dem Gebiete der Psychologie der Primitiven bringen Beispiele genug für die größere Ursprünglichkeit der ausdruckhaften Wahrnehmung.[75]

---

73 Krämer, Sybille: „Das Medium zwischen Zeichen und Spur". In: *Spuren. Lektüren. Praktiken des Symbolischen.* Hg. v. Gisela Fehrmann, Erika Linz u. Cornelia Epping-Jäger. München 2005, S. 153–166, hier S. 158.
74 Vgl. ebd. sowie Sybille Krämer: „Medienphilosophie der Stimme". In: *Systematische Medienphilosophie.* Hg. v. Mike Sandbothe u. Ludwig Nagl. Berlin 2005, S. 221–237, hier S. 226. Sample ruft in seinem Aufsatz *Living Words. Physiognomy and Aesthetic Language,* auf den sich Krämer bezieht, noch einmal ganz explizit die Theorie des mimetischen (und eben nicht repräsentationalen) Sprachursprungs auf, den die primitivistische Theorie und nicht zuletzt Walter Benjamin (s. o.) im ersten Drittel des 20. Jahrhunderts formuliert hatten: „My argument presupposes the classification of linguistic behaviour into two (theoretically) distinct functions. The first we could call the *semiotic* [...] The second is what I shall call the *mimetic* function of language. [...] Both ontogenetic and phylogenetic reconstructions of the origins of language can trace a development from the mimetic to the semiotic function." Sample, Colin: „Living Words. Physiognomy and Aesthetic Language". In: *The Incorporated Self. Interdisciplinary Perspectives on Embodiment.* Hg. v. Michael O'Donovan-Anderson. Lanham 1996, S. 113–126, hier S. 114.
75 Werner fährt fort: „Mit dem Fortschritt abstrakten, sachlich-kategorialen Denkens tritt jene Ausdruckserfassung sicher in den Hintergrund. Nichts destoweniger wäre es verfehlt, anzunehmen, daß bei fortgeschrittener Geistigkeit mit Ausnahme des mimischen und des

Wenn Krämer nicht mehr von einer dichotomen Unterscheidung von zwei Formen der Sprache und Kommunikation ausgeht, sondern von verschiedenen *Dimensionen* von Zeichen und Sprache spricht, so knüpft sie damit indirekt auch an Überlegungen an, wie sie – ebenfalls in direkter Bezugnahme auf die primitivistische Zeichentheorie – in den 1920er-Jahren ein Hamburger Arbeitskollege Heinz Werners, nämlich Ernst Cassirer entwickelte.[76] Gerade Cassirer kann, was hier nicht weiter ausgeführt werden kann, als Verbindungsfigur zwischen dem primitivistischen Diskurs um 1900 und der explizit medientheoretischen Theoriebildung in der zweiten Hälfte des 20. Jahrhunderts seit Marshall McLuhan gelesen werden.

Festzuhalten ist aus der Perspektive der ethnologischen, wahrnehmungs- und zeichentheoretischen Diskussion um 1900, dass es sich bei der Theorie des analogen oder primitiven Zeichens nicht einfach um eine Fortsetzung des Denkens der Repräsentation handelt, das eine poststrukturalistische Lesart immer den Primat des Signifikats vor dem Signifikanten impliziert. Im Gegenteil, das analoge Zeichen, das in der primitivistischen Theorie umschrieben und diskutiert wird, verweist gerade auf eine ursprüngliche Untrennbarkeit von Signifikat und Signifikant.[77] In dieser Hinsicht steht es dem repräsentationalen Zeichenmodell und

---

ästhetischen Kreises die physiognomische Gestaltung ohne Gewicht sei." Auch bei der physiognomischen Sprachwahrnehmung handelt es sich mithin um ein primitives *survival:* „In der wissenschaftlichen Erkenntnis des europäischen Menschen scheint zwar das Physiognomische durch die begriffliche Systematisierung ausgelöscht, in jeder alltäglichen Schau und praktischen Verhaltensweise hingegen ist auch heute noch die ausdrucksmäßige Schicht lebendig." Vgl. Werner, Heinz: *Grundfragen der Sprachphysiognomik.* Leipzig 1932, S. 9 (Herv. im Orig. gesperrt). Werner schließt mit seiner Theorie auch unmittelbar an die Diskussion der *Einheit der Sinne* an. In Bezug auf den physiognomischen Ausdruck der Sprache gelte „das Gesetz des *Intersensoriellen:* weder dem Optischen noch dem Akustischen oder dem Taktilen ist Ausdruck wesensmäßig zugeordnet; die Ausdruckssphäre ist indifferent gegenüber der Ausgliederung in verschiedene Sinnesgebiete." (S. 6f., Herv. im Orig. gesperrt.)

76 Auch Ernst Cassirer selbst knüpfte dabei bereits explizit an die Forschungen und den Begriff der *Sprachphysiognomie* seines (oben genannten) Hamburger Kollegen Heinz Werner an: Es sei ohne Zweifel, „daß selbst den Worten unserer hochentwickelten Sprache noch immer ein bestimmter Ausdruckscharakter, ein ‚physiognomischer' Charakter innewohnt. [...] in letzter Zeit hat namentlich Heinz *Werner* in Versuchen, die er im Hamburger Psychologischen Laboratorium angestellt hat, diese physiognomische Seite der Spracherlebnisse näher zu bestimmen und aufzuhellen gesucht." Cassirer, Ernst: „Das Symbolproblem und seine Stellung im System der Philosophie". In: ders.: *Symbol, Technik, Sprache. Aufsätze aus den Jahren 1927–1933.* Hg. v. Ernst Wolfgang Orth u. John Michael Krois. Hamburg 1995, S. 1–38, hier S. 12.

77 Der Primitivismus schließt in diesem Sinne eher an ein Denken der *Ähnlichkeit* an, wie es Michel Foucault für die Zeit vor der klassischen Episteme der Repräsentation beschrieben

dessen Bindung an die alphabetisch-phonetische Schrift ebenso entgegen wie der (post)strukturalistischen Betonung der Unhintergehbarkeit von Differenz und symbolischer Codierung. In der doppelten Opposition zum Denken der Repräsentation einerseits und zum (post)strukturalistischen Modell einer Vorgängigkeit symbolisch-zeichenhafter Differenzialität andererseits erweist sich das primitivistische Zeichenmodell damit als anschlussfähig für gegenwärtige Medientheorien.

So richtet sich die Diskussion des Begriffs der *Kulturtechniken*, die Medien als Formen der „Versinnlichung und exteriorisierende[n] Operationalisierung des Denkens"[78] in den Blick nimmt, gerade gegen die Vorstellung eines „umstandslose[n] Zusammenfallen[s] von Kultur mit dem Symbolischen".[79] Der Begriff der Kulturtechniken verweist dabei nicht nur auf die Verfahrensweise *kalkülisierbarer* Zeichen, die ein *Operieren* mit Dingen und Symbolen ermöglichen und damit nicht

---

hat. (Foucault, Michel: *Die Ordnung der Dinge. Eine Archäologie der Humanwissenschaften.* Frankfurt a. M. 1974, S. 46 ff.) Auf diesen Kontext eines spezifisch modernen Denkens der Ähnlichkeit (und dessen Bezüge zum Denken der Episteme der Ähnlichkeit im Sinne Foucaults) verweisen exemplarisch die Beiträge des Sammelbandes: Funk, Gerald, Gert Mattenklott u. Michael Pauen (Hg.): *Ästhetik des Ähnlichen. Zur Poetik und Kunstphilosophie der Moderne.* Frankfurt a. M. 2001. Die Herausgeber betonen ebenfalls, „daß der Perspektivismus des Ähnlichen gegen das Nachahmungsprinzip ins Spiel gebracht werden kann, insbesondere gegen jene monistische Beziehung von Abbild und Gegenstand, wie sie sich aus einer realistischen Ästhetik ergibt." Auch sie betonen, dass es sich beim Ähnlichkeitsdenken um 1900 nicht um anti-modernen Irrationalismus handelt: „Es ist [...] weder bloße Opposition gegen die modernen Wissenschaften noch ein verschwiegener Antimodernismus, der die Avantgarden zum Rückgriff auf jene Tradition veranlasst." Funk, Gerald, Gert Mattenklott u. Michael Pauen: „Einleitung. Symbole und Signaturen. Charakteristik und Geschichte des Ähnlichkeitsdenkens". In: ebd., S. 7–34, hier S. 30 u. 32. Gert Mattenklott hebt in seinem Beitrag zum einen explizit die Bezüge des modernen Ähnlichkeitsdenkens zu Foucaults Beschreibung der vorklassischen Episteme hervor, zum anderen verweist er auf das Ähnlichkeitsdenken als zusätzliche Option der Geisteswissenschaften *zwischen* den Verfahren von Hermeneutik und Dekonstruktion: „Die Denkoperationen des Anähnelns, dies ist nun der entscheidende Punkt, sind sämtlich ‚vorklassisch' im Sinne von Foucault und haben mehr mit den rhetorischen Verfahren metaphorischer Verschiebungen und wechselseitiger Spiegelung, Verdoppelung oder Umkehrung von Strukturen, Konsonanzen und Zitationen, Analogien und Korrespondenzen zu tun, also einem Reichtum komplexer Beziehungen, die von einem auf Gleiches gerichteten Denken nivelliert zu werden pflegen." Mattenklott, Gert: „Ähnlichkeit. Jenseits von Expression, Abstraktion und Zitation". In: ebd., S. 167–184, hier S. 180.
78 Vgl. hierzu Bredekamp, Horst u. Sybille Krämer: „Kultur, Technik, Kulturtechnik: Wider die Diskursivierung der Kultur". In: *Bild. Schrift. Zahl.* Hg. v. Krämer u. Bredekamp. München 2003, S. 11–22, hier S. 18.
79 Ebd., S. 11.

in der Funktion abbildhafter Bezeichnung aufgehen. Auf der anderen Seite verweist dieser Begriff auch auf die „*Erkenntnisdimension der Bildlichkeit*" als einem „unersetzlichen Kern nicht nur im Entdeckungs-, sondern auch im Begründungskontext der Wissenschaften".[80] Wenn Horst Bredekamp und exemplarisch noch einmal Sybille Krämer auf die *Schriftbildlichkeit* als eine „(fast) vergessene Dimension der Schrift" hinweist, dann geht es aus kulturtechnischer Perspektive darum, gerade die dichotomen Oppositionen von Sprache und Bild, Symbolischem und Technischem, Geist und Sinnlichem in Frage zu stellen. Gegen die Tendenz einer Diskursivierung der Kultur, die diese Oppositionen immer (noch) voraussetzt,[81] stellt Krämer den Begriff der *Inkorporierung*:

> ‚Kultur' bezieht sich auf Praktiken, mit denen unsinnliche Gegebenheiten wie ‚Werte' oder ‚Sinn', demjenigen, was in Raum und Zeit gegeben, und also wahrnehmbar ist, inkorporiert werden. Es gibt keinen Geist, keinen Sinn, keinen Wert, keine abstrakten Gegenstände – noch nicht einmal: Gott – ohne Verkörperung.[82]

Die Bezüge dieser Perspektive zur primitivistischen Theorie zu Beginn des 20. Jahrhunderts sind deutlich. Der Primitivismus fokussierte im Modell des magisch-primitiven Zeichens gerade jene Untrennbarkeit von Sprache und Bild, Geist und

---

80 Ebd., S. 14 f. (Herv. im Orig.).
81 Krämer wirft Derrida vor, selbst noch dem phonographischen Schriftverständnis verhaftet zu sein: „Die Schrift wird Derrida zur Bedingung der Möglichkeit, aber auch der Unmöglichkeit der Sprache als eines bloßen ‚Zeichensystems'. Doch so bleibt im Negativabdruck ein phonographisches Schriftverständnis durchaus gewahrt." Krämer, Sybille: „Schriftbildlichkeit', oder: Über eine (fast) vergessene Dimension der Schrift". In: *Bild. Schrift. Zahl.* Hg. v. Krämer u. Horst Bredekamp. München 2003, S. 157–176, hier S. 158 f. Derridas Schriftbegriff lässt sich allerdings nicht ohne weiteres mit dem phonographischen oder gar alphabetischen Schriftdenken in Verbindung bringen. Derrida reflektiert ganz explizit den historischen Einsatz neuer analoger Schriften, wenn er exemplarisch auf die „Entwicklung der Informations*praktiken*" (23), die „Ausweitung der Phonographie" (23) sowie die „Kinematographie [...] aber auch ‚Schrift' des Bildes, der Musik, der Skulptur usw." (21) verweist. Auch Derrida setzt nämlich beim Argument der *Exteriorität* an: „Die Exteriorität des Signifikanten ist die Exteriorität der Schrift im allgemeinen. Wir werden zu zeigen versuchen, daß es kein sprachliches Zeichen gibt, das der Schrift vorherginge. Ohne diese Exteriorität bricht selbst die Idee des Zeichens zusammen." (29) Das Problem liegt also weniger darin, dass Derrida die Exteriorität des Zeichens verkennen würde, sondern vielmehr darin, dass er diese Exteriorität immer bereits an symbolische Differenzialität gebunden denkt. So verweist Derrida zwar auf verschiedene, auch analoge Formen der Schrift (z. B. die Phonographie), *mediale Differenz* allerdings, d. h. v. a. die Unterscheidung von analogen und symbolischen Graphien geht in diesem Modell der Vorgängigkeit einer differenziellen Schrift verloren. (Die Seitenzahlen hinter den Zitaten verweisen auf: Derrida: *Grammatologie*.)
82 Krämer: „Schriftbildlichkeit", S. 167.

Symbolischem, um die es auch Krämers Begriff der Inkorporation geht. Carl Einstein schrieb 1915 über das primitive Kunstwerk: „Es bedeutet nichts, es symbolisiert nicht; es ist der Gott".[83]

Und noch in einem weiteren Sinne erweist sich die Theorie des Primitiven in diesem Zusammenhang als anschlussfähig. Die radikale Dichotomie zwischen Sinnlichem und Geistigem, wie sie noch in der Theorie des *Wilden* um 1800 wirkmächtig war, ist in der Theorie des Primitiven um 1900 der Frage nach den *Übergängen* und *Übersetzungen* zwischen verschiedenen Kulturformen und Medien gewichen. In genau diesem Sinne lässt sich der Diskurs des Primitivismus als eine *Medientheorie* der Kultur beschreiben. An die Stelle radikaler Differenz von Natur und Kultur, Sinnlichem und Geistigem, Wilden und Europäern (wie sie in der Epoche des alphabetischen Schriftmonopols formuliert worden war) setzt der Primitivismus die Beschreibung der Formen, Regeln und Gesetze kulturell, historisch und medial differenzierter *Exteriorisierungen des Geistes* und die Frage nach deren wechselseitiger Übersetzbarkeit. Nicht um Phonozentrismus geht es im Primitivismus, sondern um ein Denken medialer Differenz.

Der Fokus auf die Bedingungen und Implikationen analoger Medien und Verzeichnungstechniken bezeichnet nicht nur das theoretische Zentrum des *historischen* Primitivismus. Er verweist zugleich auf die systematische Herausforderung, die der primitivistische Diskurs im Kontext *gegenwärtiger* Theorien der Medien bedeutet. Die poststrukturalistische Schrift- und Medientheorie in der zweiten Hälfte des 20. Jahrhunderts lehnt – wie der Primitivismus auch – einen instrumentellen, repräsentationalen Medienbegriff ab, der Zeichen immer nur als *Abbilder* eines vorgängigen unmittelbar Wirklichen begreift. Hervorgehoben wird dagegen die *konstitutive* Funktion und Bedeutung von Medien und Techniken, d. h. die Unhintergehbarkeit des Medialen selbst. Dabei hat sich diese Medientheorie allerdings – auch und gerade mit Blick auf das digitale Medium des Computers als vorläufig letzte Etappe der Mediengeschichte – auf die Frage der Kalkülisierung und Codierung konzentriert. Die Kritik am repräsentationalen Zeichenmodell wird mit dem Verweis auf die Vorgängigkeit einer differenziellen Schrift oder technischer: mit dem Verweis auf Kalkül und Berechnung als wirkmächtigen, nicht-repräsentationalen Dimensionen der Schrift formuliert.

Was dieser Fokus auf Differenz und Kalkülisierung allerdings tendenziell in den Hintergrund treten lässt, sind Schriften, die weder dem Modell der Repräsentation noch jenem einer symbolischen Rechen- und Schaltbarkeit der Welt folgen. Die analogen Schriften technischer Medien jedoch stehen dem Zeichen-

---

83 Einstein, Carl: „Negerplastik". In: ders.: *Werke*, Bd. 1. Berlin 1994, S. 234–252, hier S. 242.

modell der Repräsentation ebenso entgegen wie einem Denken in Kalkülen oder symbolischer Differenz. Was die primitivistische Theorie um 1900 als primitive, magische Zeichen- und Wahrnehmungsformen beschreibt, ist ein Denken in Übergängen und Kontinuitäten zwischen Zeichen und Bezeichnetem ebenso wie zwischen den Zeichen selbst. Medientheoretisch gewendet, geht es um jene Verzeichnungsform analoger Graphie, die schon im Akt der Inskription Zeichnendes und Gezeichnetes physisch zusammenführt und auch in ihrer Verzeichnungsform selbst keine isolierbar-diskreten Einheiten kennt. Im primitiven *Ritzen* verortete die Medien- und Schrifttheorie um 1900 den Ursprung des Alphabets. Wenn es also um die Frage von Medien als Kulturtechniken geht, so erinnert der Primitivismus an eben jene *dritte* Form des Zeichens, deren frühe Theorie er formuliert. Im Verweis auf primitive Wahrnehmungs- und Zeichenformen entwirft der Diskurs des Primitiven die noch zu erzählende Geschichte analoger Medien und ihrer kulturellen Bedingungen und Implikationen.

Literaturverzeichnis

Balázs, Béla: *Der sichtbare Mensch oder die Kultur des Films* (1924). Frankfurt a. M. 2001.
Benjamin, Walter: „Kleine Geschichte der Photographie". In: ders.: *Aufsätze, Essays, Vorträge. Gesammelte Schriften*, Bd. II, 1. Frankfurt a. M. 1991, S. 368–385.
Benjamin, Walter: „Über das mimetische Vermögen". In: ders.: *Aufsätze, Essays, Vorträge. Gesammelte Schriften*, Bd. II, 1. Frankfurt a. M. 1991, S. 210–213.
Bitsch, Annette: „Zwischen Linguistik und Kybernetik. Lacans Diskurs der Psychoanalyse". In: *Electric Laokoon. Zeichen und Medien von der Lochkarte zur Grammatologie*. Hg. v. Michael Franz, Wolfgang Schäffner, Bernhard Siegert u. Robert Stockhammer. Berlin 2007, S. 270–290.
Böhme, Hartmut: *Fetischismus und Kultur. Eine andere Theorie der Moderne*. Reinbek bei Hamburg 2006.
Brain, Robert: „Standards und Semiotik". In: *Electric Laokoon. Zeichen und Medien von der Lochkarte zur Grammatologie*. Hg. v. Michael Franz, Wolfgang Schäffner, Bernhard Siegert u. Robert Stockhammer. Berlin 2007, S. 200–223.
Bredekamp, Horst u. Sybille Krämer: „Kultur, Technik, Kulturtechnik: Wider die Diskursivierung der Kultur". In: *Bild. Schrift. Zahl*. Hg. v. Krämer u. Bredekamp. München 2003, S. 11–22.
Cassirer, Ernst: „Das Symbolproblem und seine Stellung im System der Philosophie". In: ders.: *Symbol, Technik, Sprache. Aufsätze aus den Jahren 1927–1933*. Hg. v. Ernst Wolfgang Orth u. John Michael Krois. Hamburg 1995, S. 1–38.
Därmann, Iris: *Fremde Monde der Vernunft. Die ethnologische Provokation der Philosophie*. München 2005.
Derrida, Jacques: *Grammatologie*. Frankfurt a. M. 1983.
Einstein, Carl: „Negerplastik". In: ders.: *Werke*, Bd. 1. Berlin 1994, S. 234–252.
Foucault, Michel: *Die Ordnung der Dinge. Eine Archäologie der Humanwissenschaften*. Frankfurt a. M. 1974.

Foucault, Michel: „Einleitung". In: *Traum und Existenz*. Hg. v. Ludwig Binswanger. Bern, Berlin 1992, S. 7-93.
Funk, Gerald, Gert Mattenklott u. Michael Pauen (Hg.): *Ästhetik des Ähnlichen. Zur Poetik und Kunstphilosophie der Moderne*. Frankfurt a. M. 2001.
Funk, Gerald, Gert Mattenklott u. Michael Pauen: „Einleitung. Symbole und Signaturen. Charakteristik und Geschichte des Ähnlichkeitsdenkens". In: dies. (Hg.): *Ästhetik des Ähnlichen. Zur Poetik und Kunstphilosophie der Moderne*. Frankfurt a. M. 2001, S. 7-34.
Goodman, Nelson: *Sprachen der Kunst. Entwurf einer Symboltheorie*. Frankfurt a. M. 1997.
Hegel, Georg Wilhelm Friedrich: *Vorlesungen über die Philosophie der Weltgeschichte, Berlin 1822/1823*. Hg. v. Karl Heinz Ilting mit Nachschriften von Karl Gustav Julius von Griesheim. Hamburg 1996.
Hoerl, Erich: *Die heiligen Kanäle. Über die archaische Illusion der Kommunikation*. Zürich, Berlin 2005.
Kegel, Gerd: „Das Forschungsfeld ,Sprache' bei Wilhelm Wundt". In: *Wilhelm Wundts anderes Erbe. Ein Missverständnis löst sich auf*. Hg. v. Gerd Jüttemann. Göttingen 2006, S. 144-155.
Kittler, Friedrich: *Grammophon, Film, Typewriter*. Berlin 1986.
Kohl, Karl-Heinz: *Die Macht der Dinge. Geschichte und Theorie sakraler Objekte*. München 2003.
Krämer, Sybille: „Das Medium zwischen Zeichen und Spur". In: *Spuren. Lektüren. Praktiken des Symbolischen*. Hg. v. Gisela Fehrmann, Erika Linz u. Cornelia Epping-Jäger. München 2005, S. 153-166.
Krämer, Sybille: „Medienphilosophie der Stimme". In: *Systematische Medienphilosophie*. Hg. v. Mike Sandbothe u. Ludwig Nagl. Berlin 2005, S. 221-237.
Krämer, Sybille: „,Schriftbildlichkeit', oder: Über eine (fast) vergessene Dimension der Schrift". In: *Bild. Schrift. Zahl*. Hg. v. Krämer u. Horst Bredekamp. München 2003, S.157-176.
Krämer, Sybille: „Zentralperspektive, Kalkül, virtuelle Realität. Sieben Thesen über die Weltbildimplikationen symbolischer Formen". In: *Medien - Welten - Wirklichkeiten*. Hg. v. Gianni Vattimo u. Wolfgang Welsch. München 1998, S. 27-37.
Kretschmer, Ernst: *Medizinische Psychologie. Ein Leitfaden für Studium und Praxis*. Leipzig 1922.
Lacan, Jacques: „Das Drängen des Buchstabens im Unbewussten oder die Vernunft seit Freud". In: ders.: *Schriften II*. Olten 1975, S. 15-85.
Lévy-Bruhl, Lucien: *Das Denken der Naturvölker*. Hg. u. eingeleitet v. Wilhelm Jerusalem. Wien, Leipzig 1926.
Mattenklott, Gert: „Ähnlichkeit. Jenseits von Expression, Abstraktion und Zitation". In: Gerald Funk, ders. u. Michael Pauen (Hg.): *Ästhetik des Ähnlichen. Zur Poetik und Kunstphilosophie der Moderne*. Frankfurt a. M. 2001, S. 167-184.
Sample, Colin: „Living Words. Physiognomy and Aesthetic Language". In: *The Incorporated Self. Interdisciplinary Perspectives on Embodiment*. Hg. v. Michael O'Donovan-Anderson. Lanham 1996, S. 113-126.
Saussure, Ferdinand de: *Grundfragen der allgemeinen Sprachwissenschaft*. Mit einem Nachwort v. Peter Ernst. 3. Aufl. Berlin, New York 2001.
Schäffner, Wolfgang: „Die Materialität des Bildes bei Foucault". In: *Electric Laokoon. Zeichen und Medien von der Lochkarte zur Grammatologie*. Hg. v. Michael Franz, Wolfgang Schäffner, Bernhard Siegert u. Robert Stockhammer. Berlin 2007, S. 182-194.

Steinthal, Heymann: *Der Ursprung der Sprache im Zusammenhange mit den letzten Fragen allen Wissens. Eine Darstellung der Ansicht Wilhelm v. Humboldts, verglichen mit denen Herders und Hamanns.* Berlin 1851.

Weber, Samuel: *Rückkehr zu Freud. Jacques Lacans Ent-stellung der Psychoanalyse.* Frankfurt a. M. u. a. 1978.

Werkmeister, Sven: *Kulturen jenseits der Schrift. Zur Figur des Primitiven in Ethnologie, Kulturtheorie und Literatur um 1900.* Paderborn 2010.

Werner, Heinz: *Grundfragen der Sprachphysiognomik.* Leipzig 1932.

Westermann, Diedrich: *Grammatik der Ewe-Sprache.* Berlin 1907.

Westermann, Diedrich: „Laut, Ton und Sinn in westafrikanischen Sudansprachen". In: *Festschrift Meinhof. Sprachwissenschaftliche und andere Studien.* Hamburg 1927, S. 315–328.

Wundt, Wilhelm: *Elemente der Völkerpsychologie. Grundlinien einer psychologischen Entwicklungsgeschichte der Menschheit.* Leipzig 1912.

Wundt, Wilhelm: *Völkerpsychologie. Eine Untersuchung der Entwicklungsgesetze von Sprache, Mythus und Sitte. Zweiter Band: Die Sprache. Zweiter Teil.* 3., neu bearb. Aufl. Leipzig 1912.

Wundt, Wilhelm: *Völkerpsychologie. Eine Untersuchung der Entwicklungsgesetze von Sprache, Mythus und Sitte. Erster Band: Die Sprache. Erster Teil.* 3., neu bearb. Aufl. Leipzig 1911.

Claudia Öhlschläger
Abstraktion im Licht der Faszination

Wilhelm Worringer am Ort des Primitivismus

Wollte man eine Faszinationsgeschichte des Primitivismus schreiben, so dürfte der Kunsthistoriker Wilhelm Worringer und die Geschichte vom Geburtsakt seiner Abstraktionstheorie im Pariser Trocadéro um 1906 nicht fehlen. Ein instruktiver Beitrag in einem jüngst erschienenen Sammelband zum Thema Faszination[1] zeigt, dass das Interesse am Primitiven nicht nur ein modernes Faszinosum ist, welches sich auf das Leben und die Kultur der Primitiven richtet, sondern dass die Faszination als ein Vorgang des staunenden Eingenommen-Seins, der Verwunderung und übersteigerten Aufmerksamkeit im diskursiven Zusammenhang von psychologischen und ethnologischen Primitivismusdebatten um 1900 steht. Geht es also einerseits um „das Primitive als *Objekt* der Faszination", so geht es im anderen Fall um „das Primitive als *Subjekt* der Faszination": Inwiefern lässt sich Faszination als „gewissermaßen *primitiver* Zustand" beschreiben, wenn, wie in der zeitgenössischen Ethnologie, aber auch in der Literatur noch des 20. Jahrhunderts, mit dem Denken der Primitiven Magie, Offenbarung, Einfachheit und Überschaubarkeit in Verbindung gebracht werden?[2] Der vorliegende Beitrag möchte zeigen, dass die Entstehung von Wilhelm Worringers bahnbrechender, breit rezipierter Dissertationsschrift *Abstraktion und Einfühlung* vom Autor selbst in den Begründungszusammenhang der Faszination gestellt wird, wie ihn die Psychologie um 1900 terminologisch zu definieren versuchte. Wilhelm Worringers Selbstbeschreibung der Ursachen, die zu seiner Studie über *Abstraktion und Einfühlung* geführt haben, sind geprägt von einem Modus des Fasziniert-Seins, vom Einbruch eines gleichsam wunderbaren Ereignisses. Diese Perspektive auf Worringers Abstraktionstheorie erschließt sich, wenn man das Vorwort des Autors

---

[1] Werkmeister, Sven: „Die Faszination der Primitiven. Anmerkungen zur Diskursgeschichte der Faszination in Psychologie und Ethnologie der Moderne". In: *Faszination. Historische Konjunkturen und heuristische Tragweite eines Begriffs*. Hg. v. Andy Hahnemann u. Björn Weyand. Frankfurt a. M. 2009, S. 109–118.
[2] Werkmeister: „Die Faszination der Primitiven", S. 110. Für eine Reflexion über die „Faszination durch primitive Zustände" vgl. Canetti, Elias: *Die Provinz des Menschen*. Frankfurt a. M. 1976, S. 171f. (Aufzeichnung von 1955). Diesen Hinweis verdanke ich Erhard Schüttpelz: „Elias Canettis Primitivismus. Aus der Provinz der Weltliteratur". In: *Der Überlebende und sein Doppel: kulturwissenschaftliche Analysen zum Werk Elias Canettis*. Hg. v. Susanne Lüdemann. Freiburg i. Br. 2008, S. 287–309.

zur Neuausgabe von 1948 als paratextuelle Rahmung genauer in den Blick nimmt. Zunächst aber einige Überlegungen zur Bestimmung des Begriffs Primitivismus.

Trotz zahlreicher kunsthistorischer und kulturwissenschaftlicher Studien gibt es hinsichtlich des Begriffs Primitivismus weiterhin Klärungsbedarf. Was genau ist unter Primitivismus zu verstehen und welche Relevanz hat er für moderne Kulturen, insbesondere aber für die der klassischen Avantgarde? Aus kunsthistorischer Perspektive ist der Primitivismus kein Gattungsbegriff – vergeblich hat man sich darum bemüht[3]; vielmehr zielt er auf die Betrachtung und Bewertung einer Kunst, die Merkmale wie Einfachheit und formalen Reduktionismus aufweist und sich an der mythischen Denkform sogenannter primitiver Naturvölker und deren Kunstformen orientiert. Vor allem in der bildenden Kunst um 1900 entwickeln sich Ästhetiken unter dem Schlagwort des *Primitivismus* zu Leitlinien einer umfassenden, mit den Traditionen der akademischen Kunsttheorie brechenden Erneuerung.[4] Ende des 19. Jahrhunderts galt als *wild* solche Kunst, die von der griechisch-römischen Linie des westlichen Realismus und seiner Neufassung in der Renaissance abwich. Für Künstler des ausgehenden 19. Jahrhunderts, wie für van Gogh und Gauguin etwa, galten unterschiedliche Stile Persiens, Ägyptens, Javas, Kambodschas und Perus gleichermaßen als *wild* und *primitiv*, erst die Entdeckung afrikanischer und ozeanischer Masken und Figurenplastiken durch Matisse, Vlaminck und Picasso Anfang des 20. Jahrhunderts brachten einen Bedeutungswandel und eine Begrenzung des Begriffs: Der Schwerpunkt dessen, was man als *primitiv* bezeichnete, verlagerte sich auf die Stammesobjekte, auf die Stammeskunst.[5] Voraussetzung eines solchen Programms war die Arbeit von Ethnologen, die, wie beispielsweise der deutsche Völkerkundler Karl von den Steinen (1855–1929), Anschauungsmaterial in europäische Ausstellungen und Museen lieferten. Der Rückgriff auf die Kunst der Primitiven wurde nicht als Regression aufgefasst, sondern als Möglichkeit, zu einer „tieferen Wahrheit", zum Ursprung der Kunst, vorzudringen.[6] Noch Lévi-Strauss vermerkt: „Ein primitives Volk ist kein rückständiges oder retardiertes Volk; tatsächlich kann es im einen oder anderen Bereich einen Genius für Erfindung oder Handlung besitzen, der die

---

[3] Rubin, William: „Der Primitivismus in der Moderne. Eine Einführung". In: *Primitivismus in der Kunst des zwanzigsten Jahrhunderts*. Hg. v. William Rubin. München 1996, S. 9–91, hier S. 14.
[4] Zink, Jürgen: *Rotpeter als Bororo? Drei Erzählungen Franz Kafkas vor dem Hintergrund eines „literarischen Primitivismus" um 1900*. Diss. Universität Würzburg 2005. Internetpublikation unter: <http://www.opus-bayern.de/uni-wuerzburg/volltexte/2006/1750/pdf/rotpeter_als_bororo_internet.pdf> (Stand: 24.05.2011).
[5] Ich paraphrasiere hier Rubin: „Der Primitivismus in der Moderne", S. 10f.
[6] Zink: *Rotpeter als Bororo?*, S. 10.

Errungenschaften anderer Völker weit in den Schatten stellt."[7] Es ist denn auch, wie namhafte Primitivismus-Forscher immer wieder betont haben, strikt zu unterscheiden zwischen dem Primitivismus als Teil der europäischen Rezeptionsgeschichte von Kunst der Naturvölker und sogenannter primitiver Kunst. Primitivismus bezeichnet also keineswegs eine Geschichte der Kunstformen der Naturvölker, sondern den Diskurs über die Wahrnehmung und Rezeption „primitiver Kunst".[8] In Verbindung mit der Bewunderung der *primitiven* Skulptur und Kunst durch Künstler wie Kandinsky, Marc, Gauguin, Picasso und anderen kann demnach von einer pejorativen Bewertung nicht die Rede sein; der Begriff „primitiv" wird hier affirmativ gebraucht, bis hin zur identifikatorischen Übereinstimmung in Kunstprogrammatiken wie dem Almanach *Der Blaue Reiter* von 1912, in dem Franz Marc in seinem Artikel *Die ‚Wilden' Deutschlands* schreibt: „Wir streiten als Wilde, nicht Organisierte gegen eine alte, organisierte Macht."[9] Dennoch: Die in der Rezeption des Primitivismus verankerte, entwicklungsgeschichtliche Anordnung von früh/primitiv und spät/zivilisiert wird, wie Wolfgang Riedel gezeigt hat, zuweilen mit einer Semantik belegt, die das Frühe als das Einfache, Unentwickelte, das Späte als das Fortgeschrittene, das Komplexe verstanden wissen will. Für diese Sichtweise steht insbesondere der Anthropologe Sir James Frazer ein. Eine Gegenposition vertritt der Ethnologe und Philosoph Lévy-Bruhl mit seiner Theorie eines sogenannten prälogischen Denkens der Primitiven, das jenseits des Differenzdenkens des europäischen Rationalismus neue Erfahrungszusammenhänge und Verhältnisbestimmungen zwischen Subjekt und Objekt erschließe. Wolfgang Riedel nennt es in seinem Aufsatz über die *Theorien des wilden Denkens um 1900* ein Denken „im Bann der Indifferenz."[10] Dieses Denken im „Bann der Indifferenz" ist nun seinerseits diskursiv mit dem Fasziniert-Sein als Modus des Staunens und der Verwunderung verbunden.

In den hier geöffneten Rahmen der kunstgeschichtlichen Genese des Primitivismus stellt sich der Kunsttheoretiker und Kunsthistoriker Wilhelm Worringer, der wie Carl Einstein zu Beginn des 20. Jahrhunderts durch entscheidende Impulse für einen Wandel des Kunstbegriffs sorgte und auf der Basis einer völkerpsy-

---

7 Lévi-Strauss, Claude: *Structural Anthropology*. London 1963, S. 101f. zit. n. Rubin: „Der Primitivismus in der Moderne", S. 14.
8 Zink: *Rotpeter als Bororo?*, S. 42.
9 *Der blaue Reiter*. Hg. v. Wassily Kandinsky u. Franz Marc. Dokumentarische Neuausgabe v. Klaus Lankheit. 9. Aufl. München, Zürich 1994.
10 Riedel, Wolfgang: „Archäologie des Geistes. Theorien des wilden Denkens um 1900". In: *Das schwierige 19. Jahrhundert. Germanistische Tagung zum 65. Geburtstag von Eda Sagarra im August 1998*. Mit einem Vorwort v. Wolfgang Frühwald. Hg. v. Jürgen Barkhoff, Gilbert Carr u. Roger Paulin. Tübingen 2000, S. 467–485, hier S. 467.

chologisch motivierten Entwicklungsgeschichte der Kunst die Abstraktion als eine Art Urform künstlerischen Wollens bezeichnete. Worringer prägte bekanntlich mit seiner 1907 entstandenen und 1908 erschienenen Dissertation *Abstraktion und Einfühlung* eine ganze Künstlergeneration, obwohl er sich paradoxerweise von zeitgenössischen Abstraktionstendenzen in der Kunst distanzierte. 1881 in Aachen geboren, studierte Wilhelm Worringer zunächst Germanistik, dann Kunstgeschichte in Freiburg, Berlin und München. 1907 erfolgte die Promotion zum Thema *Abstraktion und Einfühlung* in Bern, 1909 schon die Habilitation über *Formprobleme der Gotik*. Nach dem Ersten Weltkrieg war Worringer Hochschullehrer an der Universität Bern, 1920 wurde er zum außerordentlichen Professor benannt. 1928 ging er dann als Ordinarius an die Universität Königsburg, während des Zweiten Weltkriegs kam es zu einer Publikationspause, 1946 nahm Worringer einen Ruf an die Universität Halle an, 1950 verließ er die DDR aufgrund wachsender Pressionen. Worringer starb 1965 in München.[11] Worringers Kunsttheorie schreibt eine Geschichte des Subjekts, die ihren Ursprung in einer – so die Prämisse des Autors – menschlichen Neigung zur Abstraktion hat. Die Kategorie des Kunstwollens, mit der Worringer argumentiert, ist dem österreichischen Kunsthistoriker Alois Riegl geschuldet, der insbesondere durch zwei Studien hervorgetreten ist: 1) *Stilfragen. Grundlegung zu einer Geschichte der Ornamentik* (1893) und *Spätrömische Kunstindustrie* (1901). Dem Standort des Menschen in der Welt begegnet Worringer mit einer grundsätzlichen Skepsis: Es ist der dreidimensionale Raum, von dem ein Angstgefühl ausgehe, das sich einer „Qual und Unruhe" verdanke, „die den Menschen den Dingen der Außenwelt in ihrem unklaren Zusammenhang und Wechselspiel gegenüber beherrschte".[12] Die Angst vor der „großen inneren Beunruhigung des Menschen durch die Erscheinungen der Außenwelt" betrachtet Worringer als Ursprung künstlerischer Betätigung: „Wenn Tibull sagt: primum in mundo fecit deus timor, so läßt sich dieses selbe Angstgefühl auch als Wurzel des künstlerischen Schaffens annehmen."[13] Nun verankert Worringer seine Überlegungen im Wahrnehmungs- und Handlungshorizont des sogenannten „primitiven" Menschen einer vorhistorischen Entwicklungsstufe. Bei den „primitiven" Naturvölkern, die noch auf die Versicherungen des Tastsinnes angewiesen gewesen waren, habe sich ein Zustand „geistiger Raumscheu" gezeigt, ein Zustand

---

[11] Eine ausführliche Lebensbeschreibung findet sich bei Helga Grebing: *Die Worringers. Bildungsbürgerlichkeit als Lebenssinn – Wilhelm und Marta Worringer (1881–1965)*. Berlin 2004.
[12] Worringer, Wilhelm: „Abstraktion und Einfühlung. Ein Beitrag zur Stilpsychologie (1907)". In: ders.: *Schriften*. Hg. v. Hannes Böhringer, Helga Grebing u. Beate Söntgen. Unter Mitarbeit v. Arne Zerbst, Bd. 1. München 2004, S. 39–149, hier S. 78.
[13] Ebd., S. 73.

der Schutzlosigkeit und Ohnmacht gegenüber der Unendlichkeit und Unübersichtlichkeit des sich vor ihm ausdehnenden Raumes.[14] Das gespannte Verhältnis zwischen Mensch und Außenwelt erklärt sich Worringer aus einem instinktiven Misstrauen, das dieser gegenüber dem freien Raum, der „unergründlichen Verworrenheit aller Lebenserscheinungen" und dem „Wechselspiel der Außenwelterscheinungen"[15] hege. Entfremdung und Furcht lassen „ein Wesen übrig, das hilflos und zusammenhanglos wie ein verwunschenes Tier der Aussenwelt gegenübersteht [...]."[16]

Stellt man den zwiespältigen, auf Faszination und Schrecken gleichermaßen gründenden Charakter der geistigen Raumscheu, die Worringer mit einer Angst vor dem weiten Raum verbindet, in den Kontext zeitgenössischer politischer Imaginationen über den Raum, erschließt sich eine weitere, nicht uninteressante Dimension, die jedoch in *Abstraktion und Einfühlung* allenfalls als Subtext lesbar ist. Schon mit Beginn der Industrialisierung im 19. Jahrhundert lösten sich alte Ortsbindungen auf, ein Vorgang, der „zur Quelle sozialer Ängste und Phantasmagorien" wurde. Alexander Honold zeigt in seinem Aufsatz über *Volk ohne Raum*, dass sich zu Beginn des 20. Jahrhunderts Imaginationen über den Raum in zwei gegenläufige Richtungen entwickelten: Einmal in Richtung der Vorstellung, dass Enge und Raumnot herrsche, dass sich eine Überfüllung, eine Vermassung breit mache; andererseits aber auch die Vorstellung von leeren, weiten Räumen, die noch zu bevölkern wären. Die letztgenannte Vorstellung spielte im Kontext der Kolonialpropaganda eine entscheidende Rolle:

> Zur Kolonialpropaganda nämlich kann die Parole vom Volk ohne Raum nur dann taugen, wenn sie unterstellt, es gebe andernorts – etwa in den deutschen Kolonien – das komplementäre Gegenstück zum solcherart bestimmten Mangel, also einen *Raum ohne Volk*. Einen Raum, der womöglich noch leer, unbeschrieben und unbesiedelt sei oder von dessen Besiedlung zumindest abstrahiert werden könne, ein herrenloses [...] Terrain, das nur darauf warte, von zupackenden Eroberer- und Siedlertrecks in Besitz genommen zu werden.[17]

Besonders bemerkenswert an ästhetischen Legitimierungen deutscher Kulturmissionen ist die Ambivalenz zwischen der visuellen Kontrolle des leeren Raumes

---

14 Ebd., S. 74.
15 Ebd.
16 Worringer, Wilhelm: „Formprobleme der Gotik. Mit 25 Tafeln (1911)". In: ders.: *Schriften*. Hg. v. Hannes Böhringer, Helga Grebing u. Beate Söntgen. Unter Mitarbeit v. Arne Zerbst, Bd. 1. München 2004, S.151–299, hier S. 171.
17 Honold, Alexander: „Raum ohne Volk. Zur Imaginationsgeschichte der kolonialen Geographie". In: *Kolonialismus. Kolonialdiskurs und Genozid*. Hg. v. Mihran Dabag, Horst Gründer u. Uwe-K. Ketelsen. München 2004, S. 95–110, hier S. 97.

und der bedrohlichen Faszination der Leere. Honold deutet Furcht und Beklemmung am Beispiel eines 1909 erschienenen Südwestafrika-Romans als Symptome verdrängter Gewalt. Der beklommene Blick der schwermütigen Protagonistin, der in Erzählungen und Berichten immer wiederkehre, taste den leeren Raum nach Zeichen und Spuren eines Feindes ab – als Ausdruck einer verborgenen Angst vor dem doch nicht menschenleeren Raum. In Worringers Theorem der geistigen Raumscheu findet dieser in den zeitgenössischen Debatten über politische Räume verborgene Zusammenhang von Faszination und Schrecken seinen Widerhall, freilich in entstellter Form. Nicht der Landschaft gliedernde und kontrollierende Blick, sondern die Abstraktion als eine antimimetische Kunstäußerung soll den dreidimensionalen Raum bewältigen, der bei Worringer auffallend pejorativ beschrieben wird, und zwar deshalb, weil dieser Raum, wie Worringer schreibt, dem „sinnlichen Objekt" eine „Unklarheit" verleihe, die überwunden werden müsse.[18] Allein die abstrakte, geometrische, lebensverneinende Form verschaffe Beruhigung und Beglückung:

> Die Beglückungsmöglichkeit, die sie in der Kunst suchten, bestand nicht darin, sich in die Dinge der Außenwelt zu versenken, sich in ihnen zu genießen, sondern darin, das einzelne Ding der Außenwelt aus seiner Willkürlichkeit und scheinbaren Zufälligkeit herauszunehmen, [...] und auf diese Weise einen Ruhepunkt in der Erscheinungen Flucht zu finden. Ihr stärkster Drang war, das Objekt der Außenwelt gleichsam aus dem Naturzusammenhang, aus dem unendlichen Wechselspiel des Seins herauszureißen, es von allem, was Lebensabhängigkeit, d.i. Willkür an ihm war, zu reinigen, es notwendig und unverrückbar zu machen, es seinem *absoluten* Werte zu nähern.[19]

Der von Worringer postulierte Abstraktionsdrang impliziert damit mehr als die Privilegierung einer bestimmten künstlerischen Ausdrucksweise. Funktion und Aufgabe abstrakter Kunst ist es, die Furcht vor der „Vieldeutigkeit der Erscheinungen" zu beschwören und zu bannen; Kunst wirkt apotropäisch.[20] Die Kunst begegnet der Relativität der Außenerscheinungen mit Symbolen und Formen des Innern, die Zufälliges in den Stand absoluter und notwendiger Gesetzmäßigkeit erheben: „Je weniger sich die Menschheit kraft ihres geistigen Erkennens mit der Erscheinung der Außenwelt befreundet und zu ihr ein Vertraulichkeitsverhältnis gewonnen hat", schreibt Worringer, „desto gewaltiger ist die Dynamik, aus der

---

[18] Worringer: „Abstraktion und Einfühlung", S. 78.
[19] Ebd., S. 74.
[20] Worringer, Wilhelm: „Entwicklungsgeschichtliches zur modernsten Kunst". In: *Im Kampf um die Kunst. Die Antwort auf den „Protest deutscher Künstler"*. München 1911, S. 92–99; zit. n. Thomas Anz u. Michael Stark (Hg.): *Expressionismus. Manifeste und Dokumente zur deutschen Literatur 1910–1920*. Stuttgart 1982, S. 19–23, hier S. 20.

heraus jene höchste abstrakte Schönheit erstrebt wird."[21] Im Abstraktionsdrang artikuliert sich ein radikaler Purifizierungswille: Worringer betont immer wieder, dass das Objekt der Außenwelt aus dem Naturzusammenhang herausgerissen werden, es von aller Lebensabhängigkeit, Zeitlichkeit und Unklarheit gereinigt werden musste.[22] Nicht nur das Naturobjekt wird von allem, was organisch, vergänglich und willkürlich an ihm ist, durch seine Trennung vom natürlichen Lebenszusammenhang gelöst; es ist das betrachtende Subjekt selbst, seine optische Wahrnehmung, ja: seine organische Existenz als Trübungsfaktor, das in der Hinwendung zur abstrakten kristallinischen Form suspendiert werden soll: Erscheint das Ich doch als „Trübung der Größe, als Beeinträchtigung der Beglückungsmöglichkeit des Kunstwerkes [...]."[23]

In ihrem völkerpsychologischen, ideologischen und ahistorischen Zuschnitt liegt sicherlich die größte Schwierigkeit von Worringers Kunsttheorie, die zugleich Universalgeschichte zu sein beansprucht. Als Geschichte des Weltgefühls will Worringers Theorie des Kunstbedürfnisses, die an der Völkerpsychologie eines Heymann Steinthal, Moritz Lazarus und Wilhelm Wundt geschult ist, an die Seite der Religionsgeschichte treten. Eine solche anthropologische und psychologische Perspektivierung des Abstraktionsproblems muss im Kontext wichtiger kulturkritischer Diskussionen der Zeit gesehen werden – seien diese ästhetischer, soziologischer oder kunsttheoretischer Provenienz –, in denen über das Selbstverständnis einer Neubestimmung der Ästhetik der Moderne gehandelt wurde. In philosophiegeschichtlicher und soziologischer Perspektive steht Worringer in der Tradition synthetischer Denkoperationen, wie sie von Georg Simmel, Wilhelm Dilthey, Max Weber, aber auch vom frühen Georg Lukács reflektiert und durchgeführt wurden. In kunsttheoretisch-ästhetischer Perspektive lässt sich Worringers Abstraktionstheorie mit ihrem Fokus auf die Fläche und deren Taktilität in den Kontext der zeitgenössischen Ornament-Debatte stellen. Im Kontext der naturwissenschaftlichen Neuerungen des ausgehenden 19. Jahrhunderts und daraus resultierenden Diskussionen um einen Entzug von Sichtbarkeit und sinnlicher Erfahrbarkeit richtet sich Worringers Theorie gegen einen analytischen Sinn, um quasireligiöse, „innere Notwendigkeiten" heraufzubeschwören, die allerdings in spiritistisch-theosophischen Modellierungen von exakter Wissenschaft (Anni Besant, C.W. Leadbeater, Rudolf Steiner, Helena Blavatsky) ein Echo fanden.[24]

---

21 Worringer: „Abstraktion und Einfühlung", S.75.
22 Ebd., S.74.
23 Ebd., S.78.
24 Ausführlicher hierzu Öhlschläger, Claudia: *Abstraktionsdrang. Wilhelm Worringer und der Geist der Moderne*. München 2005.

In den Mittelpunkt der anschließenden Überlegungen möchte ich Worringers Selbsteinschätzung stellen, der zufolge er mit seiner Dissertation auf einen Krisenfaktor seiner Zeit reagierte. Dieser Krisenfaktor hat viele Facetten und kann nicht auf einen einzigen Begriff gebracht werden. *Krisis* ist ein Begriff aus dem Griechischen und meint abgeleitet aus *krino:* „scheiden, auswählen, beurteilen, entscheiden". „Der Begriff implizierte zugespitzte Alternativen, die keine Revision mehr zuließen", er fokussiert klare Entscheidungen.[25] Wenn also *Krise* eine Situation der Offenheit signifiziert, die nach klaren Entscheidungen verlangt, ist sie um 1900 nicht von der Erfahrung der Kontingenz zu trennen, die Kulturtheoretiker wie Georg Simmel mit der modernen Großstadt und der dadurch in Gang gebrachten sozialen Ausdifferenzierung verbunden sehen.[26] Im Vorwort zu der Neuausgabe von *Abstraktion und Einfühlung* aus dem Jahr 1948 mit dem Titel *Entstehung* schreibt Worringer, dass es ihm zum Zeitpunkt der Abfassung seiner Dissertation noch nicht bewusst gewesen sei, dass sie zu einem „Sesam öffne Dich" für einen ganzen Umkreis „zeitwichtiger Fragestellungen" werden sollte.[27] Er bekräftigt hier also nach dem Ende zweier Weltkriege das ungeahnte Zusammentreffen seiner persönlichen Disposition für bestimmte Probleme mit dem Disponiert-Sein einer ganzen Zeit für eine grundlegende Neuorientierung ihrer ästhetischen Wertmaßstäbe. Eine wichtige Spur führt wieder zu Georg Simmel, den Worringer im erwähnten Vorwort aus dem Jahr 1948 als geistigen Gründungsvater seiner Abstraktionsschrift ins Spiel bringt. Ihm begegnete er etwa 1906 im Pariser Trocadéro, in einem für die Weltausstellung 1878 errichteten, orientalisierten Palast, der als ethnographisches Museum fungierte. Im *Musée d'Ethnographie du Trocadéro* waren Kultgegenstände, Fetische, Masken, Waffen und Werkzeuge aus Afrika, Asien, Europa, Amerika und Ozeanien versammelt.[28] Das Trocadéro war damit nicht nur ein Ort, von dem sich zahlreiche expressionistische Künstler inspirieren ließen; bei Worringer avanciert es zu einem mythischen Schauplatz, dem das Wissen vom Ursprung des Abstraktionsdrangs, das Wissen um die psychischen, oder auch *instinktiven* Bedingungen allen Kunstschaffens

---

[25] Art. „Krise". In: *Historisches Wörterbuch der Philosophie*. Hg. v. Joachim Ritter u. Karlfried Gründer, Bd. 4. Basel 1976, S. 1235–1245, hier S. 1235. Koselleck, Reinhart: „Einige Fragen an die Begriffsgeschichte von ‚Krise'". In: ders.: *Begriffsgeschichten. Studien zur Semantik und Pragmatik der politischen und sozialen Sprache*. Frankfurt a. M. 2006, S. 203–217, hier S. 204f.
[26] Simmel, Georg: „Die Großstädte und das Geistesleben". In: ders.: *Gesamtausgabe*. Hg. v. Otthein Rammstedt, Bd. 7. Frankfurt a. M. 1995, S. 116–131.
[27] Worringer: „Abstraktion und Einfühlung", S. 51.
[28] *Le Musée d'Ethnographie du Trocadéro (1878–1908). Anthropologie et Muséologie en France*. Centre National de la Recherche Scientifique. Paris 1991.

entspringt. Worringer spricht vom „Urkunsttrieb",[29] der mit der Wiedergabe der Natur nichts zu tun habe und er wird nicht müde, von einem plötzlich hereinbrechenden, unvorhersehbaren Ereignis im Pariser Trocadéro immer wieder zu erzählen, so als wolle er durch die Wiederholung seine dauerhafte, zeitenthobene Gültigkeit beschwören. Es handelt sich um die legendenhafte Erzählung von der Begegnung des jungen Studenten der Kunstgeschichte Wilhelm Worringer mit dem großen Philosophen Georg Simmel in diesem Museum um das Jahr 1906 herum. Die Schilderung dieser Begegnung sei etwas ausführlicher zitiert:

> Ich setze an. Auf einer Pariser Studienreise führt den jungen Studenten der Kunstgeschichte, der noch zu keiner Themenwahl für seine Doktorarbeit herangereift war, ein pflichtmäßiger Besuch ins Trocadero-Museum. Ein stimmungslos grauer Vormittag. Das Museum völlig menschenleer. Das einzige Geräusch: meine hallenden Schritte in den weiten Sälen, in denen sonst alles Leben erstorben ist. Auch von den Monumenten, den gipsernkalten Nachbildungen mittelalterlicher Kathedralplastik, geht keine stimulierende Kraft aus. Ich zwinge mich, ‚Faltengebungen' zu studieren. Nichts weiter. Und der ungeduldige Blick fällt oft auf die Uhr. Da ... eine Unterbrechung! Im Hintergrund öffnet sich eine Tür und läßt zwei weitere Besucher ein. Beim Nähertreten welche Überraschung: ich kenne sogar den einen von ihnen! Es ist der Berliner Philosoph Georg Simmel. Mir nur flüchtig bekannt aus Berliner Semestern, die nun schon Jahre zurücklagen. Damals hatte ich einmal zwei Stunden in seiner Vorlesung ‚geschunden'. Denn sein Name war damals in aller geistiginteressierter Freunde Mund gewesen. Mir, der in seine Philosophie nicht eingeweiht war, war von diesen beiden Stunden nur der starke Eindruck seiner durch die Art des Dozierens so besonders sinnfällig vermittelten geistigen Persönlichkeit geblieben. [...] Warum erzähle ich diese Situation so ausführlich? Was ist an ihr so besonders bemerkens- und erinnerungswert? Dieses: daß sich in *den* Stunden, die ich in einer bloß gegenwartsatmosphärischen Verbindung mit Simmel nun noch in den Trocaderoräumen zugebracht habe, der sturzartig plötzliche Geburtsakt jener Gedankenwelt in mir vollzogen hat, die dann in meine Doktorarbeit eingegangen ist und die zuerst meinen Namen bekanntgemacht hat.[30]

Dass Worringer sich der Metaphorik und Rhetorik der Erweckungsliteratur bedient,[31] unterstreicht nur noch einmal mehr die Bedeutung, die diese unverhoffte Begegnung (von der man gar nicht sagen kann, ob sie wirklich oder nur in der Phantasievorstellung Worringers stattgefunden hat) mit Georg Simmel für ihn hatte. Simmel hatte 1903 seinen Essay über *Die Großstädte und das Geistesleben* verfasst, an dessen Diktion sich Worringer anlehnt. Auch Simmel geht von einem „Kamp[f] mit der Natur" aus, den der „primitive Mensch um seine *leibliche*

---

[29] Worringer: „Abstraktion und Einfühlung", S. 92.
[30] Ebd., S. 52.
[31] Lang, Siegfried K.: „Wilhelm Worringers *Abstraktion und Einfühlung*". In: *Wilhelm Worringers Kunstgeschichte*. Hg. v. Hannes Böhringer u. Beate Söntgen. München 2002, S. 81–118, hier S. 83.

Existenz zu führen" habe[32] und von dem noch der moderne Mensch, freilich unter anderen Vorzeichen, betroffen sei. Gerade das moderne Leben zeige den „Widerstand des Subjekts, in einem gesellschaftlich-technischen Mechanismus nivelliert und verbraucht zu werden."[33] Es seien konkreter die „Steigerung des Nervenlebens", die „rasche Zusammendrängung wechselnder Bilder",[34] der Waren- und Geldverkehr der modernen Großstadt, die Ausdifferenzierung sozialer Klassen und Interessen, die Herrschaft der objektiven, an der „unbarmherzige[n] Sachlichkeit"[35] des Verstandesmäßigen ausgerichteten Mächte, die auf das Individuum übergreifen. Alle irrationalen, instinktiven, souveränen Wesenszüge, so vermerkt Simmel, müssen diesem neuen kapitalistischen Geist weichen. Die Großstadt erscheint bei Simmel als Gefahrenherd, gegen den sich der Mensch einmal durch ein entsprechendes Anpassungsverhalten (Blasiertheit als Ausdruck der Abstumpfung) schützt, auf den er andererseits mit entsprechenden nervösen Reaktionen (Überreizung der Nerven) reagiert. Dem „Überwuchern der objektiven Kultur" sei „das Individuum weniger und weniger gewachsen".[36] Trotz dieser recht skeptischen Analyse des modernen Großstadtlebens sucht Simmel die versöhnende Synthese von individueller Freiheit und der Konstitution einer großen, städtischen oder auch nationalen Gemeinschaft. Das Potential einer solchen Synthese wird geschichtsphilosophisch legitimiert:

> In dem Kampf und den wechselnden Verschlingungen dieser beiden Arten, dem Subjekte seine Rolle innerhalb der Gesamtheit zu bestimmen, verläuft die äußere wie die innere Geschichte unserer Zeit. Es ist die Funktion der Großstädte, den Platz für den Streit und für die Einungsversuche beider herzugeben, indem ihre eigentümlichen Bedingungen sich uns als Gelegenheiten und Reize für die Entwicklung beider offenbart haben.[37]

Simmel stellt das Problem einer rationalistischen, unpersönlichen Ausformung moderner Lebensbedingungen in eine doppelte Perspektive: Einerseits ermögliche die präventive Sachlichkeit und Verstandesmäßigkeit des Großstadtbewohners, der sich der Mannigfaltigkeit der Eindrücke und den Verhaltenslehren der Distanz angepasst habe – seine Blasiertheit – eine Art individuelle Freiheit. Andererseits aber drohe ihm dadurch die Gefahr, zwischen den Dingen nicht mehr unter-

---

32 Simmel: „Die Großstädte und das Geistesleben", S.116.
33 Ebd.
34 Ebd., S. 116 f.
35 Ebd., S. 119.
36 Ebd., S. 129.
37 Ebd., S. 131.

scheiden zu können, die Gefahr der Indifferenz.[38] Kultur, die in der Großstadt symbolisch greifbar werde, könne erst dort wachsen, wo der Mensch die seine persönlichen Bedürfnisse hemmenden Stationen der Verobjektivierung durchlaufen habe. Das Subjekt erreiche in seinem kontinuierlichen Lebensstrom die Vollendung einer „seelischen Totalität", einen Status des Kultiviert-Seins, nur dann, wenn es die objektiven Werte in sich einbeziehe: „Kultur entsteht – und das ist das schlechthin Wesentliche für ihr Verständnis –, indem zwei Elemente zusammenkommen, deren keines sie für sich enthält: die subjektive Seele und das objektiv geistige Erzeugnis."[39]

Während also Simmel das Persönliche und Eigentümliche des Individuums mit den überzeitlichen Gebilden eines „krystallisierten, unpersönlich gewordenen Geistes" zu versöhnen sucht, projektiert Wilhelm Worringer die Ausschaltung alles Individuellen und Persönlichen zugunsten einer Hinwendung zur zeitenthobenen, lebensverneinenden geometrisch-kristallinen Form. Der anorganische Geist, der sich bei Simmel „in den Wundern und Komforts der raumüberwindenden Technik" des modernen Lebens zeigt,[40] und der mit den individuellen Bedürfnissen des Subjekts in Einklang gebracht werden soll, bildet in Worringers Kunst- bzw. Kulturtheorie den Fluchtpunkt, auf den eine Überwindung und Tilgung aller Lebensabhängigkeit zulaufen soll. In der Hinwendung zur Abstraktion zeigt sich die radikale Lösung des feindlichen Verhältnisses zwischen Mensch und Natur, zwischen Mensch und Außenwelt.[41] Die Entfremdungserfahrung ist für Worringer damit nicht, wie noch bei Marx oder bei Simmel, eine Folge erst moderner Zivilisation, sondern in die Entwicklungsgeschichte des Menschen zwangsläufig integriert. Zwar findet sich auch bei Simmel ein dualistisches und agonales Verständnis des Verhältnisses zwischen Mensch und Natur, insofern der Mensch sich nicht in „die natürliche Gegebenheit der Welt fraglos" einordne „wie das Tier": Er reißt sich von ihr los, stellt sich ihr gegenüber, „fordernd, ringend, vergewaltigend und vergewaltigt [...]". Aber anders als Worringer sieht Simmel eine Lösung des Spannungsverhältnisses zwischen dem Individuum und „der äußerlichen Kultur und Technik des Lebens"[42] in der konstruktiven Synthese: „Mitten in diesem

---

[38] Ebd., S. 121: „Das Wesen der Blasiertheit ist die Abstumpfung gegen die Unterschiede der Dinge, nicht in dem Sinne, daß sie nicht wahrgenommen würden, wie von dem Stumpfsinnigen, sondern so, daß die Bedeutung und der Wert der Unterschiede der Dinge und damit der Dinge selbst als nichtig empfunden wird."
[39] Simmel, Georg: „Der Begriff und die Tragödie der Kultur". In: ders.: *Gesamtausgabe*. Hg. v. Otthein Rammstedt, Bd. 14. Frankfurt a. M. 1996, S. 385–416, hier S. 389.
[40] Simmel: „Die Großstädte und das Geistesleben", S. 130.
[41] Worringer: „Abstraktion und Einfühlung", S. 77.
[42] Simmel: „Die Großstädte und das Geistesleben", S. 116.

Dualismus wohnt die Idee der Kultur."⁴³ Worringer dagegen hält an einer radikalen Abwehr von aller Naturabhängigkeit durch die Hinwendung zur Abstraktion fest.

Es ist evident, dass sich Worringers Abstraktionsmanifest sehr eng an Simmels Konzept eines dualistischen, antagonistischen Verhältnisses zwischen Mensch und Natur anlehnt und an die Diagnose einer als Bedrohung erfahrenen Ausdifferenzierung der Moderne, wie sie in der Großstadtkultur mit ihren Massenphänomenen zum Ausdruck gelangt. Worringers Beschreibung der Begegnung mit Simmel verdeutlicht aber auch, dass es die Aura des Museums als Ort der Primitiven in Kombination mit dem Zusammentreffen der leibhaftigen Erscheinung Georg Simmels ist, die auf den jungen Kunststudenten eine fast suggestive, ja: hypnotische Wirkung ausübt. Suggestion und Hypnose gehören dem Freud-Schüler Siegfried Bernfeld zufolge zum Profil einer übersteigerten Aufmerksamkeit, die den Zustand des Fasziniert-Seins hervorbringt. Sigmund Freud selbst wiederum verweist in *Totem und Tabu* auf namhafte Ethnologen wie Tylor, Frazer und Wundt, die „das Denken der Primitiven als eine vor-rationale Art und Weise des Weltbezugs und der Wahrnehmung beschreiben."⁴⁴ Worringer trifft Simmel im Trocadéro als einem Ort, an dem in repräsentativer Weise die Kunst der außereuropäischen Kultur ausgestellt ist. Er zeigt sich aber wenig angetan von den Exponaten, eher gelangweilt; seine Euphorie entsteht erst im Moment der Begegnung mit Simmel, dem Theoretiker moderner Großstadtkultur und Kontingenzerfahrung. In dieser Begegnung entäußert sich die Affinität zum Primitivismus als Geste eines gleichsam vor-rationalen, kindlichen Gebannt-Seins. Im Zustand des Fasziniert-Seins erfüllt sich gewissermaßen das Programm einer geistigen Wende in der Ästhetik, die Worringer in seiner Dissertationsschrift ausformulieren wird. Mary Gluck verweist in einem für diesen Zusammenhang instruktiven Aufsatz auf den Funktionswandel, den die Kunst der Primitiven um 1900 grundsätzlich erfahren hat: Als Sujet ethnographischer Museen der Moderne fand diese Kunst Eingang in die Massen- und Unterhaltungskultur der Zeit: „The exotic had become a central feature of a new kind of urban entertainment and popular culture which had developed in the course of the last third of the nineteenth century."⁴⁵ Ethnographische Museen wurden für renommierte expressio-

---

43 Simmel: „Der Begriff und die Tragödie der Kultur", S. 385.
44 Freud, Sigmund: *Totem und Tabu. Einige Übereinstimmungen im Seelenleben der Wilden und der Neurotiker.* Einleitung v. Mario Erdheim. Frankfurt a. M. 1991. Zit. n. Werkmeister: „Die Faszination der Primitiven", S. 112 f.
45 Gluck, Mary: „Interpreting Primitivism, Mass Culture and Modernism: The Making of Wilhelm Worringer's Abstraction and Empathy". In: *New German Critique* 80 (2000), Spring-Summer, S. 149–169, hier S. 158.

nistische Künstler zum Ort der Inspiration.[46] Wenn Worringer nun seine Aufmerksamkeit nicht auf die ausgestellten Objekte selbst, sondern auf die Wirkung des Ortes richtet, die sich durch die Epiphanie Simmels potenziert, so hat sich der Primitivismus in den Bereich des Mentalen verlagert: Er fungiert als Modus einer Offenbarung, die, wie der Fall Worringer vorführt, zur Quelle künstlerischer Inspiration werden kann. Dieser Modus stellt sich am Ort des Primitivismus her, ohne dass, wie das Beispiel Worringer zeigt, ein direkter Aufmerksamkeitsbezug zu den ausgestellten Exponaten primitiver Kunst gewährleistet sein müsste. Worringer partizipiert, so lässt sich sagen, am Faszinationsdiskurs, seine Erzählung stellt das Faszinierende des Faszinosums aus. Mary Gluck formuliert die These einer „transformation of the ethnographic Other into the psychological Primitive" und bemerkt weiterhin:

> The true Primitive was not outside but within, not in a geographic space beyond Europe but in a psychological realm within the artist. [...] By transforming the Primitive from a geographic reality, existing outside European modernity, into a psychological space, located within the inner experience of the artist, the prewar avant-garde reconfigured the conditions of possibility for aesthetic creativity in the contemporary world. It liberated the aesthetic Other of modernism from the exoticism of popular culture.[47]

Die Tatsache, dass sich Worringer nicht für die abstrakten Kunstentwicklungen seiner Zeit interessierte, die doch von der Kunst der Primitiven so stark beeinflusst war, bestätigt die These einer Entkoppelung der Abstraktion von ihren materiellen Trägern zugunsten einer psychischen Innenschau geistiger Weltenthobenheit. Diese Transformationsbewegung wird vollends deutlich, wenn man Worringers „Grabrede" auf den Expressionismus hinzuzieht.[48] In seiner Abhandlung *Künstlerische Zeitfragen* (1921) plädiert der Autor für ein Denken des Abstrakten, für eine „*Denksinnlichkeit*",[49] die an die Stelle der Kunstsinnlichkeit treten solle. Der Verlust der Unmittelbarkeit sinnlichen Erlebens wird durch eine Art intellektualisierte Sinnlichkeit kompensiert. In dieser „Denksinnlichkeit" verbinden sich ein Wille zur Synthese, geschichtsphilosophische Wesensschau, keuscher Rationalismus mit jener Sehnsucht nach ekstatischer Entgrenzung, die der Expressionismus nur vorgegaukelt habe. Der Expressionismus steht hier für

---

46 Ebd., S. 157f.
47 Ebd., S. 165, 167.
48 Eine Formulierung Georg Lukács'. „Größe und Verfall des Expressionismus". In: ders.: *Werke*. Bd. 4. Neuwied, Berlin 1971, S. 109–149, hier S. 123.
49 Worringer, Wilhelm: „Künstlerische Zeitfragen (1921)". In: ders.: *Schriften*. Hg. v. Hannes Böhringer, Helga Grebing u. Beate Söntgen. Unter Mitarbeit v. Arne Zerbst, Bd. 1. München 2004, S. 895–909, hier S. 907.

die tragische Fiktion eines kulturell nicht mehr verbürgten „Geistigseinwollens", er firmiert als „Hohlraum",⁵⁰ der nach der historischen Katastrophe des Ersten Weltkriegs in sich zusammenfällt. An die Stelle praktisch ausgeübter Kunst tritt nun die Wissenschaft als Kunst, ein Denken der Transparenz und Luzidität, für das die Metapher der Kristallisation einsteht. Das Denken der Abstraktion, so könnte man sagen, hat die abstrakte Kunst abgelöst, verkündet das Ende der Aufmerksamkeit auf materielle Kunstgüter, auf ihr Schwinden. „Der wahre Zeitexpressionismus", so schreibt Worringer,

> lebt nicht in der neuen Optik unseres Auges, sondern in der unseres Geistes. [...] Es ist, als ob das Phänomen der flüssigen Kristalle sich in einer neuen Kristallisation unseres Denkens vollzöge. Dinge der Erkenntnis werden dem Denken in dieser neuen Luzidität zugänglich, die bisher nur der symbolischen Ausdeutung durch die Kunst zugänglich waren. Visionen werden exakt. Denkprozesse werden sinnlich.⁵¹

Literaturverzeichnis

Anz, Thomas u. Michael Stark (Hg.): *Expressionismus. Manifeste und Dokumente zur deutschen Literatur 1910–1920*. Stuttgart 1982.
Canetti, Elias: *Die Provinz des Menschen*. Frankfurt a. M. 1976.
Der blaue Reiter. Der blaue Reiter. Hg. v. Wassily Kandinsky u. Franz Marc. Dokumentarische Neuausgabe v. Klaus Lankheit. 9. Aufl. München, Zürich 1994.
Freud, Sigmund: *Totem und Tabu. Einige Übereinstimmungen im Seelenleben der Wilden und der Neurotiker*. Einleitung v. Mario Erdheim. Frankfurt a. M. 1991.
Gluck, Mary: „Interpreting Primitivism, Mass Culture and Modernism: The Making of Wilhelm Worringer's Abstraction and Empathy". In: *New German Critique* 80 (2000), Spring-Summer, S. 149–169.
Grebing, Helga: *Die Worringers. Bildungsbürgerlichkeit als Lebenssinn – Wilhelm und Marta Worringer (1881–1965)*. Berlin 2004.
Historisches Wörterbuch der Philosophie. Hg. v. Joachim Ritter u. Karlfried Gründer, Bd. 4. Basel 1976.
Honold, Alexander: „Raum ohne Volk. Zur Imaginationsgeschichte der kolonialen Geographie." In: *Kolonialismus und Genozid*. Hg. v. Mihran Dabag, Horst Gründer u. Uwe-K. Ketelsen. München 2004, S. 95–110.
Koselleck, Reinhart: „Einige Fragen an die Begriffsgeschichte von ‚Krise'". In: ders.: *Begriffsgeschichten. Studien zur Semantik und Pragmatik der politischen und sozialen Sprache*. Frankfurt a. M. 2006, S. 203–217.
Lang, Siegfried K.: „Wilhelm Worringers *Abstraktion und Einfühlung*". In: *Wilhelm Worringers Kunstgeschichte*. Hg. v. Hannes Böhringer u. Beate Söntgen. München 2002, S. 81–118.

---

50 Ebd., S. 900, 896.
51 Ebd., S. 906 f.

Le Musée d'Ethnographie du Trocadéro (1878–1908). Anthropologie et Muséologie en France. Centre National de la Recherche Scientifique. Paris 1991.
Lévi-Strauss, Claude: *Structural Anthropology.* London 1963.
Lukács, Georg: „Größe und Verfall des Expressionismus". In: ders.: *Werke*, Bd. 4. Neuwied, Berlin 1971, S. 109–149.
Öhlschläger, Claudia: *Abstraktionsdrang. Wilhelm Worringer und der Geist der Moderne.* München 2005.
Riedel, Wolfgang: „Archäologie des Geistes. Theorien des wilden Denkens um 1900". In: *Das schwierige 19. Jahrhundert. Germanistische Tagung zum 65. Geburtstag von Eda Sagarra im August 1998.* Mit einem Vorwort v. Wolfgang Frühwald. Hg. v. Jürgen Barkhoff, Gilbert Carr u. Roger Paulin. Tübingen 2000, S. 467–485.
Rubin, William: „Der Primitivismus in der Moderne. Eine Einführung." In: *Primitivismus in der Kunst des zwanzigsten Jahrhunderts.* Hg. v. William Rubin. München 1996, S. 9–91.
Schüttpelz, Erhard: „Elias Canettis Primitivismus. Aus der Provinz der Weltliteratur". In: *Der Überlebende und sein Doppel: kulturwissenschaftliche Analysen zum Werk Elias Canettis.* Hg. v. Susanne Lüdemann. Freiburg i. Br. 2008, S. 287–309.
Simmel, Georg: „Der Begriff und die Tragödie der Kultur". In: ders.: *Gesamtausgabe.* Hg. v. Otthein Rammstedt, Bd. 14. Frankfurt a. M. 1996, S. 385–416.
Simmel, Georg: „Die Großstädte und das Geistesleben". In: ders.: *Gesamtausgabe.* Hg. v. Otthein Rammstedt, Bd. 7. Frankfurt a. M. 1995, S. 116–131.
Werkmeister, Sven: „Die Faszination der Primitiven. Anmerkungen zur Diskursgeschichte der Faszination in Psychologie und Ethnologie der Moderne." In: *Faszination. Historische Konjunkturen und heuristische Tragweite eines Begriffs.* Hg. v. Andy Hahnemann u. Björn Weyand. Frankfurt a. M. 2009, S. 109–118.
Worringer, Wilhelm: „Abstraktion und Einfühlung. Ein Beitrag zur Stilpsychologie (1907)". In: ders.: *Schriften.* Hg. v. Hannes Böhringer, Helga Grebing u. Beate Söntgen. Unter Mitarbeit v. Arne Zerbst, Bd. 1. München 2004, S. 39–149.
Worringer, Wilhelm: „Entwicklungsgeschichtliches zur modernsten Kunst". In: *Im Kampf um die Kunst. Die Antwort auf den „Protest deutscher Künstler".* München 1911, S. 92–99.
Worringer, Wilhelm: „Formprobleme der Gotik. Mit 25 Tafeln (1911)". In: ders.: *Schriften.* Hg. v. Hannes Böhringer, Helga Grebing u. Beate Söntgen. Unter Mitarbeit v. Arne Zerbst, Bd. 1. München 2004, S.151–299.
Worringer, Wilhelm: „Künstlerische Zeitfragen (1921)". In: ders.: *Schriften.* Hg. v. Hannes Böhringer, Helga Grebing u. Beate Söntgen. Unter Mitarbeit v. Arne Zerbst, Bd. 1. München 2004, S. 895–909.
Zink, Jürgen: *Rotpeter als Bororo? Drei Erzählungen Franz Kafkas vor dem Hintergrund eines „literarischen Primitivismus" um 1900.* Diss. Universität Würzburg 2005. Internetpublikation unter : <http://www.opus-bayern.de/uni-wuerzburg/volltexte/2006/1750/pdf/rotpeter_als_bororo_internet.pdf> (Stand: 24.05.2011).

Iris Därmann
Primitivismus in den Bildtheorien des 20. Jahrhunderts

Die von William Rubin und Kirk Varnedoe kurartierte Ausstellung ‚*Primitivism*' *in the 20th Century. Affinity of the Tribal and the Modern*, die von September 1984 bis Januar 1985 im MOMA, im Museum of Modern Art, in New York gezeigt wurde, kann ohne Frage als ein Meilenstein bezeichnet werden. Zeigte sie doch über 350 Arbeiten – 150 moderne und 200 *tribale* –, die die Besucher nicht nur mit der Frage konfrontierten: „Which is ‚primitive'? Which is ‚modern'?", sondern auch auf schlagende Weise vor Augen führten, dass die klassische moderne Malerei/ Skulptur/Collage/Assemblage in der afrikanischen, ozeanischen und indianischen Kunst der beiden Amerika ihre entscheidende Ressource gefunden hatte. Die Auseinandersetzung mit der *Kunst der Primitiven* ist der Geburtsort des Fauvismus, Kubismus, Surrealismus und all dessen, was sich diesseits und jenseits davon als „ästhetische Revolution" in der Kunst des 20. Jahrhunderts ereignet hat. Spätestens seit und mit Picassos *Les Demoiselles d'Avignon* von 1907 vollzieht sich, was Husserl in den 1930er-Jahren, in seiner *Krisis*-Schrift für höchst unwahrscheinlich gehalten hatte: nämlich eine Afrikanisierung, Ozeanisierung und Indianisierung Europas,[1] hier zumindest auf dem Feld der europäischen Kunst, was immer dann noch „europäisch" und „Kunst" bedeutet. Aus Sorge um die eigene Autorschaft und Originalität greifen die Wegbereiter der Moderne – Matisse, Derain, Vlaminck, Picasso und viele andere – zu unterschiedlichen künstlerischen und diskursiven Strategien, um das hierarchische Gefälle zwischen den „primitiven" Originalen und den „modernen" Nachahmungen zu verkehren.[2] Picasso mag hier als exemplarischer Wortführer dienen: Einerseits kann er den initialen „Schock" und den „Offenbarungscharakter", den die Begegnung mit den „Fetischen" und „Masken" bei seinem Besuch im Pariser *Musée d'Ethnographie du Trocadéro* im Juni 1907 für ihn gehabt haben soll, nicht genug herausstellen: „In diesem Moment erkannte ich, um was es in der Malerei wirklich geht."[3] Ande-

---

1 Husserl, Edmund: *Die Krisis der europäischen Wissenschaften und die transzendentale Phänomenologie. Eine Einleitung in die phänomenologische Philosophie*. In: Husserliana. Hg. v. Walter Biemel, Bd. VI. Den Haag 1954, S. 320.
2 Vgl. dazu Price, Sally: *Primitive Kunst in zivilisierter Gesellschaft*. Übers. v. Sylvia M. Schomberg-Scherff. Frankfurt, New York 1992, S. 144 ff.
3 Gilot, Françoise u. Carlton Lake: *Life with Picasso*. New York, Toronto, London 1964, S. 226. Vgl. Malraux, André: *La Tête d'obsidiene*. Paris 1974, S. 17–19; Hinweise bei Rubin, William:

rerseits marginalisiert er deren paradigmatischen Charakter für sein eigenes künstlerisches Tun, wenn er mit Nachdruck feststellt, „daß die afrikanischen Plastiken, die überall in meinem Atelier herumhängen, eher Zeugen als Vorbilder sind".[4] Nach dem 2. Weltkrieg bestreitet er sogar, dass *l'art nègre* eine Rolle für die kubistische Gründungsikone *Les Demoiselles d'Avignon* gespielt hat, indem er seinen Besuch im Trocadéro kurzerhand auf die Zeit nach deren Fertigstellung verlegt.[5] Diese Ambivalenz machen sich auch Kunsthistoriker zu eigen, um Picasso vor dem Vorwurf bloßer Mimesis zu schützen und die Entwicklung der modernen Kunst, unter Berufung auf Cézanne und Gauguin zum Trotz, zu einer beinahe exklusiven innereuropäischen Angelegenheit zu erklären: Die Tatsache, dass es für die Kunstgeschichte offenbar bis heute schwierig bleibt, präzise zu bestimmen, welche Masken Picasso als Vorlage namentlich für die flächige und mit Mustern von Hautritzungen versehene Gestaltung und Umarbeitung der beiden rechten weiblichen Gesichter der *Demoiselles* gedient haben mögen, erleichtert es William Rubin, von „Verwandtschaft", „zufälliger Ähnlichkeit" bzw. „Übereinstimmung" zu sprechen, bestenfalls von im „Unbewussten gespeicherten" und „vergessenen Bildern", nicht aber von einem „direkten Einfluss" „primitiver Kunst" auf das Werk Picassos.[6] Zugleich spielt er die künstlerische Qualität der von Picasso selbst gesammelten Artefakte und der einschlägigen Sammlungen der übrigen „Meister der Moderne" so weit herunter, dass die Nachahmung des jeweils „primitiven Originals" dieses selbst in ästhetischer Hinsicht übertreffen kann und daher auch nicht mehr als Nachahmung gelten muss: „Für Picasso, der normalerweise nicht einmal zwischen afrikanischer und ozeanischer Kunst unterschied, stellte die Skulptur der Eingeborenen in erster Linie eine Wahlverwandtschaft und erst danach ein zur Einverleibung dienendes Material dar",[7] so Rubin in einer seiner unzweideutigsten Formulierungen. Ähnlich gelagerte Fälle von künstlerischer Anthropophagie „primitiver Kunst" – die Aneignung von Maltechniken, Koloristik, Formen, Mustern, Materialen, Sujets und Motiven – finden sich nicht nur in Europa, sondern auch in den USA. Sie gehen mit der Entdeckung und Ausstellung afrikanischer und indianischer Kunst als Kunst einher, die damit den Charakter

---

„Pablo Picasso". In: *Primitivismus in der Kunst des zwanzigsten Jahrhunderts*. Hg. v. William Rubin. 3. Aufl. München 1996, S. 248–353, hier S. 250, S. 345 u. S. 346.
4 Fels, Florent: *Propos d'artistes*. Paris 1925, S. 139–145. Siehe dazu Rubin: „Pablo Picasso", S. 270.
5 Dies berichtet William Rubin unter Berufung auf Pierre Daix: Ebd., S. 348.
6 Ebd., S. 266, S. 270, S. 271 u. S. 283.
7 Rubin, William: „Der Primitivismus in der Moderne. Eine Einführung". In: *Primitivismus in der Kunst des zwanzigsten Jahrhunderts*. Hg. v. William Rubin. 3. Aufl. München 1996, S. 9–91, hier S. 22.

ethnographischer Artefakte verliert. Die New Yorker Galerie 291 von Alfred Stieglitz zeigte 1914 erstmals Werke afrikanischer Künstler in Amerika. Die einschlägigen ethnologischen Studien zur *Primitive Art* von Franz Boas[8] und seiner Schülerin Ruth Bunzel über *The Pueblo Potter: A Study of Creative Imagination in Primitive Art* schärften den Blick für die individuelle und nicht sklavisch an kollektive Traditionen gebundene Handschrift sowie für die stilistische Originalität indianischer Künstler wie Maria Martinez oder Nampeyo,[9] auch wenn deren Identitäts- und Namenlosigkeit für Sammler, Ethnologen, Kunsthistoriker und Ausstellungsmacher insgesamt die Regel bleiben und so die Hemmschwelle für Aneignungen niedrig bleiben sollte, für direkte Aneignungen also, die gerne als Inspiration, Stimulation, Rezeption verharmlost wurden und werden. Auf solch beschönigende Formulierungen greift auch der amerikanische Kunsthistoriker William Jackson Rushing in seiner einflussreichen Untersuchung *Native American art and the New York avant-garde* zurück, um die Aneignung indianischer Kunst etwa durch Jackson Pollock und andere Vertreter des abstrakten Expressionismus vor dem möglichen Vorwurf bloßen Kopierens in Schutz zu nehmen.[10] Pollocks Hinwendung zur „primitiven" und das heißt in seinem Fall zur indianischen und mexikanischen Kunst soll nicht zuletzt durch den einflussreichen Aufsatz *Primitive Art and Picasso* des russischen Sammlers und Ausstellungsmachers John D. Graham angestoßen worden sein, der in den 1920er-Jahren von Paris nach New York kam und dort indianische Kunst zu sammeln begann. Graham empfiehlt – nach dem Vorbild Picassos – eine Orientierung an der „Kunst der Primitiven". Wegen ihres angeblich unverstellten Zugangs zum Unbewussten und zum ursprünglichen Gedächtnis verfügten die „primitiven Künstler" in ihrem „unreflektierten" künstlerischen Schaffen über eine ungleich größere Bandbreite an plastischen Formen als die europäischen Künstler: Picasso sei es auf paradigmatische Weise gelungen, sich den evokativen Charakter dieser primitiven Formensprache für seine Kunst zu eigen zu machen.[11] In den 1930er-Jahren verdankt

---

8 Boas, Franz: *Primitive Art* (1927). Dover 1955.
9 Bunzel, Ruth: *The Pueblo Potter: A Study of Creative Imagination in Primitive Art* (1929). New York 1972. Zu Bunzels verdienstvoller Studie siehe Price: *Primitive Kunst in zivilisierter Gesellschaft*, S. 89.
10 Jackson Rushing, William: *Native American art and the New York avant-garde: a history of cultural primitivism*. Austin 1995, S. 169–190, S. 192.
11 Graham, John D.: „Primitive Art and Picasso". In: *Magazin of Art* (1937), April, S. 236–239. Siehe dazu die instruktive Untersuchung von Edith von Kiparski, der ich wichtige Anregungen und Hinweise verdanke: *Symbol, Mythos und das Dämonische im Werk von Jackson Pollock. Unter besonderer Berücksichtigung der Rezeption indianischer Kunst und Kultur* (Diss. 2001). Tübingen 2003, S. 20f. (Datensatz im Katalog der Deutschen Nationalbibliothek).

Pollock seiner Begegnung mit dem mexikanischen Wandmaler David Alfaro Siqueiros in dessen New Yorker Workshop und *Laboratorium moderner Techniken* nicht nur das Verfahren, „Farbe direkt aus der Dose oder aus Spritzpistolen auf die Leinwand zu tröpfeln und sie mit Stöcken oder hartgewordenen Pinseln" auf riesigen Flächen zu verteilen, eine Technik, mit der Pollock zur Abstraktion finden, und die ihn, wie auch die Verwendung der Sandmalerei der Navajo-Indianer, berühmt machen sollte.[12] Im Gegenzug verwendete der Navajo-Indianer Jo Ben Junior ein Pollock-Bild für seine eigenen Sandmalereien, ohne mit seinen Arbeiten jemals Zugang zu Museen oder Galerien zu erhalten.[13] Aber nicht nur in maltechnischer, auch in konzeptioneller Hinsicht erweist sich die Auseinandersetzung mit indianischer Kunst für Pollock als wegweisend, wie seine *Totem Lessons* aus den 1940er-Jahren zeigen. Oder um es in der ambivalenten Sprache des Kunsthistorikers Leonard Emmerling zu sagen: Die Aneignung indianischer „Totem Kulte" und der „Sandmalerei" ermöglichte Pollock die Entwicklung einer „autonomen Form" und damit die Unabhängigkeit von der „all-powerful European painting tradition".[14] Die beiden Kuratoren, Frederic Douglas und René d'Harnoncourt, der von Pollock mehrfach besuchten und wegen der Begegnung mit der indianischen Sandmalerei für ihn bahnbrechenden Ausstellung *Indian Art of the United States*, die von Januar bis April 1941 im MOMA stattfand, unterstreichen im Ausstellungskatalog die Legitimität einer selektiven Rezeption, kurz: die Herauslösung einzelner Formen aus dem Kontext der indianischen Objekte.[15] Damit beschreiben sie exakt die eklektizistische Malweise vieler Wegbereiter der Moderne. Die Moderne im Sinne Picassos oder Pollocks ist freilich nicht nur eine Sache der Findung und Neukonstellation *primitiver* plastischer Formen. Es ist ihr auch und gerade um die Evokation einer spezifischen Kraft zu tun, die das europäische Rezeptionsmodell, das distanzierte und kontemplative Verhältnis des

---

[12] Pollock lernte die Sandmalerei der Navajo-Indianer während eines Besuches der Ausstellung *Indian Art of the United States* (Januar–April 1941, The Museum of Modern Art, New York) kennen. Vgl. dazu Emmerling, Leonard: *Jackson Pollock 1912–1956*. Köln 2003, S. 18 u. S. 94.
[13] Weibel, Peter (Hg.): *Inklusion – Exklusion. Versuch einer Kartographie der Kunst im Zeitalter von Postkolonialismus und globaler Migration, Künstlerhaus Graz*. Ostfildern 1997, S. 12. Siehe auch Weiss, Judith Elisabeth: *Der gebrochene Blick. Primitivismus – Kunst – Grenzverwirrungen*. Berlin 2007, S. 103.
[14] Emmerling: *Jackson Pollock 1912–1956*, S. 19.
[15] Douglas, Frederic u. René d'Harnoncourt: *Indian Art of the United States* (1941). 2. Aufl. New York 1949, S. 9–16. Siehe dazu die einschlägigen Hinweise von Kiparski: *Symbol, Mythos und das Dämonische im Werk von Jackson Pollock*, S. 24 f.; Jackson Rushing, William: „Ritual und Mythos. Amerikanische Eingeborenen-Kultur und Abstrakter Expressionismus". In: ders.: *Das Geistige in der Kunst*. Stuttgart 1988, S. 273–295.

Betrachters zum Gemälde außer Fassung bringen soll. Wie Edith von Kiparski berichtet, gehörten nicht nur die mit reichlich Bildmaterial versehenen Jahrgänge von 1880 bis 1902 des *Annual report of the bureau of ethnology to the secretary of the Smithsonian Institution* zu Pollocks Bibliothek. Er stand auch 1943, zu der Zeit also, da er seine *Totem Lessons* realisierte, unter dem Eindruck des Aufsatzes *Totem Art* von Wolfgang Paalen. Der Surrealist Paalen betont die magische Kraft der „totemistischen Kunst" der Nootka, Kwakiutl, Haida, Tlinghit und Tsimshian, die auf eine „affektive Mimesis" mit den Kräften des in Tänzen, Masken, Orgien oder Riten dargestellten Totem-Tieres zurückgeführt werden müsse. Die Kreationen der sogenannten Totem-Künstler dürften nicht als Kunstwerke missverstanden werden; sie seien vielmehr in ihrer magischen Potenz „Bedeutungsträger" und „Vehikel" einer „direct action":[16] Mit Hilfe der von Pollock seit 1946 verstärkt eingesetzten Dripping-Technik des mexikanischen Malers Siqueiro, die seinen Ruf als einer der innovativsten und eigenständigsten Maler des abstrakten Expressionismus begründen sollte, wird moderne und das heißt primitivisierte Kunst für Pollock zu einer spontanen Aktion mit magischer Wirkkraft, kurz: zum Actionpainting.

Ohne auch nur einen Schimmer des Verständnisses für die rituellen Gebrauchsweisen und Bedeutungen der im *Musée d'Ethnographie du Trocadéro* ausgestellten „Fetische" und „Masken" zu haben, beschwört Picasso, 30 Jahre nach dem Besuch des *Trocadéro* in einem Gespräch mit André Malraux, ebenfalls die magische und zugleich exorzistische Kraft der dort gesehenen Artefakte. Ausgehend von diesem Gespräch lässt Malraux in *La Tête d'obsidiene* Picasso mit folgender Geschichte auftreten:

> Als ich ins ethnographische Museum im Trocadéro kam, war das scheußlich. Ein Flohmarkt. Dieser Gestank. Ich war ganz allein. Ich wollte schon wieder gehen. Aber ich ging nicht. Ich blieb da. Ich merkte, daß es wichtig war. Es geschah irgendetwas mit mir, oder? Die Masken waren eben nicht Bildwerke. [...] Die Neger waren *intercesseurs*, seit damals kenne ich das französische Wort. Fürsprecher – gegen alles, gegen unbekannte Geister. Ich starrte weiterhin auf die Fetische. Und ich habe verstanden: auch ich stehe gegen alles. Auch ich meine, alles ist das Unbekannte, das Feindliche! Alles! Nicht die Einzelheiten, nicht die Frauen, nicht die Kinder, die Tiere, der Tabak, die Spiele... ! Sondern alles. Ich habe verstanden, wozu sie ihre Plastiken brauchen, die Neger. Warum gerade so schnitzen und nicht anders? Sie waren ja schließlich keine Kubisten! Denn Kubisten – das hat es gar nicht gegeben. Na schön, ein paar Leute hatten sich die Vorbilder ausgedacht, und andere Leute hatten sie nachgemacht, also Tradition, oder? Aber die Fetische hatten alle den gleichen Zweck, sie waren Waffen. Um den Menschen zu helfen, nicht mehr den Geistern unterworfen zu sein, unabhängig zu sein. Werkzeuge. Wenn wir den Geistern eine Form geben, werden wir unabhängig. Die Geister, das

---

16 Paalen, Wolfgang: „Totem Art". In: *DYN* 4–5 (1943), Dezember, S. 8–37, hier S. 20. Siehe dazu von Kiparski: *Symbol, Mythos und das Dämonische im Werk von Jackson Pollock*, S. 26f. u. S. 15.

> Unbewußte (damals war davon noch nicht allzu oft die Rede), die Ergriffenheit, das ist alles das Gleiche. Ich habe verstanden, warum ich Maler war. Ganz allein in diesem schrecklichen Museum mit seinen Masken, seinen Gliederpuppen als Rothäute, seinen verstaubten Figuren. Die *Demoiselles d'Avignon* müssen mir an dem Tag gekommen sein, aber überhaupt nicht wegen der Formen, sondern weil das mein erstes Beschwörungsbild war, jawohl![17]

In dieser Entdeckererzählung primitiver Kunst, die zugleich den Charakter einer Gründungserzählung der modernen Malerei hat, zieht Picasso eine deutliche Grenze zwischen fremdem und eigenem Kubismus und reduziert die Aneignung des fremden Kubismus auf die Aneignung einer magisch-exorzistischen Kraft. Moderner Kunst in dem von Picasso und von Pollock praktizierten Sinne ist es um die Evokation einer Erfahrung von primitiver Magizität zu tun. Ich sage ausdrücklich nicht „magische Erfahrung", sondern verwende das Wortungetüm „Magizität" in Anlehnung an Roland Barthes' Begriff der „Italianität", den er aus Anlass seiner berühmten Analyse der Panzani-Teigwaren-Werbung geprägt hat: „Italianität" ist und entspricht nicht Italien; es ist vielmehr das „kondensierte Wesen" all dessen, was man sich unter Italien vorstellt bzw. „was italienisch sein kann, von den Spaghetti" über *dolce vita* „bis zur Malerei".[18] Der malerische Angriff auf die europäischen Darstellungskonventionen, die Zurückweisung von *homoiosis*, *mimesis* und Repräsentation gründen auf dem Begehren, dass die durch die Aneignung primitiver Kunst geschaffenen modernen Kunstwerke nicht mehr nur passive Objekte der Kontemplation darstellen. Sie sollen vielmehr über eine eigene Kraft verfügen, etwas tun, eine Wirkung hervorrufen, den Betrachter ergreifen, befreien und verwandeln, kurz: eine unbestimmte, aber wirkmächtige Erfahrung von Magizität einleiten.

Picassos Betonung der magischen Potenz hat Lydia Gasman in ihrer vierbändigen Dissertation *Mystery, Magic and Love in Picasso* zu der Annahme verleitet, Picasso habe vor seinem Besuch im Trocadéro Marcel Mauss' und Henri Huberts *Entwurf einer allgemeinen Theorie der Magie* oder zumindest doch Lévy-Bruhls Studien über das prälogische Denken gelesen, die, wenn auch auf unterschiedliche Weise, um das Rätsel der magischen Kraft gravitieren. Wie immer es

---

17 Malraux: *La Tête d'obsidiene*, S. 17–19, zitiert nach der deutschen Übersetzung von Otterbeck, Christoph: *Europa Verlassen. Künstlerreisen am Beginn des 20. Jahrhunderts*. Köln 2007, S. 211.
18 Barthes, Roland: „Rhetorik des Bildes". In: ders.: *Der entgegenkommende und der stumpfe Sinn*. Übers. v. Dieter Horning. Frankfurt a. M. 1990, S. 28–46, hier S. 42f. In einem ähnlichen Sinne spricht auch Rosalind Krauss unter Rekurs auf Roland Barthes von einer „Erfahrung der Afrikanität". Krauss, Rosalind: „Alberto Giacometti". In: *Primitivismus in der Kunst des zwanzigsten Jahrhunderts*. Hg. v. William Rubin. 3. Aufl. München 1996, S. 514–545, hier S. 518.

um den Einfluss derartiger Lektüren auf Picasso bestellt sein mag – einen konkreten Nachweis dafür gibt es nicht –,[19] entscheidend ist wohl eher, dass die Gründerfiguren der Moderne wie auch viele Bildtheoretiker des 20. Jahrhunderts im Gefolge von Lévy-Bruhl eine bildliche Erfahrung magischer Primitivität zu beschwören suchten, die das erschöpfte europäische Rezeptionsmodell, die hierarchische Distanz zwischen Subjekt und Bildobjekt, zwischen aktiver Rezeption und passivem Gegenstand, aushebeln sollte. Aus europäischer Sicht geht die Produktion und Rezeption von Bildern auf die Selbstmächtigkeit und Urheberschaft von Subjekten zurück; andere Handlungs- und Herstellungskategorien, die mit der magischen Kraft von Objekten rechnen, müssen als primitiver Aberglaube disqualifiziert werden.

Im Zuge solcher bildtheoretischer Aneignungs- und Transformationsprozesse von Primitivität wird die magische Kraft bei Maurice Merleau-Ponty, Jacques Lacan, Roland Barthes oder Jacques Derrida zu einer Kraft des Bildes selbst erklärt, die dadurch den Anstrich des Aberglaubischen mehr oder minder verliert. Eine entscheidende Scharnierstelle für die Konzeption dieser französischen Bildtheorien waren in der Tat die Schriften von Lucien Lévy-Bruhl. Sie stellen einen der ersten Versuche dar, europäische Leser mit den pikturalen Produktions- und Rezeptionsverständnissen *primitiver* Kulturen vertraut zu machen. Daher sollen sie hier zuerst zu Wort kommen, bevor die bildtheoretische Aneignung von Magizität als Gegenstück zu ihrer künstlerischen Evokation in der Bildphänomenologie Merleau-Pontys vorgestellt wird.

I Lévy-Bruhl

Lévy-Bruhl hat die Anstrengung vieler Bücher auf sich genommen, um Europa mit dem „prälogischen Denken" und der „mystischen Mentalität" primitiver Gesellschaften bekannt zu machen. Mystisch ist die primitive Mentalität aus Sicht Lévy-Bruhls deshalb, weil sie „von dem Glauben an Kräfte, an Einflüsse, an Handlungen" beherrscht ist, „die für die Sinne nicht wahrnehmbar und dennoch wirklich sind".[20] Prälogisch ist das primitive Denken wiederum, weil es „ziemlich unempfindlich" für logische Widersprüche ist. Die Primitiven denken nicht auf

---

19 Vgl. dazu Gasman, Lydia: *Mystery, Magic and Love in Picasso, 1925–1938.* Columbia University 1981; Rubin hält derartige Lektüren Picassos allerdings für höchst unwahrscheinlich: Rubin: „Pablo Picasso", S. 347.
20 Lévy-Bruhl, Lucien: *Das Denken der Naturvölker.* Übers. v. Paul Friedländer. Wien, Leipzig 1926, S. 23.

abstrakte, sondern auf konkrete Weise,[21] sie sehen anstelle von Kausalitätsbeziehungen magische „Kräfte" und „okkulte Mächte, mystische Handlungen, Partizipationen aller Art" am Werk,[22] die sich mit den „unmittelbaren Gegebenheiten der Wahrnehmung" vermischen und so ein „Ganzes herstellen, in der [sic] die Wirklichkeit und das Jenseits verschmolzen sind".[23] Für Lévy-Bruhl kommt es indes darauf an zu zeigen, dass das primitive Denken nicht eine „raison déficiente ou négative"[24] darstellt, sondern vielmehr von einer Vor-Logik angetrieben oder besser noch von einer affektiven Seinsweise bestimmt wird, die mit der Partizipation „à une force, à une essence, à une réalité mystique"[25] zusammenfällt. Trotz seiner vermeintlich prälogischen Struktur und das heißt trotz der vermeintlichen Anfälligkeit des primitiven Denkens für logische Irrtümer, ist es Lévy-Bruhl darum zu tun, die spezifische Wahrheit des primitiven Weltverhältnisses herauszustellen, freilich ohne das europäische „Vernunftmonopol"[26] jemals ins Wanken zu bringen.[27] Die Studien von Lévy-Bruhl muten methodisch selbst wie eklektizistische Kladden und kubistische Collagen an, indem sie ethnologische Beobachtungen von räumlich weit auseinander liegenden Gesellschaften und Kulturen unter verschiedenen Gesichtspunkten wie Todesarten, Eigentumsvorstellungen, Zaubereien und Krankheiten, Träume, Bilder und Vorzeichen zu einer einzigen europäischen Kollektivvorstellung über *das* primitive Denken" verdichten. Die Geschlossenheit dieser Konstruktion des „primitiven Denkens" wird nur dadurch aufgebrochen, dass Lévy-Bruhl passagenweise immer wieder eine Reihe fremder Stimmen und Einsprüche in direkter Rede zitiert. Mit Hilfe derartiger Fremderfahrungen werden die europäischen Leser, zumindest von Zeit zu Zeit, genötigt, sich mit den Augen Anderer zu sehen und unter deren Blick selbst zu „Primitiven" zu werden. Haben die europäischen Leser die Neigung, die „Primitiven" als zurückgeblieben oder „kindisch" wahrzunehmen, so wird durch derlei Umkehrungen zumindest deutlich, dass die Primitiven „dieselbe Meinung über uns haben":[28]

---

21 Lévy-Bruhl, Lucien: *Die geistige Welt der Primitiven*. Übers. v. Margarethe Homburger. München 1927, S. 339.
22 Lévy-Bruhl: *Das Denken der Naturvölker*, S. 23.
23 Lévy-Bruhl: *Die geistige Welt der Primitiven*, S. 351.
24 Lévy-Bruhl, Lucien: *La mentalité primitive* (1912). 3. Aufl. Paris 1922, S. 47 (die deutsche Übersetzung gibt diese Formulierung nicht wieder).
25 Lévy-Bruhl, Lucien: *Les Carnets de Lucien Lévy-Bruhl*. Paris 1949, S. 251.
26 Merleau-Ponty, Maurice: *Keime der Vernunft. Vorlesungen an der Sorbonne 1949–1952*. Übers. v. Antje Kapust u. Burkhard Liebsch. München 1994, S. 161.
27 Fabian, Johannes: *Time and the Other. How Anthropology Makes its Object*. New York 1983, S. 22f.
28 Merleau-Ponty: *Keime der Vernunft*, S. 170, unter Berufung auf Claude Lévi-Strauss.

> In der Navaho-Familie wird das Handwerk des Webers oder Goldschmieds am Beispiel erlernt: für den jungen Eingeborenen heißt zuschauen, lernen... Daher fehlt hier eine bei uns und sogar bei Erwachsenen so häufig anzutreffende Verhaltensform völlig... Ich meine die Angewohnheit, Fragen zu stellen wie: „Und das da, wozu ist das gut?" oder: „Und was machen Sie dann?" Mehr als jede andere hat diese Angewohnheit zu der kuriosen Meinung der Eingeborenen über die Weißen beigetragen: der Indianer ist davon überzeugt, daß der Weiße einfältig ist.[29]

Was nun die „primitiven" Gebrauchsweisen von Bildern angeht, so ist es nach dem bisher Gesagten wenig überraschend, dass auch diese von Lévy-Bruhl als „mystisch" bezeichnet werden, sofern sie „in jedem Augenblick zu dunklen Mächten" und magischen Kräften hingewendet sind. So ist das Spiegelbild, die Abbildung, der Schatten, der Hauch, das Echo, die Spur, der Name und selbst die Dinge, die jemand hergestellt oder auch nur berührt hat,[30] nicht vom Lebensprinzip der abgebildeten Person zu trennen. Die Person ist ihr Bild. Daher ist das Bild beseelt oder belebt, mit der persönlichen Kraft des Abgebildeten ausgestattet und *vice versa*. Das Bild ist ein Double und Doppelwesen, es wird als ein „zweites Ich" angesehen.[31] Was dem Bild durch Verzauberung, Verhexung oder zufällige Zerstörung angetan wird, betrifft folglich unmittelbar auch den Abgebildeten: Die Unversehrtheit seines Bildes erscheint dem „primitiven Denken" als „*conditio sine qua non* der Sicherheit und des Lebens des Menschen".[32] Daher rührt die Weigerung der „meisten Indianer", „ihr Porträt anfertigen zu lassen; das [nämlich] hieße, einen Teil ihrer eigenen Persönlichkeit preiszugeben und sich jedem, der Lust hätte, sich ihrer zu bemächtigen, darbieten zu wollen". Aber nicht nur die Selbstbildnisse besitzen aus Sicht der „Primitiven" eine wirksame Kraft. Alle Bilder, seien diese nun gemalt, graviert, geschnitzt, tätowiert oder fotografiert, können als „lebendige Dinge" entweder eine schädliche, bisweilen sogar tödliche, oder eine wohltuende Wirkung ausüben.[33] Während das Bild „in unseren Augen ein rein materielles Objekt" darstellt[34] und wir in ihm angeblich nur „das Objektive, Wirkliche" – „die Form, die Größe, die Dimensionen des Körpers" – und „nur dieses wahrnehmen", ist die „primitive" Bildwahrnehmung „anders orientiert". Die „objektiven Merkmale" gelten ihr bloß [als] Zeichen, Vehikel geheimer

---

29 Reichard, zitiert nach Lévi-Strauss, Claude: *Die elementaren Strukturen der Verwandtschaft*. Übers. v. Eva Moldenhauer. 2. Aufl. Frankfurt a. M. 1984, S. 163.
30 Lévy-Bruhl, Lucien: *Die Seele der Primitiven*. Übers. v. Else Baronin Werkmann. Darmstadt 1956, S. 117.
31 Ebd., S. 140.
32 Ebd. S. 125.
33 Lévy-Bruhl: *Das Denken der Naturvölker*, S. 32.
34 Lévy-Bruhl: *Die Seele der Primitiven*, S. 137.

Kräfte, mystischer und überhaupt solcher Fähigkeiten, wie sie jedes Wesen, und besonders ein lebendiges, an den Tag legen kann. Infolgedessen und natürlicherweise wird auch das Bild dieses Wesens ein solches Gemisch von Merkmalen, die wir objektiv nennen, und von mystischen Mächten darstellen. Es wird leben, es wird Gutes tun, oder fürchterlich sein.[35]

Es ist bemerkenswert zu sehen, dass Lévy-Bruhl sowohl die „zivilisierte" wie auch die „primitive" Bildwahrnehmung, die er durch das Scheidewasser der Objektivität voneinander zu distanzieren sucht, auf das Paradigma der Abbildlichkeit verpflichtet. Bilder sind in seinen Augen nichts anderes als schattenhafte Nachträge und Kopien der Realität. In derselben Weise, in der das Bild aus „zivilisierter" Perspektive Objektivität nur dann für sich beanspruchen kann, wenn es sich in Übereinstimmung mit einer bereits bestehenden Wirklichkeit befindet, beziehen die mit Ähnlichkeit begabten primitiven Bilder ihre Wirkungsmacht von der Macht ihrer Modelle, handelt es sich nun um lebende Menschen, Ahnen, Dämonen, Geister, anonyme oder personifizierte Kräfte.[36] Die Tatsache, dass Lévy-Bruhl über jenen ornamentalen, graphischen, abstrakt-figurativen und ungegenständlichen Charakter hinwegsieht, der für so viele Kunstwerke und Artefakte außerhalb Europas bezeichnend ist und namentlich die Künstler der Moderne in Bann gezogen hat, mag daran liegen, dass er sich lediglich auf Zeugnisse zweiter Hand bzw. nur auf geschriebene Texte bezieht. Es verstellt ihm in jedem Fall den Blick für eine Bildwirkung, die vom Bild selbst ausgeht und nicht, oder zumindest nicht nur, mit der Macht oder Kraft des Dargestellten, sondern mit der Darstellungsweise selbst, dem Wie der Erscheinung und der Darstellung zu tun hat.

II Merleau-Ponty

Merleau-Ponty hat Lévy-Bruhls Konstruktion einer „primitiven Mentalität", die sich in substantieller Hinsicht von unserer eigenen unterscheidet und beide auf eine „unüberwindliche Distanz festnagelt", stets zurückgewiesen und stattdessen Nachdruck gelegt auf das „Prälogische" in uns, das er nicht zufällig in der bildenden Kunst der Moderne entdeckt.[37] In Anlehnung an Lévi-Strauss' „pensée

---

[35] Ebd., S. 34.
[36] Ebd., S. 33 f.
[37] Merleau-Ponty, Maurice: „Von Mauss zu Claude Lévi-Strauss". Übers. v. Bernhard Waldenfels. In: ders.: *Zeichen*. Hg. v. Christian Bermes. Hamburg 2007, S. 163–179, hier S. 164.

sauvage"³⁸ spricht er vom „wilden Sein", das eine Sphäre bezeichnet, an der alle Kulturen partizipieren. Mit Giacometti, Moore, Max Ernst, Dubuffet, Matisse und Klee beruft er sich in seiner Phänomenologie des Bildes auf eine beträchtliche Riege bildender Künstler, deren Arbeiten aus der Auseinandersetzung mit der afrikanisch-ozeanisch-indianischen Kunst hervorgegangen sind.

Dabei zeigt sich Merleau-Ponty eigentümlich ignorant gegenüber der Bedeutung dieser außereuropäischen Kunst für die europäische Moderne. Und er steht damit nicht allein. Weder Heidegger noch Benjamin, weder Foucault noch Deleuze, weder Lyotard noch Derrida, die sich in ihren Kunst- und Bildtheorien allesamt vom klassischen Dispositiv der Repräsentation und Mimesis verabschiedet haben, haben jemals der paradigmatischen Rolle Beachtung geschenkt, die die *primitive Kunst* für die europäische Kunst gespielt hat. In *Das Auge und der Geist* greift Merleau-Ponty jedoch auffallend häufig auf Wörter wie „Magie", „okkultes Verfahren", „Zauberkraft", „Besessenheit" oder „Rausch" zurück, wo immer es ihm um eine spezifische „Macht des Bildes" zu tun ist.³⁹ Dabei beruft er sich zunächst auf Formulierungen von Künstlern der Moderne, die der Bildentstehung und dem Malprozess selbst gewidmet sind. Für Max Ernst ist es Aufgabe des Malers, dasjenige sichtbar zu machen, „was sich in ihm sieht". Paul Klee wiederum spricht davon, dass ihn die Dinge anblicken und er darauf wartet, von ihnen „überflutet und überschüttet zu werden", bevor er sie zu malen beginnt.⁴⁰ Merleau-Pontys Konzept des „Mal-Aktes" stellt nichts anderes als eine Generalisierung derartiger Erfahrungen und Modalitäten des Sehens dar, eines Sehens, das „nicht wir bewirken, sondern das in uns wirkt". Der Akt des Malens geht nicht auf eine Intention des Malers zurück, sondern geschieht auf „Veranlassung" der Dinge selbst. Die Malerei wird in den Dingen geboren, „wie durch eine Konzentration und ein Zu-sich-Kommen des Sichtbaren". Daher ist jedes Gemälde und jede künstlerische Schöpfung zuallererst ein „autofiguratives" Geschehen.⁴¹ „Wer auch immer der Maler sei, *während er malt*, praktiziert er eine magische Theorie des

---

38 Lévi-Strauss, Claude: *La pensée sauvage*. Paris 1962. Lévi-Strauss hat das Buch Maurice Merleau-Ponty gewidmet. Zur persönlichen Beziehung zwischen Merleau-Ponty und Lévi-Strauss siehe Lévi-Strauss, Claude: „De quelques rencontres". In: *L'Arc: Merleau-Ponty* 46 (1971), S. 43–47.
39 Merleau-Ponty, Maurice: „Das Auge und der Geist". In: ders.: *Das Auge und der Geist. Philosophische Essays*. Übers. v. Hans Werner Arndt. Hamburg 1984, S. 13–43, hier S. 19– 22 u. S. 24. Siehe zum Folgenden die ähnlich lautenden Passagen in meinem Aufsatz: „Obsessive Bilder in Bewegung oder: Pikturale (Fremd-)Darstellungen in europäischer, fremd- und interkultureller Sicht". In: *Paideuma* 50 (2004), S. 59–78, hier S. 68–72.
40 Merleau-Ponty: „Das Auge und der Geist", S. 20f.
41 Ebd., S. 34.

Sehens."⁴² Magisch ist diese praktizierte Theorie des Sehens für Merleau-Ponty deshalb, weil sie die von den Malern selbst angedeutete Inversion der Rollen zwischen dem Sehenden und den sichtbaren Dingen ins Bild setzt und so auch für den Betrachter eine magische Erfahrung, allerdings ohne Berufung auf höhere oder mystische Mächte ermöglicht. Die „ikonische Potenz"⁴³ ist eine Potenz des Bildes und geht nicht auf ein vorhergehendes Paradigma, auf eine übernatürliche Instanz oder Wirklichkeit zweiter Ordnung zurück. Sie rührt vielmehr von einer Darstellungsweise her, die die Tendenz hat, sich immer mehr auf Kosten des Dargestellten, bis hin zu seiner vollständigen Marginalisierung, auszubreiten. Merleau-Ponty spricht von einer „indirekten Malerei"⁴⁴ und beruft sich dabei auf Klees ersten Satz seiner *Schöpferischen Konfession*: „Die Kunst gibt nicht das Sichtbare wieder, sie macht sichtbar."⁴⁵ Kurz: „Es gibt kein äußeres Modell, die Malerei existiert nicht vor der Malerei";⁴⁶ sie bringt das Sichtbare vielmehr in *statu nascendi*, sie bringt die Dinge im Augenblick ihrer Entstehung zur Erscheinung. Als „ikonographische Philosophie des Sehens" wird die moderne Malerei für Merleau-Ponty zum wichtigsten Bündnispartner bei der Suche nach einer Ontologie des Sichtbaren und des Sehens. Unter Berufung auf die von den Malern angedeutete Inversion zwischen Sehendem und Sichtbarem stellt Merleau-Ponty den hierarchischen Gegensatz zwischen sehendem Subjekt und gesehenem Objekt durch die Einsicht in die Leibhaftigkeit des Sehens in Frage. Der sehende Leib lässt sich nicht auf das Sehvermögen beschränken: Er ist für sich selbst, für andere und anderes sichtbar. Umgekehrt ist das Sichtbare dem Sehenden nicht nur passiv ausgesetzt, sondern selbst sehend.⁴⁷ Es kommt dem Sehenden als Anblick entgegen, „überkommt" und „trifft" ihn im Sinne eines „vor-menschlichen Blick [s]".⁴⁸ Die alte Grenzziehung zwischen Sehen und Sichtbarem beginnt einem „Chiasmus" zu weichen. Es gibt hier keine Identität, aber eine seltsame „Teilhabe", „Verschränkung" und „Verhaftung". Das Sehen des Sichtbaren verwandelt sich in einen doppelten Genitiv:⁴⁹ Sehen heißt, dem Sichtbaren jenes Ansehen zu

---

42 Ebd., S. 19.
43 Ebd., S. 24.
44 Ebd., S. 37.
45 Klee, Paul: „Schöpferische Konfession". In: *Tribüne der Kunst und der Zeit. Eine Schriftensammlung.* Hg. v. Kasimir Edschmid. Berlin 1920, S. 28–40.
46 Merleau-Ponty, Maurice: „Das mittelbare Sprechen und die Stimmen des Schweigens". In: ders.: *Das Auge und der Geist. Philosophische Essays.* Übers. v. Hans Werner Arndt. Hamburg 1984, S. 69–114, hier S. 83.
47 Merleau-Ponty: *Das Sichtbare und das Unsichtbare, gefolgt von Arbeitsnotizen.* Übers. v. Regula Giuliani u. Bernhard Waldenfels. Hg. v. Claude Lefort. München 1986, S. 183.
48 Merleau-Ponty: „Das Auge und der Geist", S. 21.
49 Merleau-Ponty: *Das Sichtbare und das Unsichtbare*, S. 314 f. u. S. 183.

verschaffen, zu dem es dem Sehenden selbst verhilft. Dieses zwischen Sehen und Sichtbarem eröffnete Geflecht von Bezügen und Selbstbezügen nennt Merleau-Ponty das „Un-sichtbare des Sichtbaren", das keinen Mangel im Sinne eines Noch-Nicht-Sichtbaren bezeichnet, sondern zum Sehen und Sichtbaren irreduzibel dazugehört.[50] Merleau-Ponty verleiht seiner ontologischen Auslegung der modernen Malerei als einer „praktizierten Theorie der Magie" in Anlehnung an Claude Lévi-Strauss eine interkulturelle Pointe: Er spricht von einer „wilden Wahrnehmung" und einem „wilden Sein", und zielt damit auf eine polymorphe Sinneserfahrung und Seinsregion,[51] aus der jede Kultur auf je verschiedene Weise schöpft, ohne sie jemals ausschöpfen zu können. Zugleich umreißen sie jenes interkulturelle Geflecht, kraft dessen die Kulturen nicht in sich selbst eingeschlossen bleiben, sondern mit allen „anderen Kulturen in Verbindung steh[n]".[52] In ähnlicher Weise hatte Lévi-Strauss in *Die elementaren Strukturen der Verwandtschaft* unter Rekurs auf Freud davon gesprochen,[53] dass sich der soziale und kulturelle „Polymorphismus" des Kindes durch die Gesamtsumme all jener geistigen Strukturen und Möglichkeiten auszeichnet, „aus der jede Kultur und jede Periode der Geschichte nur einige wenige auswählen, um sie festzuhalten und zu entwickeln".[54] Das kindliche Denken stellt damit „einen gemeinsamen Nenner aller Denkformen und Kulturen dar"; es ist „Rohmaterial" und „universeller Fundus" zugleich,[55] auf den jede Kultur selektiv zurückgreift, um einige dieser vorgegebenen Möglichkeiten auszugestalten, auszuarbeiten und zu überschreiten. Lévi-Strauss will damit nicht zuletzt der „archaischen Illusion" entgegentreten, dass es sich bei den „primitiven Gesellschaften", um prälogische, auf dem Entwicklungsstand von Kindern zurückgebliebene Gesellschaften handelt. Er erinnert vielmehr mit Lévy-Bruhl daran, dass unser eigenes Verhalten in den Augen der für uns *Primitiven* vielfach als infantil und primitiv angesehen wird: Als archaisch, primitiv, magisch, undifferenziert oder kindlich können einer bestimmten Kultur diejenigen Denk-, Verhaltens-, künstlerischen Ausdrucks- und Rezeptionsweisen einer jeweils anderen Kultur erscheinen, die sie selbst zurückgelassen, gerade nicht ergriffen und ausgearbeitet hat. Denn mit jeder

---

50 Ebd., S. 328.
51 Ebd., S. 206, S. 231, S. 261, S. 269, S. 270–272 u. S. 319.
52 Merleau-Ponty: „Von Mauss zu Claude Lévi-Strauss", S. 172.
53 Freud, Sigmund: *Drei Abhandlungen zur infantilen Sexualität* (1905). In: *Gesammelte Werke*. Hg. v. Anna Freud u. a., Bd. V. London, Frankfurt a. M. 1942, S. 91 f.
54 Lévi-Strauss: *Die elementaren Strukturen der Verwandtschaft*, S. 159 f.
55 Ebd., S. 161.

bestimmten Auswahl und kulturellen Feststellung geht eine Vielzahl anderer, unbestimmter Möglichkeiten verloren.[56]

Wenn nun Merleau-Ponty behauptet, die moderne Malerei habe auf ihre Weise zu einem „Polymorphismus" des Seins und der Wahrnehmung[57] zurückgefunden, dann muss man ihn mit Lévi-Strauss in einem entscheidenden Punkt korrigieren. Spricht man nämlich der afrikanisch-ozeanisch-indianischen Kunst eine bahnbrechende Rolle für die europäische Kunst der ersten Hälfte des letzten Jahrhunderts zu, dann hat sie maßgebliche Geburtshilfe bei der Entdeckung, Explikation und Ausarbeitung von künstlerischen Möglichkeiten geleistet, die in der europäischen Kultur durch die Bevorzugung eines mimetischen, repräsentativen und der perspektivischen Frontalität verpflichteten Darstellungsregimes marginalisiert worden sind. Aus diesem Grund konnten sie für eine gewisse Zeit, auch und gerade in ihrer Aneignung, zumindest aus europäischer Perspektive als primitiv und magisch erscheinen.

Die „ikonische Macht" und die Inversion der Rollen zwischen aktiv Sehendem und passiv Sichtbarem verlieren daher nicht nur mit zunehmender künstlerischer Realisation, sondern auch in ihrer weiteren bildtheoretischen Rezeption den Anstrich des Magischen. Die Kraft des Bildes wird stattdessen als eine affizierende Kraft oder traumatisierende Bildwirkung begriffen. Unter Wegfall aller magischen Implikationen und Bezüge auf die Darstellungsmodalitäten außereuropäischer Kunst bleibt in den französischen Bildtheorien – allerdings stets unter Berufung auf Merleau-Ponty – bei Lacan, Derrida, Barthes, Didi-Huberman und vielen anderen von dieser kulturellen Fremderfahrung nur noch eine Umverteilung und Auswanderung der Aktivität des Sehens in das Sichtbare übrig. Kurz: Die Evokation einer Erfahrung von Magizität, die die Wegbereiter der Moderne in der Auseinandersetzung mit der *primitiven* Kunst in Atem gehalten hatte, insistiert in den fraglichen Bildtheorien (im semantischen Spiel mit der französischen Wendung *me regarde*)[58] nurmehr als affizierender Bilderblick bzw. als Blick der Dinge,

---

[56] Ebd., S. 163.
[57] Merleau-Ponty: *Das Sichtbare und das Unsichtbare*, S. 270. ders.: „Das Auge und der Geist", S. 27.
[58] Waldenfels betont, dass der „Doppelsinn [...] der französischen Wendung *me regarde*, die als ‚blickt mich an' oder als ‚geht mich an' verstanden werden kann", dazu verleitet, „dem Bild eine emphatische Form von Alterität zu unterschieben, als sei das Bild selbst eine Art Gesicht, *visage*. Pascals Fliege, die mich beim Nachdenken stört, geht mich etwas an, aber sie blickt mich nicht an." Waldenfels, Bernhard: „Bildhaftes Sehen. Merleau-Ponty auf den Spuren der Malerei". In: *Kunst. Bild. Wahrnehmung. Blick. Merleau-Ponty zum Hundertsten*. Hg. v. Antje Kapust u. Bernhard Waldenfels. München 2010, S. 31–60, hier S. 48.

Primitivismus in den Bildtheorien des 20. Jahrhunderts —— 89

Public rooms of the musée d'ethnographie du Trocadéro, Paris, 1895, © Musée du quai Branly

der deutlich macht, dass das Sehen „anderswo beginnt" als im sehenden Subjekt.[59]

Literaturverzeichnis

Barthes, Roland: „Rhetorik des Bildes". In: ders.: *Der entgegenkommende und der stumpfe Sinn*. Übers. v. Dieter Horning. Frankfurt a. M. 1990, S. 28–46.
Boas, Franz: *Primitive Art* (1927). Dover 1955.
Bunzel, Ruth: *The Pueblo Potter: A Study of Creative Imagination in Primitive Art* (1929). New York 1972.
Därmann, Iris: „Obsessive Bilder in Bewegung oder: Pikturale (Fremd-)Darstellungen in europäischer, fremd- und interkultureller Sicht". In: *Paideuma* 50 (2004), S. 59–78.
Douglas, Frederic u. René d'Harnoncourt: *Indian Art of the United States* (1941). 2. Aufl. New York 1949.
Emmerling, Leonard: *Jackson Pollock 1912–1956*. Köln 2003.
Fabian, Johannes: *Time and the Other. How Anthropology Makes its Object*. New York 1983.
Fels, Florent: *Propos d'artistes*. Paris 1925.
Freud, Sigmund: *Drei Abhandlungen zur infantilen Sexualität* (1905). In: *Gesammelte Werke*. Hg. v. Anna Freud u. a., Bd. V. London, Frankfurt a. M. 1942.
Gasman, Lydia: *Mystery, Magic and Love in Picasso, 1925–1938*. Columbia University 1981.
Gilot, Françoise u. Carlton Lake: *Life with Picasso*. New York, Toronto, London 1964.
Graham, John D.: „Primitive Art and Picasso". In: *Magazin of Art* (1937), April, S. 236–239.
Husserl, Edmund: *Die Krisis der europäischen Wissenschaften und die transzendentale Phänomenologie. Eine Einleitung in die phänomenologische Philosophie*. In: *Husserliana*. Hg. v. Walter Biemel, Bd. VI. Den Haag 1954.
Jackson Rushing, William: *Native American art and the New York avant-garde: a history of cultural primitivism*. Austin 1995.
Jackson Rushing, William: „Ritual und Mythos. Amerikanische Eingeborenen-Kultur und Abstrakter Expressionismus". In: ders.: *Das Geistige in der Kunst*. Stuttgart 1988, S. 273–295.
Kiparski, Edith von: *Symbol, Mythos und das Dämonische im Werk von Jackson Pollock. Unter besonderer Berücksichtigung der Rezeption indianischer Kunst und Kultur* (Diss. 2001). Tübingen 2003.
Klee, Paul: „Schöpferische Konfession". In: *Tribüne der Kunst und der Zeit. Eine Schriftensammlung*. Hg. v. Kasimir Edschmid. Berlin 1920, S. 28–40.
Krauss, Rosalind: „Alberto Giacometti". In: *Primitivismus in der Kunst des zwanzigsten Jahrhunderts*. Hg. v. William Rubin. 3. Aufl. München 1996, S. 514–545.
Lévy-Bruhl, Lucien: *Das Denken der Naturvölker*. Übers. v. Paul Friedländer. Wien, Leipzig 1926.
Lévy-Bruhl, Lucien: *Die geistige Welt der Primitiven*. Übers. v. Margarethe Homburger. München 1927.

---

[59] Waldenfels, Bernhard: „Der beunruhigte Blick". In: ders.: *Sinnesschwellen. Studien zur Phänomenologie des Fremden 3*. Frankfurt a. M. 1999, S. 124–147.

Lévy-Bruhl, Lucien: *Die Seele der Primitiven*. Übers. v. Else Baronin Werkmann. Darmstadt 1956.
Lévy-Bruhl, Lucien: *La mentalité primitive* (1912). 3. Aufl. Paris 1922.
Lévy-Bruhl, Lucien: *Les Carnets de Lucien Lévy-Bruhl*. Paris 1949.
Lévi-Strauss, Claude: „De quelques rencontres". In: *L'Arc: Merleau-Ponty* 46 (1971), S. 43–47.
Lévi-Strauss, Claude: *Die elementaren Strukturen der Verwandtschaft*. Übers. v. Eva Moldenhauer. 2. Aufl. Frankfurt a. M. 1984.
Lévi-Strauss, Claude: *La pensée sauvage*. Paris 1962.
Malraux, André: *La Tête d'obsidiene*. Paris 1974.
Merleau-Ponty, Maurice: „Das Auge und der Geist". In: ders.: *Das Auge und der Geist. Philosophische Essays*. Übers. v. Hans Werner Arndt. Hamburg 1984, S. 13–43.
Merleau-Ponty, Maurice: „Das mittelbare Sprechen und die Stimmen des Schweigens". In: ders.: *Das Auge und der Geist. Philosophische Essays*. Übers. v. Hans Werner Arndt. Hamburg 1984, S. 69–114.
Merleau-Ponty, Maurice: *Das Sichtbare und das Unsichtbare, gefolgt von Arbeitsnotizen*. Übers. v. Regula Giuliani u. Bernhard Waldenfels. Hg. v. Claude Lefort. München 1986.
Merleau-Ponty, Maurice: *Keime der Vernunft. Vorlesungen an der Sorbonne 1949–1952*. Übers. v. Antje Kapust u. Burkhard Liebsch. München 1994.
Merleau-Ponty, Maurice: „Von Mauss zu Claude Lévi-Strauss". Übers. v. Bernhard Waldenfels. In: ders.: *Zeichen*. Hg. v. Christian Bermes. Hamburg 2007, S. 163–179.
Otterbeck, Christoph: *Europa Verlassen. Künstlerreisen am Beginn des 20. Jahrhunderts*. Köln 2007.
Paalen, Wolfgang: „Totem Art". In: *DYN* 4–5 (1943), Dezember, S. 8–37.
Price, Sally: *Primitive Kunst in zivilisierter Gesellschaft*. Übers. v. Sylvia M. Schomberg-Scherff. Frankfurt, New York 1992.
Rubin, William: „Der Primitivismus in der Moderne. Eine Einführung". In: *Primitivismus in der Kunst des zwanzigsten Jahrhunderts*. Hg. v. William Rubin. 3. Aufl. München 1996, S. 9–91.
Rubin, William: „Pablo Picasso". In: *Primitivismus in der Kunst des zwanzigsten Jahrhunderts*. Hg. v. William Rubin. 3. Aufl. München 1996, S. 248–353.
Waldenfels, Bernhard: „Bildhaftes Sehen. Merleau-Ponty auf den Spuren der Malerei". In: *Kunst. Bild. Wahrnehmung. Blick. Merleau-Ponty zum Hundertsten*. Hg. v. Antje Kapust u. Bernhard Waldenfels. München 2010, S. 31–60.
Waldenfels, Bernhard: „Der beunruhigte Blick". In: ders.: *Sinnesschwellen. Studien zur Phänomenologie des Fremden 3*. Frankfurt a. M. 1999, S. 124–147.
Weibel, Peter (Hg.): *Inklusion – Exklusion. Versuch einer Kartographie der Kunst im Zeitalter von Postkolonialismus und globaler Migration, Künstlerhaus Graz*. Ostfildern 1997.
Weiss, Judith Elisabeth: *Der gebrochene Blick. Primitivismus – Kunst – Grenzverwirrungen*. Berlin 2007.

Doris Kaufmann
„Primitivismus": Zur Geschichte eines semantischen Feldes 1900 – 1930*

In seinem Buch *The Invention of Primitive Society* untersucht der englische Kulturanthropologe Adam Kuper die Geschichte der Suche nach den ursprünglichen Formen menschlicher Gesellschaft im 19. Jahrhundert.[1] Er analysiert die verschiedenen Modelle primitiver Gesellschaft u. a. von Morgan, Maine, Tylor, Frazer, Durkheim und Lévi-Strauss. „The theory of primitive society is about something which does not and never has existed", schreibt Kuper.[2] Er erklärt die bis heute andauernde Bildung solcher Theorien aus dem Bedürfnis, das Modell von primitiver Gesellschaft als Folie für die Interpretation moderner Gesellschaft zu nutzen – ein Bezugsrahmen, den auch die Kritiker von Modellen primitiver Gesellschaft wie die Anthropologen Franz Boas und Bronislaw Malinowski teilten. Kuper kommt zu dem Schluss:

> The idea of primitive society [...] could be used equally by right or left, reactionary or progressive, poet and politician. The most powerful images of primitive society were produced by very disparate political thinkers [...]. Yet all were transformations of a single basic model.[3]

Dieses dichotome Grundmodell von primitiv versus zivilisiert, unterentwickelt versus entwickelt, einfach versus differenziert herrschte bis in die Mitte der 1960er Jahre auch weiterhin in wissenschaftlichen Arbeiten vor – wie eine sprachanalytische Arbeit ethnologischer und kulturanthropologischer Einführungswerke aus dem englisch-amerikanischen Raum aufzeigte.[4] Als Ersatzbegriffe für „primitiv" fungierten u. a.

> non-literate; lower; simple; small-scale; isolated; arrested in development; lacking in historical records; lacking in literature; non-urban and tribal; societies in which social relations are based primarily on kinship; one endowed with over-powering sense of reality;

---

* Der Text erschien erstmals in dem Sammelband von Wolfgang Hardtwig (Hg.): *Ordnungen in der Krise. Zur Politischen Kulturgeschichte Deutschlands 1900 – 1933*. München 2007, S. 425 – 448. Wiederabdruck mit freundlicher Genehmigung des Oldenbourg Verlags.
1 Kuper, Adam: *The Invention of Primitive Society. Transformations of an Illusion*. London, New York 1988.
2 Ebd., S. 8.
3 Ebd., S. 240.
4 Hsu, Francis L.K.: „Rethinking the Concept ‚Primitive'". In: *Current Anthropology* 5 (1964), Heft 3, S. 169 – 178.

where everday facts have religious and ritual covering; those who endow all nature with spirit life.[5]

Für den deutschsprachigen Raum ist mir keine solche Sprachanalyse bekannt, aber es ist zu vermuten, dass sich auch noch in den aktuellen Debatten über Globalisierung und internationale Politik ähnliche Bedeutungszuweisungen wiederfinden lassen. Im Folgenden soll jedoch nicht die Kontinuität von Bestandteilen des alten Primitivismusmodells in zeitgenössischen wissenschaftlichen und politischen Diskursen im Mittelpunkt stehen. Untersucht wird vielmehr ein bestimmter historischer Ausschnitt aus der Problemgeschichte des Verhältnisses von „uns und den Anderen" – jener „Anderen", die im europäischen Denken der Neuzeit eine Trias bilden: die Wilden, die Wahnsinnigen und die Kinder.[6]

Ich werde nach der Bedeutung der Denkfigur Primitivismus in der Zeit der Entstehung einer transdisziplinären, historisch orientierten Kulturwissenschaft[7] in Deutschland von der Jahrhundertwende bis in die 1930er-Jahre fragen. Dieser kulturwissenschaftliche Aufbruch, d. h. das über Fächergrenzen hinausreichende, an konkreten gesellschaftlichen Problemkomplexen orientierte Erkenntnisinteresse von Anthropologen, Psychologen, Psychiatern, Soziologen, Kunstwissenschaftlern, Geographen, Historikern und Philosophen, reflektierte die von den intellektuellen Eliten des späten Kaiserreichs empfundene Krise der Moderne.[8] Markiert wurde diese Krise durch einen Konsensverlust über eine verbindliche bürgerliche Lebensführung, bürgerliche Verhaltensnormen und allgemein gültige „Kulturwerte". Die in vielen autobiographischen Zeugnissen bezeugte Desorien-

---

5 Ebd., S. 173.
6 Als Einführung in diesen Zusammenhang Foucault, Michel: *Die Anormalen. Vorlesungen am Collège de France, 1974–1975*. Frankfurt a. M. 2003.
7 Oexle, Otto Gerhard: „Geschichte als Historische Kulturwissenschaft". In: *Kulturgeschichte Heute*. Hg. v. Wolfgang Hardtwig u. Hans-Ulrich Wehler. Göttingen 1996, S. 14–40.
8 Bruch, Rüdiger vom, Wilhelm Graf u. Gangolf Hübinger (Hg.): *Kultur und Kulturwissenschaften um 1900. Krise der Moderne und Glaube an die Wissenschaft*. Stuttgart 1989; dies. (Hg.): *Kultur und Kulturwissenschaften. 2. Idealismus und Positivismus*. Stuttgart 1997; Lichtblau, Klaus: *Kulturkrise und Soziologie um die Jahrhundertwende. Zur Genealogie der Kultursoziologie in Deutschland*. Frankfurt a. M. 1996; Hübinger, Gangolf: „Konzepte und Typen der Kulturgeschichte". In: *Geschichtsdiskurs. Bd. 4: Krisenbewußtsein, Katastrophenerfahrungen und Innovationen 1880–1945*. Hg. v. Wolfgang Küttler. Frankfurt a. M. 1997, S. 136–152; Drehsen, Volker u. Walter Sparn (Hg.): *Krisenwahrnehmung und Krisenbewältigung um 1900*. Berlin 1996; Teich, Mikulás u. Roy Porter (Hg.): *Fin de siècle and its legacy*. Cambridge 1990; Schleier, Hans: *Historisches Denken in der Krise der Kultur. Fachhistorie, Kulturgeschichte und Anfänge der Kulturwissenschaften in Deutschland*. Göttingen 2000.

tierung, das Gefühl in den „stählernen Gehäusen" (Max Weber) einer wachsenden Bürokratie eingefangen und Rationalisierungsprozessen ausgeliefert zu sein, von Verdinglichung menschlicher Beziehungen und einer Verringerung des persönlichen Handlungsspielraums korrespondierten mit einem neuen wissenschaftlichen Diskurs über Kultur, der die „großen inhaltlichen Kulturprobleme der Gegenwart" zum zentralen Thema hatte.[9] Diese gemeinsame Fragestellung begründete eine Transdisziplinarität im Sinne einer wechselnden Aufnahme methodischer Verfahrensweisen und inhaltlicher Ergebnisse innerhalb verschiedener Wissensfelder, die sich allerdings – und das muss hier einschränkend gesagt werden – zum überwiegenden Teil auch noch selbst in der Phase der Formierung zu abgegrenzten Disziplinen befanden wie die Soziologie, die Psychologie und die Kunstwissenschaft.[10]

Die Gegenstandsbreite des kulturwissenschaftlichen Unternehmens wird deutlich an dem umfassenden Begriff der Kultur, den etwa Georg Simmel, Max Weber und auf französischer Seite Emile Durkheim einführten. Kultur wurde als das Ganze des wechselseitigen Zusammenspiels von Denkformen, von Weisen des Sich-Verhaltens, des sozialen Handelns und von den daraus entstehenden Objektivationen (z. B. Institutionen, soziale Praktiken, Religion, Kunst) verstanden.[11] Im Zentrum der kulturwissenschaftlichen Problemstellungen standen die Ambivalenzen oder die „Pathologie der Moderne", eben die Ursachen und Phänomene der vielfach beschworenen „Krise der Gegenwartskultur".[12] Die behandelten Leitfragen und Problemkomplexe sind durch die neuere Rezeption der Arbeiten von Max Weber, Georg Simmel, Ernst Troeltsch und Aby Warburg im Zuge der Renaissance der Kulturgeschichte in Deutschland in der aktuellen historischen

---

9 Peukert, Detlev: *Max Webers Diagnose der Moderne*. Göttingen 1989; Oexle, Otto Gerhard: „Max Weber – Geschichte als Problemgeschichte". In: ders. (Hg.): *Das Problem der Problemgeschichte 1880–1932*. Göttingen 2001, S. 9–37.
10 Zur Soziologie siehe Lichtblau: *Kulturkrise und Soziologie*; Nolte, Paul: *Die Ordnung der deutschen Gesellschaft. Selbstentwurf und Selbstbeschreibung im 20. Jahrhundert*. München 2000, S. 30–187; zur Psychologie Ash, Mitchell G. u. Ulfried Geuter (Hg.): *Geschichte der deutschen Psychologie im 20. Jahrhundert*. Opladen 1985; Ash, Mitchell G.: „Psychology in Twentieth-Century Germany: Science and Profession". In: *German Professions*. Hg. v. Geoffrey Cocks u. Konrad H. Jarausch. New York, Oxford 1990, S. 289–307; zur Kunstwissenschaft: Sauerländer, Willibald: „Alois Riegl und die Entstehung der autonomen Kunstgeschichte am Fin de siècle". In: *Fin de siècle. Zu Literatur und Kunst um die Jahrhundertwende*. Hg. v. Roger Bauer u.a. Frankfurt a. M. 1977, S. 125–139.
11 Einführend Hübinger, Gangolf: „Die ‚Rückkehr' der Kulturgeschichte". In: *Geschichtswissenschaften*. Hg. v. Christoph Cornelißen. Frankfurt a. M. 2000, S. 162–177; Bruch, Rüdiger vom, Wilhelm Graf u. Gangolf Hübinger: „Einleitung". In: dies. (Hg.): *Kultur und Kulturwissenschaften*, S. 9–24.
12 Ebd., S. 18.

Forschung gegenwärtig. Sehr wenig Aufmerksamkeit erhielt in diesem Zusammenhang jedoch ein wichtiges Themenfeld des kulturwissenschaftlichen Diskurses nach der Jahrhundertwende: die Primitivismusdebatte, die sich nicht auf einen Kolonialdiskurs allein reduzieren lässt. Die Generierung ethnologischen oder kulturanthropologischen Wissens im Zusammenhang und als Mittel zur Erschließung, Herrschaft und Beherrschung außereuropäischer Gesellschaften steht außer Frage und wird in Deutschland z. B. bei den deutschen Südsee-Expeditionen 1907 bis 1910 deutlich.[13]

Der Primitivismusdiskurs enthält aber mehr an Bedeutungen. Es sind insbesondere zwei miteinander verknüpfte Problemstellungen zwischen 1900 und 1930, die für die hier untersuchte Bedeutung der Denkfigur Primitivismus im Entstehungsprozess einer transdisziplinären Kulturwissenschaft in Deutschland wichtig sind: erstens die zentrale Frage nach der Genese, der Existenz und den Wirkungsweisen „anderer" Denk- und Bewusstseinsformen, die im zeitgenössischen Sprachgebrauch und meist synonym als primitives, archaisches, prälogisches, mystisches Denken bezeichnet wurden. Diese Problemstellung verweist auf die europäische Dimension der kulturwissenschaftlichen Primitivismusdebatte, nämlich auf die intensive deutsche, englische und auch amerikanische Rezeption der Werke des französischen Philosophen Lucien Lévy-Bruhl, der 1910 *Les fonctions mentales dans les sociétés inférieures*, 1922 *La mentalité primitive* und 1927 *L'âme primitive* vorlegte.[14] Zweitens ergab sich aus dem Erkenntnisinteresse an diesen „anderen" Denkformen eine selbstreflexive erkenntnistheoretische Frage: Wie lässt sich das Andere, lassen sich also fremde Denkformen, erkennen, wenn der untersuchende Wissenschaftler selbst einer historisch bestimmten europäischen Wahrnehmungs- und Denkform angehört. Dieses Verstehensproblem bezog sich in den ersten Jahrzehnten des 20. Jahrhunderts auf die außereuropäischen „Primitiven" und die „Irren" sowie partiell auf die Kinder mit ihren kulturellen Objektivationen, d. h. ihren Formen der Bearbeitung der Wirklichkeit. Im Falle der außereuropäischen „Primitiven" fokussierten sich seit den 1890er-Jahren die Untersuchungen des primitiven Denkens vor allem auf drei Bereiche –

---

13 Fischer, Hans: *Die Hamburger Südsee-Expedition. Über Ethnographie und Kolonialismus.* Frankfurt a. M. 1981; Zimmerman, Andrew: *Anthropology and Antihumanism in Imperial Germany.* Chicago 2001, insbes. S. 217–238; Penny, H. Glenn u. Matti Bunzl (Hg.): *Wordly Provincialism. German Anthropology in the Age of Empire.* Ann Arbor 2003; allgemein: Stocking, George (Hg.): *Colonial Situations. Essays on the Contextualization of Ethnographic Knowledge.* Madison, London 1991; Clifford, James u. George E. Marcus (Hg.): *Writing Culture. The Politics and Poetics of Ethnography.* Berkeley, Los Angeles 1986.
14 In deutscher Übersetzung: *Das Denken der Naturvölker.* Wien, Leipzig 1921; *Die geistige Welt der Primitiven.* München 1927; *Die Seele der Primitiven.* Wien 1930.

auf Sprache, Religion und Kunst.¹⁵ Im Falle der Geisteskranken war es neben vereinzelten Sprachuntersuchungen in erster Linie ihre bildende Kunst, die wissenschaftliches Interesse fand.¹⁶

Im Folgenden werde ich mich auf den kulturwissenschaftlichen Diskurs über sogenannte Primitive Kunst konzentrieren, in dem das genannte Verstehensproblem zunächst von Kunstwissenschaftlern wie Wilhelm Worringer und Carl Einstein vor dem Ersten Weltkrieg aufgeworfen wurde, um dann in den 1920er-Jahren von Psychiatern im Kontext ihrer Diskussion um Schizophrenie als Form primitiven Denkens und Quelle besonderer künstlerischer Kreativität als Leitthema übernommen zu werden. Damit sind Veränderungen des Primitivismusdiskurses zwischen 1900 und 1930 bezeichnet. Die Problemstellung „Primitive Kunst als Ausdrucksform anderen Denkens" wurde parallel in mehreren Wissensfeldern bearbeitet, aber es gab dabei leitende Wissensfelder, die anderen Impulse gaben. Diese Rolle verschob sich innerhalb der Diskursgemeinschaft. Bis zum Ende des Ersten Weltkrieges waren es sehr grob eingeteilt – neben den Ethnologen, zu deren Gegenstand gewissermaßen qua definitionem die materielle Kultur der außereuropäischen Völker gehörte – Kunstwissenschaftler, experimentelle Psychologen und Völkerpsychologen sowie Soziologen und Prähistoriker, die unserem Thema vorrangige Aufmerksamkeit widmeten. In den 1920er-Jahren verlagerte sich der Schwerpunkt der Diskussion auf Psychiater, Entwicklungs- und Gestaltpsychologen und Vertreter der philosophischen Anthropologie.

Dieser Schwerpunktverschiebung bei den beteiligten Wissensfeldern entsprach eine unterschiedliche inhaltliche Schwerpunktsetzung im Diskurs über Primitive Kunst. In der frühen Diskussion ging es hauptsächlich um die Frage: Was ist die Eigenart des Ästhetischen? Muss der Begriff von Kunst neu gefüllt werden?¹⁷ Die sich anschließende Diskussion der 1920er-Jahre drehte sich vornehmlich um die Frage: Was ist die Eigenart des Pathologischen bzw. von Schizophrenie? Muss der Krankheitsbegriff neu gefasst werden?

Zwei Themenkomplexe durchziehen die Debatte über die Kunst der „Primitiven": Zum einen die Einsicht in die soziokulturelle Prägung der ästhetischen

---

15 Lowie, Robert H.: *The History of Ethnological Theory*. New York 1937; Kippenberg, Hans G.: *Die Entdeckung der Religionsgeschichte. Religionswissenschaft und Moderne*. München 1997, insbes. S. 183 ff.
16 Siehe MacGregor, John M.: *The Discovery of the Art of the Insane*. Princeton 1989.
17 Nipperdey, Thomas: *Wie das Bürgertum die Moderne fand*. Berlin 1988; Mommsen, Wolfgang J.: „Die Herausforderung der bürgerlichen Kultur durch die künstlerische Avantgarde. Zum Verhältnis von Kultur und Politik im Wilhelminischen Deutschland". In: *Geschichte und Gesellschaft* 20 (1994), Heft 3, S. 424–444; Lichtblau: *Kulturkrise und Soziologie*, insbes. S. 178–232.

Sphäre, d.h. die Untersuchung der gesellschaftlichen Bedingtheit und Milieuverhaftetheit der künstlerischen Produktion, wie sie schon Jakob Burckhardt vorgemacht hatte,[18] und zum anderen die Frage nach der Autonomie der ästhetischen Sphäre in und ihrer Bedeutung für die Moderne, die in Verbindung mit einer kulturkritischen Zeitdiagnose stand.

I

Im Jahre 1901 veröffentlichte der Historiker Karl Lamprecht unter dem Titel *Fragen moderner Kunst* einen Aufsatz, in dem er die „Übereinstimmung zwischen der Psyche urzeitlicher Kulturen und dem Seelenleben der Gegenwart" behauptete und seinen Befund mit verwandten Formen urzeitlicher und moderner Kunst belegte.[19] Diese seien allerdings im vorgeschichtlichen Fall Ergebnis „bloßer Triebe, instinktiven Schaffens",[20] während sie in der Gegenwart bewusst erzeugt worden seien. Lamprecht, der in seinem Hauptwerk *Deutsche Geschichte* historische Abläufe auf die Wirksamkeit psychischer Gesetze zurückführte und eine stufenmäßige Abfolge verschiedener Kulturzeitalter konstruierte, gab dabei kunstgeschichtlichen Quellen breiten Raum und grenzte seine Kulturzeitalter nach ästhetischen Kategorien voneinander ab. Er charakterisierte die Gegenwart als „Zeitalter des subjektiven Seelenlebens", dessen Ursprünge in der Zeit der Empfindsamkeit lagen und das nach den Jahrzehnten der Romantik eben in den modernen Zustand der Nervosität oder „Reizsamkeit" eingemündet war und sich durch ein immer stärker „in den Vorstellungsbereich gehobenes Nervenleben" auszeichnete.[21] Die in der Urzeit ungeschiedene Gefühls- und Verstandestätigkeit werde in den zeitgenössischen Künsten erneut bewusst wiederhergestellt. Dazu gehörte für Lamprecht die Bedeutung synästhetischer Phänomene in der modernen „Stimmungskunst", d.h. dass „Schallwellen Lichtempfindungen, Erregungen des Tastgefühls Gehörsempfindungen, Lichtwellen Geschmacksempfindungen u. dergl. hervorrufen".[22] Wenn Urzeit und Gegenwart also als Perioden der

---

18 Dazu Hardtwig, Wolfgang: „Jakob Burckhardt und Max Weber. Zur Genese und Pathologie der modernen Welt". In: ders.: *Geschichtskultur und Wissenschaft*. München 1990, S. 189–223.
19 Lamprecht, Karl: „Fragen moderner Kunst". In: *Neue deutsche Rundschau* 12 (1901), S. 734–741; zu Lamprecht siehe Chickering, Roger: *Karl Lamprecht. A German Academic Life (1856–1915)*. Atlantic Highlands 1993; Schorn-Schütte, Luise: *Karl Lamprecht. Kulturgeschichtsschreibung zwischen Wissenschaft und Politik*. Göttingen 1984.
20 Lamprecht: „Fragen moderner Kunst", S. 737.
21 Ebd., S. 738.
22 Ebd., S. 739.

Herrschaft des Nervenlebens charakterisiert seien, folgerte Lamprecht, wäre der Urzeit als menschlicher Anfangszeit die Gegenwart als Zeitalter des Verfalles entgegengesetzt.

Auch Wassily Kandinsky bezog sich in seiner kunsttheoretischen Schrift *Über das Geistige in der Kunst* von 1911 auf die „innere Verwandtschaft" der neuen Künstler „mit den Primitiven".[23]

> Die Ähnlichkeit der inneren Bestrebungen in der ganzen moralisch-geistigen Atmosphäre [...], also die Ähnlichkeit der inneren Stimmung einer ganzen Periode kann logisch zur Anwendung der Formen führen, die erfolgreich in einer vergangenen Periode denselben Bestrebungen dienten. So entstand [...] unser Verständnis, unsere innere Verwandtschaft mit den Primitiven. Ebenso wie wir, suchten diese reinen Künstler nur das Innerlich-Wesentliche in ihren Werken zu bringen.

Es war die Krise der Gegenwart, die für Kandinsky die Entdeckung dieser Seelenverwandtschaft und die Suche der Künstler nach Hilfe bei den Primitiven auslöste.

Drei Jahre vor dem Erscheinen des *Geistigen in der Kunst* hatte der Kunsthistoriker Wilhelm Worringer 1908 in seiner Dissertation *Abstraktion und Einfühlung* eine genauere Analogie der psychischen Kräfte versucht, die für das Entstehen einer Gemeinsamkeit von primitiver und zeitgenössischer moderner Kunst, nämlich der abstrakten Kunstform, verantwortlich waren.[24] Worringer stellte die These auf, dass der geometrische Stil, „der Stil der höchsten Abstraktion, der strengsten Lebensausschließung [...] den Völkern auf ihrer primitivsten Kulturstufe zueigen" sei.[25] Da der primitive Mensch

> so verloren und geistig hilflos zwischen den Dingen der Aussenwelt steht, [...] ist bei ihm der Drang so stark, den Dingen der Aussenwelt ihre Willkür und Unklarheit im Weltbilde zu nehmen, ihnen einen Notwendigkeitswert und Gesetzmässigkeitswert zu geben.[26]

Bei dem primitiven Menschen sei gleichsam der Instinkt für „das Ding an sich" am stärksten. Erst „nachdem der menschliche Geist in jahrtausendelanger Entwicklung die Bahn rationalistischer Erkenntnis durchlaufen" habe, werde in ihm „als letzte Resignation des Wissens das Gefühl für ‚das Ding an sich' wieder wach".

---

23 Kandinsky, Wassily: *Über das Geistige in der Kunst* (erstmals 1911/12). Rev. Neuauflage. Bern 2004, S. 25, auch für das folgende Zitat.
24 Worringer, Wilhelm: *Abstraktion und Einfühlung. Ein Beitrag zur Stilpsychologie* (erstmals 1908). München 1921. Zu Worringer siehe Böhringer, Hannes u. Beate Söntgen (Hg.): *Wilhelm Worringers Kunstgeschichte*. München 2002, insbes. den Beitrag von Ralph Ubl.
25 Worringer: *Abstraktion und Einfühlung*, S. 22.
26 Ebd., S. 23, auch für die nächsten drei Zitate.

> Vom Hochmut des Wissens herabgeschleudert steht der Mensch nun wieder ebenso verloren und hilflos dem Weltbild gegenüber wie der primitive Mensch, nachdem er erkannt hat, ‚dass diese sichtbare Welt [...] ein bestandloser, an sich wesenloser Schein' ist.[27]

Was Lamprecht, Kandinsky und Worringer verbindet, ist – neben einem krisenhaften Zeitgefühl – die Annahme einer Korrelation von psychischer Verfasstheit des Künstlers und seiner Zeit auf individueller wie auf gesellschaftlich-kollektiver Ebene mit den Formen und Inhalten der Kunstprodukte. Dies verweist auf die Bedeutung der entstehenden Disziplin Psychologie – noch selbständiges Forschungsgebiet innerhalb der Philosophie – in der ästhetisch-kulturwissenschaftlichen Diskursgemeinschaft. Deren einflussreicher Vertreter, der Experimentalpsychologe Wilhelm Wundt, unternahm in seiner zehnbändigen Völkerpsychologie, die zwischen 1900 und 1920 erschien, „eine Untersuchung der Entwicklungsgesetze von Sprache, Mythus und Sitte", so der Untertitel seines Mammutwerks. Als Aufgabe stellte er der Völkerspychologie,

> diejenigen psychischen Vorgänge [...] [zu untersuchen], die der allgemeinen Entwicklung menschlicher Gemeinschaften und der Entstehung gemeinsamer geistiger Erzeugnisse von allgemeingültigem Werthe zu Grunde liegen.[28]

Wundt wollte aus den geistigen Erzeugnissen, den kulturellen Objektivationen, Erkenntnis über die ihnen zugrundeliegenden Prozesse des Denkens, Fühlens und Wollens und über deren Gesetzmäßigkeiten erlangen. Psychische Vorgänge enthielten in Wundts Völkerpsychologie einen klaren Entwicklungsaspekt.

> Alle geistigen Erscheinungen sind eben jenem Fluß des geschichtlichen Werdens unterworfen, bei dem das Vorangegangene [...] die Anlagen in sich enthält, aus denen sich die für das Folgende gültigen Gesetze entwickeln werden.[29]

---

[27] Ebd., S. 24.
[28] Wundt, Wilhelm: *Völkerpsychologie. Eine Untersuchung der Entwicklungsgesetze von Sprache, Mythus und Sitte*, Bd. 1: Die Sprache. Leipzig 1900, Einleitung. Abgedruckt in: Völkerpsychologie – Versuch einer Neuentdeckung. Texte von Lazarus, Steinthal und Wundt. Hg. v. Georg Eckardt. Weinheim 1997, S. 239–270, hier S. 247. Hier beziehen sich Wundt und Lamprecht deutlich aufeinander, grundsätzlich über deren Zusammenarbeit Chickering, Roger: „Das Leipziger ‚Positivisten-Kränzchen' um die Jahrhundertwende". In: *Kultur und Kulturwissenschaften um 1900. 2. Idealismus und Positivismus*. Hg. v. Gangolf Hübinger, Rüdiger vom Bruch u. Friedrich Wilhelm Graf. Stuttgart 1997, S. 227–245. Zur Völkerpsychologie im Kontext der Kulturwissenschaften Smith, Woodruff D.: *Politics and the Sciences of Culture in Germany 1840–1920*. Oxford 1991, S. 115–128.
[29] Wundt, Wilhelm: *Probleme der Völkerpsychologie*. Leipzig 1911, S. 18.

Im dritten Band der Völkerpsychologie über Kunst konstruierte Wundt folgerichtig eine Abfolge von Stufen der Menschheitsentwicklung mit jeweils charakteristischen Kunsterzeugnissen. Wundts Untersuchungsgegenstand war ausdrücklich nicht die ästhetische Beurteilung der Kunst oder ein menschlicher „Kunsttrieb". Ihn interessierte, „welches überhaupt die Motive sind, aus denen diese Erzeugnisse hervorgehen, und welches die Zwecke, denen sie dienen".[30]

Schon zeitgenössische Kritiker wie der Soziologe Alfred Vierkandt stellten fest, dass er diese selbstgestellte Aufgabe nicht einlöste.[31] Vierkandt monierte zum einen Wundts vorausgesetzte Annahme von universell verbreiteten Stufen der Kulturentwicklung. Zum anderen kritisierte er die fehlende Analyse der jeweiligen seelischen Eigenart der verschiedenen Stufen. Wundt erläutere diese allein „vorwissenschaftlich" – so wie Historiker und Religionsgeschichtler, die auch Seelenkenntnisse besäßen. Er beschränke sich auf die Darstellung der „objektiven Welt", d. h. auf den Gegenstand der primitiven Kunst in seiner geschichtlichen Entwicklung. Hinzugefügt sei hier, dass Wundt Kunst einen überwiegend funktionalen Sinn zuschrieb und die Frage von künstlerischer Schöpfungskraft und schöpferischem Ausdruck an eine „geistige Entwicklung", d. h. an den „zunehmenden Reichtum der Lebensanschauung und ihrer Betätigung"[32] band.

Was Vierkandt in seiner Kritik Wundts und der Völkerpsychologie vor dem Ersten Weltkrieg anmahnte, nämlich eine Verbindung von soziologischer Erklärung des Gruppen- oder kollektiven Handelns mit einer psychologischen Erklärung von Bewusstseins- und Handelsimpulsen des Individuums herzustellen, versuchte Richard Thurnwald, Grenzgänger zwischen Ethnologie, Völkerpsychologie und Soziologie. Für diese drei Fächer erhielt er 1923 die venia legendi an der Berliner Universität.[33] In seinem Aufsatz über „Probleme der ethno-psychologischen Forschung" legte er ein interdisziplinäres Forschungsprogramm vor, das „die Kulturerscheinungen in ihrer wirklichen ‚kausalen Bedingtheit'" erklären wollte.[34] Thurnwald forderte:

---

30 Wundt, Wilhelm: *Völkerpsychologie*, Bd. 3: Die Kunst. Leipzig 1919, S. 11.
31 Vierkandt, Alfred: „Prinzipienfragen der ethnologischen Kunstforschung". In: *Zeitschrift für Ästhetik und allgemeine Kunstwissenschaft* 19 (1925), S. 338–349; ders.: „Der gegenwärtige Stand der Völkerpsychologie". In: *Neue Jahrbücher für das Klassische Altertum, Geschichte, deutsche Literatur und für Pädagogik*. Leipzig 1914, S. 625–641.
32 Wundt: *Völkerpsychologie*, Bd. 3, S. 607.
33 Melk-Koch, Marion: *Auf der Suche nach der menschlichen Gesellschaft: Richard Thurnwald*. Berlin 1989, S. 250–259.
34 Thurnwald, Richard: „Probleme der ethno-psychologischen Forschung". In: *Zeitschrift für angewandte Psychologie und psychologische Sammelforschung. Beiheft 5: Vorschläge zur psychologischen Untersuchung primitiver Menschen*. Leipzig 1913, S. 1–27, hier S. 26.

> Wir dürfen nicht uns darauf beschränken, ‚die Kulturbeziehungen herauszuarbeiten' zu wollen, sondern wir müssen wie bei allen sozialen Erscheinungsformen [...] deren psychische Bedingtheiten, ‚Gesetze' und ‚Tendenzen' suchen, in die sich die Motive des Handelns, der Willensbetätigung zerlegen, sowohl was daran bewußt ist, wie unbewußt bleibt.[35]

Nicht zufällig erschien sein Aufsatz in der *Zeitschrift für angewandte Psychologie und psychologische Sammelforschung* in dem Band über „Vorschläge zur psychologischen Untersuchung primitiver Menschen" und bot an, „feste Richtlinien" für den Umgang mit den „Fremdvölkern" zu geben.[36] Hier eröffnete sich ein praktisches koloniales Anwendungsfeld, auf das die deutschen Experimentalpsychologen in den Auseinandersetzungen um die Errichtung von selbständigen Lehrstühlen verweisen konnten, waren sie doch bestrebt, mit exakten Methoden und greifbaren Ergebnissen die gesellschaftliche Nützlichkeit ihres Fachs gegenüber der Staatsbürokratie zu demonstrieren.[37]

Thurnwalds Programm baute auf die experimentelle Einzeluntersuchung im ethnologischen Feld. Er eliminierte das historische Moment, das bei Wundt in seiner Völkerpsychologie zum Tragen gekommen war und räumte auch dem Sammeln von Zeugnissen materieller Kultur, Herzstück der zeitgenössischen ethnologischen Arbeit, nur noch einen geringen Stellenwert ein.[38] Um die psychische Verfasstheit der sogenannten Naturvölker ermitteln zu können, musste der Wissenschaftler seine Daten in der experimentellen Untersuchung selbst herstellen. Das führte Thurnwald in seinen „Ethno-psychologische[n] Studien an Südseevölkern auf dem Bismarck-Archipel und den Salomo-Inseln" vor.[39] Für das Thema „bildhafter Ausdruck" im Rahmen seiner Untersuchung der „höheren

---

35 Ebd., S. 26 f.
36 Ebd., S. 22.
37 Dazu Staeuble, Irmingard: „‚Subjektpsychologie' oder ‚subjektlose Psychologie'. Gesellschaftliche und institutionelle Bedingungen der Herausbildung der modernen Psychologie". In: Ash u. Geuter (Hg.): *Geschichte der deutschen Psychologie*, S. 19–44; Ash, Mitchell G.: „Die experimentelle Psychologie an den deutschsprachigen Universitäten von der Wilhelminischen Zeit bis zum Nationalsozialismus". In: Ash u. Geuter (Hg.): *Geschichte der deutschen Psychologie*, S. 45–82; Jaeger, Siegfried: „Zur Herausbildung von Praxisfeldern der Psychologie bis 1933". In: Ash u. Geuter (Hg.): *Geschichte der deutschen Psychologie*, S. 83–112.
38 Vgl. Hoyt, David L.: „The Reanimation of the Primitive: Fin-de-siècle Ethnographic Discourse in Western Europe". In: *History of Science* 39 (2001), Heft 125, S. 331–354, der diesen Ansatz als charakteristisch für die Wissenschaften der *ethnographic family* um die Jahrhundertwende ausmacht.
39 Thurnwald, Richard: *Ethno-psychologische Studien an Südseevölkern auf dem Bismarck-Archipel und den Salomo-Inseln.* Leipzig 1913 (Beihefte zur Zeitschrift für angewandte Psychologie und psychologische Sammelforschung; 6).

Geistestätigkeit" machte er mit Personen, die „durch ihren Beruf" Kontakt zu Fremden gewohnt waren, Zeichenexperimente. Thurnwald gab ihnen unter anderem stereometrische Körper und planimetrische Figuren zum Abzeichnen und verlangte Zeichnungen von imaginären Vorstellungen, z. B. des Jenseits. Thurnwalds Erkenntnisinteresse richtete sich dabei vor allem auf das gerade neu eingeführte Messen von Intelligenz- und Gedächtnisleistungen. Am Rand warf er die Frage nach „der Einschätzung und Bewertung der Künstlerschaft primitiver Zeichnungen"[40] auf. Diese maß sich für ihn am praktizierten Minimum des Ausdrucks für ein Maximum des Eindrucks – mit den geringsten Mitteln die höchsten Wirkungen erzielen zu können. Angesichts der erhaltenen Zeichnungen konnte er deshalb lediglich feststellen, dass primitive Künstler ihre Aufmerksamkeit auf andere als die „normalen Merkmale" richteten und sich damit auch die Verschiedenheiten zwischen „unserer und der fremden Kunst" erkläre.[41] Thurnwald machte aufgrund dieser Feststellungen nun allgemeine Aussagen über das primitive Denken, in das die Primitive Kunst eingebettet war. Aus der philosophisch-soziologischen Theorie von Lévy-Bruhl über anderes Denken nahm er Versatzstücke heraus und übersetzte sie in fast formelhaft zu nennende Gegensatzbegriffe zu „unserem Denken". Dies war charakteristisch für diesen Ansatz im Primitivismusdiskurs, der nach der gesellschaftlichen Bedingtheit von künstlerischer Produktion fragte.

So schrieb Richard Thurnwald in seinem Artikel *Primitives Denken* für das Reallexikon der Vorgeschichte:

> Das Primitive Denken [...] geht von einer Geistesverfassung aus, die auf einer nur geringeren Erfahrung, minderen Fertigkeiten und schwächeren Herrschaft über die Umwelt beruht und auf diese Weise auch mit dem Gefühlsleben ganz bestimmte, eigenartige Wechselbeziehungen unterhält. [...] Versucht man, das Primitive Denken kurz zu charakterisieren, so muß es als ein Denken gekennzeichnet werden, das sich vorwiegend an das Komplexe der Erscheinungen hält, ohne dieses zu zerlegen, die Realität des Gedankens nicht von der des Objekts zu unterscheiden gelernt hat. Denn es beachtet die kontrollierenden Vergleiche mit der Wirklichkeit nicht, und die Phantasie bleibt darum ohne Zügelung und Disziplin. Es ist konkret, aber nicht wirklichkeitstreu.[42]

An anderer Stelle führte er aus, dass bei der Betrachtung der Kunst der Naturvölker auf einen „revidierten entwicklungsmäßigen Gesichtspunkt" nicht ganz verzichtet

---

40 Ebd., S. 73.
41 Ebd., S. 74.
42 Thurnwald, Richard: „Primitives Denken". In: *Reallexikon der Vorgeschichte*, Bd. 10. Berlin 1927, S. 294–317, hier S. 296. Dazu ausführlich auch Thurnwalds Habilitationsschrift: *Psychologie des primitiven Menschen*. München 1922.

werden könne, der sich orientiere an der „Zunahme der Technik der Hand" und „der Aufspeicherung des Wissens um Sachen und Zusammenhänge, der Technik des Kopfes".[43] Die primitive Denktechnik sei „nicht imstande, längere Ketten von Ereignissen aneinander zu schlingen".[44] Auf diese Weise enthielten viele Handlungen zauberischen Charakter. Das primitive Denken gefalle sich „in egozentrischen Beziehungen und in bequemen, äußerlich-erscheinungsmäßigen Verknüpfungen".

Dieses Urteil teilte auch der Physiologe Max Verworn in seiner vielzitierten Schrift *Zur Psychologie der primitiven Kunst*:

> Das primitive Denken dieser Völker ist nicht wie das Denken des modernen Kulturmenschen ein kritisches, [...] das jeden auftauchenden Gedanken wie der naturwissenschaftlich geschulte Experimentator sofort an den bekannten Tatsachen der Wirklichkeit prüft, sondern es ist ein noch sehr kurzatmiges Denken, das keine langen, logischen Gedankenreihen zu bilden vermag [...], das vielmehr immer nur im engsten Anschluß an die momentane Situation theoretisiert und daher unbemerkt fortwährend Widersprüche erzeugt. So kommt es, daß die naiven Spekulationen dieser Völker über die umgebende Welt weit entfernt sind von aller Naturwahrheit, so kommt es, daß ihnen die abenteuerlichsten Schöpfungen einer erregten Phantasie keinerlei kritische Bedenken erwecken. Und das tritt wie in ihrem Wort, so in ihrem Bild in schlagendster Weise hervor.[45]

Dass geistige Lebensäußerungen erst ab einer bestimmten, durch rationales Denken und spezifische Technikentwicklungen gekennzeichneten Kulturstufe als Kunst gelten konnten, wie Verworn insinuierte, war seit Beginn der Primitivismusdiskussion jedoch heftig umstritten – genauso wie die Argumentation der oben zu Wort gekommenen experimentellen Psychologen und Völkerpsychologen, die „auch für die geistige Entwicklung des Menschengeschlechts ursprünglich wesentlich materielle Hebel" verantwortlich machten und allen geistigen Lebensäußerungen allein ein Nutzen-Motiv für wirtschaftliche, soziale und religiöse Zwecke unterstellten.[46] Der Kunsthistoriker Alois Riegl wehrte schon 1893 in seinem Buch *Stilfragen. Grundlegungen zu einer Geschichte der Ornamentik* diese „technisch-materielle Descendenztheorie"[47] zurück und machte „immanenten künstlerischen Trieb, der im Menschen rege und nach Durchbruch ringend vor-

---

43 Thurnwald, Richard: „Mitbericht" [zu Alfred Vierkandt: „Prinzipienfragen der ethnologischen Kunstforschung"]. In: *Zeitschrift für Ästhetik und allgemeine Kunstwissenschaft* 19 (1925), S. 349–355, hier S. 349.
44 Ebd., S. 353, auch für das folgende Zitat.
45 Verworn, Max: *Zur Psychologie der primitiven Kunst*. Jena 1917, S. 25 f.
46 So kritisch Riegl, Alois: *Stilfragen. Grundlegungen zu einer Geschichte der Ornamentik* (erstmals 1893). Berlin 1923, S. 10.
47 Ebd., S. 32.

handen"⁴⁸ sei, zum Agens. „Nicht das Werkzeug, die Technik" sei „das Prius, sondern der kunstschaffende Gedanke, der sein Gestaltungsgebiet erweitern, seine Bildungsfähigkeit steigern will."⁴⁹ Dieses „Kunstwollen"⁵⁰ gelte ebenso für die Anfänge der Kunst, behauptete Riegl und zog die paläolithische Kunst ausdrücklich in seine Betrachtungen ein. Dabei wies er auf die Schere zwischen der „Niedrigkeit der sittlichen Kulturstufe" auf der einen und der schöpferischen Bedeutsamkeit der Kunsterzeugnisse der „halbkannibalischen Troglodyten Aquitaniens"⁵¹ auf der anderen Seite hin. Diese habe die Kunstgeschichte des Altertums bisher „fast vollständig"⁵² ignoriert, da sie sich allein „am Endziele der Gesamtentwicklung der antiken Künste, [...] der Schaffung der hellenistisch-römischen Weltkunst" orientiere.⁵³ Riegls Aufforderung, diesen Wertmaßstab fallen zu lassen und Kunsterzeugnisse in ihrem persönlichen Stil und Zeitstil zu beurteilen, also sie nur an sich selber zu messen und ihnen eine eigene Bedeutung zu geben, wurde von dem Kunsthistoriker Wilhelm Worringer aufgegriffen. 1908 erläuterte er in seinem Buch *Abstraktion und Einfühlung*:

> Jeder Stil stellte für die Menschheit, die ihn aus ihren psychischen Bedürfnissen heraus schuf, die höchste Beglückung dar. Das muss zum obersten Glaubenssatz aller objektiven kunstgeschichtlichen Betrachtung werden. Was von unserem Standpunkt aus als größte Verzerrung erscheint, muss für den jeweiligen Produzenten die höchste Schönheit und die Erfüllung seines Kunstwollens gewesen sein. So sind alle Wertungen von unserem Standpunkte, von unserer modernen Aesthetik aus, die ihre Urteile ausschließlich im Sinne der Antike oder der Renaissance fällt, von einem höheren Standpunkt aus Sinnlosigkeiten und Plattheiten.⁵⁴

Mit dieser Verlegung des kunsthistorischen Wertmaßstabes „in die Sphäre des Relativen", wie es im Reallexikon der Vorgeschichte 1927 hieß,⁵⁵ wurde ein grundlegender Wandel des Begriffs von Primitiver Kunst eingeleitet. Dieser bezeichnete „nicht mehr ein unvollkommenes, unentwickeltes Stadium der Kunstgeschichte, nicht mehr eine niedrige Entwicklungsstufe im Darwinschen Entwicklungssinne", sondern nun

---

48 Ebd., S. 20.
49 Ebd., S. 24.
50 Zu diesem Begriff Riegls siehe Matthew Rampley: „Zwischen Nomologischer und Hermeneutischer Kunstwissenschaft. Alois Riegl und das Problem des Kunstwollens". In: *kritische berichte. Zeitschrift für Kunst- und Kulturwissenschaften* 31 (2003), Heft 4, S. 5–19.
51 Riegl: *Stilfragen*, S. 19.
52 Ebd., S. 17.
53 Ebd., S. 18.
54 Worringer: *Abstraktion und Einfühlung*, S. 17.
55 Kühn, Herbert: „Primitive Kunst". In: *Reallexikon der Vorgeschichte*, Bd. 10. Berlin 1927, S. 264–292, hier S. 266.

eine selbständige, in sich vollkommen geschlossene Epoche der Kunstentwicklung, die ihren eigenen Sinn in sich selber trägt. Das Kunstwollen dieser Zeit ist ein anderes, nicht ein unentwickelteres, sondern ein generell anders geartetes, das es zu erfühlen und zu deuten gilt.[56]

Dieser kulturrelativistische Ansatz einer im eigenen Selbstverständnis erweiterten Kunstgeschichte korrespondierte mit der Neuausrichtung vor allem der amerikanischen Kulturanthropologie, die von und um Franz Boas systematisch entwickelt, aber auch von einzelnen deutschen Ethnologen bzw. Anthropologen ansatzweise vertreten wurde. Theodor Koch-Grünberg in seinem Buch *Anfänge der Kunst im Urwald*, Karl von den Steinen in seinem Werk *Die Marquesaner und ihre Kunst* und Felix von Luschan, der Direktor des Berliner Völkerkundemuseums, in seinen Studien über die *Alterthümer von Benin* beschränkten sich bei ihren ethnologischen Forschungen zwar fast ausschließlich auf ausführliche Materialbeschreibung und Motivforschung von Erzeugnissen materieller Kultur, bekannten sich aber zu deren Bewertung als Kunst.[57] So urteilte von Luschan 1898 prononciert über die Kunst Benins:

> [...] viel wichtiger scheint mir die Erkenntnis, daß wir in Benin für das 16. und 17. Jahrhundert eine einheimische große und monumentale Kunst kennengelernt haben, welche wenigstens in einzelnen Stücken an die zeitgenössische europäische Kunst ebenbürtig heranreicht und dabei mit einer Technik vergesellschaftet ist, die überhaupt auf der Höhe des Erreichbaren steht. Gerade gegenüber der jetzt, besonders in manchen der sogenannten ‚kolonialen' Kreise herrschenden Geringschätzung des Negers als solchen, scheint mir ein derartiger Nachweis auch eine Art von allgemeiner und moralischer Bedeutung zu haben.[58]

---

[56] Ebd., S. 267.
[57] Koch-Grünberg, Theodor: *Anfänge der Kunst im Urwald*. Berlin 1904; Steinen, Karl von den: *Die Marquesaner und ihre Kunst. Studien über die Entwicklung primitiver Südseeornamentik nach eigenen Reiseergebnissen und dem Material der Museen*. Berlin 1925; Luschan, Felix von: „Alterthümer von Benin". In: *Zeitschrift für Ethnologie* 30 (1898), S. 146–162. Wieder abgedruckt in: ‚*Neger im Louvre'. Texte zur Kunstethnographie und moderner Kunst*. Hg. v. Margrit Prussat u. Wolfgang Till. Amsterdam, Dresden 2001, S. 15–36.
[58] Luschan: „Alterthümer von Benin", S. 31f. Die einflussreiche Wirkung dieser Erklärung lässt sich gut ein Jahrzehnt später in dem programmatischen Band *Der Blaue Reiter*. Hg. v. Wassily Kandinsky u. Franz Marc (erstmals 1912). Dokumentarische Neuausgabe v. Klaus Lankheit. München 2002, S. 108 f. feststellen, in dem auf gegenüberliegenden Seiten die Grabplastik eines Ritters aus dem Frankfurter Dom und die Eisenplastik eines Kriegers in Rüstung aus Benin aus dem Münchener Museum für Völkerkunde mit den lakonischen Untertiteln „Deutsch" und „Benin" in kongenialem Vergleich abgebildet sind.

Kunst wurde jedoch in der ethnologischen Forschung zumeist nicht als autonome Sphäre thematisiert und untersucht.[59] Dessen ungeachtet bezog sich der gesamte Primitivismusdiskurs bis weit in die 1920er-Jahre fast ausschließlich auf die zeitgenössische ethnologische Literatur – wie z.B. ein Blick auf den Anmerkungsapparat der Bücher der Philosophen Lucien Lévy-Bruhl und Ernst Cassirer deutlich macht.[60]

Die Frage nach dem „Wesen der Kunst" war bei den deutschen Ethnologen also wenig präsent. Auf allgemeinerer Ebene teilten sie jedoch mit den Kunstwissenschaftlern die Einsicht in das Verstehensproblem des „Fremdseelischen".[61] Worringer hatte dieses Verstehensproblem an den Anfang seines Buches *Abstraktion und Einfühlung* gestellt. Er kritisierte die eingeschränkte Perspektive der Einfühlungstheorie von Theodor Lipps, der das Verhalten des Kunst-betrachtenden-Subjekts zum Ausgangspunkt seiner Ästhetik machte. Lipps behauptete, dass es eine Grundtatsache aller Psychologie und erst recht aller Ästhetik sei, dass es ein sinnlich gegebenes Objekt nicht gebe und nicht geben könne: „Indem es für mich existiert […], ist es von meiner Tätigkeit, von meinem inneren Leben durchdrungen."[62] Worringer stellte nun die Allgemeingültigkeit der Lippschen Behauptung in Frage, dass dieser Einfühlungsprozess zu allen Zeiten und in allen geographischen Räumen die Voraussetzung künstlerischen Schaffens gewesen sei.

> Vielmehr stehen wir mit dieser Einfühlungstheorie den künstlerischen Schöpfungen vieler Zeiten und Völker gegenüber hilflos da. Zum Verständnis jenes ungeheuren Komplexes von Kunstwerken, die aus dem engen Rahmen griechisch-römischer und modern okzidentaler Kunst hinaustreten, bietet sie uns z.B. keine Handhabe. Hier zwingt sich uns vielmehr die

---

[59] Eine Ausnahme ist Frobenius, Leo: *Kulturgeschichte Afrikas. Prolegomena zu einer historischen Gestaltlehre*. Zürich 1933, mit dem Versuch einer intuitiven, holistischen „Tiefenschau" der „Kunst- und Literaturgeschichte Afrikas"; zu Frobenius siehe Heinrichs, Hans-Jürgen: *Die fremde Welt, das bin ich. Leo Frobenius: Ethnologe, Forschungsreisender, Abenteurer*. Wuppertal 1998; Marchand, Suzanne: „Leo Frobenius and the Revolt against the West". In: *Journal of Contemporary History* 32 (1997), S. 153–170; Sylvain, Renée: „From *Kulturkreis* to *Kulturmorphologie*". In: *Anthropos* 91 (1996), S. 483–494; Kramer, Fritz: „Die Aktualität des Exotischen. Der Fall der ‚Kulturmorphologie' von Frobenius und Jensen". In: *Die Restauration der Götter. Antike Religion und Neo-Paganismus*. Hg. v. Richard Faber u. Renate Schlesier. Würzburg 1985, S. 258–270.
[60] Cassirer, Ernst: *Philosophie der symbolischen Formen. 2. Teil: Das mythische Denken* (erstmals 1925). Hamburg 2002.
[61] So Vierkandt: „Prinzipienfragen der ethnologischen Kunstforschung", S. 342.
[62] Theodor Lipps zit. nach Worringer: *Abstraktion und Einfühlung*, S. 7.

> Erkenntnis auf, dass ein ganz anderer psychischer Prozess vorliegt, der die eigentümliche von uns nur negativ gewürdigte Beschaffenheit jener Stile erklärt.[63]

Voraussetzung für die Möglichkeit des Verstehens dieser „ganz anderen psychischen Prozesse" war das Credo der deutschen historistisch orientierten Ethnologie des späten 19. Jahrhunderts von der „psychic unity of mankind".[64] Dies war die Grundannahme des kulturanthropologischen Ansatzes von Franz Boas zu Beginn des 20. Jahrhunderts, die auch in Deutschland trotz einer von den USA differierenden Entwicklung des Wissensfeldes Anthropologie/Ethnologie noch weiterwirkte.[65] So erklärte etwa Alfred Vierkandt in seinem Aufsatz über „Prinzipienfragen der ethnologischen Kunstforschung":

> Die Voraussetzung einer Gleichheit des Seelenlebens [ist] erkenntnisnotwendig und daher von aprioristischer Sicherheit. Sie gehört zu den Voraussetzungen erster Ordnung, während alle Voraussetzungen über Ungleichheit des Seelenlebens nur aus der Erfahrung geschöpft werden können und Voraussetzungen zweiter Ordnung bleiben: die Gleichheit muß vorausgesetzt, die Ungleichheit muß aus der Erfahrung begründet werden.[66]

Damit war die Beweispflicht auf die Seite der Vertreter einer Ungleichheit des Seelenlebens verlagert. Insbesondere Ethnologen warfen an diesem Punkt ihre persönlichen Felderfahrungen, die Erfahrung des „Dort-Gewesen-seins", für Gleichheit in die Waagschale. Franz Boas betonte in der Einleitung seines Buches *Primitive Art*:

> Anyone who has lived with primitive tribes, who has shared their joys and sorrows, their privations and their luxuries, who sees in them not solely subjects of study to be examined like a cell under the microscope, but feeling and thinking human beings, will agree that there is no such thing as a ‚primitive mind', a ‚magical' or ‚prelogical' way of thinking,

---

63 Ebd., S. 8.
64 Koepping, Klaus-Peter: *Adolf Bastian and the Psychic Unity of Mankind*. Brisbane 1983; ders.: „Enlightenment and Romanticism in the work of Adolf Bastian. The historical roots of anthropology in the nineteenth century". In: *Fieldwork and Footnotes. Studies in the History of European Anthropology*. Hg. v. Han F. Vermeulen u. Arturo Alvarez Roldán. New York 1995, S. 75–91; Massin, Benoit: „From Virchow to Fischer. Physical Anthropology and ‚Modern Race Theories' in Wilhelmine Germany". In: ‚*Volksgeist*' *as Method and Ethic. Essays on Boasian Ethnography and the German Anthropological Tradition*. Hg. v. George W. Stocking. Madison 1996, S. 79–154.
65 Kaufmann, Doris: „‚Rasse und Kultur'. Die amerikanische Kulturanthropologie um Franz Boas (1858–1942) in der ersten Hälfte des 20. Jahrhunderts – ein Gegenentwurf zur Rassenforschung in Deutschland". In: *Rassenforschung an Kaiser-Wilhelm-Instituten vor und nach 1933*. Hg. v. Hans-Walter Schmuhl. Göttingen 2003, S. 309–327.
66 Vierkandt: „Prinzipienfragen der ethnologischen Kunstforschung", S. 342.

but that each individual in ‚primitive' society is a man, a woman, a child of the same kind, of the same way of thinking, feeling and acting as man, woman or child in our own society.[67]

Boas entwickelte ein kulturanthropologisches Konzept zum Verstehen des Anderen, das eine Verbindung von historischem mit naturwissenschaftlichem, biologischem Wissen vorsah und auf eine regionale und lokale Anschauung und Analyse abzielte.[68] Die neue kunstgeschichtliche Perspektive nahm einige dieser Elemente in dem Stilbegriff auf, der an Riegl anknüpfend entworfen wurde – vor allem die Priorität von historischer Kontextualisierung, das Prinzip der Individualität jeder einzelnen Kultur und die Einbeziehung von psychologischer Forschung.

Bei der Untersuchung des Stils, der sich an die eingangs genannten allgemeineren Kulturdefinitionen etwa von Georg Simmel anlehnte, spielte Intuition und „historische Divination" eine wichtige Rolle. Ohne den „großen Zug historischer Divination" müsse, so schrieb beispielsweise Worringer, jede Geschichtsforschung „armselig und subaltern" bleiben.[69] Die Kunsthistoriker beschwören nicht ohne Pathos Imagination und Einfühlungsvermögen des Forschers, seine Phantasiebegabung und Gesamtpersönlichkeit zur Lösung des Verstehensproblems „fremder Zeit- und Kunstverhältnisse", deren „inneres Leben" in seiner „letzten Wurzel erschaut" werden sollte.[70] Das hieß nichts anderes, als das „Zeitlose des Werkes" zu erfassen, „das Ewige, das wohl verbunden der Zeit, doch die Zeit überstrahlt".[71] Gegenstand der Kunsthistoriker war damit „das Erlösende der Kunst" oder die „Befreiung von dem ‚Zwang des Lebens'".[72] Die Autonomie und Utopie der ästhetischen Sphäre, die hier zelebriert wurde, bildete ein Gegenbild zur kritisierten Gegenwart, die als „ohne festen Halt in sich selbst, ohne klare Bindung, ohne eindeutigen Charakter" beurteilt wurde und in der „die Kraft und die Gewalt" der Primitiven Kunst nicht wahrgenommen werde, wie der Prähistoriker Herbert Kühn erklärte.[73]

---

67 Boas, Franz: *Primitive Art* (erstmals 1927). New York 1955, S. 2.
68 Noch immer grundlegend zu Boas: Stocking, George W.: *Race, Culture, and Evolution, Essays in the History of Anthropology*. Chicago, London 1968, S. 133–233.
69 Worringer, Wilhelm: „Von Transzendenz und Immanenz in der Kunst". In: ders.: *Abstraktion und Einfühlung*, S. 159–179, hier S. 167.
70 Kühn, Herbert: *Die Kunst der Primitiven*. München 1923, S. 8.
71 Ebd., S. 175.
72 Ebd., S. 176.
73 Ebd., S. 7.

> Die Kunst der Primitiven ist in Wahrheit nicht primitiv – der Mensch der Zeit lebt primitiv, seine Wirtschaftsform ist primitiv – seine Kunst ist der reinste Ausdruck seiner Welt, die nie primitiv, sondern nur anders geschaut, unter anderen Formen erlebt ist.[74]

Kühns kunsthistorische Arbeiten stehen für die Umsetzung dieses Ansatzes, der eine Zurückweisung der evolutionistischen, funktionalen Sichtweise und eine Neubewertung der paläolithischen Kunst beinhaltete und sich zumeist eines expressionistischen Sprachstils bediente.[75]

Es war auch Kühn, der in seinem Artikel über Primitive Kunst für das Reallexikon der Vorgeschichte das wichtigste Ergebnis der transdisziplinären Debatte über Primitive Kunst zusammenfasste:

> Der Begriff der Kunst hat durch die Einbeziehung der Primitiven Kunst [...] eine vollkommene Änderung erfahren. Nicht mehr kann der Maßstab der ‚Schönheit' im Sinne der idealisierten Natur gelten, der Begriff Kunst scheint m. E. am bestimmtesten gefaßt, wenn man ihn bezeichnet als den gestalteten Ausdruck der Beziehung vom Ich zu Welt.[76]

Diese Beurteilung korrespondierte mit den Programmen und der ästhetischen Praxis der zeitgenössischen künstlerischen Avantgarden von Expressionismus, Dada, Surrealismus bis hin zur Neuen Sachlichkeit.[77] Mit dem veränderten Begriff und Verständnis von Kunst, der Einbeziehung der fremden, außereuropäischen, nicht okzidentalen, also der sogenannten Primitiven Kunst in den Bereich und die Erfahrung des Ästhetischen erweiterte sich der zeitliche, räumliche und „seelische" Begriff von Kultur. Die Ganzheit einer Kultur – in allen anderen Bereichen des Lebens ansonsten angeblich zerbrochen – ließ sich in der Untersuchung der

---

74 Ebd.
75 Als Beispiel Kühns Ausführung, ebd., S. 28, über eine Bison-Darstellung in der Höhle von Altamira: „Nicht in einem sklavischen Nachahmen der Natur ist dieses Bild geschaffen, sondern im genialen Erkennen des Wesentlichen, des optischen Eindrucks. Der Körper ist nicht so gegeben, wie er ist, sondern so, wie er dem Beschauer erscheint. Die Muskeln treten fest als Farbflecke heraus, die Kontur des Bauches verschwindet fast ganz, die Lokalfarbe ist vermieden, die Beinpaare sind perspektivisch vollendet angesetzt, dunklere Töne heben das vordere Bein heraus. Das Ineinanderströmen der Dunkelheiten und Helligkeiten schafft ein Ganzes, ein Einheitliches, das entsteht aus der farbigen Harmonie der Teile. Dies Bild steht auf dem Höhepunkt einer malerischen Epoche. Es ist die älteste malerische Kultur der Welt, eine Kultur, die sich fest und klar neben alle späteren stellen kann."
76 Kühn: „Primitive Kunst", S. 269.
77 Siehe dazu Küster, Bärbel: *Picasso und Matisse als Kulturreisende. Primitivismus und Anthropologie um 1900.* Berlin 2003; Pan, David: *Primitive Renaissance. Rethinking German Expressionism.* Lincoln, London 2001; Scheps, Marc, Yilmaz Dziewior u. Barbara Thiemann (Hg.): *Kunstwelten im Dialog. Von Gauguin zur globalen Gegenwart.* Köln 2000.

autonomen, „ewigen" Sphäre der Kunst noch fassen. Das ist das Ergebnis der ästhetisch-kulturwissenschaftlichen Primitivismusdiskussion, in der prälogisches, archaisches, mystisches Denken zur Ganzheit des menschlichen Geistes und Erlebens zählte und zur „Wesenserkenntnis" einer Kultur gehörte. Bei dem geforderten „Erfühlen des Wollens zur Kunst"[78] erhielten subjektive Prozesse wie Intuition, Ahnung und Divination im Erkenntnisgang eine große Bedeutung. Sie korrespondierten – so wurde angenommen – mit den zu untersuchenden ganzheitlichen Prozessen urgeschichtlichen bzw. primitiven seelischen Erlebens.

II

Die Möglichkeit oder Unmöglichkeit des Nachvollziehens und Verstehens von zunächst unverständlichem, fremden Seelenerleben und dessen künstlerischen Manifestationen stand auch im Mittelpunkt des Primitivismusdiskurses in den 1920er-Jahren. Diesmal ging es nicht primär um urgeschichtliche Menschen und Angehörige der Naturvölker, sondern um Geisteskranke, genauer um Schizophrene und ihre künstlerischen Arbeiten.

1925 beschrieb der Psychiater Arthur Kronfeld in der Klinischen Wochenschrift den schöpferischen Gestaltungsvorgang als eine „seelische Situation, die vom schöpferischen Subjekt erlebt wird als eine triebartige [...] Aktivität, als ein inneres Sichbefreien" von der „Wirkung der Welt auf das Ich".[79] Kronfeld sprach von der Gleichläufigkeit dieser schöpferischen Situation mit derjenigen „des Psychotisch-Werdens, vor allem in bestimmten Fällen der Schizophrenie":

> In diesen Psychosen ‚gestaltet sich die Welt neu' (Storch). In ihnen objektiviert sich die Spannung zwischen Ich und Nichtich [...] Archaische Schichten der Seele, magische, inspiratorische, von den Urtrieben empor gejagte Produktionsweisen von ungeheurer Aktivität geben dem Ich den schrankenlosen Sieg über die bisherige Gegebenheit, die sich in originären neuen Ordnungsformen, in halluzinatorischen, in evidenten Erlebnissen offenbarungsartiger oder inspirativer Natur, in neuen synthetischen Intellektualprozessen originaler Art gleichsam neu zu einer gewaltigen, selbstgeschaffenen Wirklichkeit, dem ‚Weltbild der Psychose' umgestaltet.[80]

Kronfeld brachte hier einen emphatischen Schizophreniebegriff zum Ausdruck, der im kulturwissenschaftlichen Diskurs der 1920er-Jahre verbreitet war. Es waren

---

78 Kühn: *Kunst der Primitiven*, S. 8.
79 Kronfeld, Arthur: „Der künstlerische Gestaltungsvorgang in psychiatrischer Beleuchtung". In: *Klinische Wochenschrift* 4 (1925), S. 29–30, hier S. 29.
80 Ebd.

die grenzüberschreitenden Erlebniswelten der an Schizophrenie Erkrankten bei gleichzeitig empfundener eigener Nähe der nicht erkrankten Diskursteilnehmer zu Vereinzelung- und Entfremdungserfahrungen sowie das Schizophrenen zugeschriebene große schöpferische Potential, die die Faszination dieses „gebrochenen Seelenzustandes"[81] ausmachten. Zu diesem Sinngehalt der Schizophrenie hatte vor allem der Psychiater und Kunsthistoriker Hans Prinzhorn mit seinem weit rezipierten Buch *Bildnerei der Geisteskranken* von 1922 beigetragen, in dem er seine Interpretation der Heidelberger Sammlung von ca. 5000 Werken psychiatrischer Anstaltsinsassen und -insassinnen vorlegte.[82] Hauptthema des Buches war die besondere schöpferische Gestaltungskraft, die aus der Schizophrenie erwuchs.

Prinzhorn knüpfte an neue Fragestellungen und Schwerpunkte in der Schizophrenieforschung an. Seine Arbeit gehört zu der in den 1920er-Jahren einflussreichen Richtung in der deutschen Psychiatrie, die als Heidelberger Schule bezeichnet wird und mit Namen wie Karl Jaspers, der 1913 als Assistent hier seine *Allgemeine Psychopathologie* herausbrachte, Karl Wilmanns und Hans Gruhle verbunden ist.[83] Die Heidelberger Universitätspsychiatrie verfolgte neben der klinischen Systematik psychischer Krankheiten einen psychologischen, verstehenden Ansatz, der u.a. Methoden teilnehmender Beobachtung aufnahm. Selbstschilderungen von Kranken gehörten im Heidelberger Kreis zu den Mitteln, Zugang zur psychiatrischen Erfassung psychischer Erlebnisweisen zu gewinnen. Das vorrangige Erkenntnisinteresse richtete sich auf die Aufdeckung der schizophrenen Persönlichkeit, ihres Denkens und der seelischen Erlebnisformen der Betroffenen. Darin lag eine Gefahr, die in der psychiatrischen Diskussion Anfang

---

81 Dazu Prinzhorn, Hans: „Schizophrenie. Zur Geschichte des Wortes und zur Psychologie seines Einbruches in das Zeitbewußtsein". In: ders.: *Um die Persönlichkeit. Gesammelte Abhandlungen.* Heidelberg 1927, S. 125–143, hier S. 141.
82 Prinzhorn, Hans: *Bildnerei der Geisteskranken. Ein Beitrag zur Psychologie und Psychopathologie der Gestaltung* (erstmals 1922). 4. Aufl. Berlin, Heidelberg, New York 1983. Zur Prinzhorn Sammlung siehe als Auswahl aus den Katalogen: Gercke, Hans u. Inge Jarchov (Hg.): *Die Prinzhorn-Sammlung. Bilder, Skulpturen, Texte aus psychiatrischen Anstalten (ca. 1890–1920).* Königstein/Ts. 1980; *Wahnsinnige Schönheit. Prinzhorn-Sammlung.* Heidelberg 1997.
83 Janzarik, Werner: „Jaspers, Kurt Schneider and the Heidelberg school of psychiatry". In: *History of Psychiatry* 9 (1998), Heft 34, S. 241–252; ders. (Hg.): *Psychopathologie als Grundlagenwissenschaft.* Stuttgart 1979; Bormuth, Matthias: *Lebensführung in der Moderne. Karl Jaspers und die Psychoanalyse.* Stuttgart 2002; Sauerland, Karol: „Heidelberg als intellektuelles Zentrum". In: *Heidelberg im Schnittpunkt intellektueller Kreise.* Hg. v. Hubert Treiber u. Karol Sauerland. Opladen 1995, S. 12–30.

der 1920er-Jahre artikuliert wurde. So warnte der Leipziger Ordinarius Oswald Bumke in einen Aufsatz mit dem Titel *Die Auflösung der Dementia Praecox:*

> Je mehr wir bei der weiteren wissenschaftlichen Arbeit von den groben Anomalien des Denkens und von den auffallendsten Gefühlsstörungen der Dementia praecox zu den feineren Tönungen des schizophrenen Wesens übergegangen sind, um so mehr ist uns dieser Krankheitsbegriff zwischen den Händen zerronnen. Heute will man in der Dementia praecox überhaupt nur noch die krankhafte Verdichtung an sich normaler seelischer Reaktionen erblicken.[84]

Bumkes Mahnung war auch eine Reaktion auf eine insbesondere von der psychiatrischen Hirnforschung befürchtete und skeptisch beurteilte zunehmende Adaption phänomenologischer Ansätze und psychoanalytischer Inhalte in die psychiatrische Forschung.[85] Vieldiskutierte Beispiele dafür waren die Arbeiten von Paul Schilder *Wahn und Erkenntnis* von 1918 und von Alfred Storch über *Das archaisch-primitive Erleben und Denken der Schizophrenen* von 1922.[86] An die von

---

84 Bumke, Oswald: „Die Auflösung der Dementia Praecox". In: *Klinische Wochenschrift* 3 (1924), S. 437–440; vgl. aus konträrer Perspektive Kronfeld, Arthur: „Über den Wandel des Schizophreniebegriffes". In: *Monatsschrift für Psychiatrie und Neurologie* 73 (1929), S. 140–166.
85 Siehe Kleist, Karl: Die gegenwärtigen Strömungen in der Psychiatrie. In: *Allgemeine Zeitschrift für Psychiatrie und psychisch-gerichtliche Medizin* 82 (1925), S. 1–41. „Ich habe bei Jaspers und seinen Geistesverwandten immer den Eindruck, als ob sie die Geisteskrankheiten als eine Art Schauspiel betrachten, dem sie mit Staunen und Ergriffenheit, Mitleid und Bewunderung folgen. Sie werden selbst hingerissen und reden in klingenden Worten vom festlichen Zug der Visionen und sind glücklich, wenn sie dem diese rätselhaften Welten durchschreitenden Kranken eine Strecke weit nachfolgen können. Es ist das eine intuitive künstlerische Haltung, die am deutlichsten aus Prinzhorns bewundernder Darstellung der Bildnereien der Geisteskranken spricht. Wissenschaft ist aber doch etwas wesentlich anderes, ist klare, kalte Unberührtheit, die in der Fülle der bunten und erregenden Einzelheiten die einfachen Linien des Allgemeinen und den sicheren Schritt der Gesetzlichkeit sucht." (Ebd., S.19).
86 Schilder, Paul: *Wahn und Erkenntnis. Eine psychopathologische Studie*. Berlin 1918; Storch, Alfred: *Das archaisch-primitive Erleben und Denken der Schizophrenen. Entwicklungspsychologisch-klinische Untersuchungen zum Schizophrenieproblem*. Berlin 1922; ders.: „Über das archaische Denken in der Schizophrenie". In: *Zeitschrift für die gesamte Neurologie und Psychiatrie* 78 (1922), S. 501–511; Bychowski, Gustav: *Metaphysik und Schizophrenie. Eine vergleichend-psychologische Studie*. Berlin 1923; Lurje, Walter: *Mystisches Denken, Geisteskrankheit und moderne Kunst*. Stuttgart 1923; Langelüddeke, Albrecht: „Zur Frage des archaisch-primitiven Erlebens und Denkens in der Psychiatrie". In: *Zeitschrift für die gesamte Neurologie und Psychiatrie* 93 (1924), S. 299–308; Levy-Suhl, Max: *Neue Wege in der Psychiatrie. Eine vergleichende Betrachtung des Seelenlebens der Wilden und der Geistesstörungen des Kulturmenschen*. Stuttgart 1925.

Freud in *Totem und Tabu* aufgestellte These von den „Übereinstimmungen im Seelenleben der Wilden und Neurotiker" anknüpfend, versuchten sie und andere Psychiater unter Einbeziehung ethnologischer Arbeiten und insbesondere der Schriften von Lévy-Bruhl Analogien zwischen dem Denken der Schizophrenen und dem magischen Denken der „Primitiven" zu ziehen. Ziel war es, „zunächst ganz unverständliche Erlebnisformen und Denkweisen schizophrener Kranker durch Vergleich mit archaisch-primitiven Denkweisen verständlich zu machen".[87] Verglichen wurden die Idee der Wiederverkörperung, die Verschmelzung des Ichs mit Gegenständlichem, magische Geschlechtsumwandlungen, kosmische Identifizierungen und mystisch-ekstatische Versenkungen. Der Untertitel von Storchs Buch *Entwicklungspsychologisch-klinische Untersuchungen zum Schizophrenieproblem* verweist auf den psychogenetischen Denkrahmen des Unternehmens. Das Ergebnis hieß zusammengefasst:

> [...] dass in der Geistesstörung eine uralte, archaische Denk- und Erlebensweise zum Durchbruch kommt, die beim Aufstieg zur heutigen Kultur als lebensunfähig überwunden worden war, deren mnemische Anlage aber in jedem von uns noch schlummert und die durch unbekannte, verhängnisvolle Vorgänge im Organismus eines Tages geweckt werden kann. Selbst in dem vollgesunden Geiste sind diese in den Tiefen der Seele ruhenden Urkräfte noch bemerkbar, und strahlen in zahllose Erscheinungen des Aberglaubens, der Symbolik, des Okkultismus und religiösen Glaubens unserer Zeit und in manche ungewöhnliche stimmungsmäßigen Zustände des modernen Menschen noch ständig aus.[88]

Öffnete also der schizophrene Krankheitsprozess in dieser psychiatrisch-völkerkundlichen Betrachtungsweise im Zivilisationsprozess überwundene archaische Denk- und Erlebnisweisen, so wurden in seit Beginn des 20. Jahrhunderts von Psychiatern veröffentlichten Pathographien berühmter Künstler die vom Krankheitsprozess gleichzeitig freigesetzten besonderen ästhetischen Gestaltungskräfte herausgestellt.[89] Eine vorhandene künstlerische Begabung war dafür allerdings Voraussetzung – wie etwa Karl Jaspers in seiner Monographie über Strindberg und van Gogh betonte.[90] Allgemein galt:

> Wie eine kranke Muschel Perlen entstehen läßt, so könnten schizophrene Prozesse einzigartige geistige Werke entstehen lassen. Und so wenig an die Krankheit der Muschel denkt, wer

---

87 Storch: *Das archaisch-primitive Erleben*, S. 6.
88 Levy-Suhl: *Neue Wege in der Psychiatrie*, S. 72.
89 Eine ausführliche Bibliographie der bis 1928 erschienenen Pathographien bei Lange-Eichbaum, Wilhelm: *Genie – Irrsinn und Ruhm*. München 1928, S. 464–494.
90 Jaspers, Karl: *Strindberg und van Gogh. Versuch einer pathographischen Analyse unter vergleichender Heranziehung von Swedenborg und Hölderlin* (erstmals 1921). 2. Aufl. Berlin 1926, u. a. S. 96 f.

sich an der Perle freut, so wenig derjenige, der die für ihn lebenschaffende Kraft von Werken erfährt, an die Schizophrenie, welche vielleicht eine Bedingung ihrer Entstehung war.[91]

Die selbstgestellte Frage, ob sich in den Kunstwerken etwas „spezifisch" Schizophrenes auffinden lasse, beantwortete Jaspers mit einer Problematisierung der Begriffe Kunst und Schizophrenie. Schizophrenie sei kein scharfer, sondern ein „unendlich reicher Begriff", der in verschiedenen Zusammenhängen verschiedene Bedeutungen annehme. Schizophrenie umfasse eine „ungeheure Wirklichkeit", die man nicht an „greifbaren, objektiven Merkmalen" erkennen könne, sondern nur als „seelische Totalität".[92]

Gab es nun eine Eigenart schizophrener Gestaltung und was waren die produktiven Komponenten der Krankheit? Für die Bearbeitung dieser Frage war eine Zusammenführung psychiatrischer und kunstwissenschaftlicher Perspektiven unerlässlich. Prinzhorn, in beiden Fächern ausgebildet, war prädestiniert für diese Aufgabe.[93] Sein vorrangiger Auftrag im Heidelberger Klinikkontext war jedoch zunächst, eine möglichst große Zahl von Werken psychisch Kranker zusammenzutragen, um eine empirische Basis zu erhalten, auf deren Grundlage neue diagnostische Gesichtspunkte sowie neue allgemeine Einblicke in psychotische Endzustände gewonnen werden sollten.

Von diesem psychiatrischen Auftrag und Programm trennte sich Prinzhorn völlig. Die „Unkenntnis vom Wesen der Gestaltung" bei Psychiatern führe dazu, dass in den Bildwerken nur die Symptome – wie z. B. Stereotypenbildung – gesehen würden, die ohnehin bekannt seien.[94] Diese Preisgabe einer psychiatrischen Perspektive auf das Schizophrenieproblem bei Prinzhorn war eine Konsequenz des zeitgenössischen psychiatrischen Schizophrenie-Diskurses, der zunehmend einem emphatischen Schizophreniebegriff folgte, nachdem durch den psychologischen Ansatz der Erfassung möglichst vieler Verhaltensweisen der Kranken und durch ihren Vergleich mit Verhaltensweisen von „Primitiven" und Kindern die Grenzen des Krankheitsbegriffs in Auflösung geraten waren.

Prinzhorn kam zu dem Ergebnis, dass es „seelische Äußerungsformen und entsprechende anschauliche Gestaltungen" gebe,

> die bei allen Menschen unter gleichen Bedingungen zwangsläufig fast gleich sein würden, ähnlich wie die physiologischen Vorgänge. Unter der Einwirkung von zivilisatorischen Sitten

---

[91] Ebd., S. 100.
[92] Ebd., S. 142.
[93] Über Biographie und Werk umfassend Röske, Thomas: *Der Arzt als Künstler. Ästhetik und Psychotherapie bei Hans Prinzhorn (1886–1933)*. Bielefeld 1995.
[94] Prinzhorn: *Bildnerei der Geisteskranken*, S. 5f.

und beschränkenden Regeln ist ein solcher normaler Ablauf gestört und gehemmt. Ausnahmezustände aller Art aber, in denen die alltägliche Bindung aufgehoben ist, begünstigen jene urtümlichen Ablaufsformen.[95]

Das traf auf die „Primitiven" wie auf an Schizophrenie Erkrankte zu, deren Bilder nach Prinzhorns Befunden eine „engste Form- und Ausdrucksverwandtschaft"[96] aufwiesen.

Doch ging es Prinzhorn nicht allein um das Freiwerden einer ursprünglichen Gestaltungskraft bei Schizophrenen, sondern vor allem auch um deren künstlerische Qualität. Der Kranke würde

> unter der ganz spezifischen Einwirkung der Schizophrenie zu einer Gestaltungskraft gelangen, die ihm sonst versagt wäre, indem nämlich in seiner Psyche sich Vorgänge abspielen, die sonst dem Künstler vorbehalten sind.[97]

Damit war klar, dass Prinzhorn bestimmte Bilder und Plastiken seiner Sammlung als Kunstwerke beurteilte. Zu Kunst wurden diese durch das ästhetische Erkennen des Betrachters, durch die Heftigkeit seiner Gefühle beim Betrachten der Bilder und Plastiken, durch den Vergleich mit den etablierten Kunstwerken und durch die Bestätigung des Prinzhornschen Urteils durch zeitgenössische andere Künstler, wie Nolde und Klee. Prinzhorn wurde im Prozess des Betrachtens selbst zum Künstler:

> Von Menschenhand gestaltete Gebilde ragen in eine eigene Wertsphäre, die nur unmittelbar erlebbar ist, und zwar in der besonderen, wesenhaft von allen anderen seelischen Haltungen verschiedenen Einstellung, die man die ästhetische nennt. Alles kommt darauf an, ob man veranlagt ist, diese ästhetische, völlig zweckgelöste Haltung einzunehmen. [...] Wer ein Bildwerk nicht anschauend zu erleben vermag, ohne von einem Denkzwang zum Ergründen- und Entlarven-Wollen befallen zu werden, der mag ein guter Psychologe sein, aber an dem Wesen des Gestalteten geht er notwendig vorbei.[98]

Resümierend konstatierte Prinzhorn eine enge Verwandtschaft zwischen „schizophrenem Weltgefühl" der Kranken und der Gefühlshaltung der zeitgenössischen Künstler. Als Unterschied zwischen beiden benannte Prinzhorn:

> Dort beim Schizophrenen ein schicksalsmäßiges Erleben. Ihm legt sich die ‚Entfremdung der Wahrnehmungswelt' als ein grauenhaftes, unentrinnbares Los auf, gegen das er oft lange

---

95 Ebd., S. 306.
96 Ebd., S. 323.
97 Ebd., S. 345.
98 Ebd., S. 332 f.

kämpft, bis er sich fügt und langsam in seiner wahnhaft bereicherten autistischen Welt heimisch wird. Hier beim Künstler unserer Tage geschah die Abwendung von der einst vertrauten und umworbenen Wirklichkeit zwar im besten Falle auch unter einem Erlebniszwang, aber immerhin mehr oder weniger als ein Akt, der auf Erkenntnis und Entschluß beruhte. Sie geschah infolge quälender Selbstbesinnung, weil das überkommene Verhältnis zur Umwelt zum Ekel wurde.[99]

Prinzhorns Bildnerei fand sofort Eingang in den psychiatrischen Diskurs. 1923 brachte Richard A. Pfeifer, späterer Leipziger Psychiatrieprofessor, gewissermaßen den Anti-Prinzhorn mit dem Titel *Der Geisteskranke und sein Werk* heraus, in dem er nachzuweisen suchte, dass für die künstlerisch-schöpferische Leistung ausschließlich die noch gesunden Anteile im schizophrenen Bildner verantwortlich waren.[100] Die Kranken seien mitnichten, unter dem Einfluss der Schizophrenie – ihnen selbst unbewusst – mit den tiefsten Erkenntnissen in Berührung. Dem widersprach Karl Birnbaum, Privatdozent der Psychiatrie an der Berliner Universität, in seiner *Kulturpsychopathologie* von 1924, in der er gerade die „Originalität und Produktivität der Psychose" hervorhob.[101] Dem „Abnormen" sei „eine von der psychischen Normalität sich entfernende geistige Selbsttätigkeit und Ursprünglichkeit eigen", die einen „kulturellen Eigencharakter" besäße und eine „ganz neue geistige Sphäre" erschlösse. Insbesondere gewissen Erlebnisweisen der Schizophrenie käme eine besonders hohe kulturelle Wertigkeit zu.

Auch Hans Bürger-Prinz, damaliger Privatdozent in Leipzig, der in dem 1932 veröffentlichten Band über Schizophrenie des Handbuchs der Geisteskrankheiten mit einen Beitrag über *Die künstlerischen Arbeiten Schizophrener* vertreten war, wollte zwar den schizophrenen Künstler „an seinem klinischen Standort belassen".[102] Aber auch er war der Meinung, der Ausbruch des schizophrenen Krankheitsprozesses

> mit der erhöhten Hinwendung zum eigenen Innenleben, der erhöhten Empfindsamkeit und Sensibilität und sicher auch weiterhin damit in Zusammenhang stehend der erhöhten Einfühlungsfähigkeit, tendiert geradezu zur Kunstform, zu einer über den Alltag erhobenen Ausdrucksform.[103]

---

99 Ebd., S. 347.
100 Pfeifer, Richard A.: *Der Geisteskranke und sein Werk. Eine Studie über schizophrene Kunst*. Leipzig 1923.
101 Birnbaum, Karl: *Grundzüge der Kulturpsychopathologie*. München 1924, S. 29f., auch für die folgenden Zitate.
102 Bürger-Prinz, Hans: „Über die künstlerischen Arbeiten Schizophrener". In: *Handbuch der Geisteskrankheiten*. Hg. v. Oswald Bumke, Bd. 9: Die Schizophrenie. Bearb. v. Karl Wilmanns. Berlin, Heidelberg, New York 1932, S. 668–704, hier S. 672.
103 Ebd., S. 676.

Die Auseinandersetzung mit den künstlerischen Arbeiten Schizophrener stieß eine – man kann fast sagen erbitterte – methodische Diskussion an, in der über die „Wandlungen der wissenschaftlichen Denkformen und ‚neue' Psychiatrie"[104] gestritten wurde. Parallelen zur Diskussion über das Verstehen der Kunst der sogenannten Naturvölker sind unübersehbar. So forderte Kronfeld, intuitive Erfahrung und die geisteswissenschaftliche Durchdringung des Zusammenhangs von Persönlichkeit und Schöpfung für die Psychiatrie fruchtbar zu machen, denn

> einfühlendes und strukturpsychologisch-phänomenologisches Erfassen des psychotischen Erlebens und Gestaltens nach Analogie des künsterischen Schaffens wird der Psychiatrie manche neuen Aufschlüsse gewährleisten.[105]

Auch in der psychiatrischen Diskussion ging es letztlich um „verstehende Ganzheitserkenntnis" im Gegensatz zur analytisch-synthetischen Betrachtungsweise, die „das Ganze in Stücke zerschlägt".[106] Hinter dem Begriff der verstehenden Ganzheitsbetrachtung stand nach Storch, der damit das Bemühen der Vertreter einer „neuen" Psychiatrie zutreffend beschrieb, „der Wille, das Verstehen über die bisherigen Grenzen hinauszurücken". Eine „geisteswissenschaftliche Methodik" müsse neben eine „naturwissenschaftliche[...] analysierende[...] Kausalanalyse" treten und nach „Sinnzusammenhängen" fragen. Nur so war für die in der Schizophrenie-und-Kunst-Debatte engagierten Psychiater der Schlüssel zum Problem des Verstehens des „Anderen" zu finden.[107]

Der psychiatrische Primitivismusdiskurs der 1920er-Jahre war noch radikaler als der kunstwissenschaftlich-prähistorisch-völkerpsychologische der Vorkriegszeit von einem grundlegenden methodischen Krisenbewusstsein und einer methodischen Selbstreflexion geprägt. Gefordert wurde ausdrücklich eine Erweiterung der wissenschaftlichen Perspektive und der Methoden, die mit einer Erweiterung des Wirklichkeitserlebens des einzelnen Wissenschaftlers im Sinne der Wahrnehmung von unbekannten, neuen Formen und Ausdrucksweisen von Subjektivität einhergehen sollten.

---

104 So der Aufsatztitel von Alfred Storch in: *Zeitschrift für die gesamte Neurologie und Psychiatrie* 107 (1927), S. 684–698, als Entgegnung auf die Beiträge der Psychiatrieordinarien Hoche, Bumke, Ziehen und Stransky, bibliogr. Nachweise ebd.
105 Kronfeld: „Der künstlerische Gestaltungsvorgang", S. 30.
106 Storch: „Wandlungen", S. 685.
107 Siehe für vergleichbare wissenschaftliche Strömungen in der Weimarer Republik Harrington, Ann: *Reenchanted Science. Holism in German Culture from Wilhelm II to Hitler.* Princeton 1996; Harwood, Jonathan: *Styles of Scientific Thought. The German Genetics Community 1900–1933.* Chicago 1993.

In beiden Diskursabschnitten über Primitivismus stand am Ende die Veränderung und Neudefinition eines Problemkomplexes: die Infragestellung des alten Kunstbegriffs wie die Infragestellung des herrschenden Psychopathologiebegriffs. Beide Gruppen im Zentrum des Primitivismusdiskurses, die außereuropäischen „Wilden" wie die innereuropäischen „Irren", erhielten eine neue, eigene Dignität und Wertigkeit, die im Zusammenhang stand mit dem Bedürfnis nach einer Erweiterung von Erfahrung und Artikulation von Subjektivität auf Seiten der „zivilisierten" bzw. nicht erkrankten Teilnehmer am kulturwissenschaftlichen Primitivismusdiskurs. Dieser löste eine methodische Selbstreflexion in den beteiligten Wissensfeldern aus, deren methodische Fluchtpunkte Phänomenologie und Ganzheitserkenntnis waren.

Literaturverzeichnis

Ash, Mitchell G.: „Die experimentelle Psychologie an den deutschsprachigen Universitäten von der Wilhelminischen Zeit bis zum Nationalsozialismus". In: Ash u. Geuter (Hg.): *Geschichte der deutschen Psychologie im 20. Jahrhundert*, S. 45–82.

Ash, Mitchell G. u. Ulfried Geuter (Hg.): *Geschichte der deutschen Psychologie im 20. Jahrhundert.* Opladen 1985.

Ash, Mitchell G.: „Psychology in Twentieth-Century Germany: Science and Profession". In: *German Professions.* Hg. v. Geoffrey Cocks u. Konrad H. Jarausch. New York, Oxford 1990, S. 289–307.

Birnbaum, Karl: *Grundzüge der Kulturpsychopathologie.* München 1924.

Boas, Franz: *Primitive Art* (erstmals 1927). New York 1955.

Böhringer, Hannes u. Beate Söntgen (Hg.): *Wilhelm Worringers Kunstgeschichte.* München 2002.

Bormuth, Matthias: *Lebensführung in der Moderne. Karl Jaspers und die Psychoanalyse.* Stuttgart 2002.

Bruch, Rüdiger vom, Wilhelm Graf u. Gangolf Hübinger (Hg.): *Kultur und Kulturwissenschaften um 1900. Krise der Moderne und Glaube an die Wissenschaft.* Stuttgart 1989.

Bruch, Rüdiger vom, Wilhelm Graf u. Gangolf Hübinger (Hg.): *Kultur und Kulturwissenschaften. 2. Idealismus und Positivismus.* Stuttgart 1997.

Bumke, Oswald: „Die Auflösung der Dementia Praecox". In: *Klinische Wochenschrift* 3 (1924), S. 437–440.

Bürger-Prinz, Hans: „Über die künstlerischen Arbeiten Schizophrener". In: *Handbuch der Geisteskrankheiten.* Hg. v. Oswald Bumke, Bd. 9: Die Schizophrenie. Bearb. v. Karl Wilmanns. Berlin, Heidelberg, New York 1932, S. 668–704.

Bychowski, Gustav: *Metaphysik und Schizophrenie. Eine vergleichend-psychologische Studie.* Berlin 1923.

Cassirer, Ernst: *Philosophie der symbolischen Formen. 2. Teil: Das mythische Denken* (erstmals 1925). Hamburg 2002.

Chickering, Roger: „Das Leipziger ‚Positivisten-Kränzchen' um die Jahrhundertwende". In: *Kultur und Kulturwissenschaften um 1900. 2. Idealismus und Positivismus.* Hg. v. Gangolf Hübinger, Rüdiger vom Bruch u. Friedrich Wilhelm Graf. Stuttgart 1997, S. 227–245.

Chickering, Roger: *Karl Lamprecht. A German Academic Life (1856–1915).* Atlantic Highlands 1993.

Clifford, James u. George E. Marcus (Hg.): *Writing Culture. The Politics and Poetics of Ethnography.* Berkeley, Los Angeles 1986.

Drehsen, Volker u. Walter Sparn (Hg.): *Krisenwahrnehmung und Krisenbewältigung um 1900.* Berlin 1996.

Fischer, Hans: *Die Hamburger Südsee-Expedition. Über Ethnographie und Kolonialismus.* Frankfurt a. M. 1981.

Foucault, Michel: *Die Anormalen. Vorlesungen am Collège de France, 1974–1975.* Frankfurt a. M. 2003.

Frobenius, Leo: *Kulturgeschichte Afrikas. Prolegomena zu einer historischen Gestaltlehre.* Zürich 1933.

Gercke, Hans u. Inge Jarchov (Hg.): *Die Prinzhorn-Sammlung. Bilder, Skulpturen, Texte aus psychiatrischen Anstalten (ca. 1890–1920).* Königstein/Ts. 1980.

Harrington, Ann: *Reenchanted Science. Holism in German Culture from Wilhelm II to Hitler.* Princeton 1996

Hardtwig, Wolfgang: „Jakob Burckhardt und Max Weber. Zur Genese und Pathologie der modernen Welt". In: ders.: *Geschichtskultur und Wissenschaft.* München 1990, S. 189–223.

Harwood, Jonathan: *Styles of Scientific Thought. The German Genetics Community 1900–1933.* Chicago 1993.

Heinrichs, Hans-Jürgen: *Die fremde Welt, das bin ich. Leo Frobenius: Ethnologe, Forschungsreisender, Abenteurer.* Wuppertal 1998.

Hoyt, David L.: „The Reanimation of the Primitive: Fin-de-siècle Ethnographic Discourse in Western Europe". In: *History of Science* 39 (2001), Heft 125, S. 331–354.

Hsu, Francis L.K.: „Rethinking the Concept ‚Primitive'". In: *Current Anthropology* 5 (1964), Heft 3, S. 169–178.

Hübinger, Gangolf: „Die ‚Rückkehr' der Kulturgeschichte". In: *Geschichtswissenschaften.* Hg. v. Christoph Cornelißen. Frankfurt a. M. 2000, S. 162–177.

Hübinger, Gangolf: „Konzepte und Typen der Kulturgeschichte". In: *Geschichtsdiskurs. Bd. 4: Krisenbewußtsein, Katastrophenerfahrungen und Innovationen 1880–1945.* Hg. v. Wolfgang Küttler. Frankfurt a. M. 1997, S. 136–152.

Jaeger, Siegfried: „Zur Herausbildung von Praxisfeldern der Psychologie bis 1933". In: Ash u. Geuter (Hg.): *Geschichte der deutschen Psychologie im 20. Jahrhundert,* S. 83–112.

Janzarik, Werner: „Jaspers, Kurt Schneider and the Heidelberg school of psychiatry". In: *History of Psychiatry* 9 (1998), Heft 34, S. 241–252.

Janzarik, Werner (Hg.): *Psychopathologie als Grundlagenwissenschaft.* Stuttgart 1979.

Jaspers, Karl: *Strindberg und van Gogh. Versuch einer pathographischen Analyse unter vergleichender Heranziehung von Swedenborg und Hölderlin* (erstmals 1921). 2. Aufl. Berlin 1926.

Kandinsky, Wassily u. Franz Marc (Hg.): *Der Blaue Reiter* (erstmals 1912). Dokumentarische Neuausgabe v. Klaus Lankheit. München 2002.

Kandinsky, Wassily: *Über das Geistige in der Kunst* (erstmals 1911/12). Rev. Neuauflage. Bern 2004.

Kaufmann, Doris: „‚Primitivismus': Zur Geschichte eines semantischen Feldes 1900-1930. In: *Ordnungen in der Krise. Zur Politischen Kulturgeschichte Deutschlands 1900-1933*. Hg. v. Wolfgang Hardtwig. München 2007, S. 425-448.

Kaufmann, Doris: „‚Rasse und Kultur'. Die amerikanische Kulturanthropologie um Franz Boas (1858-1942) in der ersten Hälfte des 20. Jahrhunderts - ein Gegenentwurf zur Rassenforschung in Deutschland". In: *Rassenforschung an Kaiser-Wilhelm-Instituten vor und nach 1933*. Hg. v. Hans-Walter Schmuhl. Göttingen 2003, S. 309-327.

Kippenberg, Hans G.: *Die Entdeckung der Religionsgeschichte. Religionswissenschaft und Moderne*. München 1997.

Kleist, Karl: Die gegenwärtigen Strömungen in der Psychiatrie. In: *Allgemeine Zeitschrift für Psychiatrie und psychisch-gerichtliche Medizin* 82 (1925), S. 1-41.

Koch-Grünberg, Theodor: *Anfänge der Kunst im Urwald*. Berlin 1904.

Koepping, Klaus-Peter: *Adolf Bastian and the Psychic Unity of Mankind*. Brisbane 1983.

Koepping, Klaus-Peter: „Enlightenment and Romanticism in the work of Adolf Bastian. The historical roots of anthropology in the nineteenth century". In: *Fieldwork and Footnotes. Studies in the History of European Anthropology*. Hg. v. Han F. Vermeulen u. Arturo Alvarez Roldán. New York 1995, S. 75-91.

Kramer, Fritz: „Die Aktualität des Exotischen. Der Fall der ‚Kulturmorphologie' von Frobenius und Jensen". In: *Die Restauration der Götter. Antike Religion und Neo-Paganismus*. Hg. v. Richard Faber u. Renate Schlesier. Würzburg 1985, S. 258-270.

Kronfeld, Arthur: „Der künstlerische Gestaltungsvorgang in psychiatrischer Beleuchtung". In: *Klinische Wochenschrift* 4 (1925), S. 29-30.

Kronfeld, Arthur: „Über den Wandel des Schizophreniebegriffes". In: *Monatsschrift für Psychiatrie und Neurologie* 73 (1929), S. 140-166.

Kühn, Herbert: *Die Kunst der Primitiven*. München 1923.

Kühn, Herbert: „Primitive Kunst". In: *Reallexikon der Vorgeschichte*, Bd. 10. Berlin 1927, S. 264-292.

Küster, Bärbel: *Picasso und Matisse als Kulturreisende. Primitivismus und Anthropologie um 1900*. Berlin 2003.

Kuper, Adam: *The Invention of Primitive Society. Transformations of an Illusion*. London, New York 1988.

Lamprecht, Karl: „Fragen moderner Kunst". In: *Neue deutsche Rundschau* 12 (1901), S. 734-741.

Lange-Eichbaum, Wilhelm: *Genie - Irrsinn und Ruhm*. München 1928.

Langelüddeke, Albrecht: „Zur Frage des archaisch-primitiven Erlebens und Denkens in der Psychiatrie". In: *Zeitschrift für die gesamte Neurologie und Psychiatrie* 93 (1924), S. 299-308.

Lévy-Bruhl, Lucien: *Das Denken der Naturvölker*. Wien, Leipzig 1921.

Lévy-Bruhl, Lucien: *Die geistige Welt der Primitiven*. München 1927.

Lévy-Bruhl, Lucien: *Die Seele der Primitiven*. Wien 1930.

Levy-Suhl, Max: *Neue Wege in der Psychiatrie. Eine vergleichende Betrachtung des Seelenlebens der Wilden und der Geistesstörungen des Kulturmenschen*. Stuttgart 1925.

Lichtblau, Klaus: *Kulturkrise und Soziologie um die Jahrhundertwende. Zur Genealogie der Kultursoziologie in Deutschland*. Frankfurt a. M. 1996.

Lowie, Robert H.: *The History of Ethnological Theory*. New York 1937.

Lurje, Walter: *Mystisches Denken, Geisteskrankheit und moderne Kunst*. Stuttgart 1923.

Luschan, Felix von: „Alterthümer von Benin". In: *Zeitschrift für Ethnologie* 30 (1898), S. 146–162. Wieder abgedruckt in: *‚Neger im Louvre'. Texte zur Kunstethnographie und moderner Kunst.* Hg. v. Margrit Prussat u. Wolfgang Till. Amsterdam, Dresden 2001, S. 15–36.

MacGregor, John M.: *The Discovery of the Art of the Insane.* Princeton 1989.

Marchand, Suzanne: „Leo Frobenius and the Revolt against the West". In: *Journal of Contemporary History* 32 (1997), S. 153–170.

Massin, Benoit: „From Virchow to Fischer. Physical Anthropology and ‚Modern Race Theories' in Wilhelmine Germany". In: *‚Volksgeist' as Method and Ethic. Essays on Boasian Ethnography and the German Anthropological Tradition.* Hg. v. George W. Stocking. Madison 1996, S. 79–154.

Melk-Koch, Marion: *Auf der Suche nach der menschlichen Gesellschaft: Richard Thurnwald.* Berlin 1989.

Mommsen, Wolfgang J.: „Die Herausforderung der bürgerlichen Kultur durch die künstlerische Avantgarde. Zum Verhältnis von Kultur und Politik im Wilhelminischen Deutschland". In: *Geschichte und Gesellschaft* 20 (1994), Heft 3, S. 424–444.

Nipperdey, Thomas: *Wie das Bürgertum die Moderne fand.* Berlin 1988.

Nolte, Paul: *Die Ordnung der deutschen Gesellschaft. Selbstentwurf und Selbstbeschreibung im 20. Jahrhundert.* München 2000.

Oexle, Otto Gerhard: „Geschichte als Historische Kulturwissenschaft". In: *Kulturgeschichte Heute.* Hg. v. Wolfgang Hardtwig u. Hans-Ulrich Wehler. Göttingen 1996, S. 14–40.

Oexle, Otto Gerhard: „Max Weber – Geschichte als Problemgeschichte". In: ders. (Hg.): *Das Problem der Problemgeschichte 1880–1932.* Göttingen 2001, S. 9–37.

Pan, David: *Primitive Renaissance. Rethinking German Expressionism.* Lincoln, London 2001.

Penny, H. Glenn u. Matti Bunzl (Hg.): *Wordly Provincialism. German Anthropology in the Age of Empire.* Ann Arbor 2003.

Peukert, Detlev: *Max Webers Diagnose der Moderne.* Göttingen 1989.

Pfeifer, Richard A.: *Der Geisteskranke und sein Werk. Eine Studie über schizophrene Kunst.* Leipzig 1923.

Prinzhorn, Hans: *Bildnerei der Geisteskranken. Ein Beitrag zur Psychologie und Psychopathologie der Gestaltung* (erstmals 1922). 4. Aufl. Berlin, Heidelberg, New York 1983.

Prinzhorn, Hans: „Schizophrenie. Zur Geschichte des Wortes und zur Psychologie seines Einbruches in das Zeitbewußtsein". In: ders.: *Um die Persönlichkeit. Gesammelte Abhandlungen.* Heidelberg 1927, S. 125–143.

Rampley, Matthew: „Zwischen Nomologischer und Hermeneutischer Kunstwissenschaft. Alois Riegl und das Problem des Kunstwollens". In: *kritische berichte. Zeitschrift für Kunst- und Kulturwissenschaften* 31 (2003), Heft 4, S. 5–19.

Riegl, Alois: *Stilfragen. Grundlegungen zu einer Geschichte der Ornamentik* (erstmals 1893). Berlin 1923.

Röske, Thomas: *Der Arzt als Künstler. Ästhetik und Psychotherapie bei Hans Prinzhorn (1886–1933).* Bielefeld 1995.

Sauerland, Karol: „Heidelberg als intellektuelles Zentrum". In: *Heidelberg im Schnittpunkt intellektueller Kreise.* Hg. v. Hubert Treiber u. Karol Sauerland. Opladen 1995, S. 12–30.

Sauerländer, Willibald: „Alois Riegl und die Entstehung der autonomen Kunstgeschichte am Fin de siècle". In: *Fin de siècle. Zu Literatur und Kunst um die Jahrhundertwende.* Hg. v. Roger Bauer u.a. Frankfurt a. M. 1977, S. 125–139.

Scheps, Marc, Yilmaz Dziewior u. Barbara Thiemann (Hg.): *Kunstwelten im Dialog. Von Gauguin zur globalen Gegenwart.* Köln 2000.
Schilder, Paul: *Wahn und Erkenntnis. Eine psychopathologische Studie.* Berlin 1918.
Schleier, Hans: *Historisches Denken in der Krise der Kultur. Fachhistorie, Kulturgeschichte und Anfänge der Kulturwissenschaften in Deutschland.* Göttingen 2000.
Schorn-Schütte, Luise: *Karl Lamprecht. Kulturgeschichtsschreibung zwischen Wissenschaft und Politik.* Göttingen 1984.
Smith, Woodruff D.: *Politics and the Sciences of Culture in Germany 1840–1920.* Oxford 1991.
Staeuble, Irmingard: „‚Subjektpsychologie' oder ‚subjektlose Psychologie'. Gesellschaftliche und institutionelle Bedingungen der Herausbildung der modernen Psychologie". In: Ash u. Geuter (Hg.): *Geschichte der deutschen Psychologie im 20. Jahrhundert,* S. 19–44.
Steinen, Karl von den: *Die Marquesaner und ihre Kunst. Studien über die Entwicklung primitiver Südseeornamentik nach eigenen Reiseergebnissen und dem Material der Museen.* Berlin 1925.
Stocking, George (Hg.): *Colonial Situations. Essays on the Contextualization of Ethnographic Knowledge.* Madison, London 1991.
Stocking, George W.: *Race, Culture, and Evolution, Essays in the History of Anthropology.* Chicago, London 1968.
Storch, Alfred: *Das archaisch-primitive Erleben und Denken der Schizophrenen. Entwicklungspsychologisch-klinische Untersuchungen zum Schizophrenieproblem.* Berlin 1922.
Storch, Alfred: „Über das archaische Denken in der Schizophrenie". In: *Zeitschrift für die gesamte Neurologie und Psychiatrie* 78 (1922), S. 501–511.
Storch, Alfred: „Wandlungen der wissenschaftlichen Denkformen und ‚neue' Psychiatrie". In: *Zeitschrift für die gesamte Neurologie und Psychiatrie* 107 (1927), S. S. 684–698.
Sylvain, Renée: „From *Kulturkreis* to *Kulturmorphologie*". In: *Anthropos* 91 (1996), S. 483–494.
Teich, Mikulás u. Roy Porter (Hg.): *Fin de siècle and its legacy.* Cambridge 1990.
Thurnwald, Richard: *Ethno-psychologische Studien an Südseevölkern auf dem Bismarck-Archipel und den Salomo-Inseln.* Leipzig 1913 (Beihefte zur Zeitschrift für angewandte Psychologie und psychologische Sammelforschung; 6).
Thurnwald, Richard: „Mitbericht" [zu Alfred Vierkandt: „Prinzipienfragen der ethnologischen Kunstforschung"]. In: *Zeitschrift für Ästhetik und allgemeine Kunstwissenschaft* 19 (1925), S. 349–355
Thurnwald, Richard: „Primitives Denken". In: *Reallexikon der Vorgeschichte,* Bd. 10. Berlin 1927, S. 294–317.
Thurnwald, Richard: „Probleme der ethno-psychologischen Forschung". In: *Zeitschrift für angewandte Psychologie und psychologische Sammelforschung. Beiheft 5: Vorschläge zur psychologischen Untersuchung primitiver Menschen.* Leipzig 1913, S. 1–27.
Thurnwald, Richard: *Psychologie des primitiven Menschen.* München 1922.
Verworn, Max: *Zur Psychologie der primitiven Kunst.* Jena 1917.
Vierkandt, Alfred: „Der gegenwärtige Stand der Völkerpsychologie". In: *Neue Jahrbücher für das Klassische Altertum, Geschichte, deutsche Literatur und für Pädagogik.* Leipzig 1914, S. 625–641.
Vierkandt, Alfred: „Prinzipienfragen der ethnologischen Kunstforschung". In: *Zeitschrift für Ästhetik und allgemeine Kunstwissenschaft* 19 (1925), S. 338–349.
Wahnsinnige Schönheit. Prinzhorn-Sammlung. Heidelberg 1997.

Worringer, Wilhelm: *Abstraktion und Einfühlung. Ein Beitrag zur Stilpsychologie* (erstmals 1908). München 1921.
Worringer, Wilhelm: „Von Transzendenz und Immanenz in der Kunst". In: ders.: *Abstraktion und Einfühlung. Ein Beitrag zur Stilpsychologie.* München 1921, S. 159–179.
Wundt, Wilhelm: *Probleme der Völkerpsychologie.* Leipzig 1911.
Wundt, Wilhelm: *Völkerpsychologie. Eine Untersuchung der Entwicklungsgesetze von Sprache, Mythus und Sitte*, Bd. 1: Die Sprache. Leipzig 1900, Einleitung. Abgedruckt in: *Völkerpsychologie – Versuch einer Neuentdeckung. Texte von Lazarus, Steinthal und Wundt.* Hg. v. Georg Eckardt. Weinheim 1997, S. 239–270.
Wundt, Wilhelm: *Völkerpsychologie*, Bd. 3: Die Kunst. Leipzig 1919.
Zimmerman, Andrew: *Anthropology and Antihumanism in Imperial Germany.* Chicago 2001.

Marcus Hahn
Primitivismus und Literaturtheorie

Jede Rede von einem ‚literarischen Primitivismus' führt auf zwei literaturtheoretische Fragen: Zum einen auf die Frage nach der Übertragbarkeit des kunsthistorischen Begriffs des ‚Primitivismus' auf die Literatur; zum anderen auf die Frage nach der kulturellen Funktion dieses Begriffs für diejenigen Gesellschaften, die ihn entwickelt haben. Was mit ‚Primitivismus' im engeren Sinne gemeint ist, scheint zunächst auf der Hand zu liegen: Der Begriff bezieht sich auf die europäischen Avantgarden um 1900, die auf dem Höhepunkt der vom Imperialismus organisierten europäisch-überseeischen Verflechtungen Sujets und Verfahren der außereuropäischen Kunst (oder von dem, was sie dafür halten) aufgreifen oder sich zivilisationskritisch auf außereuropäische Lebensformen (oder auf das, was sie dafür halten) berufen – wahlweise in einer quietistischen, die ursprüngliche Simplizität oder in einer ekstatischen, die animalische Wildheit betonenden Variante. Die künstlerischen Primitivismen der Moderne lassen sich weiter unterteilen in den sehr gut erforschten und hoch kanonisierten ‚visuellen' Primitivismus der Maler und Bildhauer sowie in den ‚literarischen' Primitivismus ihrer Schriftsteller-Kollegen. Was die Rede von einem literarischen Primitivismus allerdings problematisch macht, ist die im Vergleich zum visuellen Primitivismus erheblich schlechtere ‚Zitierbarkeit' außereuropäischer, d. h. meist oral überlieferter und nicht übersetzter ‚Literatur' durch europäische Autorinnen und Autoren. Das hat dazu geführt, dass im Gegensatz zu außereuropäischen Bildzeichen die außereuropäische ‚Literatur' gar nicht oder nur in sehr eingeschränktem Maße zum Bestandteil der innereuropäischen Diskurswelt geworden ist.

Im Folgenden möchte ich diese beiden literaturtheoretischen Fragen zum literarischen Primitivismus – Begriff und Funktion – im Zusammenhang beantworten, muss dazu aber einen kleinen Umweg unternehmen. Er bezieht sich auf einen außerhalb von Spezialistenkreisen kaum bekannten Bericht über eine in den Jahren von 1912 bis 1913 unternommene Expedition zu den Wasungu. Der betreffende Ethnograph weiß von seltsamen lokalen Bräuchen zu berichten: So haben bestimmte Männer, „welche nicht arbeiten, sondern viel trinken und, wenn sie Roheiten verüben, nicht bestraft werden", das Vorrecht, „Ziernarben" zu tragen. Allerdings sind „[d]ie Wasungu [...] sehr ungeschickt im Schneiden der Narben oder haben keinen Sinn für Schönheit; denn die Schnitte gehen hin und her durch das Gesicht, und oft wird ein Ohr oder die Nase mit durchschnitten." Bei den Wasungu tragen die Krieger auf dem Kopf „ein umgekehrtes Gefäß", während um den Hals der Arbeiter ein „steife[r] Ring aus Pflanzenfasern" gelegt wird, obwohl sie „die Kunst, weiches Gewebe herzustellen, meisterhaft verstehn." Der übrige Körper wird unter den

Kleidern versteckt, doch trotzdem sehen „viele Männer [...] aus wie gemästete Hunde oder wie Flusspferde"; die hervorragendsten unter ihnen sind an den kleinen „Metallplättchen über der Brustwarze" zu erkennen. Auch „die Frauen [...] werden künstlich missgestaltet", insbesondere durch ein „Leibgerüst", in dem sie „nicht vollständig atmen" können und in dem sie sich bewegen „wie aufrechtgehende Schildkröten." Die Wasungu teilen die Menschen ein „nach dem, was sie tun", wobei „jeder Mensch nur eine bestimmte Narrheit" tun darf – etwa „Hunde" fangen, „die keine Münze am Halse tragen" –, „damit Unterschiede entstehen und sie mehr zählen können." Dafür haben sie einen eigenen Berufsstand geschaffen, den „Zahlenkarl". Hat ihr höchster Fürst Geburtstag, halten sie zu seinen Ehren ein Gefäß mit „Rauschgift [...] zwischen die beiden Brustwarzen, und wenn das letzte ‚Ra' gerufen ist, gießen sie den ganzen Inhalt des Gefäßes in ihre Halsöffnung, atmen tief aus und setzen sich wieder hin." Allerdings, so der abschließende Befund des Ethnographen, halten nicht alle Wasungu ihre eigene Kultur aus. Viele werden „bei solcher Beschäftigung verrückt" und man muss „große Häuser außerhalb der Städte bauen, in die man die Verrückten einsperrt"; und die anderen, „die noch nicht ganz verrückt sind, müssen, um nicht völlig verrückt zu werden, sehr oft aus der Stadt hinausfahren, um in der Steppe und im Urwald zu schreien, Blumen abzureißen, Tiere aufzuspießen oder zu verscheuchen."

Bei den Wasungu handelt es sich natürlich nicht um eine am Vorabend des Ersten Weltkrieges irgendwo an der fernen kolonialen Peripherie lebende Ethnie, sondern um die Kolonialherren selbst, näherhin: um die wilhelminischen Deutschen, die sich mit ihren Schmissen, Pickelhauben, Vatermördern, Bierbäuchen, Orden, Korsetten, Hundesteuermarken, Bürokraten, Kaisergeburtstagen, Irrenhäusern und Jagdsafaris so treffend in dem hier durchweg zitierten Text *Die Forschungsreise des Afrikaners Lukanga Mukara ins innerste Deutschland* (1912/13) porträtiert finden.[1] Verfasst hat ihn Hans Paasche, der über einen – für einen Deutschen dieser Generation – höchst ungewöhnlichen Lebenslauf verfügt. Er wird 1881 als Sohn des Ökonomieprofessors, Kolonialpropagandisten und nationalliberalen Reichstagsabgeordneten Hermann Paasche geboren und nimmt als Marineoffizier 1905/06 an der Niederschlagung des Maji-Maji-Aufstandes in Deutsch-Ostafrika teil. Über seine Erfahrungen berichtet er in *Im Morgenlicht. Kriegs-, Jagd- und Reiseerlebnisse aus Ostafrika* (1907), einem noch weitgehend an den kolonia-

---

1 Paasche, Hans: *Die Forschungsreise des Afrikaners Lukanga Mukara ins innerste Deutschland* (zuerst 1912/13). Hg. v. Franziskus Hähnel. Bremen 2010, S. 71, S. 32, S. 25, S. 27, S. 42, S. 34 f., S. 36, S. 43, S. 45, S. 43, S. 37, S. 48, S. 70, S. 38 f., S. 40.

listischen Konventionen orientierten Tagebuchtext.[2] 1909/10 kehrt Paasche als kisuahelisprechender Zivilist nach Ostafrika zurück und entwickelt sich von da an allmählich zu einem lebensreformerischen Dissidenten. Zwar meldet sich der vehemente Abstinenzler, Vegetarier, Nicht-Raucher, Tierschützer, Impfgegner, Kristallzuckerfeind und Frauenrechtler 1914 freiwillig zum Kriegsdienst, kommt aber 1916 zur Besinnung und vertritt seitdem mit großer querulatorischer Energie pazifistische und anti-kolonialistische Positionen. Im Herbst 1917 wird er denunziert und, um Paasche vor einer langjährigen Haftstrafe und den mittlerweile zum Reichstagsvizepräsidenten avancierten Vater vor der ‚Schande' zu bewahren, für geistig unzurechnungsfähig erklärt und in eine Nervenheilanstalt in Charlottenburg verbracht. In der Novemberrevolution wird Paasche befreit, ist aber nicht in der Lage, eine politische Rolle zu spielen. 1919 erscheinen seine Bücher *Meine Mitschuld am Weltkriege* und *Das verlorene Afrika*; nur ein Jahr später wird er von einem rechtsradikalen Freikorps beim Baden ermordet.[3]

Dass die Europäer selbst zum Objekt einer satirischen Ethnographie gemacht werden, ist schon ungewöhnlich genug; noch ungewöhnlicher ist der Umstand, dass sie einem angeblich aus „Kitara", dem „Land der langhörnigen Rinder" nahe des Viktoriasees stammenden Afrikaner namens Lukanga Mukara in den Mund gelegt wird, der im Auftrag seines Königs zu einer Feldforschung nach „Inner-Deutschland" aufbricht und „um der Forschung willen und für die Wissenschaft Kitaras" über die „Eingeborenen des Landes" in Briefform Bericht erstattet.[4] Durch diese Stilisierung gehört Paasches *Lukanga Mukara* zu der im späten 17. Jahrhundert entstandenen literarischen Gattung der ‚persischen Briefe'. Ihr Prototyp sind die *Gespräche mit einem Wilden* (1703) des in Kanada zu den Huronen entlaufenen französischen Soldaten Louis-Armand de Lahontan; das bekannteste und namengebende Werk stammt von dem Philosophen Charles de Montesquieu, der in den 1721 publizierten *Lettres persanes* die Maske eines Europa bereisenden persischen Adeligen aufsetzt, um eine aufklärerische, an den Briefroman angelehnte Satire über orientalische und insbesondere französische Despotismen zu schreiben.[5] Es handelt

---

2 Vgl. dazu Laurien, Ingrid: „Hans Paasche *Im Morgenlicht*". In: *Acta Germanica. German Studies in Africa. Jahrbuch des Germanistenverbandes im südlichen Afrika* 30/31 (2002/2003), S. 9–22.
3 Vgl. die biographische Skizze von Nothnagle, Alan: „Metanoia! Hans Paasche – ein lebensreformerischer Visionär". In: *Zeitschrift für Geschichtswissenschaft* 45 (1997), S. 773–792, die auf der ausführlichen Studie von Lange, Werner: *Hans Paasches Forschungsreise ins innerste Deutschland. Eine Biographie*. Bremen 1995 basiert.
4 Paasche: *Lukanga Mukara*, S. 13, S. 15, S. 23, S. 15.
5 Zur Gattungsgeschichte vgl. Weißhaupt, Winfried: *Europa sieht sich mit fremdem Blick. Werke nach dem Schema der ‚Lettres persanes' in der europäischen, insbesondere der deutschen Literatur des 18. Jahrhunderts*. Frankfurt a. M. u.a. 1979. Ausschnitte aus den wichtigsten

sich also um eine auf Europa selbst zielende, europäische Simulation außer-europäischer Stimmen und nicht um indigene Äußerungen im Stile von *The Savage Hits Back* (1937 von Julius Lips gesammelt) oder von kolonialer und postkolonialer Literatur oder Ethnographie. Ein Aphorismus von Georg Christoph Lichtenberg verdeutlicht die für diese Gattung typische Umkehrung der Perspektive: „Der Amerikaner, der den Kolumbus zuerst entdeckte, machte eine böse Entdeckung."[6]

Im Sinne dieser Reversibilität[7] oder Symmetrie sind die persischen Briefe ein integraler Bestandteil der Geschichte europäischer Fremdwahrnehmung, aber zugleich auch ein literarisches Spiel mit jenen fünf basalen abendländischen Reaktionsformen auf Fremdes, die sich nach der Entdeckung und vor allem der Eroberung der ‚Neuen Welt' ausgebildet haben. Drei dieser Reaktionsformen sind seit der antiken Ethnographie eines Herodot und ihrer mittelalterlichen Reproduktion bekannt, nämlich Furcht, Überlegenheitsgefühl und Relativismus. Seit Herodot steht in der Fremdwahrnehmung auch der Gegensatz zwischen der Zivilisation und der Barbarei zur Disposition, d. h. zwischen denjenigen, die Griechisch und denjenigen, die unverständlich sprechen. Die Christen übernehmen diesen Gegensatz und taufen die Barbaren in Heiden um, orientieren sich ansonsten jedoch am Wissen der Antike, das bis weit in die frühe Neuzeit hinein seinen „Vorbildcharakter" behält.[8] Auch neue Informationen, wie sie etwa im 13. Jahrhundert über die Mongolen und – durch Marco Polo – über die Chinesen einlaufen, erschüttern das antike Schema nicht, sondern werden darin abgebildet. Der für die Bewohner Amerikas vergebene Name ‚Indianer' zeigt, dass dieser mentale Verzögerungseffekt anfangs auch noch den Einsturz des überkommenen Weltbildes überdauert. Das ändert sich erst allmählich durch die Erlebnisse der Europäer in Übersee und die Deportation von Indianern nach Europa, wo beispielsweise Michel de Montaigne in Rouen 1550 den Menschenfressern seiner *Essais* (1580 – 88) begegnet und sie – wiederum nach einem literarischen Vorbild aus der Antike: Tacitus' Porträt der tugendhaften Germanen – zum Sittenspiegel der europäischen Selbstzerfleischung wendet. Damit wird dem europäischen Repertoire die vierte und illusionärste Form der Reaktion auf Fremdes hinzugefügt: die – auch Paasche beherrschende – Sehnsucht nach der „unverdorbenen menschlichen Natur", die in der kulturkritischen Gegenüberstellung mit dem „Gekünstelte[n] der ei-

---

Texten sind versammelt in Stein, Gerd (Hg.): *Exoten durchschauen Europa. Der Blick des Fremden als ein Stilmittel abendländischer Kulturkritik. Von den Persischen Briefen im 18. bis zu den Papalagi-Reden des Südseehäuptlings Tuiavii im 20. Jahrhundert.* Frankfurt a. M. 1984.
6 Lichtenberg, G[eorg] C[hristoph]: *Sudelbücher.* Hg. v. Franz H. Mautner. Frankfurt a. M. 1983, S. 345.
7 Zum Begriff vgl. Schüttpelz, Erhard: *Die Moderne im Spiegel des Primitiven. Weltliteratur und Ethnologie (1870–1960).* München 2005, S. 344.
8 Petermann, Werner: *Die Geschichte der Ethnologie.* Wuppertal 2004, S. 25.

genen Zivilisation" augenfällig wird.⁹ Begleitet wird diese Idealisierung und Exotisierung des ‚Edlen Wilden' von einer fünften und historisch gesehen allen anderen vorausliegenden Weise der Fremderfahrung: von nackter Gewalt, d. h. der – von Paasche während der Niederschlagung des Maji-Maji-Aufstandes 1906 in Deutsch-Ostafrika erlebten und ausgeübten – Unterdrückung, Enteignung, Versklavung und Ermordung der indigenen Bevölkerungen. Was sich gattungsgeschichtlich zwischen Montesquieus *Lettres persanes* und Paasches *Lukanga Mukara* verändert hat, könnte man – etwas holzschnittartig – den Wechsel vom ‚Edlen Wilden' und dem Orient des 18. zum Primitivismus des 19. und 20. Jahrhunderts nennen, d. h. den Übergang von der Betrachtung einer lange Zeit als militärisch, ökonomisch, technisch und medial auf Augenhöhe befindlichen Gruppe von Gesellschaften im Nahen und Fernen Osten zur Betrachtung von meist afrikanischen, australischen, polynesischen, südamerikanischen und zirkumpolaren Gesellschaften, die den Europäern in jeder Beziehung als unterlegen, d. h. als ‚rückständig' respektive ‚ursprünglich' gelten.

Im Gegensatz zum ‚Edlen Wilden' steht der künstlerische Primitivismus im Kontext einer wissenschaftlichen Erforschung der sogenannten ‚Primitiven'. Die Gestalt dieses wissenschaftlichen Primitivismus ist ambivalent. Er ist einerseits ein Ausläufer der seit dem letzten Drittel des 19. Jahrhunderts in zahlreichen politischen Ideologien und in den Humanwissenschaften verbreiteten evolutionistischen Vorstellung, man könne vergangene und gegenwärtige natürliche und kulturelle Phänomene tatsächlich oder hypothetisch in ältere (‚primitivere') und jüngere (‚zivilisiertere') Entwicklungsstufen unterscheiden und auf einem sich von der Urhorde bis zur europäischen Industriegesellschaft erstreckenden Zeitstrahl eintragen. Popularisiert worden ist dieses Progressions-/Regressions-Schema von der darwinistischen Biologie, die Lebewesen als historisch ‚geschichtet' begreift und das Modell der Schichten aus einer Wissenschaft übernimmt, die als erste mit der Verzeitlichung natürlicher Objekte begonnen hat: der Geologie. In der Folge werden höchst disparate Gegenstände evolutionistisch durchkategorisiert: auf- oder absteigende Pflanzen, Tiere, Rassen, Klassen, Sprachen, Ökonomien, Staatsverfassungen und Militärmächte, eigene und fremde heilige Texte wie die Bibel und die Mythen oder gleich ganze Religionssysteme wie der Mono- und der Polytheismus, ‚entwickelte' und ‚entartete' Lebens-, Organisations- und Kunstformen. Was jeweils als ‚modern' oder ‚primitiv' gilt, bleibt dabei wie deren positive oder negative Bewertung ein Gegenstand diskursiver Aushandlung. Die ‚soziale Frage' beispielsweise, d. h. die auf dem Wege der Revolution oder der Reform durchzusetzende Beteiligung des Proletariats an der politischen Macht, kann je nach Standpunkt ebenso als Fort- oder

---

9 Ebd., S. 95.

Rückschritt eingeschätzt werden wie das Schwinden der männlichen Körperbehaarung im Verlauf der Hominisation.

Andererseits aber formiert sich um 1900 auch eine Spielart des wissenschaftlichen Primitivismus, der mit den Kategorien des Evolutionismus brechen will und die literarische Gattung der persischen Briefe dabei in eine „epistemologische Form" übersetzt.[10] Ich berufe mich hier auf eine These von Erhard Schüttpelz, der die im engeren Sinne „literarische Beschwörung des Primitiven [...] in der Moderne eine Montage und Variation von Klischees" genannt hat.[11] Die wirkungsmächtigere literarische und anthropologische Figur der Moderne sei dagegen die u. a. von den französischen Soziologen und Anthropologen Émile Durkheim und Lucien Lévy-Bruhl geschaffene „Figur des ‚Primitiven Philosophen'" gewesen, welche „die erfahrungslosen und satirischen Persischen Briefe der Aufklärung mit ethnographischer Erfahrung" aufgeladen habe und „durch die ein fremder Wahrheitsanspruch nicht relativiert und reduziert, sondern affirmiert und übersetzt" worden sei.[12] Im Zentrum dieses Arguments steht die Frage nach der Reversibilität der Beziehung zwischen den ‚Modernen' und den ‚Primitiven' – einer Reversibilität, die die Kontrollmechanismen der satirischen Intention Montesquieus und der lebensreformerischen Emphase Paasches durch ethnographische Erfahrung sprengt, wobei diese ‚Erfahrung' nicht zwangsläufig einen Aufenthalt im ‚Feld' meint, sondern auch durch andere Formen der Aneignung (von ethnographischer Lektüre über die Vitrinen der Völkerkundemuseen bis zu ‚Kulturfilmen') zu gewinnen ist, weil sich keine einzige Form der Fremdwahrnehmung jemals von Illusion und Selbsttäuschung reinigen lassen wird. Entscheidend ist vielmehr, so noch einmal Schüttpelz, dass „[m]ithilfe der Äußerungen der Primitiven Philosophen oder der Fragestellung einer ‚primitiven Philosophie' [...] in der Moderne alle modernen Funktionsbereiche" durch einen persischen Brief und seine

> Verfremdung heimgesucht werden [konnten]: Politik, Wirtschaft, Erziehung, Kunst, Wissenschaft, Technik und insbesondere Religion, aber auch solche Überkategorien oder absoluten Begriffe wie Gesellschaft, Kultur, Denken, Sprache, Kommunikation.[13]

Doris Kaufmann hat die den künstlerischen Primitivismen parallel laufende Konjunktur des wissenschaftlichen Primitivismus auf die „Krise der Moderne" um 1900 zurückgeführt: die durch die industrielle Revolution erzwungene Rationalisierung und Bürokratisierung sei von Max Weber und anderen europäischen

---

10 Schüttpelz: *Moderne im Spiegel des Primitiven*, S. 364.
11 Ebd., S. 362.
12 Ebd., S. 364 f.
13 Ebd., S. 391.

Intellektuellen „mit einem neuen wissenschaftlichen Diskurs über Kultur" beantwortet worden.[14] Kaufmann erklärt die Unterscheidung zwischen den ‚Modernen' und den ‚Primitiven' zur Urszene der damaligen deutschsprachigen Soziologie wie der internationalen Kulturwissenschaft, denn das „Bedürfnis, das Modell von primitiver Gesellschaft als Folie für die Interpretation [von] moderner Gesellschaft zu nutzen", sei auch von den „Kritiker[n] von Modellen primitiver Gesellschaft wie d[en] Anthropologen Franz Boas und Bronislaw Malinowski" geteilt worden.[15]

Dieser zur Reversibilität fähige wissenschaftliche Primitivismus lässt sich in doppelter Form auf Literatur beziehen. Zum einen kann man in ihm nach dem Vorbild des Ethnologen Fritz Kramer die Weiterführung eines der ältesten Motive der europäischen Literatur erkennen, nämlich des Motivs der ‚verkehrten Welt'.

> Die Elemente vertauschen ihren natürlichen Ort; falsche Götter ergreifen die Macht; [...] die als natürlich empfundene Rangordnung zwischen Herren und Knechten, Einheimischen und Fremden, Männern und Frauen, Alter und Jugend wird auf den Kopf gestellt.[16]

Am bekanntesten sind die Umsetzungen des mit einer beträchtlichen karnevalesken und utopischen Energie ausgestatteten Motivs in den antiken und mittelalterlichen Tierfabeln: Der Fisch jagt den Biber, der Hahn den Fuchs; und die Raben krächzen, wo ein Schwan singen sollte. Kramer zufolge stellen die gesamte Ethnographie des 19. Jahrhunderts und die auf ihren Ergebnissen begründeten Kulturtheorien von Johann Jakob Bachofens *Mutterrecht* (1861) bis zu Sigmund Freuds *Totem und Tabu* (1912/13) eine Serie verkehrter Welten dar, denn um 1900 habe „der Europäer sich und seine Gesellschaft" allein in dieser „verfremdete[n], phantastische[n] Form" erkennen können, womit bereits ein entscheidender Hinweis auf die kulturelle Funktion sämtlicher Primitivismen gegeben ist.[17] Zum anderen kann man den Spuren nachgehen, welche die Figur des primitiven Philosophen in der literarischen Moderne hinterlassen hat, denn – das ist die Antwort auf die Frage nach der Übertragbarkeit des kunsthistorischen Primitivismus-Begriffs – nur in diesem Sinne erscheint mir die Rede von einem literarischen Primitivismus angemessen.

---

14 Kaufmann, Doris: „‚Primitivismus'. Zur Geschichte eines semantischen Feldes 1900–1930". In: *Ordnungen in der Krise. Zur politischen Kulturgeschichte Deutschlands 1900–1933*. Hg. v. Wolfgang Hardtwig. München 2007, S. 425–448, hier S. 426.
15 Ebd., S. 425.
16 Baudy, Gerhard J.: „Die Herrschaft des Wolfes. Das Thema der ‚verkehrten Welt' in Euripides' ‚Herakles'". In: *Hermes* 121 (1993), S. 159–180, hier S. 159.
17 Kramer, Fritz: *Verkehrte Welten. Zur imaginären Ethnographie des 19. Jahrhunderts*. Frankfurt a. M. 1977, S. 7f.

Zur Illustration mögen hier einige kurze Bemerkungen zu Robert Musil und seiner Konzeption des ‚anderen Zustandes' genügen. Er geht bekanntlich von der Existenz zweier Geisteszustände aus, die „sich durch die ganze Geschichte der Menschheit" ziehen und „die einander zwar mannigfach beeinflußt haben und Kompromisse eingegangen sind, sich jedoch nie recht gemischt haben."[18] Dem „Normalzustand" wird „[d]as Messen, Rechnen, Spüren, das positive, mechanische Denken" zugeordnet, dem anderen Zustand dagegen „Namen" wie „Liebe", „Güte", „Kontemplation", „Annäherung an Gott" oder „Entrückung".[19] Nach Musil wurzelt der andere Zustand wie die Kunst in einem „Grunderlebnis", das „merkwürdig entwicklungslos geblieben" sei.[20] Die Betonung der Primitivität dieses Zustands ist nichts als folgerichtig, denn eine Hauptquelle Musils für die Darstellung des Normal- wie des anderen Zustandes ist die primitivistische Theorie des Philosophen Lucien Lévy-Bruhl, derzufolge sich eine logisch-europäische von einer prälogisch-außereuropäischen, dem Gesetz der mystischen Partizipation unterstehenden Mentalität unterscheiden lasse: Musils Beschreibung des anderen Zustandes als ein Wegfallen der üblichen Orientierung an „Zweck" und „Ursache" oder an „gut und böse" – die Revision des Normalzustandes – und das stattdessen sich ereignende „schwellende und ebbende Zusammenfließen unseres Wesens mit dem der Dinge und anderen Menschen" ist eine sehr genaue Paraphrase der mystischen Partizipation Lévy-Bruhls.[21] Bei diesem nach Edward E. Evans-Pritchards Urteil „vielleicht wertvollste[n] und originellste[n] Teil seiner Theorie" geht es um die mit den Mitteln der akademischen Philosophie formulierte Quintessenz des europäischen Totemismus.[22] Im „‚Gesetz der Partizipation' (Anteilnahme)" kulminieren das Mystische und das Prälogische, d.h. in dem für die „primitive ‚Geistesbeschaffenheit' (mentalité)" angeblich bestehenden „mystischen Zusammenhang (Rapport)" zwischen „Wesen und [...] Gegenständen, die in einer Kollektivvorstellung verknüpft sind".[23] Laut Mark Münzel ist damit eine elementare „Regel der sozialen Ordnung" in den

---

[18] Musil, Robert: „Ansätze zu neuer Ästhetik. Bemerkungen über eine Dramaturgie des Films (März 1925)". In: ders.: *Gesammelte Werke II. Prosa und Stücke, Kleine Prosa, Aphorismen, Autobiographisches, Essays und Reden, Kritik.* Hg. v. Adolf Frisé (zuerst 1978). Reinbek, Hamburg 2000, S. 1137–1154, hier S. 1143.
[19] Ebd., S. 1144.
[20] Ebd.
[21] Ebd.
[22] Evans-Pritchard, E[dward] E.: *Theorien über primitive Religion. Mit einer Vorlesung ‚Sozialanthropologie gestern und heute' als Einleitung* (engl. 1965). Frankfurt a. M. 1968, S. 130.
[23] Lévy-Bruhl, L[ucien]: *Das Denken der Naturvölker.* Hg. u. eingel. v. Wilhelm Jerusalem (zuerst 1921). Wien, Leipzig 1926, S. 55, S. 57.

von Lévy-Bruhl untersuchten Gesellschaften gemeint.[24] Das Individuum ist „nur als Teil der Gemeinschaft ganz vollendet", d. h. es partizipiert „an einer Seelengemeinschaft", die zwischen „de[n] Lebenden und de[n] Toten", aber oft auch zwischen den Menschen und den Tieren existiert.[25] Man kann hieran sehen, dass das, was sich in Paasches persischem Brief auf eine satirische Einkleidung lebensreformerischer Ideologie beschränkt, bei Musil, insbesondere aber im *Mann ohne Eigenschaften* (1930–42) eine epistemologische Tiefenschärfe gewinnt, die den Roman zu einem der großen Lektüreabenteuer der Moderne gemacht hat.[26] Die Figur des primitiven Philosophen lässt sich in der literarischen Moderne selbstverständlich auch andernorts nachweisen – in der anglo-amerikanischen Literatur beispielsweise bei T. S. Eliot oder James Joyce.[27]

Welche Konsequenzen sollte man für die Literaturtheorie ziehen? Die terminologische Klärung des Primitivismus berührt u. a. auch das neuralgische Verhältnis zwischen der Literatur und dem Wissen der Moderne – ‚Moderne' hier zunächst ganz schlicht als Bezeichnung des Zeitraums seit 1800 genommen. Wenn man von heute aus auf die in den späten 1950er-Jahren von Charles P. Snow ausgelöste Debatte über die ‚Zwei Kulturen' zurückblickt, welche die Literatur und die (Natur)Wissenschaften wirklich oder angeblich konstituieren, so eint alle Parteien die Auffassung, dass sie über die – meist bildungspolitischen – Folgen einer großen Trennung streiten, die den sozialen und diskursiven Innenraum Europas seit dem Aufkommen der neuzeitlichen Wissenschaften teilt. Der französische Anthropologe und Techniksoziologe Bruno Latour hat in seinem bahnbrechenden Buch *Wir sind nie modern gewesen* (1991) nachgewiesen, dass diese große innere Trennung eine koloniale Außenseite besitzt, nämlich die komplementäre Unterscheidung zwischen den Vormodernen oder Primitiven und den Modernen – eine Außenseite, die jederzeit in den europäischen Innenraum zurückschlagen kann, wo dann ‚archaische' Institutionen und Medien oder ‚zurückgebliebenes' Sozialverhalten als inneres Ausland benennbar und als Objekt von Modernisierungsstrategien adressierbar werden. Zum anderen stellt Latour dar, dass jeder Behauptung einer modernen Trennung eine moderne Praxis der Vermischung beigesellt ist, die von der Behauptung der Trennung nicht

---

[24] Münzel, Mark: „Lucien Lévy-Bruhl". In: *Hauptwerke der Ethnologie*. Hg. v. Christian F. Feest u. Karl-Heinz Kohl. Stuttgart 2001, S. 250–255, hier S. 254.
[25] Ebd.
[26] Vgl. dazu ausführlicher Hahn, Marcus: „Zusammenfließende Eichhörnchen. Über Lucien Lévy-Bruhl und die Ethnologie-Rezeption Robert Musils". In: *Medien, Technik, Wissenschaft. Wissensübertragung in der Musil-Zeit, 1900–1940*. Hg. v. Ulrich J. Beil, Michael Gamper u. Karl Wagner. Zürich 2011, S. 47–72.
[27] Vgl. den instruktiven Artikel von Spurr, David: „Myths of Anthropology: Eliot, Joyce, Lévy-Bruhl". In: *Publications of the Modern Language Association of America* 109 (1994), S. 266–280.

thematisiert werden kann. Dementsprechend stellt für Latour die Doppelbewegung der Erzeugung und Reinigung von Hybriden die entscheidende Operation oder „Verfassung" der Moderne dar, d. h. die Erzeugung von Dingen, „die eine Kreuzung sind aus Wissenschaft, Politik, Ökonomie, Recht, Religion, Technik und Fiktion", und ihrer anschließenden Reinigung, d. h. ihrer Aufspaltung in Dinge der Natur, der Gesellschaft und des Diskurses sowie ihrer Zuordnung zu den Natur-, Sozial- und Kulturwissenschaften.[28] Dieser Situation könne man weder durch die Hypostasierung unterschiedlicher Funktionssysteme der Gesellschaft noch durch die moderne „Große Trennung" zwischen der nicht-menschlichen Natur und der menschlichen Kultur gerecht werden.[29] Stattdessen müsse man wie ein Anthropologe die gesamte reale und symbolische Produktion des hier gegebenen Kollektivs untersuchen und dessen „Mythen, Ethnowissenschaften, Genealogien, politische Formen, Techniken, Religionen, Sagenwelt und Riten [...] in ein und derselben Monographie" beschreiben – jedoch: „Kein Anthropologe erforscht uns in dieser Weise", „[w]eil wir modern sind."[30] Würden dagegen ‚wir' von ‚Primitiven' wie zum Beispiel Lukanga Mukara „symmetrisch" betrachtet,

> könnten sie möglicherweise eine bessere Analyse von den Abendländern liefern als die moderne Anthropologie von den Vormodernen. Oder genauer gesagt, wir können die Dichotomie zwischen ‚uns' und ‚ihnen' völlig fallenlassen, sogar die Unterscheidung zwischen Modernen und Vormodernen. Wir haben immer in ähnlicher Weise Kollektive von Naturen und Gesellschaften aufgebaut. Es gibt nur eine, nämlich symmetrische, Anthropologie.[31]

Dass die Demaskierung der ‚Großen Trennung' als Gründungsmythos der Moderne von techniksoziologischer Seite erfolgt, ist kein Zufall: Die von Latour und anderen Vertretern der Science Studies und der Akteur-Netzwerk-Theorie durchgeführte Erforschung ausgesprochener Zitadellen der Moderne – Labore, Büros, technische Großsysteme wie U-Bahnen oder Gepäcksortieranlagen – soll zeigen, dass die Menschen der Moderne „niemals wirklich die alte anthropologische Matrix verlassen haben und es anders auch gar nicht sein konnte".[32] Das zielt nicht nur auf die Diskontinuitätsthese aus *Die Ordnung der Dinge* (1966), die Michel Foucault aus der Wissenschaftsgeschichtsschreibung Gaston Bachelards entwickelt und dieser – wiederum – aus Lucien Lévy-Bruhls Unterscheidung zwischen

---

28 Latour, Bruno: *Wir sind nie modern gewesen. Versuch einer symmetrischen Anthropologie* (frz. 1991). Berlin 1995, S. 8, S. 43.
29 Ebd., S. 55.
30 Ebd., S. 14 f.
31 Ebd., S. 138.
32 Ebd., S. 66.

einer logischen und einer ‚primitiven' prälogischen Mentalität abgeleitet hat,[33] sondern auch auf die lange Serie der mitteleuropäischen Entzauberungstheorien, die von Nietzsches Nihilismus-Diagnose über Max Webers stählernes Gehäuse der Rationalität bis zu Georg Lukács transzendentaler Obdachlosigkeit reicht und zum Kernbestand jeder Moderne-Diskussion zählt. Nach Latour sind diese modernen Selbstdämonisierungen ein Ergebnis der „Verzweiflung und Selbstbestrafung": „Nicht nur aus Arroganz halten sich die Abendländer für radikal verschieden von den anderen" – sie „lieben es" auch, „sich mit ihrem eigenen Schicksal Angst einzujagen."[34] Die Moderne ist also nie modern gewesen, sondern – so das Kunstwort Latours – immer ‚amodern' geblieben. ‚Amoderne' bedeutet dabei keineswegs, dass die real existierenden sozio-ökonomischen, technologischen und kulturellen Unterschiede zwischen Europäern und Außer-Europäern in einer allumfassenden, undifferenzierten Kontinuität verschwinden. „[D]ie Neuerungen der Abendländer" bleiben, so Latour, „kenntlich und bedeutsam, aber sie lassen sich nicht mehr zu einer großen Geschichte aufbauschen, einer Geschichte des radikalen Bruchs, des verhängnisvollen Schicksals, des unwiderruflichen Unheils oder Heils."[35]

Eine Moderne-Analyse wird daher – so kann man ergänzen – nicht darum herumkommen, diesen Mechanismus so weit wie möglich außer Kraft zu setzen, wenn sie die Moderne historisieren und nicht verlängern will. Die Latour'sche Charakterisierung der Moderne als Doppelbewegung der Erzeugung und Reinigung von Hybriden lässt sich dabei nicht nur auf die literatur- und kulturwissenschaftlichen Kategorisierungsversuche der Literatur beziehen, sondern auch auf die Literatur selbst, denn diese Doppelbewegung ist ohne besondere Schwierigkeiten in den Texten – etwa in denen Musils – nachweisbar. Die unausgesetzte Referenz auf Wissenschaft – zum Beispiel Lévy-Bruhls Theorie primitiver Mentalität – und das poetische Verfahren der Montage von Wissenschaftstexten, die einer mehr oder weniger brutalen Lektüre unterzogen worden sind, lassen sich als Praktiken der Vermischung beschreiben; die parallellaufende Wissenschaftskritik und die dezidierte Autonomiebehauptung der Literatur lassen sich hingegen als Reinigungsarbeiten kennzeichnen. Insofern trägt ausgerechnet ein mit *Wir sind nie modern gewesen* betitelter Text zur literaturtheoretischen Präzisierung einer der erfolgreichsten literaturwissenschaftlichen Begriffsprägungen bei: der ‚klassischen Moderne'. Was natürlich die Frage aufwirft, inwieweit sich auch die von Latour behauptete ‚Amo-

---

33 Vgl. Chimisso, Cristina: „Der Geist und die Fakultäten". In: *Ecce Cortex. Beiträge zur Geschichte des modernen Gehirns*. Hg. v. Michael Hagner. Göttingen 1999, S. 224–253, hier S. 245 ff.
34 Latour: *Wir sind nie modern gewesen*, S. 153.
35 Ebd., S. 67.

derne' in den Texten finden lässt. Eine Antwort lautet: Latours Buch ist selber aus den persischen Briefen der Literaturgeschichte und der Anthropologie hervorgegangen. Es handelt sich um einen Versuch, die Moderne von außen und von innen zugleich zu betrachten: „Wie kann man Perser sein?"[36] – Mit dieser Frage stellt sich Latour explizit in die von mir charakterisierte gleichermaßen literarische und wissenschaftliche Genealogie. Und überall dort, wo in der klassischen Moderne der literarische Primitivismus über bloßen Exotismus hinausgeht, findet man Verfahren, die zur wechselseitigen Zweckentfremdung von Wissenschaft und Literatur führen – wie bei Musil; Verfahren, die diesseits oder jenseits einer Bereinigung ihrer Grenzverläufe angesiedelt bleiben.

Literaturverzeichnis

Baudy, Gerhard J.: „Die Herrschaft des Wolfes. Das Thema der ‚verkehrten Welt' in Euripides' ‚Herakles'". In: *Hermes* 121 (1993), S. 159–180.
Chimisso, Cristina: „Der Geist und die Fakultäten". In: *Ecce Cortex. Beiträge zur Geschichte des modernen Gehirns*. Hg. v. Michael Hagner. Göttingen 1999, S. 224–253.
Evans-Pritchard, E[dward] E.: *Theorien über primitive Religion. Mit einer Vorlesung ‚Sozialanthropologie gestern und heute' als Einleitung* (engl. 1965). Frankfurt a. M. 1968.
Hahn, Marcus: „Zusammenfließende Eichhörnchen. Über Lucien Lévy-Bruhl und die Ethnologie-Rezeption Robert Musils". In: *Medien, Technik, Wissenschaft. Wissensübertragung in der Musil-Zeit, 1900–1940*. Hg. v. Ulrich J. Beil, Michael Gamper u. Karl Wagner. Zürich 2011, S. 47–72.
Kaufmann, Doris: „‚Primitivismus'. Zur Geschichte eines semantischen Feldes 1900–1930". In: *Ordnungen in der Krise. Zur politischen Kulturgeschichte Deutschlands 1900–1933*. Hg. v. Wolfgang Hardtwig. München 2007, S. 425–448.
Kramer, Fritz: *Verkehrte Welten. Zur imaginären Ethnographie des 19. Jahrhunderts*. Frankfurt a. M. 1977.
Lange, Werner: *Hans Paasches Forschungsreise ins innerste Deutschland. Eine Biographie*. Bremen 1995.
Latour, Bruno: *Wir sind nie modern gewesen. Versuch einer symmetrischen Anthropologie* (frz. 1991). Berlin 1995.
Laurien, Ingrid: „Hans Paasche *Im Morgenlicht*". In: *Acta Germanica. German Studies in Africa. Jahrbuch des Germanistenverbandes im südlichen Afrika* 30/31 (2002/2003), S. 9–22.
Lévy-Bruhl, L[ucien]: *Das Denken der Naturvölker*. Hg. u. eingel. v. Wilhelm Jerusalem (zuerst 1921). Wien, Leipzig 1926.
Lichtenberg, G[eorg] C[hristoph]: *Sudelbücher*. Hg. v. Franz H. Mautner. Frankfurt a. M. 1983.
Münzel, Mark: „Lucien Lévy-Bruhl". In: *Hauptwerke der Ethnologie*. Hg. v. Christian F. Feest u. Karl-Heinz Kohl. Stuttgart 2001, S. 250–255.

---

[36] Ebd., S. 139. – Ich danke Erhard Schüttpelz für den Hinweis auf dieses Zitat und eine Fülle weiterer kritischer Anregungen.

Musil, Robert: „Ansätze zu neuer Ästhetik. Bemerkungen über eine Dramaturgie des Films (März 1925)". In: ders.: *Gesammelte Werke II. Prosa und Stücke, Kleine Prosa, Aphorismen, Autobiographisches, Essays und Reden, Kritik.* Hg. v. Adolf Frisé (zuerst 1978). Reinbek, Hamburg 2000, S. 1137–1154.

Nothnagle, Alan: „Metanoia! Hans Paasche – ein lebensreformerischer Visionär". In: Zeitschrift für Geschichtswissenschaft 45 (1997), S. 773–792.

Paasche, Hans: Die Forschungsreise des Afrikaners Lukanga Mukara ins innerste Deutschland (zuerst 1912/13). Hg. v. Franziskus Hähnel. Bremen 2010.

Petermann, Werner: *Die Geschichte der Ethnologie.* Wuppertal 2004.

Schüttpelz, Erhard: *Die Moderne im Spiegel des Primitiven. Weltliteratur und Ethnologie (1870–1960).* München 2005.

Spurr, David: „Myths of Anthropology: Eliot, Joyce, Lévy-Bruhl". In: *Publications of the Modern Language Association of America* 109 (1994), S. 266–280.

Stein, Gerd (Hg.): *Exoten durchschauen Europa. Der Blick des Fremden als ein Stilmittel abendländischer Kulturkritik. Von den Persischen Briefen im 18. bis zu den Papalagi-Reden des Südseehäuptlings Tuiavii im 20. Jahrhundert.* Frankfurt a. M. 1984.

Weißhaupt, Winfried: *Europa sieht sich mit fremdem Blick. Werke nach dem Schema der ‚Lettres persanes' in der europäischen, insbesondere der deutschen Literatur des 18. Jahrhunderts.* Frankfurt a. M. u. a. 1979.

Teil II: **Geschichte des Primitivismus**

Lucas Marco Gisi
Die Genese des modernen Primitivismus als wissenschaftliche Methode

Konjekturen über eine primitive Mentalität im 18. Jahrhundert

I Die Parallelisierung von Phylo- und Ontogenese als Basis der Denkfigur ‚Primitivismus'

Der ‚Primitivismus' bezeichnet eine Denkfigur, die wesentlich auf der Annahme von Analogien zwischen einer menschheits-, einer kultur- und einer individualgeschichtlichen Entwicklung beruht.[1] Bei der Vorstellung einer primitiven Frühzeit handelt es sich insofern um eine moderne Denkfigur, als der Primitivismus mit dem Geschichtsdenken, der Ethnographie und der Psychologie drei Wissensgebiete voraussetzt, die sich im Zuge der europäischen Aufklärung konstituiert haben. Demgegenüber wird heute mit dem Begriff ‚Primitivismus' zunächst eher die Faszination für außereuropäische Kulturen in der Kunst, Wissenschaft und Literatur des frühen 20. Jahrhunderts identifiziert. Angesichts dieser Zeitspanne von rund zweihundert Jahren muss man sich daher fragen, ob überhaupt vom selben Phänomen die Rede ist.

In einem Lichtbildvortrag in der Kreuzlinger Nervenheilanstalt „Bellevue" versuchte der Kulturwissenschaftler Aby Warburg 1923, seine Erkundungen des prähistorischen Amerikas während seiner Reise 1885 wissenschaftlich zu ordnen. Dabei leitete ihn die Frage, inwiefern die Frühgeschichte der eigenen Kultur Aufschluss über ‚primitive Kulturen' in der Gegenwart geben kann:

> Inwieweit gibt diese heidnische Weltanschauung [sc. in Europa], wie sie bei den Pueblo-Indianern noch fortlebt, uns einen Maßstab für die Entwicklung vom primitiven Heiden über den klassischen-heidnischen Menschen zum modernen Menschen?[2]

---

1 Der Begriff ‚Denkfigur' wird hier in sehr neutraler und unspezifischer Form verwendet, um bestimmte Ausgestaltungen von logischen Relationen zu bezeichnen. Die zentrale Bedeutung der Parallelisierung von Onto- und Phylogenese bzw. von ‚Wilden', Antiken, Kindern und Geisteskranken für die Ausbildung des geschichtlichen Denkens der Aufklärung habe ich ausführlich dargelegt in: Gisi, Lucas Marco: *Einbildungskraft und Mythologie. Die Verschränkung von Anthropologie und Geschichte im 18. Jahrhundert*. Berlin, New York 2007 (spectrum Literaturwissenschaft; 11).
2 Warburg, Aby: *Schlangenritual. Ein Reisebericht [1923]*. Mit einem Nachwort von Ulrich Raulff. Berlin 1988, S. 12. Vgl. Raulff, Ulrich: „Die sieben Häute der Schlange. Mit Warburg

Das Schema kultureller Entwicklung, nach dem Warburg sucht, bildet das Ergebnis des 1724 publizierten Reiseberichts des Jesuitenmissionars Joseph-François Lafitau, der fünf Jahre bei den Huronen und Irokesen verbracht hatte:

> Die gesamte Anlage der alten Religion, welche bey den *Wilden* in *America* angetroffen wird, ist eine und eben dieselbe als der *Barbaren* ihre, die zuerst *Griechenland* inne gehabt, und sich hernach in *Asien* ausgebreitet. Es ist eben dieselbe, die die Völker hatten, so dem *Bacchus* in seinen Feldzügen folgten; und endlich eben dieselbe, welcher hernachmals die ganze heidnische Mythologie und *griechische* Fabeln zum Grunde dienete.[3]

Auf den ersten Blick liegen hier, getrennt durch ziemlich genau zwei Jahrhunderte, sehr ähnliche Vorstellungen einer Analogie zwischen ‚primitiven Kulturen' vor, die Rückschlüsse von der einen auf die andere ‚Kultur' erlauben soll. Lafitau ebenso wie Warburg geht es um Gesetzmäßigkeiten der kulturellen Entwicklung sowie um eine Methode der Kulturanalyse. Eine genauere Kontextualisierung würde indes zeigen, dass ganz unterschiedliche Voraussetzungen den jeweiligen Ausgangspunkt der zitierten Passagen bilden: Während Lafitaus Prämisse eine genetisch konzipierte Religionsgeschichte bildet, geht Warburg von unterschiedlichen Ausprägungsformen universaler Symbole aus.

Aber worin liegt der Unterschied zwischen strukturgleichen Formulierungen der Denkfigur ‚Primitivismus'? Hat die Analogie zwischen ‚Wilden', Antiken und Kindern bei Lafitau oder Bernard de Fontenelle und bei Warburg oder Lucien Lévy-Bruhl bloß je unterschiedliche Voraussetzungen oder vielmehr auch eine je andere Funktion?

Versuche, die Ausbildung von ‚Denkfiguren' in ihrer *longue durée* zu verfolgen bzw. letztere in einem historischen Längsschnitt herauszusezieren, stellen immer eine besonders riskante Form der historischen Betrachtung dar; denn groß ist die Versuchung, in Ähnlichem Gleiches zu erkennen oder eigentlich Unvergleichbares zu vergleichen.

Wenn im Folgenden der Primitivismus um 1900 zum Primitivismus der Aufklärungszeit in Bezug gesetzt wird, dann nicht, um zu behaupten, es handle sich wissensgeschichtlich um dieselben Konzepte, sondern vielmehr, um durch den Vergleich gerade die Unterschiede strukturähnlicher Denkfiguren herauszuarbeiten und damit deren funktionalen Ausgangs- und Ansatzpunkt zu bestimmen. Konkret geht es mir darum, aufzuzeigen, dass die vordergründig naheliegende

---

durch die Wüste". In: ders.: *Wilde Energien. Vier Versuche zu Aby Warburg*. Göttingen 2003 (Göttinger Gespräche zur Geschichtswissenschaft; 19), S. 48–71.
3 Lafitau, Joseph-François: *Die Sitten der amerikanischen Wilden im Vergleich zu den Sitten der Frühzeit*. Hg. v. S[.]iegmund J[.]acob Baumgarten. Übers. v. J[.]ohann F[.]riedrich Schröter. Halle 1752 (ND: Weinheim 1987), S. 55f.

Annahme, der Primitivismus gründe in einem – sei es kolonial-eurozentrischen, sei es kulturkritischen – evolutionistischen Denken, durch einen Blick ins 18. Jahrhundert an Plausibilität verliert. Dagegen wird die These vertreten, dass es sich bei der Denkfigur ‚Primitivismus' zunächst um eine wissenschaftliche Methode des Wissenserwerbs handelt, gegenüber der die inhaltliche ‚Füllung' zum Wissensinhalt nachgelagert ist. Indirekt soll damit die verbreitete Ansicht, man könne einen wissenschaftlichen Primitivismus um 1900 von einem vorwissenschaftlichen Primitivismus der Aufklärung unterscheiden, zumindest zur Diskussion gestellt werden.

Wenn also im Folgenden nach Konjekturen über eine primitive Mentalität im 18. Jahrhundert gefragt wird, dann nicht, um damit eine Vorgeschichte der Primitivismus-Konzepte um 1900 im engeren Sinn einer Traditionslinie zu reklamieren. Vielmehr geht es darum, einen Ausgangs- und Ansatzpunkt der Denkfigur ‚Primitivismus' zu fokussieren und damit deren epistemische Funktion innerhalb der sich ausdifferenzierenden Wissenschaften der Moderne zu rekonstruieren. Ansetzen werde ich aber zunächst bei drei Strukturmerkmalen des Primitivismus um 1900, um davon ausgehend vergleichbare Ansätze im 18. Jahrhundert in den Blick zu nehmen:

Erstens. Dem Primitivismus, wie er gleichermaßen in den Kultur- und Humanwissenschaften wie in der Kunst und Literatur um 1900 fassbar wird, liegt die Mutmaßung – eine Konjektur – zugrunde, dass unzivilisierte Völker, Kinder und psychisch Kranke innerhalb eines Entwicklungsschemas auf derselben Stufe stehen.[4] Die Denkfigur einer Analogie oder Rekapitulation von ontogenetischer Entwicklung des Menschen und phylogenetischer Entwicklung der Menschheit, das ‚evolutionistische Paradigma' (Michael C. Frank),[5] findet sich – immer wieder mit mehr oder weniger explizitem Bezug auf Ernst Haeckels Rekapitulationsgesetz – in der Ethnologie (von Lewis Henry Morgan bis Aby Warburg), in der Entwicklungspsychologie (bei Karl Bühler oder Jean Piaget) und in der Psychologie (bei Cesare Lombroso ebenso wie bei Sigmund Freud, Sandor Ferenczi oder Carl Gustav Jung) – die Liste der Namen ließe sich beinahe beliebig verlängern.

Zweitens. Die Rekapitulation von Onto- und Phylogenese erscheint immer wieder nicht bloß als Analogie, sondern auch als Modus tatsächlicher Vererbung. Maßgeblich geprägt ist der Primitivismus von entsprechenden, oft ebenfalls von Ernst Haeckel angeregten Konzepten vornehmlich aus der Psychologie. Als Beispiel erwähnt seien hier Sandor Ferenczis 1913 in *Entwicklungsstufen des Wirk-*

---
4 Vgl. Nicola Gess in der Einleitung zu diesem Band.
5 Vgl. Frank, Michael C.: *Kulturelle Einflussangst. Inszenierungen der Grenze in der Reiseliteratur des 19. Jahrhunderts.* Bielefeld 2006 (Kultur- und Medientheorie).

lichkeitssinns formulierte Thesen, die Sigmund Freud zustimmend in sein Manuskript über die Übertragungsneurosen integriert. Ferenczi überträgt nicht bloß den Verdrängungsmechanismus, durch den in der Entwicklung des Individuums das Lust- durch ein Realitätsprinzip ersetzt wird, auf die Menschheitsgeschichte, indem er annimmt, dass geologische Katastrophen, insbesondere die Eiszeit, diesen auslösen, sondern diese Katastrophen wiederholen sich nach ihm im Individualleben immer noch.[6]

Drittens. Die Vorstellung einer primitiven Stufe innerhalb der Entwicklung des Individuums und der Gattung wird zusammengehalten durch die Annahme eines ursprünglichen primitiven Denkens, das beim Kind, beim ‚Wilden' oder beim psychisch Kranken untersucht werden könne, wobei sich die Erkenntnisse vom einen auf das jeweils andere Untersuchungsgebiet übertragen ließen. Große Beachtung fanden etwa die Arbeiten von Lucien Lévy-Bruhl zu einer primitiven Mentalität (mentalité primitive), womit er ein von dem logischen Denken prinzipiell zu unterscheidendes „mystisches" oder „prälogisches" Denken bezeichnete. Dieses sei durch die Verknüpfung von Kollektivvorstellungen nach einem „Prinzip der Partizipation" geprägt und lasse sich nur indirekt rekonstruieren.[7] Für den vorliegenden Zusammenhang aufschlussreich ist aber auch Ernst Cassirers These eines ursprünglichen metaphorischen Denkens, in dem Zeichen und Bezeichnetes noch eine Einheit bilden und das sich (unter anderem) im Mythos äußert.[8]

Ausgehend von diesem in aller Kürze umrissenen Setting von drei Strukturmerkmalen des Primitivismus um 1900 möchte ich nun zum Sprung ins 18. Jahrhundert ansetzen und nach vergleichbaren Konzepten fragen. So lassen sich für das 18. Jahrhundert mit der Ausbildung einer Erfahrungsseelenkunde und dem in unzähligen Reiseberichten dokumentierten ethnographischen Interesse vergleichbare Bemühungen um die Konstituierung einer Wissenschaft vom Menschen wie in der zweiten Hälfte des 19. Jahrhunderts bzw. um 1900 veranschlagen. Allerdings liegen, gerade auch für die Konzeption eines primitiven Denkens, mit der wissenschaftlichen Psychologie und Ethnologie um 1900 grundsätzlich ver-

---

[6] Ferenczi, Sandor: „Entwicklungsstufen des Wirklichkeitssinns". In: *Schriften zur Psychoanalyse I.* Auswahl in zwei Bänden. Hg. u. eingeleitet v. Michael Balint. Frankfurt a. M. 1970, S. 148–163; Freud, Sigmund: *Übersicht der Übertragungsneurosen. Ein bisher unbekanntes Manuskript.* Ediert und mit einem Essay versehen von Ilse Grubrich-Simitis. Frankfurt a. M. 1985. Vgl. den Beitrag von Michael C. Frank in diesem Band.
[7] Vgl. Lévy-Bruhl, Lucien: *Das Denken der Naturvölker.* Übers. v. Paul Friedländer. 2. Aufl. Wien, Leipzig 1926, insbes. S. 51–111.
[8] Vgl. Cassirer, Ernst: *Sprache und Mythos. Ein Beitrag zum Problem der Götternamen.* Leipzig 1925 (Studien der Bibliothek Warburg; 6), insbes. S. 69 ff.; Buntfuß, Markus: „Mythos und Metapher bei Vico, Cassirer und Blumenberg". In: *Moderne und Mythos.* Hg. v. Silvio Vietta u. Herbert Uerlings. München 2006, S. 67–78, insbes. S. 67–74.

schiedene wissensgeschichtliche Voraussetzung vor.[9] Nichtsdestotrotz lässt sich, wie ich im Folgenden aufzeigen möchte, innerhalb der Gelehrtendiskurse der Aufklärung eine Problemstellung bezeichnen, die einen vergleichenden Zugriff erlaubt, nämlich die Mythentheorie. Denn die Rekonstruktion einer primitiven Denkart erfolgt im 18. Jahrhundert vornehmlich über die Analyse von Mythen antiker und unzivilisierter Kulturen, die wiederum auch der modernen Ethnologie, etwa Adolf Bastian oder Lévy-Bruhl, als empirisches Material dienen.

Die Aufklärung wird gemeinhin als mythenfeindlich betrachtet, da sie vor allem bestrebt gewesen sei, Mythen rational und historisch als Formen des Aberglaubens aufzulösen. Ein genauerer Blick zeigt allerdings, dass dies in für unseren Zusammenhang aufschlussreicher Weise *nicht* zutrifft: Vielmehr finden sich verschiedene Versuche, die Mythen antiker oder unzivilisierter Völker als Produkte einer primitiven Denkart ‚zu verstehen'. Diese Sichtweise setzt dreierlei voraus: Zunächst ist sie Ausdruck einer Neubeurteilung der Antike. Diese bildet etwa in dem ethnographischen Bericht des Missionars Lafitau die Komparationsbasis für die Betrachtung der indigenen Völker Amerikas. Die Parallelisierung von ‚Barbaren' und ‚Wilden' erfolgt – etwa bei Fontenelle oder Anne Robert Jacques Turgot – über die Identifizierung eines primitiven Denkens als früher Entwicklungsstufe innerhalb einer ‚Geschichte des menschlichen Verstandes' (histoire de l'esprit humain).[10] Zweitens setzt diese Sichtweise eine psychologische Erklärung von Phänomenen des Aberglaubens als Produkte einer wilden oder gar kranken Einbildungskraft voraus, wie sie etwa in David Humes Religionsgeschichte oder Charles de Brosses' Fetischismustheorie vorliegen. Mit anderen Worten, kulturelle Hervorbringungen primitiver Kulturen werden im Rahmen neuer psychologischer Theorien der Zeit untersucht und Individualpsychologie und Kulturgeschichte in Analogie zueinander gesetzt. In diesem Sinn findet sich der für die Kunsttheorien der Avantgarden des 20. Jahrhunderts prägende Vergleich zwischen Primitiven und ‚Verrückten' bereits 18. Jahrhundert, etwa wenn Phänomene der religiösen Verzückung oder der Schwärmerei mit Anfällen von Geisteskranken verglichen beziehungsweise sogar darauf zurückgeführt werden

---

9 Einen entscheidenden Unterschied zwischen dem Diskurs des Wilden um 1800 und dem Diskurs des Primitiven um 1900, der selbstverständlich auch die ‚Wissenschaftlichkeit' der Erforschung der ‚Primitiven' betrifft, hat Sven Werkmeister herausgearbeitet: Signifikant geändert hätten sich v. a. die medialen Grundlagen der Erforschung primitiver Kulturen, insbesondere indem neue empirische Methoden der Beobachtung und Aufzeichnung zur Verfügung standen. Vgl. Werkmeister, Sven: *Kulturen jenseits der Schrift. Zur Figur des Primitiven in Ethnologie, Kulturtheorie und Literatur um 1900.* München 2010, hier S. 21–23, vgl. auch ebd., S. 57–65.
10 Vgl. Gisi: *Einbildungskraft und Mythologie,* S. 114–149.

oder um (beispielsweise bei Herder) die magischen und künstlerischen Fähigkeiten von Schamanen zu erklären.[11] Die dritte Voraussetzung ist ein Perspektivenwechsel von einer etischen zu einer emischen Betrachtungsweise; es interessiert nicht die (eigentliche) Bedeutung von Mythen, sondern vielmehr deren Funktionsweise. Mythen erscheinen somit als Ausdrucksformen eines primitiven, mythischen Denkens der kulturellen Frühzeit. Die Antinomie von vernünftigem Eigenem und sinnlichem Fremden wird dadurch zunehmend aufgelöst.

Die Ansätze, in den Mythen der eigenen oder fremden Kulturen ein primitives Denken zu rekonstruieren, bauen auf der Analogie von Phylo- und Ontogenese auf. So hält etwa der Berliner Aufklärer Friedrich Gedike in einer kleinen Schrift über die Mythologie von 1791 fest:

> Eine wilde unkultivirte Nation ist im Ganzen gerade das, was im Einzelnen das Kind ist. Zwischen dem kindschen Alter des einzelnen Menschen und der Kindheitsperiode einer ganzen Nation ist eine auffallende Aehnlichkeit. Beobachtungen über den Gang der Entwickelung einer einzelnen Kinderseele gewähren zugleich Aufschlüsse über den Gang der Entwickelung eines ganzen noch unkultivierten Volks.[12]

Die Mythologie erscheint bei Gedike als die Bildersprache der Wilden und Kinder. Damit fasst er Ende des 18. Jahrhunderts Überlegungen zusammen, die vor ihm Fontenelle, Vico, Turgot, de Brosses, Christian Gottlob Heyne oder Johann Gottfried Herder formuliert hatten.

Im Folgenden gehe ich ausführlicher auf die Mythentheorien von Vico, Boulanger und Heyne ein;[13] drei Konzeptionen eines primitiven Denkens, denen ebenfalls die genannte Konjektur über eine Analogie von Phylo- und Ontogenese zugrunde liegt.

II Theorien einer primitiven Denkart bei Vico, Boulanger und Heyne

Das Attribut ‚primitiv' wird, wenn auch selten, bereits in der Aufklärung verwendet, am prominentesten wohl im Titel von Antoine Court de Gébelins neun-

---

11 Vgl. ebd., insbes. S. 150–166, S. 232, S. 247–268. Auf die Vergleiche zwischen einem primitiven und einem pathologischen Denken kann hier nicht weiter eingegangen werden.
12 Gedike, Friedrich: „Ueber die mannigfaltigen Hypothesen zur Erklärung der Mythologie. Eine Vorlesung in der Akademie der Wissenschaften". In: *Berlinische Monatsschrift* 17 (1791) H. 1, S. 333–370, hier S. 362f.
13 Ausführlicher dazu vgl. Gisi: *Einbildungskraft und Mythologie*, S. 191–234.

bändigem Monumentalwerk *Monde Primitif analysé et comparé avec le monde moderne* (1773–1782), einer radikalen allegorischen Deutung der gesamten Kultur des Altertums.

Eine bis ins 20. Jahrhundert immer wieder aufgegriffene Auffassung von Mythen als Ausdruck eines ‚mythischen Denkens' entwickelt im frühen 18. Jahrhundert der italienische Jurist und Historiker Giambattista Vico. In seiner frühen Schrift *De antiquissima Italorum sapientia* (1710) führt er zur Konstituierung einer der menschlichen Unwissenheit angemessenen Metaphysik („Metaphysica humana imbecillitate digna") eine für die Ausbildung der Kultur- und Geschichtswissenschaften weitreichende Unterscheidung ein, nämlich zwischen dem „verum", das dem Verstand Gottes, und dem „factum", das dem menschlichen Verstand zukommt.[14] In seiner *Scienza Nuova* (1725, ²1730, ³1744) greift Vico seine verum-factum-Theorie auf, um zu begründen, wieso er sich der Erforschung der geschichtlich-kulturellen, vom Menschen gemachten Welt zuwendet. Diese kann erfasst werden, weil sie aus den Prinzipien des menschlichen Verstandes hervorgegangen ist.[15] Vico unterscheidet aufsteigend drei Stufen in der Entwicklung des menschlichen Verstandes, nämlich Sinnlichkeit, Leidenschaft und Phantasie sowie Vernunft.[16] Dieses Schema der sich entwickelnden Natur des Menschen wendet er nun auf die Menschheitsgeschichte an und unterscheidet drei Zeitalter: das göttliche, das heroische und das menschliche Zeitalter.[17] Die *Scienza nuova* widmet sich insbesondere der ersten Stufe, der primitiven Mentalität, die vorwiegend anhand der antiken Mythologie rekonstruiert wird. Aufgrund der Natur ihres Verstandes sind die ersten Völker des Heidentums notwendigerweise Poeten, die in einer poetischen Ausdrucksweise (caratteri poetici) sprechen.[18] Nach Vico ist die Mythologie poetische Weisheit, Ausdruck eines ‚mythischen Bewusstseins', das einer poetischen Logik (logica poetica) folgt. Die Dichtung der theologischen Dichter der Frühzeit beruht auf einer poetischen Metaphysik (metafisica poetica). Die ersten Menschen waren Tieren gleich ganz auf eine starke Sinnlichkeit und eine lebhafte Fantasie als einzige Erkenntnisinstrumente beschränkt.[19]

---

14 Vico, Giambattista: *De antiquissima italorum sapientia ex Linguae Latinae Originibus eruenda. Libri tres.* Napoli 1710. ND: Firenze 1998, S. 128, S. 15f.
15 Vico, Giambattista: *Opere.* Hg. v. Andrea Battistini. 2 Bde. Milano 1990 (I meridiani), Bd. 1, S. 541f. Vgl. auch die umfangreiche Einleitung von Vittorio Hösle in Vico, Giambattista: *Prinzipien einer neuen Wissenschaft für die gemeinsame Natur der Völker.* Übers. v. Vittorio Hösle u. Christoph Jermann. 2 Bde. Hamburg 1990 (Philosophische Bibliothek; 418), Bd. 1, S. xxxi–cclxxvii.
16 Vico: *Opere*, Bd. 1, S. 515.
17 Ebd., Bd. 1, S. 857–860.
18 Ebd., Bd. 1, S. 440.
19 Vico: *Prinzipien einer neuen Wissenschaft*, Bd. 2, S. 170f.; ders.: *Opere*, Bd. 1, S. 569f.

Vico fasst das Verhältnis zwischen den Verstandesvermögen als ein kompensatorisches auf: Je weniger die Vernunft ausgebildet ist, desto stärker die Phantasie.[20] Diese Annahme belegt Vico durch den Verweis auf die Verstandesentwicklung von Kindern und wendet sie auf die Kindheit der Menschheit an (il primo mondo fanciullo).[21] Die erste aus der sinnlichen Wahrnehmung entstandene Dichtung beruht auf der Unkenntnis der Kausalrelationen zwischen den Dingen und dem Staunen, das sie hervorrufen. Die Ursachen für die Entstehung der Poesie sind somit Ignoranz (ignoranza) und Staunen (maraviglia). Nach der Art von Kindern fassen die ersten Dichter die wahrgenommenen Einzeldinge als Substanzen (sostanze) bzw. als Allgemeinbegriffe auf.[22] So ist Jupiter eine von der Phantasie geschaffene Universalie (universale fantastico), was erklärt, wieso dieser unter so vielen Namen und unterschiedlichen Darstellungen erscheint.[23]

In seiner Bestimmung der poetischen Logik führt Vico etymologisch den Begriff der ‚Logik' auf den Begriff des ‚Mythos' zurück, der nach ihm eigentlich „vera narratio" bzw. „parlar vero" bedeutet und das „parlar naturale" meint. Diese natürliche Sprache der ersten Poeten bezeichnet die Dinge nicht nach ihrer Natur, sondern als beseelte oder göttliche Substanzen.[24] So wie im Zeitalter der Vernunft die abstrakten Begriffe bezeichnen in der Frühzeit die Gottheiten Substanzen wie Himmel, Erde oder Meer. Die metonymische Übertragung dieser Allgemeinbegriffe auf bestimmte Dinge erfolgt nach Vico erst später, wenn sich der Verstand zu Abstraktion erhebt. Diese metonymische Übertragung ist es aber auch, durch welche die Mythologie in späteren Zeiten unverständlich erscheinen musste. Demgegenüber ist die Mythologie in ihrem Ursprung die genuine Ausdrucksweise des primitiven Menschen: die Mythen liegen als ‚eigentliche Allegorien' der fantastischen Ausschmückung zu Fabeln zugrunde.[25] Die Allegoriebildung erfolgt nicht nach der Proportion (proporzione), d.h. um Individuen zu bezeichnen, sondern nach der Prädikabilität (predicabilità), d.h. um Gattungen (generi) zu bezeichnen. Mit anderen Worten, die Allegorien bezeichnen Prädikate, die vielen Individuen zukommen können. So ist zum Beispiel mit Achilles nicht ein tapferer Mensch gemeint, sondern die Idee (idea) der Tapferkeit selbst. Das heißt, die poetischen Allegorien geben den Mythen nicht analoge, sondern univoke Be-

---

20 Ebd., Bd. 1, S. 509.
21 Ebd., Bd. 1, S. 514. Vico wendet das aristotelische „nihil est in intellectu quin prius fuerit in sensu" auf die Phylogenese der Menschheit an, vgl. ebd., Bd. 1, S. 560.
22 Ebd., Bd. 1, S. 570.
23 Ebd., Bd. 1, S. 574.
24 Ebd., Bd. 1, S. 585f.
25 Ebd., Bd. 1, S. 587.

deutungen für das unter einem poetischen Gattungsbegriff (generi poetici) zusammengefasste Einzelne (particolari).[26]

Im primitiven Denken wird nach Vico das Wahrgenommene notwendigerweise in poetische Gattungsbegriffe gefasst. Insofern sind diese wahr, also nicht einfach frei erdichtete Fabeln, sondern eine „vera narratio", in der die soziale und politische Geschichte des Altertums niedergelegt ist.[27] Der moderne Erforscher des Altertums sieht sich allerdings mit dem hermeneutischen Problem konfrontiert, dass er sich aufgrund der Weiterentwicklung seines Verstands das Denken der Frühzeit nicht vorstellen, sondern dieses höchstens begreifen kann.[28]

Zwei durch ihre Thesen spektakuläre Versuche, das Altertum aus dessen ‚kollektiver Psyche' zu erklären, hat der französische Aufklärer Nicolas-Antoine Boulanger (1722–1759) vorgelegt. In seinen posthum erschienenen *Recherches sur l'origine du Despotisme oriental* (1761) gibt er eine Erklärung für den asiatischen Despotismus, der in so krassem Widerspruch stehe zur Vernunftbegabung des Menschen und zu der dem Menschengeschlecht eigenen natürlichen Freiheitsliebe.[29] Durch das Studium der antiken Sitten und Gebräuche lasse sich die Kette menschlicher Irrtümer zurückverfolgen bis zu ihrem Anfang, nämlich der traumatischen Erfahrung einer gewalttätigen Natur, die den wahren Ursprung von Idolatrie (das heißt Verehrung einer willkürlich wirkenden Naturmacht) und von Despotismus (das heißt Übertragung dieser Willkürmacht auf die gesellschaftliche Sphäre) darstelle.[30] Basierend auf der Argumentation, dass eine für das Individuum plausible psychologische Erfahrung für das gesamte Menschengeschlecht gelten müsse, erscheint die Kultur der Frühzeit als Resultat der Verdrängung eines auf die Erfahrung von Naturkatastrophen zurückgehenden Traumas:

> Wir sind tagtäglich Zeugen davon, mit welcher Leichtigkeit ein einzelner Mensch, wenn er zur Ruhe gekommen ist, die Erinnerung an die Schmerzen, die er gelitten hat, verliert, und mit welchem Feuer er sich bemüht, das frühere Leid zu überwinden. [...] Genauso verhält es sich mit dem menschlichen Geschlecht: Nachdem dieses durch frühere Naturrevolutionen bei-

---

26 Ebd., Bd. 1, S. 514.
27 Ebd., Bd. 1, S. 441.
28 Ebd., Bd. 1, S. 572, auch S. 440. „[...] così ora ci è naturalmente negato di poter entrare nella vasta immaginativa di que' primi uomini, le menti de' quali di nulla erano astratte, di nulla erano assottigliate, di nulla spiritualezzate, perch'erano tutte immerse ne' sensi, tutte rintuzzate dalle passioni, tutte seppellite ne' corpi: onde dicemmo sopra ch'or appena intender si può, affatto immaginar non si può, come pensassero i primi uomini che fondarono l'umanità gentilesca."
29 Boulanger, Nicolas-Antoine: *Recherches sur l'origine du Despotisme oriental*. o. O. 1761. ND: Paris 1988, S. 3–5.
30 Ebd., S. 15f., S. 18–20, S. 30f., S. 35f.

nahe ganz ausgerottet worden ist, hat es alles vergessen; und seit ihm etwas Ruhe gewährt wurde, träumt es von nichts anderem, als diesen Verlust zu überwinden.³¹

Die Menschheitsgeschichte erhält damit einen historisch fixier- und einholbaren Anfang: die Sintflut, von der die Sitten und Gebräuche abhängen, auch wenn dieser Konnex durch Verdrängung ‚fabelhaft' geworden ist.

Anhand ebenso radikaler wie letztlich reduktionistischer Thesen führt Boulanger seine Rekonstruktion des Bewusstseins des Menschen am Beginn seiner Geschichtlichkeit in seinem posthumen Hauptwerk *L'Antiquité dévoilée par ses Usages* (1766) fort. Den Ausgangspunkt von Boulangers Untersuchung bilden die ‚Spuren' naturgeschichtlicher Ereignisse, von denen gewisse „Traditionen" bei allen Völkern zeugen würden.³² Diese „Traditionen" seien jedoch oft verfälscht, da sie in Fabeln oder Märchen eingekleidet seien, so dass ihr wahrer Ursprung erst aufgedeckt werden müsse. Boulanger behauptet also, induktiv auf ein primitives Denken und Bewusstsein schließen zu können, in das sich die Naturkatastrophen der Frühzeit so stark eingeprägt hätten, dass Spuren davon in Bräuchen und Mythen teilweise noch bis in die Gegenwart zu finden seien.³³

Dieser Zugriff auf die Frühgeschichte des Menschen setzt eine psychologische Theorie voraus, nach der alle kulturellen Äußerungen als kollektive Verarbeitung einer Katastrophen-Erfahrung aufzufassen sind, denn:

---

31 Ebd., S. 29f. (meine Übers.). „Nous sommes tous les jours les témoins de la facilité avec laquelle un homme, rendu à la tranquillité, perd le souvenir des maux qu'il a soufferts, & de l'ardeur avec laquelle il s'occupe à réparer ses anciennes misères. [...] Il en a été de même du genre humain; après avoir été presque entièrement exterminé par les anciennes révolutions de la Nature, il a tout oublié; & lorsque le repos lui fut rendu, il n'a songé qu'à réparer ses pertes."

32 Boulanger, Nicolas-Antoine: *Das durch seine Gebräuche aufgedeckte Alterthum. Oder critische Untersuchung der vornehmsten Meynungen, Ceremonien und Einrichtungen der verschiedenen Völker des Erdbodens in Religions- und bürgerlichen Sachen*. Übers. v. Johann Carl Dähnert. Greifswald 1767, S. 1. Vgl. Asal, Sonja: „Eine neue Art, die Menschengeschichte zu schreiben. Nicolas-Antoine Boulangers Theorie der Sintflut zwischen Mythos und Naturgeschichte". In: *Innovation und Transfer. Naturwissenschaften, Anthropologie und Literatur im 18. Jahrhundert*. Hg. v. Walter Schmitz u. Carsten Zelle. Dresden 2004 (Aufklärungsforschung; 2), S. 97–119.

33 Boulanger propagiert eine Art Psychologie der Geschichte, die das verborgene „Band" zwischen „Begebenheiten", „Gebräuchen" und „Denkungsarten" aufzudecken vermag: „Der nützlichste Theil der Geschichte ist nicht der, welcher Gebräuche und Handlungen trocken erzählt, sondern der uns die Denkungsarten [esprit] aufstellet, aus welchen diese Gebräuche entstanden sind, und die Ursachen, welche die Handlungen veranlasset haben." Boulanger: *Das durch seine Gebräuche aufgedeckte Alterthum*, S. 3f.

> Diese Eindrücke mögen gewesen seyn, von welcher Natur sie wollen, so haben sie nothwendig einen Einfluß in das Betragen der Menschen, in ihre Idee[n], in das Verhalten der wieder entstandenen Gesellschaften, und aller nach und nach aus diesen ersten entsprossenen Societäten haben müssen.[34]

Die sensualistisch begründete Prägung durch die Eindrücke eines (natur-)geschichtlichen Ereignisses führt dazu, dass die außerordentlichen Umstände „einen besondern und neuen menschlichen Sinn und Denkungsart erschaffen haben", so dass sich der nachsintflutliche Mensch „wesentlich" von dem Prädiluvianer unterscheidet.[35] Gleichzeitig wirkt diese „Denkungsart" bis in die Gegenwart weiter. Die gesamte Überlieferung erscheint somit als bloße Folge einer ‚eigentlichen Geschichte', oder in Boulangers Worten: „Die wahre Historie ist hinter dem Vorhang der Zeiten versteckt."[36]

Über diese Urkatastrophe geben nur noch die Mythen der verschiedenen Völker Aufschluss.[37] Aber die Unzugänglichkeit der Mythologie für die Gegenwart ist eine doppelte. Zum einen fehlt der Jetztzeit die traumatische Erfahrung, als deren unmittelbarer Ausdruck die Mythen anzusehen sind, zum anderen richten sich die Mythen an die ‚Schicksalsgenossen' und nicht an Nachfahren, denen diese Erfahrung fehlt.[38] Durch den Vergleich der Mythen verschiedener Völker lasse sich aber zeigen, dass die Allegorien in der Regel durch die Tradition korrumpierte Darstellungen dieser Katastrophe sind, und dadurch eine allgemeine Mythologie des menschlichen Geschlechts herausschälen (une mythologie générale du genre humain).[39]

Diluvianische Relikte finden sich laut Boulanger gerade auch in den Bräuchen afrikanischer, amerikanischer und asiatischer Kulturen, da diese ein „noch lebendes und immer unverändertes Alterthum" repräsentierten.[40] Die ‚Übersetzung' von Zeit in Raum erfolgt hier nicht über feste Entwicklungsstufen, sondern als Tradierung ausgehend von einem historischen Fixpunkt (der Sintflut). Im Gegensatz zu Vicos typologischem Geschichtsmodell argumentiert Boulanger also mit genetischen Abhängigkeiten.

Den in seinem Rekurs auf das ethnographische und anthropologisch-psychologische Wissen der Zeit wohl weitreichendsten Versuch, die Mythologie als Ausdruck einer primitiven Denkart zu begreifen, hat der Göttinger Altphilologe

---

34 Ebd., S. 3.
35 Ebd., S. 6 f.
36 Ebd., S. 8 f.
37 Ebd., S. 10.
38 Ebd.
39 Ebd., S. 15 f.
40 Ebd.

Christian Gottlob Heyne vorgelegt. In seiner Mythentheorie greift er Thesen aus Vicos *Scienza nuova* und aus de Brosses' Fetischismustheorie auf und fordert anstelle von allegorischen Auslegungen eine Unterscheidung der verschiedenen historischen Ebenen, die sich im Mythos überlagern.[41] Mit Hilfe der Psychologie und der Ethnographie versucht Heyne, die mythische Denk- und Ausdrucksweise innerhalb einer ‚Geschichte des menschlichen Verstandes' historisch zu verorten.

In seiner frühen Schrift *De caussis fabularum seu mythorum veterum physicis* (1764) führt Heyne die Entstehung von Mythen auf physische Ursachen zurück, wobei er deren drei unterscheidet: Erstens befindet sich in der Frühzeit die menschliche Natur auf einer Stufe der Kindheit (infantia generis humani), auf der ihr Denken ganz auf die Sinneswahrnehmung beschränkt ist. Da der Verstand wenig beansprucht ist und aufgrund der Einförmigkeit der Außenwelt, wirken die Sinneseindrücke besonders stark.[42] Zweitens hat die Ausdrucksweise (sermo), mit der die sinnlichen Wahrnehmungen dargestellt werden, einen ebenso großen Einfluss auf die Entstehung von Mythen. Aufgrund der Armut der Sprache verwenden die Menschen eines mythischen Zeitalters – wie noch bei den amerikanischen ‚Wilden' zu beobachten sei – Mimik und Gestik zur Mitteilung der Gefühle; entsprechend bildlich ist ihr Ausdruck. Konkretes wird durch Abstraktes, Gedanken durch Geschehen ausgedrückt. Es entsteht eine Ausdrucksweise, die durch aus der Wahrnehmung der umgebenden Natur gebildete Allegorien, Tropen und Metaphern geprägt ist.[43] Drittens sind die Mythen durch die wahrgenommenen äußeren Gegenstände (externae res) bestimmt. Diese unterscheiden sich von denen, die der aufgeklärte Mensch wahrnimmt, da Wahrnehmung und Urteil auf dieser Stufe der Verstandesbildung eine vollkommen andere sind.[44] In der Folgezeit werden die Mythen durch die mehr zufällige als durch den Verstand geleitete Tradierung vermischt, verändert und in eine neue Form gebracht.[45] Den Mythen dieser ersten Stufe liegt das Staunen (miratio) über das Wahrgenommene zugrunde. Auf einer nächsten Stufe des erwachenden Verstandes versucht dieser,

---

41 Heyne, Christian Gottlob: „Benjamin Hederich. Gründliches mythologisches Lexicon". In: *Allgemeine deutsche Bibliothek* 19 (1773), 1. Stück, S. 124–134, hier S. 126. Vgl. Fornaro, Sotera: *I Greci senza lumi. L'antropologia della Grecia antica in Christian Gottlob Heyne (1729–1812) e nel suo tempo*. Göttingen 2004 (Nachrichten der Akademie der Wissenschaften in Göttingen. Philosophisch-historische Klasse. Jahrgang 2004; 5), hier S. 47–50, S. 61–65.
42 Heyne, Christian Gottlob: „De caussis fabularum seu mythorum veterum physicis". In: *Opvscvla academica collecta et animadversionibvs locvpletata*. 6 Bde. Göttingen 1785–1812, Bd. 1, S. 184–206, hier S. 189–191.
43 Ebd., S. 191f.
44 Ebd., S. 193.
45 Ebd., S. 196f.

übersinnliche Dinge anthropomorph darzustellen, wovon die Götterfabeln zeugen.[46]

Seine Mythentheorie greift Heyne in einer späten Schrift mit dem Titel *Sermonis mythici seu symbolici interpretatio* (1808) wieder auf und führt sie genauer aus. Berühmt ist seine immer wieder zitierte Formel für die Entstehung des Mythos „ab ingenii humani imbecillitate et a dictionis egestate", also: aus der Beschränktheit des menschlichen Verstandes und der Armut des sprachlichen Ausdrucks.[47] Indem Heyne einen „sermo mythicus" als notwendige Frühstufe der Menschheitsentwicklung annimmt, kann er die ursprünglichen, historischen oder philosophischen Mythen von deren späterer poetischer Ausgestaltung (genus poeticum) zur Mythologie unterscheiden. Da es sich beim „sermo mythicus" um die natürliche und einzig mögliche Sprache des primitiven Menschen im mythischen Zeitalter handelt, läuft jeder allegorische Auslegungsversuch zwangsläufig ins Leere.[48] Als Ergebnis einer notwendigerweise „sinnlichen" Vorstellungsart, deren ebenso notwendiger wie natürlicher Ausdruck eine „bildliche" Sprache ist, können die Mythen keine Allegorien sein.[49] Um zum wahren „Kern" der historischen Mythen vorzudringen, müsse man sie ihrer Einkleidung durch die natürliche metaphorische Sprache und durch die „Dichter-Fiction" entblößen.[50] Mythen sind also nicht nach dem modernen, sondern nach dem Sprachgebrauch ihrer Entstehungszeit zu analysieren. Ebenso wenig darf die mythische Ausdrucksweise anhand des modernen Denkens interpretiert werden. Oft ließen sich Mythen vielmehr über den Vergleich mit zeitgenössischen primitiven Kulturen ‚verstehen'.[51]

Durch Heyne wird der Mythos zu einer universellen, der kulturellen Frühzeit eigenen Denk- und Ausdrucksform, die aus der Verstandesentwicklung des pri-

---

46 Ebd., S. 203.
47 Heyne, Christian Gottlob: „Sermonis mythici seu symbolici interpretatio". In: *Opvscvla academica collecta et animadversionibvs locvpletata*. 6 Bde. Göttingen 1785–1812, Bd. 6, S. 285–323, hier S. 285.
48 Vgl. etwa Heyne, Christian Gottlob: „Ueber den Ursprung und die Veranlassungen der Homerischen Fabeln". In: *Neue Bibliothek der schönen Wissenschaften und der freyen Künste* 23 (1779), 1. Stück, S. 5–53, hier S. 13. Vgl. Hartlich, Christian u. Walter Sachs: *Der Ursprung des Mythosbegriffes in der modernen Bibelwissenschaft*. Tübingen 1952 (Schriften der Studiengemeinschaft der evangelischen Akademien; 2), S. 13, S. 17.
49 Heyne, Christian Gottlob: „De fide historica aetatis mythicae". In: *Göttingische Anzeigen von gelehrten Sachen* 1798, 48. Stück, S. 465–476, hier S. 466, S. 471. „Die Fabel, der Mythus, muß so verstanden werden, wie ihn der erste, der ihn vortrug, nach dem Geiste seines Zeitalters, und der Natur seiner Sprache, verstehen konnte, und mußte […]."
50 Ebd., S. 475.
51 Vgl. die 14 Regeln in Heyne: „Sermonis mythici", S. 300–323.

mitiven Menschen resultiert und darin ihre immanente Logik hat. Mit der mythischen Zeit meint Heyne die Zeit vor der Schriftlichkeit; entsprechend bestimmt er die Mythen in einem allgemeinen Sinn als „Sagen".[52] Das mythische Denken hat bei ihm einen festen Platz in der ‚Geschichte des menschlichen Verstandes' und ist folglich universell. Indem der Mythos damit für eine bestimmte Stufe in der kulturgeschichtlichen Entwicklung steht, ist er zugleich historisch.

III Die Konjektur als Ausgangspunkt eines Primitivismus als wissenschaftlicher Methode

Mit ihren Versuchen, ein primitives, nicht-zeichenhaftes, metaphorisches Denken, das unbewusst in die Gegenwart hineinreicht, zu rekonstruieren, entwerfen Vico, Heyne und Boulanger im 18. Jahrhundert die Grundlagen eines Primitivismus-Konzepts, das Parallelen zum Primitivismus um 1900 zeigt. Diese Parallelen sprechen für einen weiter gefassten Primitivismus-Begriff, der nicht als Ableitung aus einer kunstgeschichtlichen Strömung auf das frühe 20. Jahrhundert bezogen bleibt. So haben Arthur O. Lovejoy und George Boas beispielsweise vorgeschlagen, einen chronologischen Primitivismus als Theorie der geschichtlichen Entwicklung und einen kulturellen Primitivismus als Unbehagen der Zivilisation an der Zivilisation zu unterscheiden.[53] Davon möchte ich jedoch ein ursprüngliches Primitivismus-Konzept abgrenzen, das noch keine inhaltliche Ausgestaltung kennt und zunächst nicht mehr als eine wissenschaftliche Betrachtungs- und Vorgehensweise darstellt. Diesem Konzept, das auch die Suche nach einer ursprünglichen primitiven Denkart oder Mentalität in den untersuchten Mythentheorien bestimmt, liegt die Annahme einer Analogie von Onto- und Phylogenese zugrunde. Als Ansatz zur Überwindung des Ursprungsproblems bevölkert diese Denkfigur die Wissensgeschichte, wie ich zu zeigen versucht habe, lange vor und nach Haeckel. Entscheidend ist allerdings, dass dieser Denkfigur in den verschiedenen historischen und disziplinären Kontexten eine unterschiedliche epistemische Funktion zukommt.

---

52 Heyne: „De fide historica", S. 465 f.
53 Vgl. Lovejoy, Arthur O. u. George Boas: *Primitivism and related ideas in antiquity*. Baltimore, London 1935. Reprint 1997, S. 1–22. Davon angeregt: Runge, Edith Amelie: *Primitivism and related ideas in Sturm und Drang literature*. Baltimore 1946; Boas, George: *Primitivism and related ideas in the middle ages*. Baltimore 1948. ND 1997; Albrecht, Erich August Gottlieb: *Primitivism and related ideas in eighteenth century German lyric poetry. 1680–1740*. Baltimore 1950.

Die Parallelisierung von Onto- und Phylogenese möchte ich in ihrer ursprünglichen Funktion mit Uwe Wirth und Pierce als Konjektur bezeichnen, d. h. als einer Form bedingten Wissens oder einer Leerstellenergänzung, indem eine Konjektur gesetzt wird, um eine Hypothese zu prüfen.[54] Diese Funktion der Wissensgenerierung belegt das auffällig häufige Auftauchen jener Konjektur im Umfeld der Begründung neuer Wissenschaften wie der Erfahrungsseelenkunde, dem Geschichtsdenken der Aufklärung, der modernen Ethnologie, der Evolutionslehre, der Entwicklungspsychologie, der Hirnphysiologie oder der Psychoanalyse (als Kulturtheorie).

Die Parallelisierung von ‚Wilden', Antiken, Kindern und Geisteskranken ist also um 1800 in den Wissenschaften vom Menschen eine heuristische Mutmaßung zur Erschließung neuer Wissensgebiete. Sie hat ihren Ausgangspunkt in der Suche nach einer Methode zur ‚Überbrückung' des Ursprungsproblems mittels Konjekturen. So dient die Parallele zwischen antiken und unzivilisierten Völkern zunächst dazu, Lücken in der Überlieferung der antiken Geschichte zu schließen, oder die Analogie zwischen Kindern und ‚Wilden' zur Erschließung der Erfahrungs-, Denk- und Handlungsweise der letzteren. Was in der konkreten Ausformulierung selbstverständlich immer eine binäre Logik des Eigenen und Fremden impliziert und dann oft auch – sei es negativ eurozentrisch oder positiv kulturkritisch – eine qualitative Bewertung nach sich zieht, ist also zunächst in einem neutralen Sinn Teil einer wissenschaftlichen Methode. Die Denkfigur ‚Primitivismus' ist somit in ihrem Ursprung nicht eine bestimmte Auffassung oder Sichtweise auf eigene und andere Kulturen und deren Verhältnis zueinander, sondern ein wissenschaftlicher Ansatz, der dann in verschiedensten Feldern des Wissens Anwendung findet. Explizit als Parallelisierung von Antiken, ‚Wilden' und Kindern formuliert wird der moderne Primitivismus bereits im frühen 18. Jahrhundert, in ethnologischer Perspektive etwa durch Lafitau, in geschichtsphilosophischer Perspektive etwa durch Fontenelle.

Innerhalb der sich konstituierenden Wissenschaften vom Menschen um 1800 ist bezüglich des epistemischen Status der Analogie von Phylo- und Ontogenese eine Verschiebung von der konjekturalen hin zu einer klassifikatorischen oder typologischen Funktion zu beobachten. Mit Ernst Haeckel wird aus dem methodischen Ansatz ein Gesetz, das als „biogenetisches Grundgesetz" im Bereich der Embryologie empirisch nachweisbar sei.[55] Aber nach Haeckel eröffnet die „ver-

---

54 Vgl. Wirth, Uwe: „Die Konjektur als blinder Fleck einer Geschichte bedingten Wissens". In: *„Interesse für bedingtes Wissen". Wechselbeziehungen zwischen den Wissenskulturen.* Hg. v. Caroline Welsh u. Stefan Willer. München 2008 (Trajekte), S. 269–294.
55 Nach Haeckel „ist die Ontogenesis, oder die Entwickelung des Individuums, eine kurze und schnelle, durch die Gesetze der Vererbung und Anpassung bedingte Wiederholung

gleichende Physiologie" durch die Untersuchung des Zentralnervensystems auch die Möglichkeit, die „natürliche Entstehung des menschlichen Seelenlebens, die allmähliche historische Ausbildung der menschlichen Geistesthätigkeit", das heißt die „Phylogenie der Psyche", zu begreifen.[56] Eine im Geist der modernen Naturwissenschaften erfolgte empiristische Wende lässt sich im 19. Jahrhundert auch auf dem Gebiet der Mythologie konstatieren. So eröffnet die Mythologie etwa nach Adolf Bastian den Zugang zu den „primitiven Gedankenassociationen" und liefert die empirische Grundlage für eine entwicklungsgeschichtlich nach dem Vorbild der Naturwissenschaften konzipierte Psychologie bzw. „Embryologie des menschlichen Geistes".[57]

Die hier lediglich skizzenhaft dargelegte Argumentation führt mich – etwas zugespitzt – zu folgendem Fazit: Die Parallele von Phylo- und Ontogenese ist um 1800 eine Analogie, die aus methodischen Gründen gesetzt wird, um mittels heuristischer Mutmaßungen neue Gebiete des Wissens zu erschließen, kurz: Sie ist Teil einer konjekturalen Methode. Demgegenüber wird die Parallele von Phylo- und Ontogenese bzw. ‚Wilden', Antiken und Kindern im Verlauf des 19. Jahrhunderts mehr und mehr zu einer wissenschaftlichen Tatsache. Dabei handelt es sich somit nicht einfach um eine Verwissenschaftlichung einer Analogiebildung, indem die Empirie an die Stelle der Spekulation tritt, sondern vielmehr um eine Verschiebung ihrer Funktion: Ist sie zunächst eine Methode einer Wissenschaft des Menschen, so wird sie nach und nach zu einem Faktum der Humanwissenschaften.

Die Freilegung der konjekturalen Basis des Primitivismus macht die epistemische Funktion gerade auch des literarischen Primitivismus der Moderne – den man auch als reflexiven oder Meta-Primitivismus bezeichnen könnte – deutlich, der in dieser Perspektive als Element einer Wissenspoetik erscheint. Die Literatur erweist sich somit als Experimentierfeld, in dem Konjekturen auf die Probe gestellt und damit abduktive Formen der Erkenntnisgewinnung initiiert werden.

(Recapitulation) der Phylogenesis oder der Entwickelung des zugehörigen Stammes, d.h. der Vorfahren, welche die Ahnenkette des betreffenden Individuums bilden". Haeckel, Ernst: *Natürliche Schöpfungs-Geschichte. Gemeinverständliche wissenschaftliche Vorträge über die Entwickelungslehre.* 2 Bde. 9. umgearb. u. verm. Aufl. Berlin 1898, Bd. 1, S. 308 f.
56 Haeckel, Ernst: *Anthropogenie oder Entwicklungsgeschichte des Menschen. Keimes- und Stammesgeschichte.* 4., umgearb. u. verm. Aufl. Leipzig 1891, S. 20, vgl. auch ebd., S. 851.
57 Bastian, Adolf: *Ein Besuch in San Salvador der Hauptstadt des Königsreichs Congo. Ein Beitrag zur Mythologie und Psychologie.* Bremen 1859, S. 322–329, Zit. S. 324, S. 327 f. „Die Geschichte der Mythologien, d.h. der Erscheinungsweisen, wie sich die religiösen Bedürfnisse in den Anfängen des erwachenden Bewusstseins zu verwirklichen streben, muss der Psychologie die Stelle der Experimente vertreten."

Literaturverzeichnis

Albrecht, Erich August Gottlieb: *Primitivism and related ideas in eighteenth century German lyric poetry. 1680–1740.* Baltimore 1950.
Asal, Sonja: „Eine neue Art, die Menschengeschichte zu schreiben. Nicolas-Antoine Boulangers Theorie der Sintflut zwischen Mythos und Naturgeschichte". In: *Innovation und Transfer. Naturwissenschaften, Anthropologie und Literatur im 18. Jahrhundert.* Hg. v. Walter Schmitz u. Carsten Zelle. Dresden 2004 (Aufklärungsforschung; 2), S. 97–119.
Bastian, Adolf: *Ein Besuch in San Salvador der Hauptstadt des Königsreichs Congo. Ein Beitrag zur Mythologie und Psychologie.* Bremen 1859.
Boas, George: *Primitivism and related ideas in the middle ages.* Baltimore 1948. ND 1997.
Boulanger, Nicolas-Antoine: *Das durch seine Gebräuche aufgedeckte Alterthum. Oder critische Untersuchung der vornehmsten Meynungen, Ceremonien und Einrichtungen der verschiedenen Völker des Erdbodens in Religions- und bürgerlichen Sachen.* Übers. v. Johann Carl Dähnert. Greifswald 1767.
Boulanger, Nicolas-Antoine: *Recherches sur l'origine du Despotisme oriental.* o. O. 1761. ND: Paris 1988.
Buntfuß, Markus: „Mythos und Metapher bei Vico, Cassirer und Blumenberg". In: *Moderne und Mythos.* Hg. v. Silvio Vietta u. Herbert Uerlings. München 2006, S. 67–78.
Cassirer, Ernst: *Sprache und Mythos. Ein Beitrag zum Problem der Götternamen.* Leipzig 1925 (Studien der Bibliothek Warburg; 6).
Ferenczi, Sandor: „Entwicklungsstufen des Wirklichkeitssinns". In: *Schriften zur Psychoanalyse I.* Auswahl in zwei Bänden. Hg. u. eingeleitet v. Michael Balint. Frankfurt a. M. 1970, S. 148–163.
Fornaro, Sotera: *I Greci senza lumi. L'antropologia della Grecia antica in Christian Gottlob Heyne (1729–1812) e nel suo tempo.* Göttingen 2004 (Nachrichten der Akademie der Wissenschaften in Göttingen. Philosophisch-historische Klasse. Jahrgang 2004; 5).
Frank, Michael C.: *Kulturelle Einflussangst. Inszenierungen der Grenze in der Reiseliteratur des 19. Jahrhunderts.* Bielefeld 2006 (Kultur- und Medientheorie).
Freud, Sigmund: *Übersicht der Übertragungsneurosen. Ein bisher unbekanntes Manuskript.* Ediert und mit einem Essay versehen von Ilse Grubrich-Simitis. Frankfurt a. M. 1985.
Gedike, Friedrich: „Ueber die mannigfaltigen Hypothesen zur Erklärung der Mythologie. Eine Vorlesung in der Akademie der Wissenschaften". In: *Berlinische Monatsschrift* 17 (1791) H. 1, S. 333–370.
Gisi, Lucas Marco: *Einbildungskraft und Mythologie. Die Verschränkung von Anthropologie und Geschichte im 18. Jahrhundert.* Berlin, New York 2007 (spectrum Literaturwissenschaft; 11).
Haeckel, Ernst: *Anthropogenie oder Entwicklungsgeschichte des Menschen. Keimes- und Stammesgeschichte.* 4., umgearb. u. verm. Aufl. Leipzig 1891.
Haeckel, Ernst: *Natürliche Schöpfungs-Geschichte. Gemeinverständliche wissenschaftliche Vorträge über die Entwickelungslehre.* 2 Bde. 9. umgearb. u. verm. Aufl. Berlin 1898.
Hartlich, Christian u. Walter Sachs: *Der Ursprung des Mythosbegriffes in der modernen Bibelwissenschaft.* Tübingen 1952 (Schriften der Studiengemeinschaft der evangelischen Akademien; 2).
Heyne, Christian Gottlob: „Benjamin Hederich. Gründliches mythologisches Lexicon". In: *Allgemeine deutsche Bibliothek* 19 (1773), 1. Stück, S. 124–134.

Heyne, Christian Gottlob: „De caussis fabularum seu mythorum veterum physicis". In: *Opvscvla academica collecta et animadversionibvs locvpletata*. 6 Bde. Göttingen 1785–1812, Bd. 1, S. 184–206.
Heyne, Christian Gottlob: „De fide historica aetatis mythicae". In: *Göttingische Anzeigen von gelehrten Sachen* 1798, 48. Stück, S. 465–476.
Heyne, Christian Gottlob: „Sermonis mythici seu symbolici interpretatio". In: *Opvscvla academica collecta et animadversionibvs locvpletata*. 6 Bde. Göttingen 1785–1812, Bd. 6, S. 285–323.
Heyne, Christian Gottlob: „Ueber den Ursprung und die Veranlassungen der Homerischen Fabeln". In: *Neue Bibliothek der schönen Wissenschaften und der freyen Künste* 23 (1779), 1. Stück, S. 5–53.
Lafitau, Joseph-François: *Die Sitten der amerikanischen Wilden im Vergleich zu den Sitten der Frühzeit*. Hg. v. S[.]iegmund J[.]acob Baumgarten. Übers. v. J[.]ohann F[.]riedrich Schröter. Halle 1752 (ND: Weinheim 1987).
Lévy-Bruhl, Lucien: *Das Denken der Naturvölker*. Übers. v. Paul Friedländer. 2. Aufl. Wien, Leipzig 1926.
Lovejoy, Arthur O. u. George Boas: *Primitivism and related ideas in antiquity*. Baltimore, London 1935. Reprint 1997.
Raulff, Ulrich: „Die sieben Häute der Schlange. Mit Warburg durch die Wüste". In: ders.: *Wilde Energien. Vier Versuche zu Aby Warburg*. Göttingen 2003 (Göttinger Gespräche zur Geschichtswissenschaft; 19), S. 48–71.
Runge, Edith Amelie: *Primitivism and related ideas in Sturm und Drang literature*. Baltimore 1946.
Vico, Giambattista: *De antiquissima italorum sapientia ex Linguae Latinae Originibus eruenda. Libri tres*. Napoli 1710. ND: Firenze 1998.
Vico, Giambattista: *Opere*. Hg. v. Andrea Battistini. 2 Bde. Milano 1990 (I meridiani).
Vico, Giambattista: *Prinzipien einer neuen Wissenschaft für die gemeinsame Natur der Völker*. Übers. v. Vittorio Hösle u. Christoph Jermann. 2 Bde. Hamburg 1990 (Philosophische Bibliothek; 418).
Warburg, Aby: *Schlangenritual. Ein Reisebericht [1923]*. Mit einem Nachwort von Ulrich Raulff. Berlin 1988.
Werkmeister, Sven: *Kulturen jenseits der Schrift. Zur Figur des Primitiven in Ethnologie, Kulturtheorie und Literatur um 1900*. München 2010.
Wirth, Uwe: „Die Konjektur als blinder Fleck einer Geschichte bedingten Wissens". In: *„Interesse für bedingtes Wissen". Wechselbeziehungen zwischen den Wissenskulturen*. Hg. v. Caroline Welsh u. Stefan Willer. München 2008 (Trajekte), S. 269–294.

Michael C. Frank
Überlebsel
Das Primitive in Anthropologie und Evolutionstheorie des 19. Jahrhunderts

I Edward Tylor: Das Primitive außerhalb und innerhalb der Zivilisation

In einer Sitzung der kurzlebigen *Société des observateurs de l'homme* präsentierte Baron Joseph-Marie de Gérando 1800 „Betrachtungen zu den verschiedenen Methoden, die bei der Beobachtung wilder Völker zu befolgen sind".[1] Der adelige Rechtsgelehrte und Pädagoge wandte sich mit seinem Vortrag an Forscher, die seinerzeit vor Expeditionen in noch weitgehend unkartierte Weltregionen standen – Australien und das Innere Afrikas. Ihnen gab er unter anderem folgenden Hinweis mit auf den Weg:

> Der philosophische Reisende, der in die entferntesten Teile der Erde reist, durchquert in Wahrheit die Abfolge der Zeitalter; er reist in die Vergangenheit; jeder Schritt, den er macht, ist ein Jahrhundert, das er zurücklegt. Die unbekannten Inseln, die er erreicht, sind für ihn die Wiege der menschlichen Gesellschaft. Jene Völker, die unsere ignorante Eitelkeit verachten, geben sich ihm als antike und majestätische Monumente vom Ursprung der Zeiten zu erkennen [...].

Die fremden Völker, so de Gérando weiter, gewährten Einblick in den „Zustand unserer eigenen Vorfahren", die „früheste Geschichte der Welt".[2] Reisen im Raum ist demnach gleichbedeutend mit Reisen in der Zeit, vorausgesetzt freilich, der Reisende stellt seine Wahrnehmung entsprechend ein. Nicht zufällig wird dem Substantiv „Reisender" das Adjektiv „philosophischer" vorangestellt, das auf eine

---

[1] Gérando, Joseph-Marie de: „Considérations sur les diverses méthodes à suivre dans l'observation des peuples sauvages". In: *Aux origines de l'anthropologie française. Les mémoires de la Société des observateurs de l'homme en l'an VIII*. Hg. v. Jean Copans u. Jean Jamin. Paris 1968, S. 126–169.
[2] Ebd., S. 131f. (meine Übers.). Im Original lautet die Textstelle: „Le voyageur philosophe, qui navigue vers les extrémités de la terre, traverse, en effet, la suite des âges, il voyage dans le passé, chaque pas qu'il fait est un siècle qu'il franchit. Ces îles inconnues auxquelles il atteint sont pour lui le berceau de la société humaine; ces peuples que méprise notre ignorante vanité se découvrent à lui comme d'antiques et majestueux monuments de l'origine des temps [...]."

bestimmte epistemologische Brille hindeutet. Ohne weitere Erklärungen anzufügen, setzt de Gérando die – in der Tat von verschiedenen Aufklärungsphilosophen geteilte – Grundannahme voraus, dass nicht-europäische Kulturen als eine evolutionäre Vorstufe der europäischen Zivilisation zu begreifen seien. Mit einem solchen Blick ausgestattet, sieht sich der philosophische Reisende auf anderen Kontinenten den Entsprechungen seiner eigenen Vorfahren gegenüber. Das dieser Alteritätskonstruktion zugrunde liegende Paradigma hat Tzvetan Todorov auf die prägnante Formel gebracht: „Sie *(dort)* sind *jetzt*, wie wir *(hier) früher* waren."[3] Kulturelle Differenzen werden dergestalt zu bloßen Entwicklungsunterschieden innerhalb eines von der gesamten Menschheit geteilten Evolutionsprozesses erklärt. Das Andere wird angeglichen an das Eigene, das als universaler Maßstab gesetzt wird, was die beobachteten Unterschiede zwischen Europa und Nicht-Europa zu reduzieren scheint. Zugleich impliziert das evolutionistische Geschichtsmodell jedoch ein äußerst rigides Differenzkonzept: „Wir" und „sie" stehen ihm zufolge weder in räumlicher noch in zeitlicher Hinsicht auf gemeinsamem Boden – und können es in letzterer Hinsicht auch niemals tun, da die Europäer von der übrigen Menschheit durch einen uneinholbaren kulturevolutionären Vorsprung getrennt sind.

Das Diskursobjekt des ‚Primitiven', das im Laufe des 19. Jahrhunderts dasjenige des ‚Wilden' komplementierte, lässt sich vor diesem Hintergrund als Produkt einer doppelten, scheinbar widersprüchlichen Strategie verstehen: einer Strategie der Alterisierung einerseits, die nicht-westliche Kulturen in einem Zustand der permanenten Rückständigkeit gegenüber dem Westen einfriert; einer Strategie der Nostrifizierung andererseits, die außereuropäische Kulturen in die eigene Entwicklungsgeschichte inkorporiert – eine Geschichte, deren *telos* für den Rest der Welt eindeutig in Richtung des (allerdings stets vorauseilenden) europäischen Jetzt-Zustandes weist. Zu betonen ist dabei, dass der Evolutionismus keine bloße Vergleichbarkeit postuliert, die Analogiebildungen zulässt, sondern dass er von einer weitgehenden *Entsprechung* der heutigen ‚Primitiven' mit den ‚primitiven' Urahnen der Europäer ausgeht. Diese Gleichsetzung ist nach ihren ersten systematischen Formulierungen im 18. Jahrhundert wesentlicher Bestandteil der wissenschaftlichen Auseinandersetzung mit fremden Kulturen geblieben. Sie war geradezu Bedingung für die Möglichkeit einer *Anthropology* im englischen Sinne des Wortes, wie sie Edward Burnett Tylor in seiner 1881 erschienenen gleichnamigen Grundlagenschrift entwarf[4] – einer *Anthropology* nämlich, die den Kul-

---

[3] Todorov, Tzvetan: *Die Eroberung Amerikas. Das Problem des Anderen.* Übers. v. Wilfried Böhringer. Frankfurt a. M. 1985, S. 201.
[4] Vgl. Tylor, Edward B.: *Anthropology. An Introduction to the Study of Man and Civilization.* London 1881.

turvergleich in den Dienst einer übergreifenden Menschheits- und Zivilisationsgeschichte stellt.

Die von Tylor etablierte Form der Geschichtsschreibung bedient sich zwar historiographischer, archäologischer und geologischer Erkenntnisse, kann aber zugleich über sie hinausgehen, da sie in fremden Völkern ihren eigenen, fachspezifischen Gegenstand hat. So ist sie in der Lage, frühere Gegebenheiten und die seither vollzogenen Entwicklungen über den vergleichenden Blick auf das heutige ‚Primitive' zu rekonstruieren, in dem sich ursprüngliche Merkmale am Leben erhalten haben. Für Tylor sind alle Völker entweder „wild", „barbarisch" oder „zivilisiert".[5] Während ‚Wilde' als Sammler und Jäger in einem steinzeitlichen Zustand verharren, bebauen ‚Barbaren' das Land, halten sich Nutztiere, legen Vorräte an, leben dauerhaft in sesshaften Gemeinschaften und können so – bereits ins Eisenzeitalter eingetreten – ihre Kenntnisse, Kunstfertigkeiten, Sitten und Regierungsformen verbessern. Mit der Entdeckung der Schrift ist schließlich die Voraussetzung für die Herausbildung von ‚Zivilisation' gegeben. Diese Entwicklungsstadien, die das zivilisierte Europa *nacheinander* durchlaufen hat, existieren heute *nebeneinander*; alles jenseits von Europa liegt, so betrachtet, *vor* Europa.[6] Wie Tylor beispielhaft anführt, sind etwa die Ureinwohner Brasiliens wild, diejenigen Neuseelands barbarisch, und beide zusammen können den Europäern Auskunft geben über den „Fortschritt der Zivilisation".[7] „[E]s leben Menschen", so wird diese Denkfigur zu Beginn von Sigmund Freuds kulturpsychologischer Abhandlung über *Totem und Tabu* zusammengefasst, „von denen wir glauben, daß sie den Primitiven noch sehr nahestehen, viel näher als wir, in denen wir daher die direkten Abkömmlinge und Vertreter der früheren Menschen erblicken"; der Mensch der Vorzeit, davon geht auch Freud in seiner 1913 erschienenen Schrift aus, „ist [...] noch in gewissem Sinne unser Zeitgenosse".[8]

Obgleich de Gérando und Tylor ihre Variationen des evolutionistischen Paradigmas in jeweils spezifischen historischen und theoretischen Zusammenhängen formulieren, passt die oben zitierte Formel Tzvetan Todorovs auf beide Aussagen: „Sie *(dort)* sind *jetzt*, wie wir *(hier) früher* waren." Und doch zeigen sich bei genauerer Betrachtung wesentliche Unterschiede. Tylors Begriffsprägung „primitive Kultur" – eingeführt in seinem 1871 erschienenen, gleichnamigen Haupt-

---

5 Vgl. ebd., S. 23f.
6 Vgl. McGrane, Bernard: *Beyond Anthropology. Society and the Other.* New York 1989, S. 94.
7 Tylor: *Anthropology*, S. 25 (meine Übers.).
8 Freud, Sigmund: *Totem und Tabu. Einige Übereinstimmungen im Seelenleben der Wilden und der Neurotiker.* 7. Aufl. Frankfurt a. M. 2000, S. 47.

werk[9] – bezieht sich nämlich keineswegs nur auf die nicht-europäische Welt. Tylor stimmt zwar mit de Gérandos siebzig Jahre früherem Vortrag überein, dass der Europäer in anderen Kulturen Anschauungsmaterial für seine eigene Zivilisationsgeschichte vorfindet; er verortet Europa allerdings nicht in der gleichen Eindeutigkeit im Hier und Jetzt wie dies bei früheren Spielarten des Evolutionismus der Fall war. Denn außer als Attribut des nicht-europäischen Anderen (in seinen diversen evolutionären Abstufungen) fungiert „primitiv" bei Tylor auch zur Bezeichnung bestimmter Elemente europäischer Gegenwartskultur.

Bevor diese doppelte Verwendungsweise des Wortes erläutert wird, drängt sich ein Blick auf die Begriffsgeschichte auf: Was war die Semantik von *primitive*, als Tylor sein wirkmächtiges Konzept ‚primitiver Kultur' entwickelte? Laut dem *Oxford English Dictionary* kann das englische Adjektiv *primitive* in seiner ersten Bedeutung – ungefähr: „dem ursprünglichen Zustand in einer vergangenen Epoche entsprechend" – bis in die frühe Neuzeit zurückverfolgt werden, wobei sich die angeführten Beispiele aus dem 16. und 17. Jahrhundert in ihrer Mehrzahl auf die *primitive Church*, also die Anfänge der christlichen Kirchengeschichte beziehen, mit positiven Konnotationen von „Reinheit", wie die Definition eigens hervorhebt.[10] Die anthropologische Verwendung von *primitive* wird unter der zweiten Begriffsbestimmung aufgeführt, die sich wie folgt paraphrasieren lässt: „das, was in Eigenschaften und Stil dem Altertümlichen und Frühen (im ersten Sinne von *primitive*) entspricht, bzw. das, was einfach, grob, altmodisch ist"; als anthropologische Kategorie bezeichnet ‚primitiv' demnach Gruppen, deren Kultur aufgrund von Isolation auf einer einfachen Stufe der sozialen und ökonomischen Organisation verblieben ist.[11] Im ersten Beleg für diese Verwendungsweise ist von einem universellen primitiven Zustand der Menschheit die Rede. Die entsprechende Stelle stammt aus Edward Gibbons mehrbändiger *History of the Decline and Fall of the Roman Empire* und wird auf das Jahr 1781 datiert. Darauf folgt eine

---

9 Tylor, Edward B.: *Primitive Culture. Researches into the Development of Mythology, Philosophy, Religion, Language, Art, and Custom*. 2 Bde. 4., überarb. Aufl. London 1903.
10 „1.a. Of or belonging to the first age, period, or stage; pertaining to early times; earliest, original; early, ancient. *Primitive Church*, the Christian Church in its earliest and (by implication) purest times." Eintrag zu „Primitive", in: *The Oxford English Dictionary. Second Edition*. Hg. v. J. A. Simpson u. E. S. C. Weiner. Oxford 1989, Bd. XII, S. 483–485, hier S. 483.
11 „2.a. Having the quality or style of that which is early or ancient. In first quot. = Conformed to the pattern of the early church (see 1 a). Also, simple, rude, or rough like that of early times; old-fashioned. (With implication of either commendation or the reverse.) [...] b. *Anthrop*. That relates to a group, or to persons comprising such groups, whose culture, through isolation, has remained at a simple level of social and economic organization." Ebd., S. 484.

ganze Reihe von Zitaten aus der ersten Hälfte des 20. Jahrhunderts, die sich allesamt auf ‚primitive Gesellschaften' außerhalb Europas beziehen – die also die diachrone Projektion eines historischen Urzustandes durch eine synchrone Projektion auf andere Kulturen ersetzen.

Tylor bleibt an dieser Stelle unerwähnt, obgleich seine Schriften ganz entscheidend zur Popularisierung des Begriffes *primitive* beitrugen und sie das Wort darüber hinaus mit neuen Bedeutungsaspekten versahen. *Primitive Culture* und *Anthropology* erzählen den Zivilisationsprozess grundsätzlich als eine Fortschrittsgeschichte. Dabei widmen sie sich jedoch wiederholt auch den Widerständen, die sich diesem Prozess entgegenstellen – und zwar selbst in der modernsten aller Industrienationen, Tylors Heimatland England. Demnach kommt es häufig vor, dass gewisse Überzeugungen, Glaubensvorstellungen, sprachliche Wendungen und Praktiken, die eigentlich einer früheren, im Großen und Ganzen überwundenen Stufe der Evolution zugehören, als isolierte Elemente fortbestehen, ungeachtet der Tatsache, dass sie nicht mehr in ihren ursprünglichen kulturellen Rahmen eingebettet sind und sie ihre Bedeutung verloren haben. Tylor hat dafür den viel zitierten Begriff des *survival* geprägt, der in der deutschen Übersetzung von 1873 mit dem – unter anderem von Friedrich Nietzsche aufgegriffenen[12] – Neologismus „Überlebsel" übersetzt wurde. Solche Überlebsel sind laut Tylor einer früheren kulturevolutionären Entwicklungsstufe zugehörige Vorstellungen und Praktiken, „welche durch Gewohnheit in einen neuen Zustand der Gesellschaft hinübergetragen sind, der von demjenigen, in welchem sie ursprünglich ihre Heimat hatten, verschieden ist".[13] Derartige Erscheinungen stellen für Tylor untrügliche „Beweise und Beispiele eines ältern Culturzustandes [dar], aus dem sich ein neuerer entwickelt hat".[14] Sie finden sich in verschiedensten kulturellen Bereichen. Tylor selbst konzentriert sich namentlich auf den Aberglauben, identifiziert *survivals* jedoch unter anderem auch in Redewendungen oder Kinderspielen. Selbst der Gebrauch technologisch überkommener Werkzeuge stellt in seinen Augen ein Überlebsel dar, das auch die Menschen, die sich den betreffenden Erneuerungen verweigern, zu *survivals* macht. Ganz plötzlich, so Tylor, kann aus marginalen *survivals* zur allgemeinen Überraschung ein weit-

---

12 Vgl. Orsucci, Andrea: *Orient – Okzident. Nietzsches Versuch einer Loslösung vom europäischen Weltbild.* Berlin, New York 1996, S. 33–52.
13 Tylor, Edward B.: *Die Anfänge der Cultur. Untersuchungen über die Entwicklung der Mythologie, Philosophie, Religion, Kunst und Sitte.* 2 Bde. Übers. v. J. W. Spengel u. Fr. Poske. Leipzig 1873, Bd. I, S. 16.
14 Ebd.

greifendes *revival* werden, ein „Wiederaufleben", wie es Tylor etwa im Hinblick auf den zeitgenössischen Spiritualismus feststellt.[15]

Die Verweigerung der Gleichzeitigkeit – sprich: die zeitliche Distanzierung des Anderen im ethnologischen Schreiben –, die Johannes Fabian 1983 in seinem viel zitierten Buch *Time and the Other* kritisierte,[16] kommt demnach nicht nur in Repräsentationen nicht-europäischer Kulturen zum Tragen. Auch in Europa existieren laut Tylor bestimmte Individuen und sogar ganze Kollektive, die nicht in jeder Hinsicht in der Moderne angelangt sind. Während die Kategorie *primitive* diejenige des *savage* überlagerte, begründete sie so zugleich eine Ethnologie der eigenen Kultur – die ihrerseits ein halbes Jahrhundert später, bei Sigmund Freud, zur Voraussetzung für eine Psychologisierung des Primitiven zu einem allgemeinmenschlichen geistig-seelischen Merkmal werden sollte. Der vorliegende Beitrag möchte die epistemologischen Grundannahmen beleuchten, die diese semantische Erweiterung – oder besser: Verschiebung – der Kategorie des ‚Primitiven' bedingten. Im Weiteren wird es folglich nicht um literarische Praktiken oder Programmatiken gehen, die sich (in welcher Art auch immer) auf eine prä-zivilisatorische Ursprünglichkeit besinnen, um alternative Modernen zu begründen. Vielmehr interessieren hier – gewissermaßen als Vorgeschichte dazu – die wissenschaftlich konstituierten Voraussetzungen für die Denkfigur der Rückkehr zum Primitiven, wie sie im Primitivismus zum Tragen kommt. Der Primitivismus und seine akademische Erforschung setzen notwendigerweise einen Begriff des ‚Primitiven' voraus; hierbei aber handelt es sich um kein statisches Konzept. Als Kategorie, die eine eigentümliche Gleichzeitigkeit des Ungleichzeitigen postuliert, wird das ‚Primitive' immer wieder neu raumzeitlich konkretisiert. Dabei durchläuft es dramatische Umwertungen. So geht der Überzeugung vom regenerativen Potential des Primitiven, welche die Primitivismen des frühen 20. Jahrhunderts vereint, ein Diskurs der Degeneration voraus, der Manifestationen des Primitiven als evolutionären Rückfall sowohl in biologischer als auch in kultureller Hinsicht deutet – und dessen Wirkmächtigkeit nach der Jahrhundertwende noch keines-

---

15 Ebd., S. 17. In den Worten Erhard Schüttpelz' beschreibt das Tylor'sche Konzept mithin „die gleichzeitige Ungleichzeitigkeit der eigenen primitiven Reste in Sitten und Gebrauchen, in Literatur und Artefakten, aber auch die *Gleichzeitigkeit* der eigenen toten oder nur noch latenten ‚Reste' mit der fremden *Ungleichzeitigkeit* der Kolonialsubjekte, bei denen diese Sitten und Gebrauche *noch in voller Lebensfähigkeit* bestehen – um in einer nahen oder fernen Zukunft wiederum zu verschwinden oder sich ebenfalls in ‚survivals' aufzulösen." Schüttpelz, Erhard: *Die Moderne im Spiegel des Primitiven. Weltliteratur und Ethnologie (1870–1960)*. München 2005, S. 399.
16 Vgl. Fabian, Johannes: *Time and the Other. How Anthropology Makes Its Object*. New York 1983, S. 25–35.

falls erloschen war (vielmehr verliefen Degenerations- und Regenerationstheorie phasenweise parallel).

Vor diesem Hintergrund soll das Konzept des Überlebsels im vorliegenden Beitrag als eine transdisziplinäre Denkfigur begreifbar gemacht werden, die in den 1870er- und 1880er-Jahren zunächst in Evolutionsbiologie und Ethnologie einflussreiche Ausprägungen fand, um von dort aus in populärwissenschaftliche Studien zu Kriminalanthropologie und Entartung ebenso einzugehen wie in fiktionale Texte. Noch Freuds kulturpsychologische Schriften aus den Jahren 1913 und 1930, die in verschiedenerlei Hinsicht bei Tylor anknüpfen, argumentieren mit einem Konzept des *survival*. Im Vordergrund werden im Folgenden dementsprechend zunächst die biologischen Konzepte des Rudiments und des Atavismus stehen – als Ausgangspunkte für einen diskurshistorischen Parcours, der über Degenerationstheorien bis hin zu Freuds Idee phylogenetischer und ontogenetischer Spuren im Unbewussten führt.

II Überlebsel bei Darwin

Schon Heymann Steinthal beschrieb in seiner 1875 erschienenen Rezension von *Primitive Culture* die Tylor'schen Überlebsel als kulturevolutionäres Pendant zu „den ‚Rudimenten' in der Entwicklungs-Geschichte", da sie – so Steinthal weiter – „heute noch leben, aber bei Seite, ohne im Zusammenhange unserer heutigen Cultur zu stehen, auf einer viel niederen Stufe der Cultur erzeugt und in das heutige Leben nur unfolgerecht mit hereingezogen".[17] Genau diese Analogie gilt es hier genauer zu beleuchten, ohne dass Tylors *survivals* dabei als bloße Übertragung eines Darwin'schen Rudimentbegriffs auf die Entwicklungsgeschichte der menschlichen Kultur verstanden werden. Die Parallelisierung von Rudiment und Überlebsel muss nicht notwendigerweise als Bestätigung einer Deutungstradition verstanden werden, die Darwins Evolutionstheorie als das *sine qua non* der modernen Ethnologie begreift. Gegen diese Tradition hat sich der Historiker Thomas Trautmann ausgesprochen. Sein Aufsatz zur „Revolution in der ethnologischen Zeit" entstand aus Anlass einer Gedenkvorlesung zu Ehren Robert Ranulph Maretts, der im Jahr 1910 Edward Burnett Tylor als Professor für Ethnologie in Oxford beerbt hatte. Trautmann würdigt Marett, indem er sich kritisch mit einer zentralen Aussage aus dessen 1912 erschienenem Buch *Anthropology* auseinandersetzt. Dort ist zu lesen: Anthropology is the child of Darwin. Darwinism makes it possible.

---

17 Heymann Steinthals Besprechung erschien in der *Zeitschrift für Völkerpsychologie und Sprachwissenschaft*; hier zit. n. Orsucci: *Orient – Okzident*, S. 35.

Reject the Darwinian point of view, and you must reject anthropology."[18] Dagegen vertritt Trautmann die These, Darwins 1859 veröffentlichte Studie zum Ursprung der Arten sei nicht ursächlich für die Herausbildung der Ethnologie gewesen, sondern müsse eher *zusammen* mit der Ethnologie als Ausdruck einer umfassenderen epistemologischen Zäsur in den 1860er-Jahren betrachtet werden – einer wissenschaftlichen Revolution im Sinne Thomas Kuhns. Diese Revolution beschreibt Trautmann als einen durch geologische Entdeckungen beförderten

> plötzlichen Zusammenbruch [...] der kurzen, auf biblischen Erzählungen basierenden Chronologie der menschlichen Geschichte, einer Chronologie, in der die gesamte Menschheitsgeschichte in den kleinen Zeitraum von nur wenigen tausend Jahren gedrängt worden war. [...] Was an ihre Stelle trat, war eine ethnologische Zeit, welche die menschliche Geschichte unbestimmt nach hinten ausdehnte, um tausende oder hunderttausende von Jahren, oder mehr. Sehr plötzlich löste sich der Boden aus der Geschichte und verschwanden ihre Anfänge im Abgrund der Zeit.[19]

Die durch diese radikale Ausdehnung des historischen Rahmens entstandenen Unbestimmtheitsstellen, so Trautmann weiter, verlangten nach neuen Inhalten, und der soziale Evolutionismus habe den Versuch dargestellt, diese Lücke zu schließen. Die Folge waren naturalistisch-gradualistische, makrohistorische Narrative, die den biblischen Erzählungen vom Urzustand des Menschen eine Gleichsetzung von ‚Wilden' und ‚Primitiven' gegenüberstellte.

In der Tat ist viel gewonnen, wenn man die Ansätze Darwins und Tylors nicht ‚hintereinander', sondern ‚nebeneinander' betrachtet, als heterogene Theorieentwicklungen auf Grundlage einer gemeinsamen *episteme*. Dazu muss allerdings zumindest in aller Kürze rekapituliert werden, welche Konsequenzen für eine Menschheitsgeschichte Darwins Schriften überhaupt nach sich ziehen. Eine scharfsichtige Formulierung zu genau diesem Thema findet sich in Sigmund

---

18 Zit. n. Trautmann, Thomas R.: „The Revolution in Ethnological Time". In: *Man*. New Series 27 (1992), Heft 2, S. 379–397, hier S. 379.
19 Ebd., S. 380 (meine Übers.). Im Original lautet die Textstelle: „The revolution in ethnological time was the sudden collapse, during the decade of Darwin, of the short chronology for human history based on the biblical narrative, a chronology in which the whole of human history had been crowded into the space of a few thousand years. The discovery of human remains in association with the bones of extinct animals changed all that. What replaced it was an ethnological time that extended human history indefinitely backward, for tens or hundreds of thousands of years, or more. Very suddenly the bottom dropped out of history and its beginnings disappeared into an abyss of time. The sudden, dramatic enlargement of the scale of human history demanded new content: and what rushed in to fill out the vast blank spaces in the newly enlarged frame was social evolutionism."

Freuds wissenschaftstheoretischem Exkurs – am Anfang von „Eine Schwierigkeit der Psychoanalyse" (1917) – über den Widerstand gegen revolutionäre Umstürzungen von Welt- und Menschenbildern. Freud wäre nicht Freud, wenn er für diesen Widerstand nicht sogleich eine psychologische Erklärung parat hätte, die er auf die Formel „Kränkung der menschlichen Eigenliebe" bringt. Die betreffende Passage aus Freuds Essay ist berühmt geworden. Im vorliegenden Zusammenhang lohnt es aber, sie noch einmal genauer zu betrachten. Denn Freuds Anmerkungen zur Darwin'schen Kränkung des menschlichen Narzissmus benennen sehr präzise den Ansatzpunkt, an dem Vertreter von Theorien zu ‚Atavismus' und ‚Degeneration' im späten 19. Jahrhundert anknüpfen zu können meinten. Nachdem der Mensch durch Kopernikus aus dem Mittelpunkt des Universums befördert worden war, so Freud, blieb ihm der Trost, eine exklusive Schöpfung zu sein, die keinerlei Verwandtschaft mit dem ihr unterworfenen Tierreich aufweist. Genau diese Illusion raubte ihm dann jedoch die darwinistische Evolutionstheorie, indem sie folgende Schlüsse bezüglich der Abstammung des Menschen nahelegte:

> Der Mensch ist nichts anderes und nichts Besseres als die Tiere, er ist selbst aus der Tierreihe hervorgegangen, einigen Arten näher, anderen ferner verwandt. Seine späteren Erwerbungen vermochten es nicht, die Zeugnisse der Gleichwertigkeit zu verwischen, die in seinem Körperbau wie in seinen seelischen Anlagen gegeben sind.[20]

Bei genauerer Betrachtung benennt dieses kurze Resümee sogar *zwei* Kränkungen der „menschlichen Eigenliebe": Der Mensch stammt nicht bloß von einer „niederen Form"[21] ab, die er in seiner weiteren Entwicklung als einen fernen Ursprung hinter sich gelassen hat, sondern er teilt *bis heute* einen Großteil seiner körperlichen und geistig-seelischen Merkmale mit anderen Säugetieren. Anders formuliert: Nicht nur haben Mensch und Säugetiere gemeinsame Vorfahren, sondern der Mensch trägt gewisse unauslöschliche Spuren seiner Abstammung nach wie vor in sich. Diese Familienähnlichkeiten stellen die Bedingung für die Möglichkeit eines evolutionsbiologischen Verständnisses von ‚Atavismus' und ‚Degeneration' – im Sinne eines Wiederhervortretens des ‚Primitiven' – dar.

Es muss wohl nicht eigens ausgeführt werden, dass Charles Darwins bahnbrechendes Hauptwerk *Über die Entstehung der Arten durch natürliche Zuchtwahl*

---

20 Freud, Sigmund: „Eine Schwierigkeit der Psychoanalyse (1917)". In: ders.: *Abriß der Psychoanalyse. Einführende Darstellungen*. Hg. v. F.-W. Eickhoff. Frankfurt a. M. 1994, S. 185–194, hier S. 191.
21 Vgl. das Kapitel „Thatsachen, welche für die Abstammung des Menschen von einer niederen Form zeugen". In: Darwin, Charles: *Die Abstammung des Menschen und die geschlechtliche Zuchtwahl*. Übers. v. J. Victor Carus. 5., durchges. Aufl. Stuttgart 1899 (Gesammelte Werke. Autorisirte [sic] deutsche Ausgabe, Bd. 5), S. 7–27.

aus dem Jahr 1859 die Frage nach der Abstammung des Menschen wohlweislich ausspart. Zwar schwingt in der gesamten Argumentation unweigerlich mit, dass alles, was Darwin über die evolutionären Konsequenzen des „Kampfes ums Dasein" und das Wirken der „natürlichen Zuchtwahl" ausführt, unmittelbare Rückschlüsse auch auf die Entwicklung der menschlichen Spezies zulässt; doch Darwin ist sich der Brisanz dieses Themas bewusst und beschränkt sich gezielt auf das Tierreich, so wie er insgesamt überhaupt recht behutsam und vorsichtig formuliert.[22] Wie Darwin später erläuterte, hatte er bereits seit längerem „Notizen über den Ursprung oder die Abstammung des Menschen gesammelt", beim Verfassen der *Entstehung der Arten* dann jedoch bewusst auf eine Ausarbeitung derselben verzichtet, „da ich fürchtete, daß ich dadurch nur die Vorurtheile gegen meine Ansichten verstärken würde".[23] Bei aller diesbezüglichen Zurückhaltung hatte es sich Darwin allerdings nicht verkneifen können, im drittletzten Absatz seines Buches die Sätze fallen zu lassen: „In einer fernen Zukunft sehe ich die Felder für noch weit wichtigere Untersuchungen sich öffnen. [...] Licht wird auf den Ursprung der Menschheit und ihre Geschichte fallen."[24]

Wie Darwin später einräumte, sollte hiermit unmissverständlich angedeutet werden, „daß der Mensch bei jedem allgemeinen Schluß in Bezug auf die Art seiner Erscheinung auf der Erde mit anderen organischen Wesen zusammengefaßt werden müsse".[25] Dies in ganz expliziter Form auszuformulieren wagte Darwin allerdings erst, nachdem andere Forscher bereits viel beachtete Vorstöße in diese Richtung unternommen hatten: zuerst sein Freund Thomas Henry Huxley – in

---

22 Nur selten geht der Enthusiasmus mit dem Autor durch, wenn er etwa zur Illustration der Anpassungs- und Wandlungsfähigkeit der Arten die Möglichkeit in Betracht zieht, dass sich aus dem nordamerikanischen Schwarzbären – der schon jetzt ein tüchtiger Schwimmer sei – unter entsprechenden Umweltbedingungen eine Wahl-ähnliche Kreatur entwickeln könnte. Spekulationen dieser Art (die aus späteren Ausgaben des Werkes verschwanden) liegen dem Autor ansonsten fern. Vgl. Darwin, Charles: *The Origin of Species by Means of Natural Selection or the Preservation of Favoured Races in the Struggle for Life*. Hg. v. J. W. Burrow. London 1985, S. 215 (der Text dieser Ausgabe folgt dem Erstdruck von 1859).
23 So Darwin in der Einleitung zu seinem 1871 erschienenen Werk *The Descent of Man, and Selection in Relation to Sex*; Darwin: *Die Abstammung des Menschen*, S. 1.
24 Ungekürzt lautet die Passage: „In einer fernen Zukunft sehe ich die Felder für noch weit wichtigere Untersuchungen sich öffnen. Die Psychologie wird sich mit Sicherheit auf den von Herber Spencer bereits wohl begründeten Satz stützen, dass notwendig jedes Vermögen und jede Fähigkeit des Geistes nur stufenweise erworben werden kann. Licht wird auf den Ursprung der Menschheit und ihre Geschichte fallen." Darwin, Charles: *Über die Entstehung der Arten durch natürliche Zuchtwahl oder die Erhaltung der begünstigten Rassen im Kampfe um's Dasein*. Übers. v. J. Victor Carus. 2. Aufl. Stuttgart 1899 (Ch. Darwin's gesammelte Werke. Autorsirte [sic] deutsche Ausgabe, Bd. 2), S. 576.
25 Darwin: *Die Abstammung des Menschen*, S. 1.

Zeugnisse für die Stellung des Menschen in der Natur (*Evidence as to Man's Place in Nature*, 1863) –, dann auch der deutsche Biologe Ernst Haeckel in seiner *Natürlichen Schöpfungsgeschichte* (1868). Während auf der einen Seite der als „Darwins Bulldogge" bekannt gewordene Huxley vehement für die neue Evolutionslehre eintrat und dabei nicht davor zurückschreckte, den Menschen in die Nähe der Affen zu rücken, ereiferten sich auf der anderen Seite die Vertreter des Kreationismus über Darwin und überzogen ihn mit Häme – in der gleich doppelt fehlgeleiteten Annahme, er (!) habe die Abstammung (!) des Menschen vom Affen behauptet. Der Hobbyzüchter Darwin überließ öffentliche Auseinandersetzungen derweil streitlustigeren Kollegen und verfasste in der relativen Abgeschiedenheit seines Hauses in Downe das zweibändige Werk *Das Variieren der Tiere und Pflanzen im Zustande der Domestikation* (*The Variation of Animals and Plants under Domestication, 1868*), wiederum ohne sich zur Evolution des Menschen, geschweige denn zur Verwandtschaft zwischen Menschen und Primaten zu äußern.

Als Darwin 1871 endlich seine Studie *Die Abstammung des Menschen und die geschlechtliche Zuchtwahl* (*The Descent of Man, and Selection in Relation to Sex*) präsentierte, konnte er sich bereits auf zahlreiche Vorarbeiten berufen, deren Ergebnisse er lediglich synthetisieren und im Sinne seiner Evolutionstheorie deuten musste. Im ersten Kapitel dieser im Hinblick auf die von Freud diagnostizierte Kränkung des menschlichen Narzissmus relevantesten Schrift Darwins führt der Autor eine ganze Reihe von Beispielen an, welche in seinen Augen vollkommen offensichtlich und unbestreitbar die menschliche Abstammung von einer niederen Form belegen. An erster Stelle stehen „homologe Bildungen"[26] bei Menschen und Tieren, wie wir sie heute alle aus dem Biologieunterricht kennen, etwa „die Ähnlichkeit der Form zwischen der Hand eines Menschen oder eines Affen und dem Fuße eines Pferdes, der Flosse einer Robbe, dem Flügel einer Fledermaus u.s.w. [sic]".[27] Am ausführlichsten diskutiert Darwin sein letztes – und im vorliegenden Zusammenhang wichtigstes – Argument: die Existenz rudimentärer Organe.[28] Bei Rudimenten handelt es sich bekanntlich um solche Organe, welche im Zuge der Evolution ihre Funktion verloren und sich infolgedessen

---

26 Die folgenden Ausführungen beziehen sich auf das Kapitel „Thatsachen, welche die Abstammung des Menschen von einer niederen Form belegen" in Darwin: *Die Abstammung des Menschen*, S. 7–28.
27 Ebd., S. 27. Was auf die körperliche Struktur zutrifft, so Darwin, gelte auch für das menschliche Gehirn, das dem grundsätzlich selben Bauplan folge wie dasjenige der Säugetiere. Der Mensch teile mit den niederen Tieren zudem gewisse Krankheiten und Parasiten, die dementsprechend von Tier auf Mensch übertragen werden könnten. Die Verwandtschaft zwischen Mensch und Säugetier manifestiert sich laut Darwin darüber hinaus im parallelen Ablauf der Fortpflanzung und der Embryonalentwicklung.
28 Vgl. ebd., S. 13–28.

zurückentwickelt haben, jedoch weiterhin vorhanden sind. Die menschliche Körperbehaarung ist hierfür nur ein besonders anschauliches Beispiel[29] (andere sind die Weisheitszähne, der Blinddarm oder das Steißbein als rudimentärer Schwanz). Als evolutionäre Überbleibsel dokumentieren derartige Rudimente nach Darwin die menschliche Abstammung. Er schreibt:

> Rudimentäre Organe sind äußerst variabel, und dies läßt sich zum Teil daraus verstehen, daß sie nutzlos oder nahezu nutzlos sind und in Folge dessen nicht länger mehr der natürlichen Zuchtwahl unterliegen. Sie werden oft vollständig unterdrückt. Wenn dies eintritt, können sie nichtsdestoweniger gelegentlich durch Rückschlag wiedererscheinen, und dies ist ein der Aufmerksamkeit wohl werther Umstand.[30]

Bemerkenswert sind hier vor allem die letzten beiden Sätze, die einen Umstand beschreiben, von dem man sich vorstellen kann, wie mysteriös er vor der Entdeckung der Gene erscheinen musste: die Tatsache, dass gewisse, evolutionsbiologisch überkommene und scheinbar verschwundene Merkmale plötzlich wieder auftreten können. Strenggenommen handelt es sich hierbei nicht um Rudimente, sondern um Atavismen (von lat. *atavus*, ‚Urahn'), solche Merkmale also, die nicht bei allen Menschen vorliegen – als zwar verkümmerte, aber eben doch verbliebene Organe –, sondern die nur selten auftreten und dann als eine Wiederkehr früherer Charakteristika erscheinen. Zu den bekanntesten anatomischen Atavismen beim Menschen zählen Halsfisteln (Überbleibsel der während der Embryonalentwicklung angelegten Kiemenbogen), Schwimmhäute oder ein verlängertes Steißbein. Die Möglichkeit eines solchen „Rückschlags" (im englischen Original von Darwins Text erscheint das Wort „reversion") übte nicht nur auf Darwin eine besondere Faszination aus. Darwin selbst – dies sollte noch betont werden – zog allerdings keine der Schlussfolgerungen, welche Degenerationstheoretiker aus dem Phänomen des Atavismus vor allem in Bezug auf die Spezies Mensch entwickeln zu können meinten. Weder deutete er Atavismen als Hinweis auf eine vollkommene ‚Entartung' (wenn er sie in Bezug auf Zuchttiere auch als „Monstrositäten" identifizierte), noch betrachtete er sie als alarmierendes Zeichen für die Möglichkeit einer allgemeinen evolutionären Umkehrung, also Devolution.[31]

---

29 Vgl. dazu ebd., S. 21.
30 Ebd., S. 14.
31 Neun Jahre nach *Vom Ursprung der Arten* widmete Darwin dem „Rückschlag oder Atavismus" zwar ein eigenes Kapitel, beschränkte sich hierbei aber (dem Thema seines Buches *Das Variieren der Tiere und Pflanzen im Zustande der Domestikation* gemäß) fast ausschließlich auf Beispiele aus der Tier- und Pflanzenwelt, wie zum Beispiel das Wiederauftreten früherer Merkmale bei Zuchttieren. Dieses Hervortreten überholter Charakteristika aus einem Zustand der Latenz begleitet für Darwin selbstverständlich

III Ray Lankester und der Versuch einer darwinistischen Degenerationstheorie

Den konsequentesten Versuch, das Konzept der Degeneration auf verträgliche Weise in das Darwin'sche Modell der Evolution zu integrieren, unternahm der britische Zoologe (und spätere Leiter des *Natural History Museum* in London) E. Ray Lankester.[32] Lankester gehörte zu den von Darwin anerkennend zitierten Autoren und er kann – anders als etwa Lombroso oder Nordau, denen ich mich später widmen werde – auch nach heutigen Maßstäben als seriöser Naturwissenschaftler gelten. In einer schlanken Monographie präsentierte er 1880 das Phänomen der Degeneration als „Ein Kapitel des Darwinismus".[33] Ausgangspunkt dafür war die grundlegende Beobachtung, dass das Wirken der natürlichen Zuchtwahl nicht notwendigerweise zu *elaboration* führe, das heißt die strukturelle Komplexität eines Organismus erhöhe. Vielmehr, so Lankester, könne auch *balance* die Folge sein (und der Organismus folglich im Status Quo verweilen), wenn nicht sogar *degeneration* eintrete.[34] ‚Degeneration' wird an dieser Stelle als eine der *elaboration* gegenläufige Entwicklung definiert, bei welcher der Organismus

---

evolutionäre Weiterentwicklung, ohne diese ganz und gar zu unterlaufen. Vgl. das 13. Kapitel („Rückschlag oder Atavismus") in Darwin, Charles: *Das Variiren der Thiere und Pflanzen im Zustande der Domestication*, Bd. 2. Übers. v. J. Victor Carus. 2. Aufl. Stuttgart 1899 (Ch. Darwin's gesammelte Werke. Autorisirte [sic] deutsche Ausgabe, Bd. 4), S. 32–70.
32 Bei der Betrachtung seines Ansatzes sollte in Erinnerung behalten werden, dass Darwin selbst zwar von einem „Kampf ums Leben" und „natürlicher Zuchtwahl" gesprochen, die – in diesem Kontext äußerst unglückliche, da irreführende – Phrase „Überleben des Tüchtigsten" („survival of the fittest") jedoch erst in späteren Auflagen seines Hauptwerkes von dem Sozialphilosophen Herbert Spencer übernommen hatte. Grundlage der Darwin'schen Theorie ist bekanntlich die Annahme eines Überschusses an Nachwuchs angesichts einer relativen Ressourcenknappheit, welche das Überleben aller unmöglich macht. Darwin sah in der natürlichen Begrenzung der Ressourcen die Hauptursache für den Überlebenskampf zwischen und innerhalb der Arten. „Überleben des Tüchtigsten" bedeutet aus der Warte der Darwin'schen Evolutionstheorie lediglich: Überleben des gegenüber anderen besser an die Bedingungen der jeweiligen Umwelt Angepassten. Dahinter verbirgt sich letztlich ein relativistischer Ansatz: Bevorteilt sein kann man nur in Bezug auf eine konkrete Umwelt, es gibt keinen absoluten – kontextunabhängigen – Begriff von Bevorteilung. Derjenige behauptet sich im Kampf ums Leben, der den meisten Nachwuchs durchbringt. Und das ist nicht notwendigerweise der physisch Stärkere oder der Intelligentere.
33 Lankester, E. Ray: *Degeneration. A Chapter in Darwinism*. London 1880.
34 Ebd., S. 28 f.

an struktureller Komplexität verliert.³⁵ Man kann in Bezug auf die drei von Lankester unterschiedenen evolutionären Tendenzen grob von ‚Weiterentwicklung', ‚Gleichstand' und ‚Rückentwicklung' sprechen. Weiterentwicklung tritt laut Lankester immer dann ein, wenn die Umweltbedingungen eines Organismus vielfältiger und komplexer werden. Und zu Rückbildungen kommt es dementsprechend dann, wenn sich die Lebensbedingungen vereinfachen. Während der Organismus im ersteren Fall an Form gewinnt (was ihm gestattet, seine Arbeit in Abstimmung mit der veränderten Umwelt zu perfektionieren), wird im letzteren Fall Form unterdrückt.³⁶ ‚Komplexität' fungiert bei Lankester also als absolutes Kriterium für Fortschritt. Und genau das nimmt auch Edward Tylor in seinem kulturevolutionären Modell an: Der Zugewinn an Fähigkeiten und Wissen sowie die größere Vielseitigkeit der Aktivitäten und der sozialen Organisation erscheinen bei ihm als entscheidende Merkmale des Zivilisationsprozesses.

Die gegenläufige Entwicklung wird bei Lankester unter anderem am Beispiel des Sackkrebses (Sacculina) illustriert. Dieser Parasit der Krabben kann aufgrund seiner Larvenstadien eindeutig der Ordnung der Rankenfüßer zugeordnet werden, weist als erwachsenes Tier jedoch keinerlei Ähnlichkeiten mehr mit anderen Vertretern dieser Ordnung auf. Bei sesshaften Parasiten wie dem Sackkrebs muss nur noch die Nahrungsaufnahme über den Wirt sowie die Fortpflanzung gewährleistet sein, was nach Lankester die degenerative Rückbildung sonstiger Organe befördert. Infolgedessen ist der erwachsene Sackkrebs reduziert auf ein Wurzelgeflecht, das für die Nahrungsversorgung zuständig ist, sowie auf seine Reproduktionsorgane, die sich als sackförmige Ausstülpung an der Unterseite des Wirtes manifestieren.

Lankester hält sich noch eine Weile bei seinem zoologischen Spezialgebiet, den wirbellosen Meerestieren auf, um weitere Faktoren für Degeneration zu benennen. Auf den letzten Seiten seiner Studie betont er dann aber, dass das Phänomen auch außerhalb der Zoologie von Bedeutung sei. Die argumentativen Schritte – oder besser Sprünge –, welche sein Essay an dieser Stelle vollzieht, sind bemerkenswert: Im gleichen Absatz, in dem Lankester die Relevanz des Konzeptes der „degenerativen Evolution" außerhalb des Feldes der Zoologie betont hat, werden zunächst der Hefepilz und dann sogleich die Entwicklung der menschlichen Sprache aufgeführt,³⁷ so als handele es sich bei diesen Dingen um grundsätzlich austauschbare Beispiele für ein und dasselbe Phänomen. Dies, so

---

[35] Lankester verweist an dieser Stelle auf den deutschen Zoologen (und Leiter der Zoologischen Station in Neapel) Felix Anton Dohrn, der den Begriff bereits 1875 in diesem Sinne verwendet hatte. Vgl. ebd., S. 29.
[36] Vgl. ebd., S. 32.
[37] Ebd., S. 55f. (meine Übers.).

möchte ich sogleich hinzufügen, ist symptomatisch für den immer wieder unternommenen Versuch, das Konzept der evolutionären Rückentwicklung vom Tierreich auf den Menschen – und dabei zugleich von der Natur auf die Kultur – zu übertragen.

Lankesters Essay schließt mit einem Ausblick auf das Feld der „traditionellen Menschheitsgeschichte".[38] Zwar distanziert sich der Autor von der nach wie vor verbreiteten Ansicht, die Existenz ‚primitiver' Völker könne nur durch eine Degeneration globalen Ausmaßes erklärt werden, bei der sich weite Teile der Menschheit vom gottgeschaffenen Ausgangszustand entfernt hätten; er vertritt aber durchaus die Meinung, dass etwa Buschmänner oder Ureinwohner Australiens degenerierte Abkömmlinge „kultivierterer Vorfahren"[39] seien. Doch Lankester belässt es nicht bei diesem Blick auf außereuropäische Volksstämme; sein Fokus richtet sich sogleich auf „uns selbst, die weißen Rassen Europas":

> In Einklang mit der stillschweigenden Annahme universalen Fortschritts – ein vernunftwidriger Optimismus – sind wir gewohnt, uns selbst so zu betrachten, als schritten wir notwendigerweise fort, als hätten wir notwendigerweise einen höheren und elaborierteren Zustand erreicht als unsere Vorfahren und als seien wir dazu bestimmt, noch weiter fortzuschreiten. Andererseits ist es gut, sich daran zu erinnern, dass wir den allgemeinen Gesetzen der Evolution unterliegen und dass wir mit ebenso großer Wahrscheinlichkeit degenerieren wie uns weiterentwickeln können.[40]

Es gebe keinerlei Anzeichen, so Lankester weiter, dass der heutige Europäer körperliche Vorteile gegenüber dem antiken Griechen aufweise. Und was seine geistigen Fähigkeiten betrifft, so müsse sogar das Gegenteil befürchtet werden, da sich der moderne Mensch mitnichten vernünftiger verhalte als seine Vorfahren. Vielmehr seien Aberglaube, Torheit, geistige Selbstmarterung und Unwahrheiten aller Art verbreitet. Angesichts dieser beklagenswerten Situation fühlt sich Lankester an sein zuvor ausführlich diskutiertes Beispiel der Seescheiden (oder Ascidien) erinnert.[41] In ihrer *physischen* Degeneration fungieren diese sackför-

---

38 Ebd., S. 58 (meine Übers.).
39 Ebd., S. 59 (meine Übers.).
40 Ebd., S. 59 f. (meine Übers). Im Original lautet die Textstelle: „With regard to ourselves, the white races of Europe, the possibility of degeneration seems to be worth some consideration. In accordance with a tacit assumption of universal progress – an unreasoning optimism – we are accustomed to regard ourselves as necessarily progressing, as necessarily having arrived at a higher and more elaborated condition than that which our ancestors reached, and as destined to progress still further. On the other hand, it is well to remember that we are subject to the general laws of evolution, and are as likely to degenerate as to progress."
41 Vgl. ebd., S. 39–49.

migen, wirbellosen Meeresgeschöpfe aus dem Unterstamm der Manteltiere bei Lankester als eine Illustration dessen, was man die *intellektuelle* Degeneration des modernen Menschen nennen könnte. Wie Lankester zuvor ausgeführt hat, weisen die Kaulquappen-ähnlichen Larven der Seescheide weitgehende Übereinstimmungen mit denjenigen der Wirbeltiere auf: Sie verfügen unter anderem über einen muskulösen Schwanz zur Fortbewegung sowie über ein primitives Auge. In der weiteren Entwicklung der Seescheide bilden sich diese Organe jedoch zurück. Lankester stellt nun folgende Analogie her: So wie die Ascidien in ihrer Entwicklung Schwanz und Auge verlören, verwandele sich der vernunftbegabte Mensch in ein degeneriertes Wesen, dessen materielle Vergnügungen von Ignoranz und Aberglaube begleitet seien; der vorurteilsfreie, alles hinterfragende Geist der Kindheit falle diesem späteren Irrationalismus zum Opfer.[42]

Schon zuvor hatte Lankester seine Argumentation mit einem kurzen Ausblick auf den Menschen gewürzt:

> Jede neue Konstellation von Bedingungen, die es einem Tier sehr leicht macht, an Nahrung zu kommen und Sicherheit zu erlangen, scheint in aller Regel zu Degeneration zu führen; gerade so, wie es manchmal geschehen kann, dass ein aktiver, gesunder Mensch degeneriert, wenn er plötzlich in den Besitz eines großen Vermögens kommt; oder wie Rom degenerierte, als es in den Besitz der Reichtümer der antiken Welt kam. Die Gewohnheit des Parasitismus wirkt eindeutig in dieser Weise auf die tierische Organisation. Ist das parasitäre Leben erst einmal gesichert, gehen Beine, Kiefer, Augen und Ohren dahin; aktive, hochbegabte Krabben, Insekten oder Ringelwürmer können zu einem bloßen Sack werden, der Nahrung absorbiert und Eier legt.[43]

Die Annahme, übermäßiger Luxus habe zum Fall Roms geführt, ist freilich alles andere als originell. Es handelt sich um einen Topos, der seit Mitte des 18. Jahrhunderts mit dem Konzept der ‚Dekadenz' verbunden war. Im Begriff ‚Dekadenz' (von lat. *cadere*, fallen) ist bereits die Metapher des Herab-Fallens angelegt, wie sie auch das Konzept der Degeneration impliziert: In Bezug auf die Menschheit wird ‚Degeneration' nicht nur als Rückschritt, sondern auch als Niedergang gedacht. Während die Dekadenztheorie jedoch einen zunächst *moralischen* Verfall be-

---

42 Vgl. ebd., S. 61.
43 Ebd., S. 33 (meine Übers.). Im Original lautet die Textstelle: „Any new set of conditions occurring to an animal which render its food and safety very easily attained, seem to lead as a rule to Degeneration; just as an active healthy man sometimes degenerates when he becomes suddenly possessed of a fortune; or as Rome degenerated when possessed of the riches of the ancient world. The habit of parasitism clearly acts upon animal organisation in this way. Let the parasitic life once be secured, and away go legs, jaws, eyes, and ears; the active, highly-gifted crab, insect, or annelid may become a mere sac, absorbing nourishment and laying eggs."

hauptete, der sich dann auf die Physis ausgewirkt habe, postuliert die Degenerationstheorie umgekehrt einen primär *biologisch-physiologischen* Verfall mit intellektuellen Auswirkungen.[44] Dennoch besteht zwischen Dekadenz- und Degenerationstheorie eine weitere aufschlussreiche Parallele: Es ist mit Sicherheit kein Zufall, dass die Sorge über kollektive Degeneration, wie sie auch bei dem nüchternen Zoologen Lankester zum Ausdruck kommt, gerade in der Zeit zunahm, in der das britische Empire seiner maximalen territorialen Ausdehnung entgegen strebte, die am Ende des Ersten Weltkriegs fast ein Viertel der gesamten Landfläche der Erde betragen sollte. Schließlich gehören koloniale Reichtümer und territoriale Überdehnung zu den Faktoren, die seit Montesquieu als Ursachen von Dekadenz betrachtet wurden.

IV Zur Karriere des Degenerationskonzepts im ausgehenden 19. Jahrhundert

Andere Ursachen für den Boom des Degenerationskonzepts im ausgehenden 19. Jahrhundert sind in den entsprechenden Theorien unschwer zu erkennen. Wir sind gewohnt, diese Epoche als Zeitalter beispielloser technologischer Durchbrüche und unerschütterlicher Fortschrittsgläubigkeit zu betrachten. Und in der Tat entspricht dies zumindest teilweise dem dokumentierten Selbstbild der Epoche. Doch wird das Bewusstsein beschleunigter historischer Entwicklungen von dem begleitet, was die Literaturwissenschaftler Edward Chamberlin und Sander Gilman als Vorstellung einer „Schattenseite des Fortschritts" bezeichnet haben: *Degeneration. The Dark Side of Progress* lautet der Titel eines 1985 von ihnen edierten Sammelbandes zum Thema.[45] Man könnte zur Präzisierung hinzufügen, dass „Schattenseite" hier nicht bedeutet, dass Degeneration und Fortschritt gleichzeitige Produkte derselben historischen Kräfte sind, sondern dass Degeneration zumeist als unmittelbare und notwendige *Konsequenz* eines ihr vorausgehenden Fortschritts verstanden wird. Industrialisierung, Urbanisierung, Beschleunigung und verschiedene andere Merkmale des Modernisierungspro-

---

[44] Die in Bezug auf die Dekadenztheorie prägende Schrift zum Niedergang Roms – Charles Montesquieus *Erwägungen zu den Ursachen der Größe der Römer und ihres Verfalls* (*Considérations sur les causes de la grandeur des Romains et de leur décadence*, 1734) – beschreibt *décadence* als einen Sittenverfall („corruption"), der im alten Rom letztlich eine Folge territorialer Überdehnung gewesen sei. Von der evolutionären Rückkehr zum Zustand primitiver Urahnen ist in diesem Zusammenhang bei Montesquieu keine Rede.
[45] Chamberlin, J. Edward u. Sander L. Gilman (Hg.): *Degeneration. The Dark Side of Progress*. New York 1985.

zesses gelten immer wieder als ursächlich für evolutionäre Rückschlage. Dieses Motiv findet sich ab den 1850er-Jahren unter anderem in Schriften von Psychiatern, Zoologen, Kriminologen, (Proto-)Ethnologen und Literatur-, Musik- und Kunstkritikern; darüber hinaus wird es zum Gegenstand literarischer Fiktionen. Im *fin de siècle*, das sich als ein prekärer Moment der Zeitenwende versteht, hat das Konzept der Degeneration schließlich eine so große Bedeutung, dass eine kulturhistorische Betrachtung der Periode um das Phänomen kaum herumkommt. Dennoch haben sich bislang wenige Autoren ausführlich mit der Karriere des Degenerationskonzepts vor dem Hintergrund seiner evolutionsbiologischen Grundlagen auseinandergesetzt. Einzig der englische Historiker Daniel Pick nahm in seiner 1989 erschienenen Monographie *Faces of Degeneration. A European Disorder* den gesamten Zeitraum zwischen 1848 und 1918 in den Blick.[46]

Wie Pick zeigt, wurde der Begriff ‚Degeneration' im Verlauf des 19. Jahrhunderts gleichermaßen auf Individuen wie auf Kollektive angewandt. Das mit Abstand am weitesten beachtete Buch zum Thema – Max Nordaus Skandalwerk *Entartung* aus den Jahren 1892–93 – identifiziert den französischen Psychiater Bénédict Augustin Morel als Begründer der Degenerationstheorie. In der Tat war Morels 1857 erschienene *Abhandlung über die physischen, intellektuellen und moralischen Entartungen des Menschengeschlechts* für zahlreiche Nachfolgewerke grundlegend. Morel hatte mit Studien zum Kretinismus begonnen. Sie führten ihn zu der Ansicht, dass es sich bei dieser Entwicklungsstörung nur um *eine* Manifestationsform eines sehr viel verbreiteteren Phänomens handele, für das er den Begriff *dégénérescence* prägte. Im Gegensatz zu dem als Alternative denkbaren Wort *dégénération* beschreibt dieser Begriff nicht den *Prozess* des Degenerierens, sondern den *Zustand* der Degeneration, den Morel als „krankhafte Abweichung vom menschlichen Normaltypus" („déviation maladive du type normal de l'humanité")[47] definiert. Wenn Morel von dem ‚normalen' Menschen spricht, so meint er damit den nicht-degenerierten Nachkommen eines gottgeschaffenen Urtypus. Die Geschichte der Degeneration setzt seiner Auffassung nach beim Sündenfall ein, welcher den Menschen schlagartig neuen und potentiell schädlichen Bedingungen aussetzte.

Degeneration ist für Morel, kurz gesagt, die krankhafte Veränderung von Körper und Psyche unter der Einwirkung von Giften, die als Genussmittel oder Droge konsumiert werden, die mit der täglichen Nahrung aufgenommen werden

---

[46] Vgl. Pick, Daniel: *Faces of Degeneration. A European Disorder, c. 1848–c. 1918*. Cambridge 1989.

[47] Morel, B. A.: *Traité des dégénérescences physiques, intellectuelles et morales de l'espèce humaine et des causes qui produisent ces variétés maladives*. Paris 1857, S. 5 (meine Übers.). Diese Formulierung wird später noch mehrfach wiederholt.

oder die den Organismus über schädliche Einwirkungen der Umwelt (zum Beispiel in Form von Krankheiten wie der Syphilis) befallen. Es handelt sich um eine dezidiert prä-darwinistische Theorie: Mit der Evolutionstheorie Jean-Baptiste de Lamarcks ist Morel der Ansicht, dass die durch Vergiftung verursachten, bleibenden Schäden erblich weitergegeben werden. Mehr noch: Er nimmt eine progressive Vererbung an, behauptet also, dass die krankhaften Merkmale in jeder Nachfolgegeneration zunehmen; irgendwann sei die Degeneration soweit fortgeschritten, dass sie Unfruchtbarkeit herbeiführe. Als Max Nordau diese These 1892 aufgriff, argumentierte er, dass die Morel'sche Liste der „Schädlichkeiten"[48] noch um einen wesentlichen Faktor ergänzt werden müsse: die „zerstörenden Einwirkungen der Großstadt".[49] Nie zuvor sei die Menschheit in so kurzer Zeit solch enormen Umwälzungen der Lebensbedingungen ausgesetzt gewesen. Dies hätte zu einer kollektiven Ermüdung geführt, die ihrerseits Hysterie produziere und somit Entartung begünstige.[50]

Den Versuch, die Morel'sche Vorstellung von Degeneration für das Zeitalter des Darwinismus zu aktualisieren, unternahm als erster der italienische Psychiater und Begründer der Kriminalanthropologie Cesare Lombroso. Lombrosos 1876 erschienenes Werk *Der Verbrecher in anthropologischer, ärztlicher und juristischer Beziehung* vertrat die überaus einflussreiche, wenn auch von Beginn an umstrittene These, dass es den geborenen Verbrecher gibt – einen *homo delinquens*, der an verschiedenen charakteristischen Merkmalen zu erkennen sei, Merkmalen sowohl physiologisch-anatomischer als auch sittlicher Natur. Zu diesen „Eigenthümlichkeiten" des Verbrechers zählte Lombroso auf der einen Seite seine Schädelbildung, seine Physiognomie, seinen Haarwuchs und seine Schmerzempfindlichkeit, auf der anderen Seite seine „krankhaften Triebe", seine „Litteratur [sic] und Handschrift", seine „Religion und Sprache", kurz: sein „ganzes

---

48 Nordau, Max: *Entartung*. 2 Bde. Berlin 1893, Bd. I, S. 56.
49 Ebd., S. 58.
50 Bereits 1885 hatte der schottische Arzt James Cantlie in einem Vortrag über „Degeneration bei Londonern" vor den negativen Folgen des Großstadtlebens gewarnt, wobei er allerdings primär *physische* Effekte vor Augen hatte: Das Fehlen frischer, das heißt noch nicht geatmeter Luft rufe in Kombination mit einem Mangel an körperlicher Bewegung *urbomorbus*, „Stadtkrankheit" hervor. Cantlie beklagte ausgerechnet das Fehlen von Ozon in der Londoner Stadtluft, das er für besonders *gesundheitsförderlich* hielt. Seinen *antriebslosen*, „verstädterten" („townified") Zeitgenossen riet er abschließend dringend zu regelmäßiger Leibesertüchtigung – nicht ohne seinerseits mahnend an das Schicksal Roms erinnert zu haben – und zwar zu Fahrradfahren, Rasentennis und Gymnastik. Cantlie, James: *Degeneration amongst Londoners*. London 1884, hier S. 24 u. 27 (meine Übers.).

Verstandes- und Gemüthsleben".[51] Lombroso ging dabei (mit Morel) von erworbenen und vererbbaren pathologischen Merkmalen aus, betonte aber zugleich (in Anschluss an Darwin) den atavistischen Charakter des Verbrechens. Beim Verbrecher, so schrieb er, verknüpfe sich „die Krankheit mit dem Atavismus".[52] Auf diese Weise sollte Morels Ansatz mit einem darwinistischen Konzept versöhnt werden. Indem Lombroso, gestützt auf Fotografien, ein „Gesamtbild der gleichzeitig vorhandenen Anomalien" des jeweiligen Verbrechertypus zeichnete, wollte er nach eigener Aussage „den Leser in den Stand […] setzen, dass er mit den Dokumenten in der Hand diesen Typus selbst erkenne".[53]

Der Arzt und Publizist Max Nordau, der sein Buch *Entartung* Lombroso widmete, ließ sich von dessen Projekt einer „Naturgeschichte des Verbrechers"[54] zu einer „Naturgeschichte der ästhetischen Schulen"[55] inspirieren. Ausgestattet mit einem biologisch-medizinischen Begriffsrepertoire, unternahm er in seinem zweibändigen Werk den „Versuch wirklich wissenschaftlicher Kritik".[56] Konkret bedeutete dies einen Entartungsvorwurf gegen so unterschiedliche ästhetische Strömungen wie Präraffaelismus, Symbolismus, „Tolstoismus", „Richard-Wagner-Dienst", *Décadence* und Ästhetizismus, „Ibsenismus" und „Zola und die Zolaschulen", denen Nordau allesamt eigene Kapitel widmete. Die Vertreter dieser diversen Richtungen hatten in seinen Augen – ungeachtet ihrer oft genialischen Veranlagung – eine atavistische Regression vollzogen, eine „Umkehr zur ältesten Thierheit",[57] wie sie für Nordau den Typus des Entarteten charakterisiert:

> Der Rückfall des Entarteten kann bis zur schwindelerregendsten Tiefe gehen. Wie er körperlich bis zur Stufe der Fische, ja der Gliederthiere und selbst der geschlechtlich noch nicht differenzirten Wurzelfüßer hinabsinkt, […] so erneuert er geistig im besten Falle, als höherer Entarteter, den Typus des Urmenschen der ältern Steinzeit, im schlimmsten Falle, als Idiot, den eines weit vormenschlichen Thiers.[58]

Wie bereits dieser kurze Parcours durch ausgewählte Schriften deutlich macht, existiert kein einheitliches Verständnis von Degeneration, das eine ähnliche innere Konsistenz und begriffliche Fundiertheit aufwiese wie Darwins Evolutions-

---

51 Kirchenheim, A. von: „Zur Einführung". In: Lombroso, Cesare: *Der Verbrecher* (Homo delinquens) *in anthropologischer, ärztlicher und juristischer Beziehung*. Übers. v. Dr. M.O. Fraenkel. 2 Bde. 2. Abdruck. Hamburg 1894, Bd. I, S. iii–xiii, hier S. viii.
52 Lombroso: *Der Verbrecher*, Bd. I, S. XVI.
53 Ebd.
54 Ebd., S. III.
55 Nordau: *Entartung*, Bd. I, S. 51.
56 Ebd.
57 Ebd., Bd. II, S. 497.
58 Ebd., S. 500.

theorie. Vielmehr zeichnet sich das Konzept gerade durch seine Unschärfe aus, die ihm zusätzliche Suggestionskraft verlieh. Gerade seine Unschärfe machte den Degenerationsbegriff in ganz unterschiedlichen Zusammenhängen verwendbar. Man versprach sich von ihm die Möglichkeit, zeitgenössische Zukunftsängste zu verwissenschaftlichen, die jedoch in Wahrheit viel zu diffus waren, um in dieser Weise unter einen Sammelbegriff subsumiert zu werden. Diese Zukunftsängste basierten vor allem auf der oft artikulierten Überforderung durch Industrialisierung und Urbanisierung. Die höhere Bevölkerungskonzentration in den Städten hatte dazu geführt, dass soziales Elend, Kriminalität und Krankheiten wie die Syphilis zunahmen. Darüber hinaus wurden aus allen Richtungen Nervenleiden beklagt, für die die klassische Schulmedizin keine Begriffe bereithielt und die mit der technologischen Modernisierung und der durch sie beförderten Reizüberflutung zusammenzuhängen schienen.

Daniel Pick weist auf eine Spannung innerhalb der verschiedenen Degenerationstheorien der zweiten Hälfte des 19. Jahrhunderts hin: Einerseits schrieben sie Entartung einem verschiedentlich definierten Anderen zu – und zwar anderen, vermeintlich niederen ‚Rassen' ebenso wie dem Anderen innerhalb der eigenen Gesellschaft (Kretins, Delinquenten, Vertretern bestimmter Kunstrichtungen, Arbeitern in den Slums Londons, Großstädtern im Allgemeinen etc.); andererseits begriffen sie Entartung als drohendes oder bereits vollzogenes Schicksal der Menschheit im Allgemeinen.[59] Letzteres Verständnis von Degeneration gewann im Zuge der Darwin'schen Evolutionstheorie an Bedeutung, als Autoren wie der englische Psychiater Henry Maudsley Entartung nicht länger als einfache Abweichung begriffen – gleichsam einen toten Zweig des menschlichen Stammbaums –, sondern als eine universale Entwicklung, die parallel mit und in Konkurrenz zum evolutionären Aufstieg vonstattenging, als ein gemeinsames Schicksal der gesamten Menschheit.[60] Obgleich sie selbst ein völlig anderes Erkenntnisinteresse verfolgen, wurden Darwins Schriften in diesem Zusammenhang zur Grundlage eines spezifisch evolutionistischen Verständnisses von Degeneration, das sich mit verschiedenen kontinentaleuropäischen, prädarwinistisch geprägten Konzepten von Entartung überlagerte und vermischte.

Das Degenerationskonzept erfüllte danach weiterhin die Funktion, eine beliebige, pseudo-szientifische Stigmatisierung all derjenigen Menschen zu ermöglichen, die nicht in ein bestimmtes Normalitätskonzept passten. All das, was von diesem Idealtyp abwich, konnte als Anomalie pathologisiert und anhand vermeintlicher empirischer Merkmale als abartig objektiviert werden. Doch zu-

---

59 Vgl. Pick: *Faces of Degeneration*, S. 42f.
60 Zu Maudsley vgl. ebd., S. 203–216.

gleich untergrub die Darwin'sche Evolutionstheorie eine solche Eingrenzung des Phänomens, hatte sie doch gerade gelehrt, dass die primitiven Ursprünge des Menschen in *allen* Vertretern der Spezies ihre Spuren hinterlassen. Wenn das Urtümliche jemals wieder hervortreten sollte, so konnte dies demzufolge nicht nur bei Kriminellen und psychisch Kranken geschehen, sondern auch bei einem Vorzeige-Bürger.

V Der ‚innere Wilde' bei Robert Louis Stevenson, Joseph Conrad und Sigmund Freud

Genau in diesem Sinne berichtet eine der berühmtesten englischsprachigen Erzählungen des späten 19. Jahrhunderts von den Schwierigkeiten eines vermögenden, wohltätigen und allseits geachteten Wissenschaftlers, seinen strengen moralischen Ansprüchen an sich selbst zu genügen. In einem autobiographischen Bericht spricht Dr. Henry Jekyll von „hochfliegenden Wünschen, mein Haupt stolz zu tragen und in der Öffentlichkeit eine mehr als gewöhnliche feierliche Miene zu zeigen" („imperious desire to carry my head high, and wear a more than commonly grave countenance before the public").[61] Diese mit großem psychischen Aufwand inszenierte soziale Persona, so führt Jekyll weiter aus, sollte sich als unvereinbar mit seinem unbezähmbaren, fröhlichen Naturell erweisen, das ihn immer wieder zu nicht weiter spezifizierten heimlichen „Vergnügungen" („pleasures")[62] trieb. Es begann eine Periode innerer Zerrissenheit. All das, was ein Teil seiner Persönlichkeit begehrte, betrachtete ein anderer – in Einklang mit den verinnerlichten Normen seines sozialen Umfeldes – „mit einem fast krankhaften Gefühl der Scham" („with an almost morbid sense of shame").[63] So wurde sich Jekyll „einer tiefen Zwiespältigkeit in [s]einem Dasein" („a profound duplicity of life")[64] bewusst, die fortan seine gesamte wissenschaftliche Aufmerksamkeit auf sich zog.

Der weitere Verlauf der Geschichte ist allgemein bekannt: Experimente in seinem privaten Labor führen Dr. Jekyll zur Entdeckung einer chemischen Substanz, die diejenigen Teile seiner Persönlichkeit frei zum Vorschein bringt, welche

---

61 Stevenson, Robert Louis: „Der seltsame Fall von Dr. Jekyll und Mr. Hyde" (1886). In: ders.: *Dr. Jekyll und Mr. Hyde und andere Geschichten*. Übers. v. Curt Thesing. Zürich 1979, S. 101– 214, hier S. 186. Englischsprachiges Original: Stevenson, Robert Louis: „The Strange Case of Dr Jekyll and Mr Hyde" (1886). In: ders.: *Dr Jekyll and Mr Hyde and Other Stories*. Hg. v. Jenni Calder. Harmondsworth 1979, S. 27–97, hier S. 81.
62 Ebd.
63 Ebd.
64 Ebd.

er während seiner respektablen Alltagsexistenz unterdrücken muss. Jekyll verwandelt sich in eine zwergenhafte, missgebildete Gestalt. Für diesen Doppelgänger erfindet Jekyll den Namen Edward Hyde, in dem das englische Wort für ‚verstecken' mitschwingt. Und in der Tat fungiert Hyde zunächst als eine perfekte Maske und Vermummung (so Stevensons Metaphern). Er gestattet es Jekyll, unerkannt seinen Begierden zu frönen und sogar – wiederum nicht genauer benannte – Schandtaten zu begehen. Doch die zu Beginn noch gesteuerten Verwandlungen entziehen sich bald Jekylls Kontrolle. Stattdessen gewinnen die durch Hyde verkörperten Teile seiner Persönlichkeit die Oberhand; Hyde taucht nun auch dann auf, wenn er nicht gerufen wird. Aus dem psychischen Widerstreit zwischen den „beiden Naturen",[65] die laut Jekyll im menschlichen Bewusstsein miteinander im Konflikt stehen, wird der physische Verdrängungskampf zwischen Jekyll und Hyde, der mit dem Selbstmord des renommierten Wissenschaftlers endet.

Zur Bezeichnung der doppelten Natur des Menschen verwendet die 1886 vom schottischen Autor Robert Louis Stevenson verfasste Novelle konventionelle, religiös geprägte Begriffe und Vorstellungen. Jekyll selbst konzeptualisiert sie im Sinne eines Leib-Seele-Dualismus, wobei ihm die körperlichen Begierden als das „Böse" und „der sterbliche Teil des Menschen" („the lethal side of man")[66] erscheinen, während das „Gute" für die ehrenhaften Bestrebungen der Seele steht. Aus heutiger Sicht liegt es nahe, diese zeittypischen Konzepte in psychoanalytische Begrifflichkeit zu übersetzen, zumal Jekylls Metapher vom Kampf zwischen Gewissen und Begierde deutliche Parallelen zu späteren Formulierungen Sigmund Freuds aufweist (wie etwa die bekannte Aussage von 1923, das Ich sei ein „armes Ding, welches unter dreierlei Dienstbarkeiten steht und demzufolge unter den Drohungen von dreierlei Gefahren leidet, von der Außenwelt her, von der Libido des Es und von der Strenge des Über-Ichs"[67]). Nicht übersehen werden sollte allerdings, dass Stevensons Text ganz ausdrücklich noch eine weitere Lesart anbietet, die stärker im wissenschaftshistorischen Umfeld ihrer eigenen Zeit verwurzelt ist. Jekyll sagt einmal über seinen Stellvertreter, das Böse habe dessen „Körper den Stempel der Verunstaltung und des Verfalles aufgedrückt" („had left on that body an imprint of deformity and decay").[68] Zwar bleibt Hydes äußeres Erscheinungsbild ebenso mysteriös wie der Inhalt seiner nächtlichen Eskapaden (Stevenson nutzt in sehr wirkungsvoller Weise das erzählerische Mittel der Aus-

---

65 Ebd., S. 188 (deutsch) bzw. S. 82 (englisch).
66 Ebd., S. 192 (deutsch) bzw. S. 84 (englisch).
67 Freud, Sigmund: „Das Ich und das Es (1923)". In: ders.: *Das Ich und das Es. Metapsychologische Schriften.* Frankfurt a. M. 1992, S. 251–295, hier S. 293.
68 Stevenson: „Der seltsame Fall", S. 192 bzw. „The Strange Case", S. 84.

sparung); wie die gerade erwähnte Passage andeutet, ist „Der seltsame Fall von Dr. Jekyll und Mr. Hyde" aber zumindest *auch* die Geschichte eines gleichermaßen psychischen wie physischen Niederganges. Im Verlauf der Handlung nimmt der hoch gebildete und kultivierte Jekyll als Mitglied der oberen Gesellschaftsschicht Englands das Erscheinen und das Benehmen eines „Troglodyten"[69] an, bevor er mit der „Raserei eines Affen" („ape-like fury")[70] einen Mord begeht und bei seiner späteren Verfolgung „wie eine Ratte" („like a rat")[71] aufschreit und „einem Affen gleich" („like a monkey")[72] in seinem Labor herumtobt. Jekyll, so deuten diese Beobachtungen verschiedener Figuren an, vollzieht bei seiner Verwandlung eine evolutionäre Umkehr, die ihn außer den prähistorischen Höhlenmenschen auch den noch früheren, affenähnlichen Vorfahren des modernen Homo sapiens näher bringt.

Hyde wird nicht nur als tierähnlich beschrieben, wir erfahren auch, dass aus seinem Inneren „etwas Anormales und Mißgestaltetes" („something abnormal and misbegotten")[73] zu sprechen scheint, während er selbst „den Eindruck eines Verwachsenen [macht], ohne daß man einen Defekt anzugeben verm[ag]" („he gave an impression of deformity without any nameable malformation").[74] Ganz gleich, ob Stevenson in derartigen Passagen bewusst und gezielt auf wissenschaftliche Theorien zu Atavismus und Degeneration referiert oder nicht: Sein Text verwendet Begriffe, die untrennbar mit populärwissenschaftlichen Werken verbunden sind, die ‚Entartung' auf der Grundlage atavistischer Überlebsel zu einem charakteristischen Phänomen – wenn nicht sogar zum Hauptproblem – des 19. Jahrhunderts stilisierten.

Ich möchte enden mit dem angekündigten Blick auf Sigmund Freuds psychoanalytische Variante des Überlebsel, wie sie in Jekyll/Hyde präfiguriert ist. Auf den ersten Blick scheint Freuds eingangs zitierte Beobachtung aus *Totem und Tabu* – dass nämlich einige Menschen den „Primitiven" noch viel näher ständen als „wir" – genau dasselbe Narrativ zu erzählen wie die sozialevolutionistische Menschheitsgeschichte Edward Burnett Tylors: Alle Kulturen haben ihren gemeinsamen Ausgangspunkt verlassen; einige nicht-europäische Gesellschaften befinden sich aber noch in (relativer) Nähe zum Urzustand und lassen daher Rückschlüsse sowohl auf diesen Zustand als auch auf die seither vollzogene Entwicklung seitens der ‚zivilisierten' Europäer zu. Bei genauerem Hinsehen zeigt

---

69 Ebd., S. 123 (deutsch) bzw. S. 40 (englisch).
70 Ebd., S. 132 (deutsch) bzw. S. 47 (englisch).
71 Ebd., S. 162 (deutsch) bzw. S. 66 (englisch).
72 Ebd., S. 165 (deutsch) bzw. S. 68 (englisch).
73 Ebd., S. 181 (deutsch) bzw. S. 78 (englisch).
74 Ebd., S. 123 (deutsch) bzw. S. 40 (englisch).

sich jedoch, dass die so gezogene räumliche und zeitliche Grenze bei Freud unterlaufen wird. Gegenstand seiner Studie sind *Einige Übereinstimmungen im Seelenleben der Wilden und der Neurotiker*, wie es der Untertitel formuliert. Vorausgesetzt wird folglich eine „Ähnlichkeit" und somit Vergleichbarkeit (wenn auch ausdrücklich keine „innere Verwandtschaft")[75] zwischen dem Krankheitsbild von Neurotikern und fremdkulturellen Praktiken. Das Tabu gehört nach Freuds Ansicht zwar der Vorgeschichte der modernen Zivilisation an, als urtümliches Phänomen tritt es aber eben nicht nur in ‚primitiven' Gesellschaften auf, sondern auch bei neurotischen Europäern, die „eine archaistische Konstitution als atavistischen Rest mit sich gebracht haben".[76] Dem äußeren, zeitgenössischen Urahn, wie ihn etwa die australischen Aborigines verkörpern, korrespondiert demzufolge ein innerer Atavismus, der als verdeckte, aber untilgbare evolutionäre Spur in der Psyche des Europäers erhalten geblieben ist und jederzeit wieder an die Oberfläche treten kann.

Dieser Gedanke eines ‚inneren Wilden' findet sich bereits in verschiedenen literarischen Texten der Jahrhundertwende. Joseph Conrads erstmals 1899 erschienene Erzählung „Herz der Finsternis" beispielsweise beschreibt genau ein solches Hervortreten zuvor verdrängter atavistischer Merkmale bei dem weißen Kolonialisten Kurtz im Inneren des belgischen Kongo-Freistaats.[77] Der Konstruktion des Schwarzafrikaners als „vorgeschichtlicher Mensch" („prehistoric man")[78] steht in „Herz der Finsternis" die Vorstellung gegenüber, dass der ‚zivilisierte' Mensch selbst noch Spuren seiner primitiven Abstammung in sich trägt. Die Grenze zwischen ‚Zivilisation' und ‚primitiver Kultur' wird nicht mehr nur als eine äußere gedacht, sondern internalisiert; sie verläuft geradewegs durch die Psyche des ‚zivilisierten' Menschen, der nur verdrängt hat, was Conrad seine „vergessene[n] und brutale[n] Instinkte" („forgotten and brutal instincts")[79] nennt. In dieser

---

75 Freud: *Totem und Tabu*, S. 75.
76 Ebd., S. 117.
77 Zum Atavismusmotiv bei Joseph Conrad und zur Intertextualität zwischen „Heart of Darkness" und den Schriften Cesare Lombrosos vgl. auch Breuer, Horst: „Atavismus bei Joseph Conrad, Bram Stoker und Eugene O'Neill". In: *Anglia* 117 (1999), S. 368–394, hier S. 368–378. Auf Parallelen zu Max Nordau hatte zuvor schon Cedric Watts aufmerksam gemacht; vgl. Watts, Cedric: *Conrad's Heart of Darkness. A Critical and Contextual Discussion*. Mailand 1977, S. 132–136, sowie ders.: *A Preface to Conrad*. London, New York 1982, S. 93–95.
78 Conrad, Joseph: *Jugend – Herz der Finsternis – Das Ende vom Lied. Drei Erzählungen*. Übers. v. Fritz Lorch. Frankfurt a. M. 1967 (Werke in Einzelbänden), S. 119. Englischsprachiges Original: Conrad, Joseph: *Heart of Darkness with The Congo Diary*. Hg. v. Robert Hampson. Harmondsworth 1995, S. 62.
79 Ebd., S. 171 (deutsch) bzw. S. 107 (englisch).

Hinsicht erweist sich die evolutionsbiologische Aktualisierung des evolutionistischen Paradigmas als besonders prekär: Der Urahn des Europäers ist nun nicht mehr nur ‚dort', außerhalb von Europa, sondern auch ‚hier', *im* Europäer selbst – als Atavismus – vorhanden.

„Herz der Finsternis" verleiht einer unter Zeitgenossen verbreiteten Vorstellung Gestalt, der Europäer könne in den Tropen „seine kulturelle Identität [...] verlieren".[80] Wie der Ethnologe Fritz Kramer ausführt, korrespondiert im 19. Jahrhundert „[d]as autoritäre Moment des europäischen Ethnozentrismus [...] einer irrationalen Angst, im Anderen [...] unterzugehen."[81] Für die ‚Verwilderung' europäischer Kolonisten, die in den Tropen – ungeschützt durch die Kontrollmechanismen der Zivilisation – in präzivilisatorische Verhaltensmuster zurückfallen, werden zu dieser Zeit verschiedene Termini geprägt.[82] Neben der Einwirkung des Tropenklimas und dem kulturellen Einfluss der Eingeborenen gelten vor allem die vermeintlichen Folgen von ‚Rassenmischung' als Ursachen für Kulturverfall. Diesem Erklärungsansatz schloss sich auch Edward Burnett Tylor an. In einem kurzen Exkurs zum Thema Degeneration erklärte Tylor 1881, dass Kulturentwicklung nicht gleichbedeutend mit Fortschritt sei, sondern dass Kulturen auch länger in ein und demselben Stadium verharren könnten, wenn nicht sogar Rückschritte geschähen. Als Beispiel dafür nannte er die Folgen von Emigration, wie sie sich bei den Nachkommen portugiesischer Siedler auf dem indischen Subkontinent beobachten ließen. Mit Eingeborenen verheiratet, seien die nach Südasien ausgewanderten Portugiesen inmitten der üppigen tropischen Vegetation in Müßiggang verfallen, woraufhin sie – mangels Anstrengung – einen Zivilisationsverlust erlitten hätten.[83]

Im Gegensatz dazu begründet Conrad das *going native* auch mit inneren Faktoren. Nach der Logik seiner Erzählung hängt eine solche Rückentwicklung zwar durchaus mit den Einwirkungen der Wildnis und ihrer indigenen Bewohner zusammen; sie setzt jedoch eine bereits vorhandene Disposition voraus, die Eu-

---

[80] Kramer, Fritz: *Verkehrte Welten. Zur imaginären Ethnographie des 19. Jahrhunderts.* Frankfurt a. M. 1977, S. 69.
[81] Ebd.
[82] Vgl. hierzu ausführlich Frank, Michael C.: *Kulturelle Einflussangst. Inszenierungen der Grenze in der Reiseliteratur des 19. Jahrhunderts.* Bielefeld 2006, v. a. Kap. II.
[83] Vgl. zum „loss of civilization" Tylor: *Anthropology*, S. 19: „Such degeneration is to be seen among the descendants of Portuguese in the East Indies, who have intermarried with the natives and fallen out of the march of civilization, so that newly-arrived Europeans go to look at them lounging about their mean hovels in the midst of luxuriant fruits and flowers, as if they had been set there to teach by example how man falls in culture where the need of effort is wanting." Vgl. hierzu die ähnlich lautenden Formulierungen E. Ray Lankesters in Abschnitt 3 oben.

ropäer überhaupt erst anfällig für derartige Fremdeinwirkungen macht. In diesem Zusammenhang fällt in „Herz der Finsternis" der bemerkenswerte Satz: „Des Menschen Geist ist zu allem fähig – weil alles in ihm ist, die ganze Vergangenheit wie auch die ganze Zukunft" („The mind of man is capable of anything – because everything is in it, all the past as well as all the future").[84] Mit dieser Bemerkung scheint Conrads Erzähler eine der Kernthesen von Freuds kulturpsychologischen Schriften vorwegzunehmen,[85] die ihrerseits, zumindest auch, eine Fortsetzung der Evolutionstheorie des 19. Jahrhunderts sind. In *Das Unbehagen in der Kultur* (1930) spricht Freud in ganz ähnlichen Worten von einer „Erhaltung des Primitiven neben dem daraus entstandenen Umgewandelten" auf „seelischem Gebiet" und erklärt, „daß im Seelenleben nichts, was einmal gebildet wurde, untergehen kann, daß alles irgendwie erhalten bleibt und unter geeigneten Umständen, z. B. durch eine so weit reichende Regression, wieder zum Vorschein gebracht werden kann".[86] Behauptet wird damit nicht nur die Möglichkeit des Wieder-Hervortretens *ontogenetisch* früherer psychischer Merkmale, sondern auch die des Rückfalls in das *phylogenetisch* ‚Primitive'. Denn in Freuds Augen besteht eine Analogiebeziehung zwischen dem „Entwicklungs- oder Erziehungsprozeß des einzelnen Menschen" und dem „Kulturprozeß der Menschheit": Bei Letzterer bewirke ein „Kultur-ÜberIch" jene Triebverdrängung und Triebkontrolle, für welche bei der Entwicklung des Individuums das „Über-Ich" verantwortlich sei.[87]

Das evolutionistische Paradigma wird Ende des 19., Anfang des 20. Jahrhunderts mithin ein weiteres Mal entscheidend variiert. Zwar bleibt die Grundformel bestehen: „Sie *(dort)* sind *jetzt*, wie wir *(hier) früher* waren." Hieran schließt nun aber der Zusatz an: „So wie sie (dort) sind wir (hier) zum Teil ebenfalls geblieben – und so wie sie könnten wir darum in Zukunft wieder sein." Das war gemeint, als zu Beginn dieses Beitrages behauptet wurde, die Karriere des Atavismuskonzeptes könne im Hinblick auf die Primitivismen des frühen 20. Jahrhunderts aufschlussreich sein. Wenn sich Europäer auf das Ursprüngliche zurückbesinnen sollen, um die zivilisatorische Entfremdung rückgängig zu machen und Literatur, Kunst und Kultur neu zu beleben, so setzt dies voraus, dass es etwas gibt, an das sie hierfür anknüpfen können. Und dieses Etwas lässt sich den oben

---

84 Conrad: „Herz der Finsternis", S. 119f. bzw. „Heart of Darkness", S. 63.
85 Auf diese äußerst aufschlussreiche Parallele ist, soweit ich sehe, bislang nur Tim Youngs zu sprechen gekommen (allerdings ohne sie ausführlicher zu erörtern). Vgl. Youngs, Tim: *Travellers in Africa. British Travelogues, 1850–1900*. Manchester, New York 1988, S. 201 u. 203.
86 Freud, Sigmund: *Das Unbehagen in der Kultur. Und andere kulturtheoretische Schriften*. 5. Aufl. Frankfurt a. M. 1997, S. 35f.
87 Ebd., S. 102 u. 104.

vorgestellten Ansätzen zufolge ganz unterschiedlich raumzeitlich verorten: in den ‚primitiven' Kulturen anderer Kontinente und/oder in den ‚primitiven' Resten europäischer Kultur; aber auch in den ‚primitiven' körperlichen und seelischen Anlagen des Europäers selbst. Das Fremdbild des ‚Primitiven' wurde im ausgehenden 19. Jahrhundert nach und nach internalisiert, bis europäische Wissenschaftler und Literaten schließlich nicht mehr nur unter den ‚Wilden' Spuren ihrer evolutionären Ursprünge erblicken zu können vermeinten, sondern auch in den heimatlichen Städten und sogar in der eigenen Triebnatur, die als psychisches Überlebsel eine Brücke zu früheren Entwicklungsstadien schlug. Fortschritt wurde auf dieser Grundlage zu einem umkehrbaren Prozess.

Literaturverzeichnis

Breuer, Horst: „Atavismus bei Joseph Conrad, Bram Stoker und Eugene O'Neill". In: *Anglia* 117 (1999), S. 368–394.
Cantlie, James: *Degeneration amongst Londoners*. London 1885.
Chamberlin, J. Edward u. Sander L. Gilman (Hg.): *Degeneration. The Dark Side of Progress*. New York 1985.
Conrad, Joseph: *Heart of Darkness with The Congo Diary*. Hg. v. Robert Hampson. Harmondsworth 1995.
Conrad, Joseph: *Jugend – Herz der Finsternis – Das Ende vom Lied. Drei Erzählungen*. Übers. v. Fritz Lorch. Frankfurt a. M. 1967 (Werke in Einzelbänden).
Darwin, Charles: *Das Variiren der Thiere und Pflanzen im Zustande der Domestication*, Bd. 2. Übers. v. J. Victor Carus. 2. Aufl. Stuttgart 1899 (Ch. Darwin's gesammelte Werke. Autorisirte [sic] deutsche Ausgabe, Bd. 4).
Darwin, Charles: *Die Abstammung des Menschen und die geschlechtliche Zuchtwahl*. Übers. v. J. Victor Carus. 5., durchges. Aufl. Stuttgart 1899 (Gesammelte Werke. Autorisirte [sic] deutsche Ausgabe, Bd. 5).
Darwin, Charles: *The Origin of Species by Means of Natural Selection or the Preservation of Favoured Races in the Struggle for Life*. Hg. v. J. W. Burrow. London 1985.
Darwin, Charles: *Über die Entstehung der Arten durch natürliche Zuchtwahl oder die Erhaltung der begünstigten Rassen im Kampfe um's Dasein*. Übers. v. J. Victor Carus. 2. Aufl. Stuttgart 1899 (Ch. Darwin's gesammelte Werke. Autorisirte [sic] deutsche Ausgabe, Bd. 2).
Fabian, Johannes: *Time and the Other. How Anthropology Makes Its Object*. New York 1983.
Frank, Michael C.: *Kulturelle Einflussangst. Inszenierungen der Grenze in der Reiseliteratur des 19. Jahrhunderts*. Bielefeld 2006.
Freud, Sigmund: „Das Ich und das Es (1923)". In: ders.: *Das Ich und das Es. Metapsychologische Schriften*. Frankfurt a. M. 1992, S. 251–295.
Freud, Sigmund: *Das Unbehagen in der Kultur. Und andere kulturtheoretische Schriften*. 5. Aufl. Frankfurt a. M. 1997.
Freud, Sigmund: „Eine Schwierigkeit der Psychoanalyse (1917)". In: ders.: *Abriß der Psychoanalyse. Einführende Darstellungen*. Hg. v. F.-W. Eickhoff. Frankfurt a. M. 1994, S. 185–194.

Freud, Sigmund: *Totem und Tabu. Einige Übereinstimmungen im Seelenleben der Wilden und der Neurotiker.* 7. Aufl. Frankfurt a. M. 2000.
Gérando, Joseph-Marie de: „Considérations sur les diverses méthodes à suivre dans l'observation des peuples sauvages". In: *Aux origines de l'anthropologie française. Les mémoires de la Société des observateurs de l'homme en l'an VIII.* Hg. v. Jean Copans u. Jean Jamin. Paris 1968, S. 126–169.
Kirchenheim, A. von: „Zur Einführung". In: Cesare Lombroso: *Der Verbrecher (*Homo delinquens*) in anthropologischer, ärztlicher und juristischer Beziehung.* Übers. v. Dr. M.O. Fraenkel. 2 Bde. 2. Abdruck. Hamburg 1894, Bd. 1, S. iii–xiii.
Kramer, Fritz: *Verkehrte Welten. Zur imaginären Ethnographie des 19. Jahrhunderts.* Frankfurt a. M. 1977.
Lankester, E. Ray: *Degeneration. A Chapter in Darwinism.* London 1880.
Lombroso, Cesare: *Der Verbrecher (*Homo delinquens*) in anthropologischer, ärztlicher und juristischer Beziehung.* Übers. v. Dr. M.O. Fraenkel. 2 Bde. 2. Abdruck. Hamburg 1894.
McGrane, Bernard: *Beyond Anthropology. Society and the Other.* New York 1989.
Morel, B. A.: *Traité des dégénérescences physiques, intellectuelles et morales de l'espèce humaine et des causes qui produisent ces variétés maladives.* Paris 1857.
Nordau, Max: *Entartung.* 2 Bde. Berlin 1893.
Orsucci, Andrea: *Orient – Okzident. Nietzsches Versuch einer Loslösung vom europäischen Weltbild.* Berlin, New York 1996.
The Oxford English Dictionary. Second Edition. Hg. v. J. A. Simpson u. E. S. C. Weiner. Oxford 1989.
Pick, Daniel: *Faces of Degeneration. A European Disorder, c. 1848–c. 1918.* Cambridge 1989.
Schüttpelz, Erhard: *Die Moderne im Spiegel des Primitiven. Weltliteratur und Ethnologie (1870–1960).* München 2005.
Stevenson, Robert Louis: „Der seltsame Fall von Dr. Jekyll und Mr. Hyde" (1886). In: ders.: *Dr. Jekyll und Mr. Hyde und andere Geschichten.* Übers. v. Curt Thesing. Zürich 1979, S. 101–214.
Stevenson, Robert Louis: „The Strange Case of Dr Jekyll and Mr Hyde" (1886). In: ders.: *Dr Jekyll and* Mr *Hyde and Other Stories.* Hg. v. Jenni Calder. Harmondsworth 1979, S. 27–97.
Todorov, Tzvetan: *Die Eroberung Amerikas. Das Problem des Anderen.* Übers. v. Wilfried Böhringer. Frankfurt a. M. 1985.
Trautmann, Thomas R.: „The Revolution in Ethnological Time". In: *Man.* New Series 27 (1992), Heft 2, S. 379–397.
Tylor, Edward B.: *Anthropology. An Introduction to the Study of Man and Civilization.* London 1881.
Tylor, Edward B.: *Die Anfänge der Cultur. Untersuchungen über die Entwicklung der Mythologie, Philosophie, Religion, Kunst und Sitte.* 2 Bde. Übers. v. J. W. Spengel u. Fr. Poske. Leipzig 1873.
Tylor, Edward B.: *Primitive Culture. Researches into the Development of Mythology, Philosophy, Religion, Language, Art, and Custom.* 2 Bde. 4., überarb. Aufl. London 1903.
Watts, Cedric: *A Preface to Conrad.* London, New York 1982.
Watts, Cedric: *Conrad's Heart of Darkness. A Critical and Contextual Discussion.* Mailand 1977.
Youngs, Tim: *Travellers in Africa. British Travelogues, 1850–1900.* Manchester, New York 1988.

Teil III: **Primitivismus in Literatur und Kunst des 20. Jahrhunderts**

Sabine Schneider
Tödliche Präsenz

Primitivismus in Hofmannsthals *Elektra*

Es ist kein Zufall, dass die aktuellen Theoriedebatten um das neue Leitparadigma der Präsenz, wie es von Jean Luc Nancy, Hans Ulrich Gumbrecht, Martin Seel, Lambert Wiesing, Karl Heinz Bohrer, Ludwig Jäger, Sibylle Krämer und Dieter Mersch unter philosophischer, bildtheoretischer, sprachanalytischer und medientheoretischer Perspektive diskutiert wird, auf Modelle der Jahrhundertwende zurückgreifen können.[1] Explizit oder implizit führen sie phänomenologische Denkmodelle ins Feld, um gegen die poststrukturalistische Verabsolutierung des *linguistic turn*, gegen die Prädominanz von Textualität, Zeichenregime und Sinnkultur, die *aisthetische* Komponente eines sinnlichen Erscheinens und die im Bedeuten nicht aufgehende körperliche Dimension materieller Leiblichkeit einzuklagen. Konnte sich die von Gumbrecht polemisch eingeführte schematische Gegenüberstellung von cartesianischen Sinnkulturen und Heideggerianischer Präsenzkultur zwar nicht durchsetzen, so findet das neue Stichwort *Präsenzästhetik* hingegen breiten Konsens. „Präsenz", so resümiert Martin Seel in seiner Monographie *Die Macht des Erscheinens*, „erscheint in den jüngsten Theorien geradezu als die Pointe der ästhetischen Praxis und ihrer Theorie."[2] Die philosophische Ästhetik handle von nichts anderem als „[v]on solcher Präsenzerfahrung, Präsenzgewinnung und Präsenzerzeugung [...]."[3]

Die theoretischen Einzelbestimmungen dieser Präsenz aber erinnern in ihrer Abgrenzung gegen die Dominanz des Symbolischen und Semiotischen in frappierender Weise an die phänomenologischen wie auch die lebensphilosophischen sprachkritischen Konzepte der frühen Moderne um 1900, die sich als Epistemo-

---

[1] Nancy, Jean Luc: *The birth to presence*. Stanford 1993; Gumbrecht, Hans Ulrich: *Diesseits der Hermeneutik. Die Produktion von Präsenz*. Frankfurt a. M. 2004; Seel, Martin: *Die Macht des Erscheinens. Texte zur Ästhetik*. Frankfurt a. M. 2007; Wiesing, Lambert: *Artifizielle Präsenz. Studien zur Philosophie des Bildes*. Frankfurt a. M. 2005; Bohrer, Karl-Heinz: *Das absolute Präsens. Die Semantik ästhetischer Zeit*. Frankfurt a. M. 1994; Jäger, Ludwig: „Schauplätze der Evidenz: Evidenzverfahren und kulturelle Semantik. Eine Skizze". In: *Die Listen der Evidenz*. Hg. v. Michael Cuntz u. a. Köln 2006, S. 37–52; Krämer, Sybille: „Performanz – Aisthesis. Überlegungen zu einer aisthetischen Akzentuierung im Performanzkonzept". In: *Ereignis Denken. TheatRealität, Performanz, Ereignis*. Hg. v. Arno Böhler u. Susanne Granzer. Wien 2009, S. 141–168; Mersch, Dieter: *Was sich zeigt. Materialität, Präsenz, Ereignis*. München 2002.
[2] Seel: *Die Macht des Erscheinens*, S. 82.
[3] Ebd., S. 83.

logie und Poetik der Präsenz beschreiben lassen. Präsenz in der Moderne stehe, so Martin Seel, anders als im Cartesianismus nicht für kognitive Beherrschung, sondern „[...] für Kontingenz, Augenblicklichkeit und Unverfügbarkeit – für eine Ereignishaftigkeit des Erscheinenden, das begrifflich weder gesichert werden kann noch gesichert werden soll."[4] Von der Plötzlichkeit, Flüchtigkeit und der radikalen Empfindung von Zeitlichkeit als Sensibilität für die gelebte Zeit einer herausgehobenen Gegenwart ist bei Seel die Rede, von der schockartigen Unterbrechung des Zeitkontinuums, vom Grenzphänomen der Präsenz, das als unverfügbares in eine gleichzeitige Absenzstruktur gestellt ist, von der Infragestellung des Faktischen durch die Horizonteröffnung eines Möglichen, von der produktiven Verunsicherung gegenüber unseren habituellen Konzeptualisierungen, von der Bewusstwerdung der Grenzen des Sinns und schliesslich von der besonderen Intensität der Verworrenheit:

> Der verworrenen, nicht an begrifflicher Distinktion und Deskription orientierten Auffassung eignet eine Intensität eigener Art. In ihr sind wir dem Hier und Jetzt der Dinge in einer Weise nahe, wie wir es in der Berufung auf wahre Repräsentationen nicht sein können.[5]

Der phänomenologische Philosoph Manfred Sommer hat dies für Ernst Mach und Edmund Husserl als „Evidenz im Augenblick"[6] beschrieben, als anticartesianische paradoxe Logik einer Evidenz im Verworrenen, auf der sprachabgewandten dunklen Rückseite der symbolischen Ordnung, an der Schwelle des Bewusstseins und der intentionalen Aufmerksamkeit. Es ist dies jene Schwelle, die der Mediziner Ernst Kretschmer 1922 die „Sphäre" des Bewusstseins nennen sollte, an deren dezentriertem Standort er den Ort kreativer Prozesse wie auch pathologischer Konstellationen situierte.[7]

Und auch Dieter Mersch begibt sich in seiner Fundamentalkritik am universalen Textbegriff der Dekonstruktion auf die Suche nach den Grenzen des Symbolischen. Auch er beruft sich wie die anderen Vertreter einer Präsenzästhetik auf die Irreduzibilität des phänomenologischen Erscheinens, auf die deiktische Komponente eines sich Zeigens, das im Sagen nicht aufgeht. Was sich zeigt, so Mersch, ist das „Quod" eines „dass", das primordial vor dem „Quid" „als etwas" erscheint, ist das Erscheinen eines Seins vor dem Bedeuten, der Einbruch eines

---

[4] Ebd., S. 82.
[5] Ebd., S. 89. Vgl. das Kapitel „Über den kulturellen Sinn ästhetischer Gegenwart – mit Seitenblicken auf Descartes", S. 82–94.
[6] Sommer, Manfred: *Evidenz im Augenblick. Eine Phänomenologie der reinen Empfindung.* Frankfurt a. M. 1996.
[7] Kretschmer, Ernst: *Medizinische Psychologie. Ein Leitfaden für Studium und Praxis.* Leipzig 1922, S. 66f.

Ereignisses, der als „Entzug oder *Riß im Symbolischen*" wahrgenommen wird und als „Widerfahrnis" nicht intentional gesucht werden kann.[8] Präsenz ist somit bei Mersch wie bei Seel eine Grenzerfahrung. Die „Fülle des Ereignens" setze die „Leere des Sinns" voraus, sie erfordere „Grenzgänge", „Limitationen", wie sie für die Happenings der Gegenwartskunst symptomatisch seien.[9] Für diese liminalen Erfahrungen am Rand des Symbolischen setzt Mersch den Begriff des Ekstatischen und damit verbunden den der Aura ein: „Die Aura duldet keinen Verweis. Sie ist überhaupt nicht lesbar: Sie *widerfährt*. Bevorzugt widerfährt sie dort, wo sich die Aufmerksamkeit *offenhält* für ein *Ekstatisches*."[10]

All diese Bestimmungen zum Paradigma der Präsenz sind ausnahmslos bereits in Hofmannsthals Poetik formuliert, wie sie mit dem spektakulären Auftakt des Chandosbriefs 1902 und seiner Absage an den „Prunk der Worte", „die geläufigen Bilder" und das „Gehege der rhetorischen Kunststücke" seine poetologischen Reflexionen und die literarische Produktion bis zum Ersten Weltkrieg bestimmen sollte.[11] Die guten Augenblicke des an der Rationalität der Sprache irre gewordenen Lord Chandos sind plötzliche Illuminationen angesichts eines Einbruchs von Seinsfülle „stummer Wesenheit", deren Erlebnis als emphatische Gegenwart beschrieben wird.[12] „Alles war in mir […]", beschreibt Chandos die aufflammende Vision der sterbenden Ratten, „[…] und es war Gegenwart, die vollste erhabenste Gegenwart."[13] Es sind keine Repräsentationen, weder wird zwischen Vorstellung und Realität unterschieden, noch unterscheidet sich das Bewusstsein von den Bewusstseinsinhalten. Gerade die Differenzlosigkeit des Ineinanderfliessens macht die übernatürliche fraglose Evidenz dieser Illuminationen aus. Es sind ekstatische Grenzerfahrungen von „Dumpfheit", „verworrenste Gedanken"[14] bei abgesenktem Bewusstseinsstand, Momente, in denen das Fluidum von Wachen und Schlafen in eins geflossen ist, dem rationalen Bereich des diskursiven Denkens und dem kulturellen Bedeutungskosmos von Sprache und Schrift entzogen. Die Sprache als Repräsentation und als differenzierendes Zeichensystem ist jenen stummen Momenten der Differenzlosigkeit gegenüber

---

8 Mersch: *Was sich zeigt*, S. 373 ff., Zitate S. 375.
9 Ebd., S. 375.
10 Ebd.; vgl. auch Mersch, Dieter: *Ereignis und Aura. Untersuchungen zu einer Ästhetik des Performativen*. Frankfurt a. M. 2002.
11 Hofmannsthal, Hugo von: „Ein Brief". In: ders.: *Sämtliche Werke. Kritische Ausgabe*. Veranstaltet vom Freien Deutschen Hochstift. Hg. v. Rudolf Hirsch u. a. Bd. XXXI. Erfundene Gespräche und Briefe. Hg. v. Ellen Ritter. Frankfurt a. M. 1991, S. 45 f. Im Folgenden Sigle SW XXXI.
12 Ebd., S. 53.
13 Ebd., S. 51.
14 Ebd., S. 52.

hoffnungslos nachträglich und defizient, so die Anordnung des kleinen Sprachdramas, das zum kanonischen Text der sprachkritischen Moderne werden sollte. Was Hofmannsthal in *Ad me ipsum* rückblickend als „Situation des Mystikers ohne Mystik"[15] bezeichnen sollte, jene Poetik der visionären und ekstatischen Entgrenzung durch halluzinative Techniken der Präsentierung, ist ein aus der Skepsis gegenüber der abstrakten Repräsentationsfunktion der Sprache motiviertes Experiment mit dem, was Hofmannsthal „Vivizierung" der symbolischen Systeme nennt.[16] Intendiert ist eine Poetik der Präsenz anstelle der Repräsentation, eine Vertauschungs- und Entgrenzungslogik zwischen Abbild und Urbild, der Einzug von Differenzen, das Oszillieren der Zeichen zwischen Repräsentation und imaginativer Anwesenheit, die Erfahrung von Partizipation und ekstatischer Teilhabe anstelle blosser Symbolisierung.

Diese Zeichenutopie unter dem Fanal der Präsenz ist die Systemstelle für den Primitivismus in Hofmannsthals Poetik. Am *Gespräch über Gedichte*, im selben Jahr wie das Drama *Elektra* entstanden, lässt sich dieser Zusammenhang vielleicht am explizitesten zeigen.[17] Der Stellvertreterlogik des sprachlichen Zeichens als rein rhetorische Übertragung der Metapher setzt das Gespräch ein Unmittelbarkeitsgebot entgegen, die Sache selbst zu setzen: „Niemals setzt die Poesie eine Sache für eine andere, denn es ist gerade die Poesie, welche fieberhaft bestrebt ist, die Sache selbst zu setzen [...]."[18] Nicht Stellvertretung und Abwesenheit als Signa blossen Bedeutens, sondern Anwesenheit und Sein setzt die mit den Attributen des Magischen versehene lyrische Poesie: „[W]as niemals da war, nie sich gab, jetzt ist es da, jetzt gibt es sich, ist Gegenwart, mehr als Gegenwart [...]."[19] Die Zauberkraft der Poesie, Gegenwart herbeizuzwingen, macht den Dichter zum Schamanen. Im Vortrag *Der Dichter und diese Zeit* von 1908 nennt Hofmannsthal

---

15 Hofmannsthal, Hugo von: „Ad me ipsum". In: ders.: *Gesammelte Werke in zehn Einzelbänden. Reden und Aufsätze III (1925–1929)*. Hg. v. Bernd Schoeller in Beratung mit Rudolf Hirsch. Frankfurt a. M. 1979, S. 601. Im Folgenden Sigle RuA III.
16 Hofmannsthal, Hugo von: „Der Dichter und diese Zeit". In: ders.: *Sämtliche Werke. Kritische Ausgabe. Veranstaltet vom Freien Deutschen Hochstift.* Hg. v. Rudolf Hirsch u. a. Bd. XXXIII. Reden und Aufsätze 2. Hg. v. Konrad Heumann und Konrad Ritter. Frankfurt a. M. 2011, S. 130. Im Folgenden Sigle SW XXXIII. Hofmannsthal übernimmt das Novalis-Zitat von Walter Pater: *The Renaissance*. London, New York 1900, S. 236: „Philosophiren, says Novalis, ist dephlegmatisiren, vivificiren".
17 Vgl. Schneider, Sabine: „Poetik der Illumination. Hugo von Hofmannsthals Bildreflexionen im *Gespräch über Gedichte*". In: *Zeitschrift für Kunstgeschichte* 71 (2008), Heft 3, S. 389–404.
18 Hofmannsthal: „Das Gespräch über Gedichte". In: SW XXXI, S. 77.
19 Ebd., S. 86.

den Dichter einen „Schattenbeschwörer ohne Maß".[20] An anderer Stelle spricht er vom geisterhaften Licht und dem feurigen Rauch, aus dem der Dichter die Erscheinungen erstehen lasse.[21] Der Dichter, von dem es heisst: „In ihm oder nirgends ist Gegenwart", übt einen Geisterzwang aus.[22] Das Bild der sich am geopferten Blut sättigenden und dadurch zu neuem Leben gebrachten Schattenseele taucht immer wieder in Hofmannsthals poetologischen Skizzen auf. Es steht auch am Anfang seiner Auseinandersetzung mit dem Elektra-Stoff. Man müsse, so hält es eine Notiz von 1903 unter der Überschrift *Vertheidigung der Elektra* fest, „[a]us dem Blut wieder Schatten aufsteigen lassen."[23]

Die Vorstellung des *Eidolon*, der Schattenseele, übernahm Hofmannsthal aus Erwin Rohdes Standardwerk *Psyche. Seelencult und Unsterblichkeitsglaube der Griechen*, einer ethnologisch-primitivistischen Perspektive auf die griechische Antike in vorhomerischer Zeit.[24] Bereits 1894 finden sich Notizen, die von der Sprachbeherrschung des Dichters sprechen als „Götzendienst, Anbetung eines eidolon, Sinnbildes, das einmal für einen Menschen lebendig war, Mirakel gewirkt hat, durchflammende Offenbarung des göttlichen Geheimnisses der Welt."[25] Denkt eine Notiz zum *Gespräch über Gedichte* über das „poetische Organ" in uns nach, dessen Funktion es ist, „[...] daß es vor uns ewige Gegenwart herzaubert",[26] so spricht in der dialogischen Anordnung des fiktiven Gesprächs die avanciertere Figur Gabriel im selben Sinn von der „Bezauberung" durch das poetische Symbol, welches „uns so furchtbar nahe" auf den Leib rücke wie in archaischer Zeit, als „[i]m dunstigen Dunkel, unter Schreien, unter taumelndem Fackelschein [...] auf einmal Aphrodite aus dem Purpurschaum geboren [...]" wurde.[27]

---

20 Hofmannsthal: „Der Dichter und diese Zeit". In: SW XXXIII, S. 140. Zu Hofmannsthals Dichterkonzept in diesem Vortrag vgl. Schneider, Sabine: *„Die Welt der Bezüge. Hofmannsthal zur Autorität des Dichters in seiner Zeit"*. In: *Colloquium Helveticum* 41 (2010), S. 203–221.
21 Hofmannsthal: „Einleitung zur neuen Balzac-Ausgabe". In: SW XXXIII, S. 176; ders.: „Dichter und Leben". In: ders.: *Gesammelte Werke in zehn Einzelbänden. Reden und Aufsätze I (1891–1913)*. Hg. v. Bernd Schoeller in Beratung mit Rudolf Hirsch. Frankfurt a. M. 1979, S. 235. Im Folgenden Sigle RuA I.
22 Hofmannsthal: „Der Dichter und diese Zeit". In: SW XXXIII, S. 138.
23 Hofmannsthal: „Vertheidigung der Elektra". In: SW XXXIII, S. 222.
24 Rohde, Erwin: *Psyche. Seelencult und Unsterblichkeitsglaube der Griechen*. 2 Bde. 3. Aufl. Tübingen, Leipzig 1903, Kap. ‚Seelenglaube und Seelencult in den homerischen Gedichten'; Kap. ‚Der Seelencult. I. Cultus der chthonischen Götter; II. Pflege und Verehrung der Todten'.
25 Hofmannsthal: „Aufzeichnungen aus dem Nachlass 1894–95". In: RuA III, S. 390.
26 Hofmannsthal: „Das Gespräch über Gedichte. Varianten und Erläuterungen." In: SW XXXI, S. 324.
27 Ebd, S. 81 u. S. 83.

Was Hofmannsthal mit diesem Beispiel der Entstehung der Aphrodite aus einer ekstatisch-dionysischen Kelterszene anzitiert, ist die ethnologische Metapherntheorie der Jahrhundertwende. Sie sieht die analogische Denkform der Metapher als primitive Logik an und situiert sie in einem primitiven mythischen Lebensvollzug. In seiner Rezension von Alfred Bieses *Philosophie des Metaphorischen* von 1894,[28] in der alle wichtigen Theoreme der Diskussion zusammengefasst sind, spricht Hofmannsthal vom „metaphernbildenden Trieb in uns", von „der unheimlichen Herrschaft, die die von uns erzeugten Metaphern rückwirkend auf unser Denken ausüben", und von „der unsäglichen Lust, die wir durch metaphorische Beseelung aus toten Dingen saugen." Was die Metapher an Wirklichkeit schafft, ist „ein mystische[r] Vorgang", „leuchtend und real".[29] Eine Notiz zum *Gespräch über Gedichte* macht deutlich, dass jene „orphische [...] Sinnlichkeit", welche uns Modernen weitgehend abhanden gekommen sei, auf die Animismustheorie des englischen Kulturanthropologen Edward B. Tylor rekurriert: „Uns gehen nicht mehr feuchte Wolken in Gestalten über Vogelanflug ist uns nicht Anhauch von Geistern".[30] Tylor sah in der analogischen Denkform eine primitive Anschauungsform, die einem unbewusst wirkenden, atavistischen Kausaltrieb entstamme und das primitive Bewusstsein zwinge, einer unbekannten Erscheinung eine scheinbar verwandte anthropomorphe Ursache unterzulegen.[31] Dieses Grundaxiom des Primitivismus geht diskursgeschichtlich eine Konjunktion mit der Sinnesphysiologie ein, denn diese Analogien wurden als endogene Bilder, als Halluzinationen aufgefasst. Der mythische Kausaltrieb Tylors ist eine Übertragung der von Hermann Helmholtz vertretenen sinnesphysiologischen Lehre der in-

---

28 Biese, Alfred: *Die Philosophie des Metaphorischen. In Grundlinien dargestellt.* Hamburg, Leipzig 1893.
29 Hofmannsthal: „Philosophie des Metaphorischen". In: RuA I, S. 192. Vgl. Riedel, Wolfgang: „Arara ist Bororo oder die metaphorische Synthesis". In: *Anthropologie der Literatur. Poetogene Strukturen und ästhetisch-soziale Handlungsfelder.* Hg. v. Rüdiger Zymner u. Manfred Engel. Paderborn 2004, S. 220–240; ders.: „Archäologie des Geistes. Theorien des wilden Denkens um 1900". In: *Das schwierige neunzehnte Jahrhundert.* Hg. v. Jürgen Barkhoff u. a. Tübingen 2000, S. 467–485; Schneider, Sabine: „Das Leuchten der Bilder in der Sprache. Hofmannsthals medienbewusste Poetik der Evidenz". In: *Hofmannsthal-Jahrbuch* 11 (2003), S. 209–248.
30 Hofmannsthal: „Das Gespräch über Gedichte. Varianten und Erläuterungen". In: SW XXXI, S. 327.
31 Tylor, Edward B.: *Primitive Culture. Reasearch into the Development of Mythology, Philosophy, Religion, Art, and Custom.* 2 Bde. London 1871; dt.: *Die Anfänge der Cultur. Untersuchungen über die Entwicklung der Mythologie, Philosophie, Religion, Kunst und Sitte.* Unter Mitwirkung des Verfassers ins Deutsche übertragen v. J.W. Spengel u. Fr. Poske. 2 Bde. Leipzig 1873.

duktiven „unbewussten Schlüsse" in die Kulturanthropologie.³² Diese Halluzinationen erregten, so Tylor mit Helmholtz, die Sehsinnsubstanz. Kritiklos für völlig evident erwiesen seien sie für das primitive Bewusstsein Wirklichkeiten, nicht Repräsentationen: „Analogien, welche in unsern Augen nichts als Phantasien sind, waren für Menschen vergangener Zeiten Wirklichkeit. Sie konnten die Flamme ihre noch unverzehrte Beute mit Feuerzungen belecken sehn."³³

Die Verbindung von sinnesphysiologischen, ethnologischen und sprachphilosophischen Theoremen in der ethnologischen Theorie vom mythischen Bewusstsein als Ursprung der Metapher hatte Friedrich Nietzsche in einer für die Jahrhundertwende folgenreichen Weise in seinen Aphorismen zur Logik des Traums in *Menschliches, Allzumenschliches* ausformuliert. Das analogische Denken, wie es sich im Bilderdenken des Traums und in der Metapher manifestiert, ist für Nietzsche, mit Tylor gedacht, ein primitives *survival* in der Moderne. In Zuständen „beeinträchtigt[er] [...] Gehirnfunction" gewinnt die wilde Semiose dieser primitiven Denkform ihre alte Macht zurück. „Willkürlich und verworren [...]" verwechsle das analogische Denken „[...] fortwährend die Dinge auf Grund der flüchtigsten Ähnlichkeiten: aber mit derselben Willkür und Verworrenheit dichteten die Völker ihre Mythologien [...]."³⁴ In jenen Traum- und Halbtraumvorstellungen von halluzinatorischer Deutlichkeit kehrten, so Nietzsche, „Zustände früherer Menschheit" zurück, „in der die Hallucination ausserordentlich häufig war und mitunter ganze Gemeinden, ganze Völker gleichzeitig ergriff."³⁵ An dieses ältere Menschentum, ein „Urphänomen", demgegenüber das „schärfere logische Denken, das Strengnehmen von Ursache und Wirkung" eine spätere Entwicklung ist, erinnere nach Nietzsche auch der Dichter, der Künstler mit seinem Analogienzauber.³⁶

Hofmannsthal greift wie Nietzsche auf die ethnologisch argumentierende Metapherntheorie zurück, um der dichterischen Sprache die Evidenz mythischer

---

32 Helmholtz, Hermann: *Handbuch der physiologischen Optik*. Leipzig 1867, S. 194 u. S. 443.
33 Tylor: *Die Anfänge der Cultur*, Bd. 1, S. 293 f.
34 Nietzsche, Friedrich: „Aph. 12. Traum und Cultur". In: ders.: *Sämtliche Werke. Kritische Studienausgabe in 15 Bänden*. Hg. v. Giorgio Colli und Mazzino Montinari, Bd. 2. Menschliches, Allzumenschliches I und II. Neuausgabe. München 1999, S. 31 f. Im Folgenden Sigle KSA 2. Sowie ders.: ebd., Bd. 7. Nachgelassene Fragmente 1869–1874, S. 483 f.
35 Nietzsche, Friedrich: „Aph. 12. Traum und Cultur". In: KSA 2, S. 31 f. Vgl. Treiber, Hubert: „Zur *Logik des Traumes* bei Nietzsche. Anmerkungen zu den Traum-Aphorismen aus *Menschliches, Allzumenschliches*". In: *Nietzsche-Studien* 23 (1994), S. 1–41; Pfotenhauer, Helmut u. Sabine Schneider: *Nicht völlig Wachen und nicht ganz ein Traum. Die Halbschlafbilder in der Literatur*. Würzburg 2006.
36 Nietzsche, Friedrich: „Aph. 13. Logik des Traumes". In: KSA 2, S. 34 f.

Welterfahrung zuschreiben zu können. Dass die Metapher blitzartig, mit elementarer Gewalt über uns komme, dass sie mit einem zerebralen Erregungsgeschehen verbunden sei und als solch ekstatischer Einbruch unverfügbar, dem selbstgewissen Sprachspiel entzogen sei, wie Hofmannsthal in dem kleinen Text über *Die Philosophie des Metaphorischen* schreibt, gehört in diesen Kontext.[37] Und ein zweiter primitivistischer Erklärungszusammenhang wird im *Gespräch über Gedichte* bemüht, um dem Sprachzeichen, dem in der Moderne durch symbolistische Raffinessen schal gewordenen dichterischen Wort, die „Wucht und Fremdheit"[38] archaischer Bildmacht zurück zu erstatten. Hofmannsthal leitet das dichterische Symbol aus dem Kultus des Opfers her, eine Herleitung, die ihm Adorno als gewaltverherrlichenden Barbarismus übel genommen hat.[39] Was Hofmannsthal jedoch hier erprobt, ist nicht inhaltlich, sondern semiologisch motiviert. Die Faszination gilt einem partizipatorischen, statt repräsentativen Zeichenmodell, gilt der Kraft der Vermischung und Verwechslung in einer kontagiösen Situation, also der Übertragungsmagie im Sinne James George Frazers:[40]

> [...] auf einmal zuckte dem Tier das Messer in die Kehle, und das warme Blut rieselte zugleich an dem Vließ des Tieres und an der Brust, an den Armen des Menschen hinab: und einen Augenblick lang muß er geglaubt haben, es sei sein eigenes Blut [...]: er muß, einen Augenblick lang, in dem Tier gestorben sein, nur so konnte das Tier für ihn sterben. Daß das Tier für ihn sterben konnte, wurde ein großes Mysterium, eine große geheimnisvolle Wahrheit. Das Tier starb hinfort den symbolischen Opfertod.[41]

Dass Hofmannsthal hier von Symbol und nicht von Metapher spricht, verweist auf einen weiteren Intertext dieser Diskussion. Friedrich Theodor Vischer hatte in dem Aufsatz *Das Symbol* eine mythische Denkform von einer ästhetischen unterschieden. In der mythischen, so Vischer, wurden Bild und Bedeutung unbewusst identifiziert. Wie nach ihm Hofmannsthal exemplifiziert er die mythische Alter-

---

37 Hofmannsthal: „Philosophie des Metaphorischen". In: RuA I, S. 192 f.
38 Hofmannsthal: „Die Briefe des Zurückgekehrten". In: SW XXXI, S. 174.
39 Adorno, Theodor W.: „George und Hofmannsthal. Zum Briefwechsel: 1891–1906". In: ders.: *Prismen. Kulturkritik und Gesellschaft.* Berlin, Frankfurt a. M. 1955, S. 232–282, hier S. 277 f.: „Diese blutrünstige Theorie des Symbols, welche die finsteren politischen Möglichkeiten der Neuromantik einbegreift, spricht etwas von ihren eigentlichen Motiven aus [...]. Im Namen der Schönheit weiht er sich der übermächtigen Dingwelt als Opfer." Vgl. Wellbery, David E.: „Die Opfer-Vorstellung als Quelle der Faszination. Anmerkungen zum Chandos-Brief und zur frühen Poetik Hofmannsthals". In: *Hugo von Hofmannsthal. Neue Wege der Forschung.* Hg. v. Elsbeth Dangel-Pelloquin. Darmstadt 2007, S. 186–212.
40 Vgl. Frazer, James Georges: *Der goldene Zweig. Das Geheimnis von Glauben und Sitten der Völker* (engl. 1894). Aus dem Englischen von Helen von Bauer. Reinbek 1989.
41 Hofmannsthal: „Das Gespräch über Gedichte". In: SW XXXI, S. 80 f.

native zur blossen Stellvertreterlogik des Zeichens am Opfer. Hier sei in einer partizipatorischen Auffassung die Grenze des Zeichens im Ineinanderdenken von Bild und Bedeutung aufgehoben.[42]

Dass Hofmannsthal im *Gespräch über Gedichte* für seinen elementar leiblichen Begriff von Magie auf den Opferkult rekurriert, zeigt die Bedeutung der Performanz für dieses dichterische Präsenzkonzept. Insofern ist es folgerichtig, dass er mit dem Drama *Elektra*, zeitgleich entstanden mit dem *Gespräch über Gedichte*, die Bühne als Ort für die performative, auf halluzinative Weise wirklichkeitserzeugende Macht der Bilder wählt. In der *Elektra* herrscht eine geisterhafte Präsenz der Bilder, von der traumatischen Fixierung der Hysterikerin und einem archaischen Geisterbann aus Schatten und Lichtflecken beschworen.[43] Unterstützt wird sie von einer mythisierenden, die animistischen Projektionen des Auges affirmierenden Lichtregie. In der *Elektra* greift der archaische Bilderdienst auf die Struktur des ganzen Dramas über, mit tödlicher Konsequenz. Was in diesem Drama bis zur letzten Konsequenz getrieben und in seiner radikalen Konsequenz und seinen Risiken vorgeführt wird, ist die Poetik der Präsenz unter den Vorzeichen visionärer Grenzüberschreitung. Ich lese also die *Elektra* auch als poetologischen Text, in dem Hofmannsthal die Konsequenzen seiner eigenen Präsenzpoetik kritisch hinterfragt. In der *Elektra* wird jene „Welt der Bezüge" als Logik analogischer Verwechslungen und Vermischungen installiert, in der Ähnliches das Ähnliche in wilder Semiose aufruft, die Hofmannsthal im *Gespräch über Gedichte* und im Vortrag *Der Dichter und diese Zeit* als poetisches Prinzip proklamiert.[44] Wenn der Dichter als „Schattenbeschwörer ohne Maß"[45] dem Bann seiner visionären Bilder ausgeliefert wird, die ihn zum entrückten Schamanen einer alle Distanz absorbierenden Gegenwart machen, dann ist Elektras geisterbeschwörender Bilderbann, ihr Wachträumen im Hypnoid von poetologischer Relevanz. Es steht also in der *Elektra* das poetologische Konzept der Präsenz zur Disposition. Das ist die Experimentalanordnung, unter der Hofmannsthals Rückgriff auf den antiken Mythos steht und das sind auch die Vorzeichen für die primitivistische Bearbeitung der sophokleischen Tragödie durch Hofmannsthal.[46]

---

42 Vischer, Friedrich Theodor: „Das Symbol". In: ders.: *Altes und Neues*. Stuttgart 1889, S. 290–342, hier S. 279f.
43 Zur hysterischen Gleichzeitigkeit als Zeitstruktur des Dramas vgl. Vogel, Juliane: „Priesterin künstlicher Kulte. Ekstase und Lektüren in Hofmannsthals *Elektra*". In: *Tragödie – Idee und Transformation*. Hg. v. Hellmut Falshar. Stuttgart u.a. 1997, S. 287–306.
44 Hofmannsthal: „Der Dichter und diese Zeit". In: SW XXXIII, S. 138.
45 Ebd.: S. 140.
46 Die Präsenzthese hat für die Elektra erstmals Bohrer vertreten: Bohrer, Karl-Heinz: „Die Wiederholung des Mythos als Ästhetik des Schreckens. Hugo von Hofmannsthals

Die kritische Ausgabe reproduziert einige wenige Aufzeichnungen zum Entstehungsprozess der *Elektra*. Aus ihnen wird ersichtlich, dass es Hofmannsthal genau um jenen primitivistischen Akzent bei der Bearbeitung des Stoffes geht. „Als Stil schwebte mir vor, etwas gegensätzliches zur Iphigenie zu machen [...]", schreibt er im Rückblick 1904.[47] Doch nicht nur gegen das klassizistische Griechenlandbild der Goethezeit wendet sich seine Adaption des Mythos, sondern auch gegen die Aktualisierung unter den triebtheoretischen Vorzeichen der Psychoanalyse, wie sie Hermann Bahr in seinem *Dialog vom Tragischen* 1904 proklamierte.[48] Während letzterer in der Rationalität von Hellas nach den hysterischen Symptomen einer verdrängten Triebstruktur fahndete, gilt Hofmannsthals Interesse nicht einer Bestätigung der psychoanalytischen Theoreme. In diametraler Umkehrung des in der Psychoanalyse angelegten Ikonoklasmus, also dem *Absprechen* der traumatischen Reminiszenzen durch das klärende Wort, geht es Hofmannsthal gerade um die Inszenierung jener machtvollen Gegenwart der visionären Phänomene und ihre Eigenlogik.[49] Dieses halluzinierende Bilderwesen wird als Atavismus der Moderne aufgefasst, in dem die modernsten neurologischen Naturwissenschaften, die Hysteriestudien Breuers und Freuds, mit Nietzsche gesprochen, auf „dieses uralte Stück Menschenthum in uns" stoßen, das als *survival* aus primitiven Zeiten mit befremdlicher Wucht in das Zeitalter der modernen Neurosen hereinragt.[50] Die machtvolle Gegenwart der wiederkehrenden Bilder ist der Schnittpunkt, auf den hin Hofmannsthal auch seine beiden Quellenkomplexe, die psychopathologischen und die ethnologischen, befragt. In diesem Sinn ist der unter der Überschrift *Vertheidigung der Elektra* 1903 notierte

---

Nachdichtung von Sophokles' Elektra". In: ders.: *Das absolute Präsens. Die Semantik ästhetischer Zeit.* Frankfurt a. M. 1994, S. 63–92. Vgl. ferner meinen Vorschlag einer semiologischen Lektüre: Schneider, Sabine: „Helldunkel – Elektras Schattenbilder oder die Grenzen der semiotischen Utopie". In: dies.: *Verheißung der Bilder. Das andere Medium in der Literatur um 1900.* Tübingen 2006, S. 342–368.
47 Hofmannsthal, Hugo von: „Elektra. Zeugnisse". In: ders.: *Sämtliche Werke.* Kritische Ausgabe. Veranstaltet vom Freien Deutschen Hochstift. Hg. v. Rudolf Hirsch u. a. Bd. VII Dramen 5. Hg. v. Klaus E. Bohnenkamp und Mathias Mayer. Frankfurt a. M. 1997, S. 400. Im Folgenden Sigle SW VII.
48 Bahr, Hermann: *Dialog vom Tragischen.* Berlin 1904.
49 Die „talking cure" der Psychoanalyse beruht auf dem therapeutischen Prinzip, dass sie der Energie der „vor dem inneren Auge" auftauchenden Bilder „den Ablauf durch die Rede gestattet" und sie damit „abträgt". Breuer, Josef u. Sigmund Freud: *Studien über Hysterie* (1895). Hg. v. Stavros Mentzos. Frankfurt a. M. 2000, S. 297, S. 40 u. S. 271. Zum Ikonoklasmus der Psychoanalyse vgl. Schneider, Florian: „Augenangst? Die Psychoanalyse als ikonklastische Poetologie". In: *Hofmannsthal-Jahrbuch* 11 (2001), S. 197–240.
50 Nietzsche: „Aph. 13. Logik des Traums". In: KSA 2, S. 33.

Satz zu verstehen: „Wir müssen uns den Schauer des Mythos *neu* schaffen. Aus dem Blut wieder Schatten aufsteigen lassen."[51]

Die Anstreichungen in Hofmannsthals Handexemplaren der beiden Hauptquellen, Freuds und Breuers *Studien über Hysterie* einerseits und Erwin Rohdes *Psyche. Die Seelenvorstellungen der Griechen* andererseits, zeigen dieses manifeste Interesse an bildmagischen Phänomenen.[52] Hofmannsthals Anmerkungen im Handexemplar gelten dem ersten Kapitel des ersten Teils, in dem Rohde auf die archaischen *survivals* in Homers Welt anhand der primitiven Seelenvorstellung eingeht. Was er als von der Rationalität der olympischen Epoche überwundene Vorstellungen wieder ins Blickfeld rückt, ist eine Welt des magischen Geisterzwangs, der geisterhaften Präsenz der Toten und der chthonischen Opferbräuche zu ihrer Bannung oder Beschwörung. Es ist nicht „die homerische helle Welt", die „befreit [ist] von Nachtgespenstern" und in der „auch die Nacht [...] die entflogenen Seelen der Verstorbenen nicht frei" gibt.[53] Deren räumliche Gegenwart und ihr Einwirken auf das Reich der Lebenden macht diese zu einem Zwischenreich zwischen Leben und Tod, in dem vielfach Unentscheidbarkeit zwischen beiden Sphären herrscht. Eine Zeichenvorstellung kommt hier zum Tragen, die nicht säuberlich geschieden ist in die binäre Logik reiner Stellvertretung. Stattdessen herrschen im chthonischen Ahnenkult Kontaminationen, kontagiöse Vermischungen und Machtübertragungen zwischen Abbild und Urbild. Auch in Hofmannsthals Drama gilt eine solche Ununterscheidbarkeit zwischen der Sphäre der Lebenden und der Toten, in der die Oppositionen kollabieren und in der die Doppeldeutigkeit von Gesichtern und Geschichten verunklärt wird.[54]

Mit Elektras großer Opfervision am Eingang, die eine performative Umsetzung von Rohdes Schilderung der blutrünstigen Begräbnisriten des Achill für Patroklos aus dem 23. Gesang der Ilias ist, setzt das Drama mit einer bewussten Archaisierung der „klassischen" sophokleischen Vorlage ein, unter Rückgriff auf die von Rohde als atavistische *survivals* identifizierten Seelenkulte, in denen nach Rohde

---

51 Hofmannsthal: „Vertheidigung der Elektra". In: SW XXXIII, S. 222.
52 Breuer, Josef u. Sigmund Freud: *Studien über Hysterie*. Leipzig, Wien 1895; Rohde: *Psyche*. Beide Werke finden sich in Hofmannsthals Bibliothek im Freien Deutschen Hochstift. Die Anstreichungen zu Breuer/Freud beziehen sich auf die Krankengeschichten der Anna O. und Emmy v. N. und unterstreichen den Begriff „Privattheater" sowie auf den Teil „Theoretisches" von Breuer, der die halluzinogene Struktur erläutert. Die Anstreichungen zu Rohde beziehen sich auf das erste Kapitel im ersten Band zum Seelenkult mit der Vorstellung der Eidola sowie auf das zweite Kapitel im zweiten Band zum thrakischen Dionyskult mit seinen Ekstasetechniken.
53 Rohde: *Psyche*, Bd. 1, S. 11.
54 Hofmannsthal: „Elektra". In: SW VII, S. 86.

„uralte, längst gebändigte Rohheit ein letztes Mal hervorbricht."[55] Im zweiten Teil von Rohdes Standardwerk, geht dieser, ebenfalls aufmerksam annotiert von Hofmannsthal, auf die schamanischen Trancetechniken einer orphischen Erregungskultur ein, in der Ekstasetechniken wie „Ekstatische Mantik, Kathartik und Geisterzwang" der „Ueberreizung der Empfindung bis zu visionären Zuständen" dienen.[56] Kulturelle Techniken wie der Dreh-Tanz der Derwische oder der Fackeltanz der Mänaden auf den thrakischen Bergen (beide Tanzformen werden in Hofmannsthals *Elektra* eingesetzt) dienen nach Rohde der Ekstase, um „in Berührung treten zu können" mit „Wesen einer höheren Ordnung, mit dem Gotte und seinen Geisterschaaren".[57] Es geht um Berührung und Teilhabe, um Präsenz und nicht um symbolische Stellvertretung. Rohde zieht selbst schon psychopathologische Erklärungen für diese dionysischen Feste mit heran, die Verbindung von Kulturanthropologie und Hysterie lag für Hofmannsthal sozusagen auf der Hand. Auch Freud und Breuer bezeichneten die therapeutische Methode der „talking cure" als „Katharsis" und riefen für die psychohygienische Säuberung des inneren „Gesichtsfeld[s]", die Erledigung der „Schreckbilder" durch die Distanzierungsleistung der Sprache den Kontext archaischer Seelenvorstellungen auf.[58] Sobald der Patient die Bewusstwerdung durch Versprachlichung geleistet hat, schreibt Freud in dem Kapitel *Zur Psychotherapie der Hysterie*, „[...] schwindet das Bild, wie ein erlöster Geist zur Ruhe eingeht."[59] Das ausgesprochene Wort ist somit der Seelengeleiter, der die *eidola* der im hypnoiden Wachtraum der Anna O. zurückgekehrten Bilder des toten Vaters kraft eines „magisch zwingenden Abrufs" (so Rohdes Formulierung) für immer ins Totenreich verbannt.[60]

Diesem therapeutischen Konzept des Verhältnisses von Sprache und Vision ist Elektras feuerzüngige Rede genau entgegengesetzt. Sie setzt die Rede ein zur Beschwörung der Bilder. „Elektra mit ihrer Feuerzunge", ein Satz aus Goethes *Iphigenie*, der nach Hofmannsthals Selbstaussage am Anfang seiner Auseinandersetzung mit dem Elektra-Stoff stand,[61] ist im Stück immer wieder in Beziehung gesetzt zum züngelnden Fackelschein der aufzuckenden, durch die Beleuchtungsregie sinnlich erfahrbaren Schattenbilder. Elektra verweigert der unter ihren

---

55 Ebd., S. 66–68; Rohde: *Psyche*, Bd. 1, Kap. 1: ‚Seelenglaube und Seelencult in den homerischen Gedichten', S. 1–67, hier S.19, Kap.5: ‚Der Seelencult', S. 200–278. Die Schilderung des Leichenbegängnisses des Patroklos aus dem 23. Gesang der Ilias findet sich bei Rohde S. 14–22. Vgl. Vogel: „Priesterin künstlicher Kulte", S. 295–299.
56 Rohde: *Psyche*, Bd. 2, Kap. ‚Der thrakische Dionysosdienst', S. 1–136, Zitate S. 11–13.
57 Ebd., Bd. 2, S.12.
58 Breuer u. Freud: *Studien über Hysterie*, S. 297 u. S. 50.
59 Ebd., S. 297.
60 Vgl. Rohde: *Psyche*, Bd.1, S. 9f.
61 Hofmannsthal: „Elektra. Zeugnisse". In: SW VII, S. 459.

Visionen leidenden Mutter das „rechte Wort", das sie zur Heilung vom Bann der Bilder verlangt.[62] Auf die Aufforderung der Mutter: „Aber du hast Worte"[63], die sie zur magischen Herrin der Rede einsetzt: „[l]aß deine Zunge los"[64], antwortet Elektra mit einer visionären Beschwörung des Opfertods der Mutter, ein Monolog, der nicht mit dem erlösenden Wort, sondern mit einem schweigenden „Gesicht" endet:

> [...] innen krampft es dich, / daß du von meinem schweigenden Gesicht / ein Wort ablesen willst, du rollst die Augen, / willst irgend etwas denken [...] / [...] verendend willst du / dich auf ein Wort besinnen, irgend eines / noch von dir geben, nur ein Wort, anstatt / der blut'gen Träne, die dem Tier sogar / im Sterben nicht versagt ist: da steh' ich / vor dir, und nun liest du mit starrem Aug' / das ungeheure Wort, das mir in mein / Gesicht geschrieben ist: denn mein Gesicht / ist aus des Vaters und aus deinen Zügen / gemischt, und da hab' ich mit meinem stummen / Dastehn dein letztes Wort zunicht' gemacht, / [...][65]

Der Einzug des „letzten" Wortes in der „gemischten" Chimäre des Gesichts ist der eigentliche Gewaltakt, durch den Elektra die Worte zu Waffen verdinglicht. Elektras Rede spricht die Schreckbilder nicht therapeutisch ab, sondern beschwört sie im magischen Geisterbann herauf. Als solche geisterbeschwörende Schamanin, von den anderen als „Dämon" bezeichnet,[66] dem tierischen Bereich zugeordnet, verwahrlost im zu kurzen Gewand, tritt sie in der Eingangsvision des Opferfestes für den toten Vater auf.[67] „Ich will dich sehn", ruft sie das Eidolon des Vaters in dieser Prunkvision herbei, „[...] wie ein Schatten, dort / im Mauerwinkel

---

62 Vgl. Hofmannsthal: „Elektra". In: SW VII, S. 85.
63 Ebd., S. 79.
64 Ebd., S. 78.
65 Ebd., S. 86.
66 Vgl. ebd., S. 64.
67 Zu Elektras Kleidung vgl. ebd., S. 100 u. Hofmannsthal: „Authentische Vorschriften für die Inszenierung". In: ebd., S. 381: „Elektra trägt ein verächtliches elendes Gewand, das zu kurz für sie ist. Ihr Beine sind nackt, ebenso ihre Arme". Das Tiermotiv wird bereits in der Eingangsszene in einer Häufung von Tierbildern eingeführt. Elektra „pfauchte [...] wie eine Katze" (SW VII, S. 63), nennt die anderen „Schmeißfliegen" (ebd., S. 63f.), sie „reckte ihre Fingeer / wie Krallen gegen uns und schrie: ,Ich füttre,' /schrie sie, ,mir einen Geier auf dem Leib.'" (ebd., S. 64). Wie ein Hund liegt sie auf der Türschwelle oder gräbt in der Erde. Der Hund ist in Bachofens *Mutterrecht*, das Hofmannsthal in einer Ausgabe von 1897 wiederholt las, das chthonische Tier der Mutterwelt. (Bachofen, Johann Jakob: *Das Mutterrecht. Eine Untersuchung über die Gynaikokratie der alten Welt nach ihrer religiösen und rechtlichen Natur*. 2. Aufl. Basel 1897). Bei Rohde werden die Hunde als Begleiter der Hekate, der Herrin über die unsteten Seelen beschrieben. (Rohde: *Psyche*, Bd. 2, S. 83–86).

zeig dich deinem Kind!"[68] Der Fokus dieses Bilderbanns ist die Herstellung einer traumatischen Präsenz. In jeder ihrer Visionen wechselt das Tempus der autohypnotischen Rede plötzlich vom epischen Präteritum ins Präsens, das auch die antizipierte Zukunft der Erfüllung der Rache ins Hier und Jetzt einholt. Der Vater, der mit dem Kopf voran aus dem Zimmer getragen worden war, und also nach primitiver Vorstellung dieser falschen Stellung wegen mit den Füssen voran wieder zurückkommen wird, wie Rohde ausführt, kehrt in jeder dieser Visionen zurück. „So kommst du wieder, setzest Fuß vor Fuß / und stehst auf einmal da, [...]".[69] Die Zeitebenen fallen in Elektras Stunde, der Stunde einer langsam einsetzenden Dämmerung, wie die Regieanweisungen lauten, in eins.[70] Dass Hofmannsthal das Stück nicht wie bei Sophokles mit dem Morgenlicht zum Tageslauf der Handlungstragödie anheben lässt, sondern es in das Zwielicht der Abenddämmerung – Elektras „Stunde",[71] die Stunde der hypnoiden Delirien der Anna O. – bannt, lässt die hysterische Fixierung der Hauptfigur auf eine klaustrophobische immerwährende Gegenwart auf die ganze Dramenstruktur übergreifen. Die Zeitfinalität der klassischen Tragödie ist durchkreuzt von einer anderen Zeiterfahrung, in der die Gleichzeitigkeit der Zeitebenen herrscht und die Elemente der dramatischen Welt nicht nach Ursache und Folge, sondern nach den analogischen Mechanismen einer halluzinatorischen Logik verknüpft sind.[72]

Unterstützt wird sie von der mit Max Reinhardt am kleinen Theater in Berlin umgesetzten Lichtregie,[73] zu der Hofmannsthal sowohl in den Regieanweisungen, als auch in den *Authentischen Vorschriften zur Inscenierung* sowie in dem Essay *Die Bühne als Traumbild* detaillierte Angaben machte. Hofmannsthal konzipierte die Bühne für sein Drama mit minimalistischen Mitteln, als eine Kombination aus klaustrophobisch verengtem Bühnenraum, der die Vorstellung eines engen Kerkers, einer „Nussschale" aufrufen und darin das gefangene hypnoide Bewusstsein visualisieren soll,[74] und dem „unerschöpflichen Spiel des Lichts", das die My-

---

[68] Hofmannsthal: „Elektra". In: SW VII, S. 67.
[69] Ebd.
[70] Vgl. Hofmannsthal: „Authentische Vorschriften für die Inscenierung". In: SW VII, S. 381.
[71] Vgl. Hofmannsthal: „Elektra". In: SW VII, S. 63.
[72] So auch Vogel: „Priesterin künstlicher Kulte", S. 287–306.
[73] Vgl. Fiedler, Leonhard M.: „Die Überwindung des Naturalismus auf der Bühne: Das Theater Max Reinhardts". In: *Drama und Theater der Jahrhundertwende*. Hg. v. Dieter Kafitz. Tübingen 1991, S. 69–85; ders. (Hg.): *Der Sturm Elektra. Gertrud Eysoldt – Hugo von Hofmannsthal. Briefe.* Wien 1996; Greiner, Bernhard: „‚Damenopfer' für das Theater. Hofmannsthals und Reinhardts Begegnung in der Arbeit an *Elektra*". In: *Von Franzos zu Canetti. Jüdische Autoren aus Österreich. Neue Studien.* Hg. v. H. Mark Gelber u. a. Tübingen 1996, S. 253–271.
[74] Vgl. Hofmannsthal: „Authentische Vorschriften für die Inscenierung". In: SW VII, S. 379.

thisierungen des halluzinierenden Blicks affirmiert.[75] Das von zuckendem Fackellicht hervorgerufene Lichterspiel projiziert Schattenbilder an die Rückwand der Bühne, die als cineastischer *screen* fungiert. In den gerahmten Tür- und Fensteröffnungen dieser Welt erscheinen Bilder vor dem starren Auge Elektras, die im Dunklen steht und auf diese Wand starrt. Hier setzt Hofmannsthal die aus der Sinnesphysiologie entnommene Figur der Projektion um, die er in dem Text *Die Bühne als Traumbild* in der visionären Grundsituation der im Delirium zum Leben erwachten Bilder auf einer Kerkerwand geschildert hat.[76] Daher folgt die Lichtregie den Projektionen Elektras und objektiviert sie zur cineastischen Projektion. Damit wird tendenziell die Unterscheidungsmöglichkeit zwischen der Realität der Bühnenhandlung und Elektras visionären Überblendungen unterminiert. Der Zuschauer wird gezwungen, den mythisierenden Dynamiken von Elektras Blick zu folgen. In der Eingangsvision sehen wir Elektra (so die Regieanweisung) „[...]allein mit den Flecken roten Lichtes, die aus den Zweigen des Feigenbaumes schräg über den Boden und auf die Mauern fallen, wie Blutflecke."[77] Niemand ist zugegen, der die animistische Deutung der Lichtflecken korrigieren könnte. Die Stunde der Abenddämmerung, mit der tief stehenden Sonne, ist die Stunde des Mythos. Ihr soll auch der Zuschauer erliegen, wie die *Authentischen Vorschriften für die Inscenierung* vorgeben:

> Über das niedrige Dach des Hauses rechts wächst von draußen her ein riesiger schwerer gekrümmter Feigenbaum, dessen Stamm man nicht sieht, dessen Masse aber, unheimlich geformt im Abendlicht wie ein halbaufgerichtetes Thier, auf dem flachen Dach auflagert.[78]

Die Lichtmagie dient in Hofmannsthals Ästhetik der Verwischung der Grenzen von Identität und der Entdifferenzierung, welche die analogische Verwebung des Einzelnen in die „Welt der Bezüge" leisten und in der Traumwelt der Bühne die Schranken zwischen den Geschöpfen als durchlässig erweisen soll. So entsteht ein Raum, in den das schöpferische Auge des Zuschauers im „unbestimmten, dunkelumhüllten Raum"[79] im Zusammenspiel mit einer mythisierenden Phantasie Bedeutungen weben kann.

Eine solche Entdifferenzierung bestimmt auch die Individualität der drei weiblichen Hauptfiguren. Hofmannsthal nennt sie Ernst Hladny gegenüber

---

75 Hofmannsthal: „Die Bühne als Traumbild". In: SW XXXIII, S. 41.
76 Ebd., S. 42.
77 Hofmannsthal: „Elektra". In: SW VII, S. 66.
78 Hofmannsthal: „Authentische Vorschriften für die Inscenierung". In: SW VII, S. 380.
79 Hofmannsthal: „Die Bühne als Traumbild". In: SW XXXIII, S. 41.

„Schattierungen *eines* intensiven und heimlichen Farbtones".[80] Die wechselseitigen Affinitäten, welche das Spiel des Lichts sichtbar macht als „antiindividuale [Kunst], eine Kunst des Flüssigmachens des Gestalteten",[81] affizieren diese drei Figuren wechselseitig. So sind alle drei Frauengestalten Somnambule, denen sich die Ebenen von Innen und Aussen vermischen. Der starre Blick Elektras scheint metonymisch von einer Frau zur nächsten weiter gewandert zu sein. Alle drei gehorchen derselben traumatischen Fixierung. Chrysothemis treibt es wie Elektra „immerfort im Hause herum"; wie Elektras hysterischer Körper sich im hysterischen Bogen stets in der Vertikale aufrichtet oder niederduckt, so bewegt sich auch Chrysothemis in der Vertikalen „treppauf, treppab".[82] Alle drei Frauengestalten sind zudem der Schwelle zugeordnet, die zwischen dem Innenraum und dem Aussenraum des Hauses und der zwischen „hier droben", der Welt der Lebenden, und „da unten", der Welt der Toten.[83] Klytämnestras Bild erscheint im Tür- und Fensterrahmen,[84] grell illuminiert, Elektras Ort ist die Türschwelle,[85] von der sie sich erst in ihrem namenlosen Schlusstanz erhebt, und sowohl Chrysothemis als auch Elektra sind „an den Boden [ge]schmiedet"[86], wo Elektra hockt und dumpf nach unten ins chthonische Reich sprechend „nach einer alten Leiche [scharrt]."[87] Alle drei Frauenfiguren haben zudem die Unterscheidung zwischen dem Reich der Lebenden und der Toten verloren. Während die Totenbilder sich gespenstisch verlebendigen, imaginieren die Frauen sich selbst als wesenlose Schattenbild-Seelen. So nennt Elektra die Mägde Schmeissfliegen auf ihren Wunden,[88] und zitiert damit aus Bachofens *Mutterrecht* eine Stelle, die sich Hofmannsthal in seinem Handexemplar angemerkt hatte. Die Schmeissfliege, so ist dort zu lesen, zeigt „[i]n ihrer unabtreibbaren Schamlosigkeit und Lüsternheit nach Blut [...] den Menschen das unerbittliche Todesloos".[89] Elektra nimmt sich also selbst als Leiche wahr, die sich als Schattenbild unter Schattenbildern bewegt. So auch Chrysothemis, die imaginiert, sie müsse die Seelenspeise eines ihr gewidmeten

---

80 Hofmannsthal: „Elektra. Zeugnisse". In: SW VII, S. 459.
81 Vgl. Neumann, Carl: *Rembrandt*. 1. Bd. 2. vermehrte Aufl. Berlin, Stuttgart 1905, S. 529. Auf derselben Seite befindet sich in Hofmannsthals Exemplar eine Anmerkung.
82 Hofmannsthal: „Elektra". In: SW VII, S. 69.
83 Ebd., S. 98: „indes das Kind da unten in den Klüften des Grausens lungert [...]. Und ich hier droben allein!"
84 Ebd., S. 76.
85 Ebd., S. 65.
86 Ebd., S. 70.
87 Ebd., S. 64.
88 Ebd., S. 63f.
89 Bachofen: *Das Mutterrecht*, S. 285f.

Totenopfers essen,[90] und Klytämnestra, die sich „lebendigen Leibes wie ein wüstes Gefild" erfährt, aus der die „Nessel" Elektra herauswächst.[91] So wenig konturiert sind die Individualitäten der dramatis personae, dass sie chimärische Vermischungen eingehen. So in dem verwirrenden Tableau, von dem die Regieanweisung mitteilt:

> [...] Elektra und Chrysothemis [liegen] aneinandergedrückt [...], wie ein Leib, den das Schluchzen der Chrysothemis schüttelt und über den sich das totenbleiche schweigende Gesicht der Elektra hebt.[92]

Das Drama endet mit Elektras schweigendem Tanz, der im kataleptischen Zusammenbruch kulminiert. Nicht die Erfüllung der in der Eingangsvision vorweggenommenen Verheißung bringt die Aufführung stummer Leiblichkeit im Schlusstableau, sondern Erstarrung und Tod.[93] Vollzogen wird damit die Einlösung einer das ganze Stück durchziehenden Erwartung, die Elektra „in entsetzlicher Spannung" gehalten hatte und alles zum „Merkzeichen" dieses Schlusses funktionalisierte.[94] Doch das auf Erwartung hin ausgerichtete infektiöse Bilderleben bricht am Schluss in sich zusammen. Das von katathymen Affektenergien gespeiste Bilderwesen führt daher auch nicht zur ersehnten Tat der Rache. „Ich habe ihm das Beil nicht geben können", klagt Elektra am Schluss.[95] Dass Elektra bis zum Schluss niemals die Schwelle von der Vision zur Tat überschreiten kann, lässt das als Rachescenario imaginierte Prunkopfer umkippen in ein Selbstopfer. Elektras flackernde Bilder gehorchen einer Logik der Selbstverzehrung, in ihrem letzten mänadischen Fackeltanz wird sie selbst zur Opferflamme.[96] So spricht es Elektra Orest gegenüber aus:

---

90 Hofmannsthal: „Elektra". In: SW VII, S. 72.
91 Ebd., S. 75.
92 Ebd., S. 89.
93 Vgl. Rutsch, Bettina: *Leiblichkeit der Sprache. Sprachlichkeit des Leibes. Wort, Gebärde, Tanz bei Hugo von Hofmannsthal*. Frankfurt a. M. 1998, S. 215–225.
94 Vgl. Hofmannsthal: „Elektra". In: SW VII, S. 103f. u. S. 106. Vgl. Schlötterer, Reinhold: „Elektras Tanz in der Tragödie Hugo von Hofmannsthals". In: *Hofmannsthal-Blätter* 33 (1986), S. 47–58.
95 Hofmannsthal: „Elektra". In: SW VII, S. 106.
96 Zum Feuertanz der Elektra im Kontext der Tanzformen der Jahrhundertwende vgl. Brandstetter, Gabriele: *Tanz-Lektüren. Körperbilder und Raumfiguren der Avantgarde*. Frankfurt a. M. 1995, S. 275–278.

[...] Haß ist nichts, er zehrt / und zehrt sich selber auf, und Liebe ist / noch weniger als Haß, sie greift nach allem / und kann nichts fassen, ihre Hände sind/ wie Flammen, die nichts fassen [...].[97]

Als solche sich selbst verzehrende Fackeln eines Opferbrandes imaginiert der fiktive Balzac, in dem Hofmannsthal den Inbegriff des Dichter-Visionärs mit all seinen Gefährdungen sah, am Schluss des kleinen poetologischen Gesprächs *Ueber Charaktere im Roman und im Drama* die ihrem Dämon ausgelieferten Dichter.[98] Hofmannsthals primitivistische Poetik im Zeichen visionärer Präsenz thematisiert die ihr eigenen ästhetischen Risiken.

Literaturverzeichnis

Adorno, Theodor W.: „George und Hofmannsthal. Zum Briefwechsel: 1891–1906". In: ders.: *Prismen. Kulturkritik und Gesellschaft.* Berlin, Frankfurt a. M. 1955, S. 232–282.
Bachofen, Johann Jakob: *Das Mutterrecht. Eine Untersuchung über die Gynaikokratie der alten Welt nach ihrer religiösen und rechtlichen Natur.* 2. Aufl. Basel 1897.
Bahr, Hermann: *Dialog vom Tragischen.* Berlin 1904.
Biese, Alfred: *Die Philosophie des Metaphorischen. In Grundlinien dargestellt.* Hamburg, Leipzig 1893.
Bohrer, Karl-Heinz: *Das absolute Präsens. Die Semantik ästhetischer Zeit.* Frankfurt a. M. 1994.
Bohrer, Karl-Heinz: „Die Wiederholung des Mythos als Ästhetik des Schreckens. Hugo von Hofmannsthals Nachdichtung von Sophokles' *Elektra*". In: ders.: *Das absolute Präsens. Die Semantik ästhetischer Zeit.* Frankfurt a. M. 1994, S. 63–92.
Brandstetter, Gabriele: *Tanz-Lektüren. Körperbilder und Raumfiguren der Avantgarde.* Frankfurt a. M. 1995, S. 275–278.
Breuer, Josef u. Sigmund Freud: *Studien über Hysterie* (1895). Hg. v. Stavros Mentzos. Frankfurt a. M. 2000.
Fiedler, Leonhard M. (Hg.): *Der Sturm Elektra. Gertrud Eysoldt – Hugo von Hofmannsthal. Briefe.* Wien 1996.
Fiedler, Leonhard M.: „Die Überwindung des Naturalismus auf der Bühne: Das Theater Max Reinhardts". In: *Drama und Theater der Jahrhundertwende.* Hg. v. Dieter Kafitz. Tübingen 1991, S. 69–85.
Frazer, James Georges: *Der goldene Zweig. Das Geheimnis von Glauben und Sitten der Völker* (engl. 1894). Aus dem Englischen von Helen von Bauer. Reinbek 1989.
Greiner, Bernhard: „,Damenopfer' für das Theater. Hofmannsthals und Reinhardts Begegnung in der Arbeit an *Elektra*". In: *Von Franzos zu Canetti. Jüdische Autoren aus Österreich. Neue Studien.* Hg. v. Gelber, H. Mark u. a. Tübingen 1996, S. 253–271.

---

[97] Hofmannsthal: „Elektra". In: SW VII, S. 105.
[98] Hofmannsthal: „Über Charaktere im Roman und im Drama. Ein imaginäres Gespräch". In: SW XXXI, S. 27–39.

Gumbrecht, Hans Ulrich: *Diesseits der Hermeneutik. Die Produktion von Präsenz*. Frankfurt a. M. 2004.
Helmholtz, Hermann: *Handbuch der physiologischen Optik*. Leipzig 1867.
Hofmannsthal, Hugo von: *Gesammelte Werke in zehn Einzelbänden. Reden und Aufsätze I (1891–1913)*. Hg. v. Bernd Schoeller in Beratung mit Rudolf Hirsch. Frankfurt a. M. 1979 (Sigle RuA I).
Hofmannsthal, Hugo von: *Gesammelte Werke in zehn Einzelbänden. Reden und Aufsätze III (1925–1929)*. Hg. v. Bernd Schoeller in Beratung mit Rudolf Hirsch. Frankfurt a. M. 1979 (Sigle RuA III).
Hofmannsthal, Hugo von: *Sämtliche Werke. Kritische Ausgabe*. Veranstaltet vom Freien Deutschen Hochstift. Hg. v. Rudolf Hirsch u. a. Bd. VII. Dramen 5. Hg. v. Klaus E. Bohnenkamp und Mathias Mayer. Frankfurt a. M. 1997 (Sigle SW VII).
Hofmannsthal, Hugo von: *Sämtliche Werke. Kritische Ausgabe*. Veranstaltet vom Freien Deutschen Hochstift. Hg. v. Rudolf Hirsch u. a. Bd. XXXI. Erfundene Gespräche und Briefe. Hg. v. Ellen Ritter. Frankfurt a. M. 1991 (Sigle SW XXXI).
Hofmannsthal, Hugo von: *Sämtliche Werke. Kritische Ausgabe*. Veranstaltet vom Freien Deutschen Hochstift. Hg. v. Rudolf Hirsch u. a. Bd. XXXIII. Reden und Aufsätze 2. Hg. v. Konrad Heumann und Konrad Ritter. Frankfurt a. M. 2011 (Sigle SW XXXIII).
Jäger, Ludwig: „Schauplätze der Evidenz: Evidenzverfahren und kulturelle Semantik. Eine Skizze". In: *Die Listen der Evidenz*. Hg. v. Michael Cuntz u. a. Köln 2006, S. 37–52.
Krämer, Sybille: „Performanz – Aisthesis. Überlegungen zu einer aisthetischen Akzentuierung im Performanzkonzept". In: *Ereignis Denken. TheatRealität, Performanz, Ereignis*. Hg. v. Arno Böhler u. Susanne Granzer. Wien 2009, S. 141–168.
Kretschmer, Ernst: *Medizinische Psychologie. Ein Leitfaden für Studium und Praxis*. Leipzig 1922.
Mersch, Dieter: *Ereignis und Aura. Untersuchungen zu einer Ästhetik des Performativen*. Frankfurt a. M. 2002.
Mersch, Dieter: *Was sich zeigt. Materialität, Präsenz, Ereignis*. München 2002.
Nancy, Jean Luc: *The birth to presence*. Stanford 1993.
Neumann, Carl: *Rembrandt*. 1. Bd. 2. vermehrte Aufl. Berlin, Stuttgart 1905.
Nietzsche, Friedrich: *Sämtliche Werke. Kritische Studienausgabe in 15 Bänden*. Hg. v. Giorgio Colli und Mazzino Montinari, Bd. 2. Menschliches, Allzumenschliches I und II. Neuausgabe. München 1999 (Sigle KSA 2).
Nietzsche, Friedrich: *Sämtliche Werke. Kritische Studienausgabe in 15 Bänden*. Hg. v. Giorgio Colli und Mazzino Montinari, Bd. 7. Nachgelassene Fragmente 1869–1874. Neuausgabe. München 1999.
Pater, Walter: *The Renaissance*. London, New York 1900.
Pfotenhauer, Helmut u. Sabine Schneider: *Nicht völlig Wachen und nicht ganz ein Traum. Die Halbschlafbilder in der Literatur*. Würzburg 2006.
Riedel, Wolfgang: „Arara ist Bororo oder die metaphorische Synthesis". In: *Anthropologie der Literatur. Poetogene Strukturen und ästhetisch-soziale Handlungsfelder*. Hg. v. Rüdiger Zymner u. Manfred Engel. Paderborn 2004, S. 220–240.
Riedel, Wolfgang: „Archäologie des Geistes. Theorien des wilden Denkens um 1900". In: *Das schwierige neunzehnte Jahrhundert*. Hg. v. Jürgen Barkhoff u. a. Tübingen 2000, S. 467–485.
Rohde, Erwin: *Psyche. Seelencult und Unsterblichkeitsglaube der Griechen*. 2 Bde. 3. Aufl. Tübingen, Leipzig 1903.

Rutsch, Bettina: *Leiblichkeit der Sprache. Sprachlichkeit des Leibes. Wort, Gebärde, Tanz bei Hugo von Hofmannsthal.* Frankfurt a. M. 1998.
Schlötterer, Reinhold: „Elektras Tanz in der Tragödie Hugo von Hofmannsthals". In: *Hofmannsthal-Blätter* 33 (1986), S. 47–58.
Schneider, Florian: „Augenangst? Die Psychoanalyse als ikonoklastische Poetologie". In: *Hofmannsthal-Jahrbuch* 11 (2001), S. 197–240.
Schneider, Sabine: „Das Leuchten der Bilder in der Sprache. Hofmannsthals medienbewusste Poetik der Evidenz". In: *Hofmannsthal-Jahrbuch* 11 (2003), S. 209–248.
Schneider, Sabine: „*Die Welt der Bezüge.* Hofmannsthal zur Autorität des Dichters in seiner Zeit". In: *Colloquium Helveticum* 41 (2010), S. 203–221.
Schneider, Sabine: „Helldunkel – Elektras Schattenbilder oder die Grenzen der semiotischen Utopie". In: dies.: *Verheißung der Bilder. Das andere Medium in der Literatur um 1900.* Tübingen 2006, S. 342–368.
Schneider, Sabine: „Poetik der Illumination. Hugo von Hofmannsthals Bildreflexionen im *Gespräch über Gedichte*". In: *Zeitschrift für Kunstgeschichte* 71 (2008), Heft 3, S. 389–404.
Seel, Martin: *Die Macht des Erscheinens. Texte zur Ästhetik.* Frankfurt a. M. 2007.
Sommer, Manfred: *Evidenz im Augenblick. Eine Phänomenologie der reinen Empfindung.* Frankfurt a. M. 1996.
Treiber, Hubert: „Zur *Logik des Traumes* bei Nietzsche. Anmerkungen zu den Traum-Aphorismen aus *Menschliches, Allzumenschliches*". In: *Nietzsche-Studien* 23 (1994), S. 1–41.
Tylor, Edward B.: *Die Anfänge der Cultur. Untersuchungen über die Entwicklung der Mythologie, Philosophie, Religion, Kunst und Sitte.* Unter Mitwirkung des Verfassers ins Deutsche übertragen v. J.W. Spengel u. Fr. Poske. 2 Bde. Leipzig 1873.
Tylor, Edward B.: *Primitive Culture. Reasearch into the Development of Mythology, Philosophy, Religion, Art, and Custom.* 2 Bde. London 1871.
Vischer, Friedrich Theodor: „Das Symbol". In: ders.: *Altes und Neues.* Stuttgart 1889, S. 290–342.
Vogel, Juliane: „Priesterin künstlicher Kulte. Ekstase und Lektüren in Hofmannsthals *Elektra*". In: *Tragödie – Idee und Transformation.* Hg. v. Hellmut Falshar. Stuttgart u. a. 1997, S. 287–306.
Wellbery, David E.: „Die Opfer-Vorstellung als Quelle der Faszination. Anmerkungen zum Chandos-Brief und zur frühen Poetik Hofmannsthals". In: *Hugo von Hofmannsthal. Neue Wege der Forschung.* Hg. v. Elsbeth Dangel-Pelloquin. Darmstadt 2007, S. 186–212.
Wiesing, Lambert: *Artifizielle Präsenz. Studien zur Philosophie des Bildes.* Frankfurt a. M. 2005.

Alexander Honold
Exotisch entgrenzte Kriegslandschaften: Alfred Döblins Weg zum „Geonarrativ" *Berge Meere und Giganten*

Was eigentlich geschieht an den Rändern der durch Atmosphäre, Gravitation und Drehbewegung verbundenen Heimatkugel irdischen Lebens? Etwa dann, wenn die zivilisatorischen Makro-Ereignisse von diesem Erdklumpen nicht mehr zusammengehalten werden können?

> Kein Ohr hörte das Schlürfen Schleifen, das seidig volle Wehen an dem fernen Saum. Geschüttelt wurde die Luft im Rollen und Stürzen der Kugel, die sie mitschleppte. Lag gedreht an der Erde, schmiegte sich gedrückt an dem rasenden Körper an, wehte hinter ihm wie ein aufgelöster Zopf. (BMG 367)[1]

Aus großer Entfernung, zeitlich wie räumlich genommen, nimmt sich das, von Alfred Döblins kosmischer Imagination beschrieben, folgendermaßen aus: „Sechzig Kilometer Sauerstoff-Stickstoffwellen, Meilen Wasserstoff wirbelte der Erdball durch den schwarzen kraftdurchfluteten hauchfeinen Äther." Ihm, dem Erdenglobus, weit entfernt als Zentralgestirn zugeordnet ist der

> Unband von Feuer, die einäschernde Hölle alles Kriechenden Fliegenden Hüpfenden, die Sonne in abenteuerlicher Ferne durch den eisigen Äther hin. Das weiße wallende Flammenmeer. Durch die Wolkenbänke flimmerte es, wärmte. (BMG 367)

Mit Alfred Döblins Roman *Berge Meere und Giganten* lag zum ersten Viertel des 20. Jahrhunderts eine Zukunftsphantasie auf nichtphantastischer Erzählbasis vor, die gleich den kosmogonischen Mythen der Alten nicht weniger als Erde und Himmel in Wallung zu bringen sich vornahm. Die Idee des Weltenbrands kam dem Expressionismus weniger unzeitgemäß vor als anderen Geistesepochen. Bei Döblin sind alle grundstürzenden Kataklysmen an ein Szenario irdischer Elementargewalten gebunden. Der Roman *Berge Meere und Giganten* ist Märchen und Science Fiction in einem,[2] gespickt mit ethnologischen Anekdoten, gewürzt mit politischer Verschwörungs-Dramaturgie und gesalbt mit geognostischen Spekulationen. Am

---
[1] Döblin, Alfred: *Berge Meere und Giganten*. Hg. v. Gabriele Sander. Düsseldorf 2006; Zitate nach dieser Ausgabe werden im Haupttext fortlaufend nachgewiesen mit der Sigle BMG und der jeweiligen Seitenzahl.
[2] Klotz, Volker: *Nachwort zu Berge Meere und Giganten*. Olten 1977, S. 515 u. S. 521.

Ausgangspunkt der Arbeit, so erinnert sich der Autor, stand ein heftiger Bildeindruck beim Urlaub am Ostseestrand 1921. Dort hatte er nichts weiteres gesehen als einen Haufen Steine, „gewöhnliches Geröll, das mich rührte".[3] Nichts als ein kleiner, schlichter Kern scheinbar toter Masse, zu Klumpen ausgeformt.

Was Döblin mit seinem Roman entwirft, ist ein neuartiges Textgenre, aus alteuropäischen Wurzeln genährt und ins globale Zeitalter ausgreifend, ein Lied von der Erde oder, nüchterner ausgedrückt, ein *Geo-Narrativ*.

> Dies ist die Erde. Die leuchtende brennende Urwelt geht über ihr auf und unter. Ein welliger Mantel aus Gesteinen bedeckt ihren Rumpf. Tausend Meter tief und tausend hoch geht das Gestein. Kontinente und Inseln strecken Gebirge Ebenen Steppen Wüsten aus. Das Wasser bricht in Quellen aus den Bergen. Meere überfluten die Talmulden. Schwer schwimmen Gebirge Gneis Schiefer auf der schmelzflüssigen glühheißen Masse, die von Zeit zu Zeit die steinerne Kruste durchbricht, sie mit Stichflammen erweicht und hin und her wiegt. (BMG 369)

Soweit das liebevolle, sympathisierende Porträt des in Bewegung geratenen Planeten.

Bröckelnde Hochgebirge, schmelzende Gletscher, gigantische Flutwellen, sich häufende Wirbelstürme und der atmosphärische Klimawandel als Globalphänomen haben die Szenarien einer tiefgreifenden Umgestaltung des Planeten so nahe gerückt, dass Döblins Imagination ihren steilen Projektionswinkel längst eingebüßt hat. Bei Lichte besehen hat sie sich seit je schon als eine Expedition nicht ins Kommende, sondern zurück in die Anfänge verstanden. Primitivismus als Avantgarde-Formel bedeutet für Döblin hier einen Rücksturz ins Elementare: Nach vorn zur Genesis. Wie Schöpfungsgeschichte einsetzt mit der im Werden begriffenen Welt, so zeigt Döblins Blick aus den Fernen den blauen Ball als ein fortwährend andauerndes Schöpfungsereignis, bei dem die Elemente einander umwinden, verdrängen und umgestalten. Der geognostische Mythos, den Döblin in dieser fast hymnischen Passage seines Romans nachdichtet, gleicht demjenigen aus Hesiods *Theogonie* darin, dass er nicht Wortgewalt aus dem Nichts heraus wirken lässt, sondern dass vielmehr die Kräfte der Trennung und Vereinigung darin das entscheidende Werk zur Weltentstehung beitragen; und doch ist dieser geognostische Mythos für Döblin ganz und gar zeitgenössischen Ursprungs, wie zum Ende dieser Ausführungen gezeigt werden soll.

Zunächst aber ist als paradoxer Umstand festzuhalten, dass Döblins Geonarrativ in weiter, jahrhunderteferner Zukunft spielt, und dass es von dort her die

---

3 Döblin, Alfred: „Bemerkungen zu *Berge Meere und Giganten*". In: ders.: *Schriften zu Leben und Werk*. Hg. v. Erich Kleinschmidt. Olten, Freiburg i. Br. 1986, S. 49.

irdischen Uranfänge entfaltet, kurz bevor in der zweiten, exponentiellen Zukunft des Romans die Erde selbst diese Schöpfungsarbeit ein zweites Mal, und nun von Menschenhand, leidet. „Denn es sollen wohl Berge weichen und Hügel hinfallen" (Jes. 54, 7–8), lautet die Urformel der alttestamentlichen Gnaden-Garantie. Die Gestalt der Erde ist eine unverbrüchliche, sanktionierte Größe, und als ein Theologoumenon ersten Ranges ist sie der Allmacht Gottes vorbehalten. Im Roman aber geht die Gestaltungskraft auf den expressionistischen Meister der apokalyptischen Erneuerung über.

Es dauert mehr als dreihundert Seiten, ehe in Alfred Döblins *Berge Meere und Giganten* die raumgreifende Haupthandlung des Romans in Gang kommt. Bis zum großen Auftritt nämlich der *Berge* Islands, welchem derjenige der *Meere* des grönländischen Eises folgt und sodann das die Zivilisation Europas rettende Eingreifen der *Giganten*. Giganten Meere Berge: diese drei. Sie sind die titelgebenden Protagonisten, und trotz der epischen Breite und Länge des Romans fassen die asyntaktisch gereihten Schlüsselbegriffe des Titels den Erzählkomplex vollständig und richtungskonform zusammen. Die Basishandlung des Romans als eines Geonarrativs der drei Urgewalten wird frei, sobald das ganze vier Bücher des Romans umfassende Vorgeplänkel absolviert ist und die rapide Abwirtschaftung der Gesellschaften Europas und der gesamten westlichen Welt aus künftiger Sicht erzählend nochmals durchlaufen bzw. rekapituliert worden ist. Merklich mühsam sucht diese im Entstehungsprozess sich dehnende Vorgeschichte die trennenden Jahrhunderte zwischen der Schreibzeit und der Zukunftszeit zu überbrücken, ehe das Erzählverfahren auf die Gegenwarts-Direktheit des Geonarrativs umstellen kann.

Bis dahin sind die Situationen, Figuren und Linienführungen hochkomplex, hernach wird es einfach und kolossal. Aber immerhin: Was dann bewegt und über das Spielfeld geschoben wird, sind nicht mehr Privatfiguren, sondern Erdmassen größten Ausmaßes, nämlich Kontinentalplatten. Die Basisnarration läuft deshalb so betont schwerfällig an, weil ihr vorgesetztes Thema gerade nicht mehr der einzelne Held oder die Konfliktlinien interpersonaler Konstellationen sind – auch wenn Döblins Erzählstil in seinem langen, kurvenreichen Anstieg zum geognostischen Epos weiter aus diesem literarischen Repertoire schöpft. Vielmehr stellt Döblin in diesem Roman nichts Geringeres als das Ganze des Globus und seiner Geschichte zur Disposition, eine phantastische Archäologie und Prognostik derjenigen Bedingungen entwerfend, unter welchen der Erdball zum Träger der menschlichen Ökumene werden respektive es bleiben konnte.

I Das Zeitalter des Primitivismus als ästhetische Signatur

Döblins literarische Ästhetik gewinnt, nach der frühen Prosa aus der Studienzeit, ihre spezifische Ausprägung in den 1910er-Jahren, sie ist überschattet vom Kriegs- und Lazarettdienst im Elsass und gezeichnet von den dabei gemachten Erfahrungen der entfesselten Waffengewalt, der körperlichen Verstümmelungen und des psychischen Leidens. Zugleich erlebt Döblin das Zeitalter als eine *epoché* im Wortsinne, als innehaltenden Einstand des geschichtlichen Fortschritts, als so krisenhafte wie machtvolle Erschütterung und Mobilisierung größter Massen, mit der Folge einer tiefgreifenden Umgestaltung stabil geglaubter Traditionen und institutioneller Gefüge.

Ästhetische Militanz ist ihm nicht fremd: Döblin meldet sich am Ende des Kriegsjahrzehnts als ein antibürgerlicher Schriftsteller zu Wort, mit radikalen und polemischen Glossen unter dem Kampfnamen „Linke Poot". Der progressive Schriftsteller um 1920 – Döblin ist da kein Einzelfall – weiß sich im Bund mit den Wissenschaften und den dominanten gesellschaftlich-kulturellen Antriebskräften der Zeit; doch gehen linksbürgerliche Moral und literarische Ästhetik nicht immer gleichgetaktete Wege. Im Falle Döblins gerät, schon berufsbedingt, die Beschäftigung mit psychiatrischem Wissen in den Vordergrund, daneben lässt sich schon früh ein vitales Interesse an Ethnologica ausmachen, bald auch ein Faible für geographische Abhandlungen und kartographische Werke. So sind es zwei korrespondierende thematische Obsessionen – *Globalität* und *Krieg* –, in deren großflächigem Rahmen Döblins Prosawerk sich entfaltet, und zwei ästhetisch-poetische Verfahrensweisen, die darin vorrangig zum Zuge kommen, abgekürzt zu kennzeichnen in den Schlagworten *Industrialismus* und *Exotismus*.

Die hier vorgestellte Lektüre des Romans *Berge Meere und Giganten* geht aus von der These, dass sich dieses für Döblins Modernität insgesamt kennzeichnende Geflecht von Tendenzen trotz widersprüchlicher und ungleichzeitiger Aspekte im einzelnen doch gesamthaft als ein gemeinsamer Wirkungszusammenhang beschreiben lässt, und dass in der Betrachtung der Simultaneität dieser Faktoren auch ein Verständnis für Döblins besondere ästhetische Ausprägung innerhalb der Strömungen eines literarisch-kulturellen Primitivismus zu gewinnen ist. *Primitivismus*, soweit Döblins Zeitgenossenschaft und Produktionsweise unter diesem Rubrum zu fassen ist, sei im folgenden verstanden als diejenige Signatur der Avantgarde, die hochtechnische und elementare Ingredienzen zu *einer* Standortbestimmung verbindet und dabei auf zweifache Weise ästhetische Verfremdungspotentiale ins Spiel bringt, nämlich sowohl diejenigen einer technisch-industriellen Zurichtung der Welt wie diejenigen der exotischen Kunde von fremden

Völkern, Landstrichen, Sitten und Gebräuchen. Ebenso, wie sich für Döblins Generation das Industrialismus-Paradigma auf prägende Weise mit der zeitgenössischen Erfahrung des Ersten Weltkriegs und seiner technisch entfesselten Materialschlachten amalgamierte, rückt komplementär hierzu die Öffnung für außereuropäische Exotica zunehmend ins Licht eines neuen Handlungsraumes der Globalität, dessen künftige Bedeutung nach dem Ende des Weltkriegs und zu Beginn der 1920er-Jahre verstärkt ins Bewusstsein tritt und neue, teils auch phantasmagorische Vorstellungen, Ängste und Hoffnungen evoziert.

In *Berge Meere und Giganten* stehen sich naturwissenschaftlich-technische Planspiele und legendenhafte Relikte afrikanischer, orientalischer und indianischer Ethnien als kontrastierende Diskurswelten gegenüber. Dabei gerät Döblins Interesse für das Wilde Denken, wie an der Disparität seiner Romanwelten ablesbar ist, zunehmend in Widerspruch zu seinem Plädoyer für soziale und wissenschaftliche Progression. Mit der Zeit zu gehen, das bedeutet nach Kriegsende, um 1918 oder 1920 und noch bis ans Ende der 1920er-Jahre, den Fokus auf die Erscheinungsformen und Hochburgen von Wirtschaft und Technik auszurichten. Primitivismus und Avantgarde gehen, nicht nur bei Döblin, eine disparate, aus konträren Vektoren kombinierte Verbindung ein. Im Kontext der expressionistischen Begeisterung für (vermeintliche) ethnographische Frühstadien der Phylogenese tritt im Vorfeld des Krieges, durch ihn sich verschärfend und einige Zeit noch nachhaltend die paradoxe Kulturoption einer *Regression nach vorn* auf den Plan.

Schon im Chinaroman der Vorkriegszeit sind völkergeschichtliche Studien und Reiseberichte verarbeitet. Noch intensiver verläuft die Rezeption ethnologischer Materialien und ethnographischer Feldforschungen in der Kriegs- und Nachkriegszeit, so zunächst im Roman *Wadzeks Kampf mit der Dampfturbine*, den Döblin in der zweiten Jahreshälfte 1914 und äußerlich „scheinbar unbeeindruckt"[4] vom Einsatz der Kriegshandlungen in fliegender Eile niederschrieb (Erstdruck 1918). Der Widerstreit des Ungleichzeitigen tritt in diesem ersten Berlin-Roman Döblins besonders eklatant zutage. Um sich in das zeitgenössische Maschinenwesen einzuarbeiten, recherchierte Döblin „wochenlang in den Fabriken der A.E.G." und unternahm „Berge von Maschinenstudien", so der Fischer-Lektor Oskar Loercke.[5] Der *Wadzek*-Roman steht, schon mit der Dampfturbine im Titel, paradigmatisch für Döblins *titanische* Komponente, seine Neigung zur Kraftprobe

---

4 Sander, Gabriele: *Alfred Döblin*. Stuttgart 2001, S. 139.
5 Alfred Döblin gegenüber Oskar Loerke. In: Alfred Döblin: *Im Buch – Zu Haus – Auf der Straße. Vorgestellt von Alfred Döblin und Oskar Loerke* (1928). Mit einer Nachbemerkung von Jochen Meyer. Marbach 1998, S. 157.

mit schwer zu bändigenden Sujets aus dem Bereich der natürlichen oder eben zeitgenössisch-technischen Elementargewalten.

Die sowohl thematische wie formästhetische Auseinandersetzung mit prononcierten Erscheinungen der Moderne, mit Industrialismus, Technik, Großstadt und Massengesellschaft, verbindet Döblin mit dem literarischen Futurismus Marinettis, dessen stilistische Merkmale wie agrammatische Reihung, elliptische Verkürzung, Klang- und Rhythmus-Dominanz statt Figurenpsychologie sodann im *Wallenstein* von 1919/1920 und vehementer noch in *Berge Meere und Giganten* (1924) zur Geltung kommen. Mit dem Montage-Roman *Berlin-Alexanderplatz* (1928/29) scheint die ‚Technisierung' des Schreibstils bei Döblin an einem vorläufigen ästhetischen Kulminationspunkt angelangt zu sein.

Ein zweiter, mindestens gleichberechtigter und ebenfalls schon im Vorkriegswerk ausgeprägter Grundzug Döblinscher Ästhetik ist die Mimesis an ethnographisches Material. Als ein Kernstück exotischer Anverwandlungen fungiert die „Kostümfest-Szene", ein Höhepunkt der turbulenten Intrigenhandlung des *Wadzek*-Romans. In dieser skurrilen Zimmerorgie unter Hausfrauen und einem exaltierten Knaben setzt der Autor den Auftritt afrikanischer Masken, Trommeln und Requisiten klangmalerisch in Szene. Inmitten der Stadttopographie des Berliner Nordens lässt diese Farce zwischen Champagnergläsern und Hauspantoffeln das ferne Kamerun aufleben, bis in die Kriegsjahre hinein noch deutsche Kolonie, und zelebriert dabei einen wild gewordenen Exotismus der Realsatire.[6] „Hier war echter Urwald." Philipp, der Junge, fordert ein leibhaftiges Negerritual.

> „Ich bin Buschmann", kreischte er, ohne gehört zu werden [...]. Man schrie und quietschte gegen ihn. [...] Er kümmerte sich wenig um sie, lief erregt um sie herum, blickte die Decke an, saß in der Strohhütte. Hielt sich ein Nasenloch zu, an das andere drückte er ein kleines durchbohrtes Stück Holz, seine Nasenflöte. „Ihr müßt singen. Fimbe, fimbe, miam au barum." Als sie beglückt antworteten: „Wie, wie?", korrigierte er sich nach einigem erfolglosen Nasenflöten: „Nein, ihr müßt so singen: ‚Ica etamojapu mamema." Das leuchtete den dreien ein. „Ja", sagte Philipp, „das bedeutet: dieser Jujutanz ist bloß für Weiber!" (WD 289)[7]

Als Fremdmaterial bringen Klang und Rhythmus die Farben Afrikas ins Spiel, vergleichbar der Bedeutung afrikanischer und ozeanischer Ethnographica für die

---

6 Lorf, Ira: *Maskenspiele. Wissen und kulturelle Muster in Alfred Döblins Romanen „Wadzeks Kampf mit der Dampfturbine" und „Die drei Sprünge des Wang-lun"*. Bielefeld 1999, S. 103.
7 Döblin, Alfred: *Wadzeks Kampf mit der Dampfturbine*. Hg. v. Anthony W. Riley. Olten 1982, S. 289.

Bildende Kunst der Moderne.[8] Die Rezeption von Masken, Plastiken und totemistischen Objekten der sogenannten Naturvölker war bei den expressionistischen Brücke-Künstlern wie Nolde, Pechstein und Kirchner en vogue und lässt sich zeitgleich auch in Werken Carl Einsteins (*Negerplastik*), Carl Sternheims (*Ulrike*) und anderer wiederfinden. Döblin hatte für die Requisiten des Maskenfestes und der es begleitenden Gesänge eine populär-ethnographische Darstellung genutzt, nämlich die unter dem Titel „Urwald-Dokumente" 1908 in Berlin erschienenen Aufzeichnungen und Beobachtungen des Kolonialbeamten Alfred Mansfeld. Mansfeld war von 1904 bis 1907 als Gebietsleiter der deutschen Kolonialverwaltung in Kamerun stationiert. Auf der Grundlage eines von dem Berliner Ethnologen Felix von Luschan[9] angefertigten Musterbogens zur Erhebung ethnographischer Daten hatte Mansfeld zahlreiche Beobachtungen über das afrikanische Leben am Crossfluss gesammelt und in ausführlichen Schilderungen dokumentiert, welche die Themen „Schmuck, Kleidung, Künstliche Verunstaltungen, Kunst, Medizin" und anderes mehr umfassen.[10]

Döblin gehört, wie Robert Musil, Hans Henny Jahnn, Gottfried Benn oder auch Ernst Jünger, zu denjenigen Autoren, die sich weit über die expressionistische Phase hinaus mit sogenannt primitiven Kunst- und Kulturzeugnissen beschäftigten, in seinem Falle später auch mit Sagen und Märchensammlungen. In dem von manchen Ethnologen verklärten magisch-animistischen Denken fand Döblin Muster angelegt, wie sie ihm aus der Analyse und Therapie psychischer Ausnahme-Zustände vertraut waren.

II Topographische Phantasie und militante Globalität

Abenteuerliche Reiseberichte, ethnographische Forschungsexpeditionen und Abhandlungen zur physikalischen Geographie nehmen in Döblins Studien und erst recht in seinen literarischen Werken breiten Raum ein. Sein Schreiben erfolgt unter dramatisch wechselnden politisch-gesellschaftlichen Rahmenbedingungen und weist über Jahrzehnte bemerkenswert disparate Stilformen auf, doch

---

8 Badenberg, Nana: „Art nègre. Picasso, Einstein und der Primitivismus". In: *Das Fremde. Reiseerfahrungen, Schreibformen und kulturelles Wissen*. Hg. v. Alexander Honold u. Klaus R. Scherpe. Bern u. a. 2000 (Zeitschrift für Germanistik. Beihefte; 2 [1999]), S. 219–248.
9 Vgl. Mansfeld, Alfred: *Urwald-Dokumente. Vier Jahre unter den Crossflußnegern Kameruns*. Berlin 1908; Luschan, Felix von: *Anleitung für ethnographische Beobachtungen und Sammlungen in Afrika und Oceanien*. 3. Aufl. Berlin 1904.
10 Vgl. Lorf: *Maskenspiele*, S. 176.

gleichbleibend stark sind darin Themen mit raumsemantischen und kulturgeographischen Aspekten verankert.

Döblins Oeuvre ist *geonarrativ,* indem es den Raum erzählt und erzählen lässt, und zwar den Raum des gesamten Erdballs. Kaum eine Weltregion, die bei Döblin nicht mit einem eigenständigen Prosawerk zur Darstellung kommt: von China und Indien über Babylon und den Mittelmeerraum nach Frankreich und England führt das globalgeographische Erzählprogramm, dann weiter zum nordatlantischen Ozean und seinen beiden großen Inseln Island und Grönland, in Südamerika überstreicht es das Amazonas-Becken und seine koloniale Erschließungsgeschichte, um schließlich im Pazifik einen japanischen Fliegerangriff auf einen amerikanischen Kreuzer zu rapportieren, den Nukleus des späten *Hamlet*-Romans, der 1946 abgeschlossen wurde, aber erst zehn Jahre später erscheinen konnte. Die Abkehr vom Krieg und seinem Schauplatz ist für den schwerverwundeten Protagonisten dieses letzten Romanwerks eine die Kontinentalschwelle Amerikas überquerende Rückkehr ins Atlantische und Europäische. „Man brachte ihn zurück. Es fiel ihm nicht zu, den asiatischen Kontinent zu betreten."[11]

Neben der erdumspannenden Weite der Döblinschen Erzähllandschaften fällt als ein nicht minder markanter und das vielgestaltige Schaffen umgreifender Grundzug auf, dass viele dieser Landschaften in den grellen Feuerschein eines elementaren Kriegsgeschehens getaucht sind. Die kolonialen Beute- und Vernichtungszüge der europäischen Eroberer in Brasilien, das wogende Völkergemetzel und die dynastischen Herrscherkriege in den geschichtlichen Tiefensondierungen der Roman-Epen Indiens und Chinas, ebenso die mitteleuropäischen Mächtekonstellationen und Gewaltexplosionen des Dreißigjährigen Krieges, der mitten in der beginnenden Phase einer nationalstaatlichen Differenzierung einen gemeinsamen Schauplatz der Vernichtung erzeugt – diese Tatorte zeugen alle von der geschichtsumgreifenden Ubiquität eines menschlichen Zerstörungswerks, über dem manche der Figuren den Verstand verlieren. Seinen indischen Kriegshelden Manas lässt Döblin auf einem leichenübersäten Schlachtfeld umherirren. Der aus dem „Uralischen Krieg" zurückkehrende Konsul Marke war „Erkunder bei den technischen Truppen" gewesen; er kehrt nach Berlin zurück in braunen Kleidern, die „den scharfen Geruch der Gase und des Brandes von sich gaben". (BMG 125) Vom industriellen Betrieb des Tötens zutiefst verstört, bringt Marke seine eigenen Töchter dazu, sich das Leben zu nehmen, und sticht sich selber die Augen aus. „Die Nachwirkungen des Krieges waren bei ihm nicht auszulöschen." (BMG 134)

---

11 Döblin, Alfred: *Hamlet oder Die lange Nacht nimmt ein Ende.* Olten 1966, S. 9.

Edward Allison, der Protagonist des Romans *Hamlet oder Die lange Nacht nimmt ein Ende,* ist ein durch seine schwere Verwundung traumatisierter Kriegsheimkehrer, nein: ein nach Hause Zurückgelieferter. In der Familie stehen erfahrenes Leiden und geborgtes Pathos gegeneinander. Sein Vater hatte jede Kriegsanleihe gezeichnet und sich für Durchhalteparolen ein Repertoire „stoischer Redensarten" zugelegt; dazu „plünderte er seine Bibliothek, von Homer, Pindar bis Burke und Wellington", nach markigen Stellen zur Ermunterung des Kampfgeistes. Was Literatur sein soll in Zeiten des Krieges, der Vater des Invaliden bringt es auf den Begriff, nämlich ein „Herzensstärker".[12]

Die pazifische See-Front, welcher Edward Allison im Zweiten Weltkrieg den Rücken kehrt, gleicht einem ins Globale vergrößerten Echobild jenes Schützengrabens an der französischen Westfront, in welchem der Kriegsteilnehmer Franz Biberkopf im Ersten Weltkrieg von einer Granatexplosion getroffen und verschüttet worden war. Biberkopfs Geschichte im Berlin der späten 1920er-Jahre setzt mit einem vergleichbaren Schwellenübertritt ein, mit der Wendung zurück ins Zivilleben der Großstadt. Die urbane Freiheit steht als fortgesetztes Durcharbeiten des Kriegsschocks unter der paradoxen Bedingung einer Normalisierung von Gewalt-Erfahrungen. Als an Leib und Seele Gezeichnete porträtiert Döblin in anderen Werken noch weitere Kriegsheimkehrer, so etwa Leutnant Friedrich Becker im ersten Band der Trilogie *November 1918;* in die Schilderung seines Lazarettaufenthalts und des mühevollen Heilungsprozesses sind Döblins eigene Erfahrungen als Militärarzt im Elsass eingeflossen. Die verlustreichen Westfront-Schlachten aus dem Ersten Weltkrieg finden, wie Gabriele Sander an der Rekonstruktion des Schreibprozesses zeigen konnte, auch im Zukunftsroman zu Anfang der 1920er-Jahre ihre Verarbeitung, Döblin wiederholt sie als „ins Extreme und Monströse" gesteigerte „Zerstörungsexzesse".[13]

Aus den Kriegen und Schlachtfeldern der Geschichte tilgt Döblins raumgebundene Erzählweise den jeweiligen historischen Kausalnexus, mit dem die Massentötungen in eine je spezifische Konfliktlage, in Handlungsstränge, Motive und Interessensphären eingebunden waren; er filtert gleichsam das Geschichtliche aus den Kriegsgeschichten heraus und entzieht ihnen ihren rationalen Duktus. Das führt dazu, dass wirre, elementare Grausamkeit zwischen den Zeiten und Räumen überspringt als ästhetisches Muster; es schieben sich Schlachtfelder und Frontstellungen, Kombattanten und Waffengattungen in ungeordneter Weise

---

12 Ebd. S. 31.
13 Sander, Gabriele: „Alfred Döblins Roman ‚Berge Meere und Giganten' – aus der Handschrift gelesen. Eine Dokumentation unbekannter textgenetischer Materialien und neuer Quellenfunde". In: *Jahrbuch der deutschen Schillergesellschaft* 45 (2001), S. 39–69; Gabriele Sander: „Nachwort". In: BMG, S. 766–793, hier S. 768f.

übereinander, die Lager und Epochen wechselnd. So erscheinen die kolossalen Rebellionen und Kontinentalschlachten des Großromans *Berge Meere und Giganten*, deren einzelne Wellen über mehrere Jahrhunderte dahingehen, im Ganzen wie das spiegelbildliche Zukunftsecho all jener zuvor und hernach geschilderten früheren Kriegszeiten der fernen und näheren Vergangenheit. Mit seiner erzählerischen Verfahrensweise topographischer und historiographischer Spiegelungen kann Döblin beispielsweise im von den Augsburger Fuggern finanzierten amazonischen Kolonialkrieg die marodierenden Landsknechte der europäischen Konfessionskriege mit abbilden, und vice versa. Das pazifische Trauma Allisons verweist als Nachecho auf den Haftentlassenen Biberkopf, wie dieser wiederum in der Feldbehandlung Friedrich Beckers ein therapeutisches Gegenstück hat.

Der Kriegsroman *Wallenstein* zieht die Bilanz wüster Verheerungen in den europäischen Kernlanden, und er ergreift die Lizenz zum Auftürmen von Sprachgebirgen der sinnlichen Opulenz. Mittels der Kaskaden der Substantivreihung oder des Stakkatos der Verbfolgen kann der zeitgenössische Krieg von 1914 und vor allem die Materialschlachten von 1915, 1916 in Döblins Text, und das heißt, inmitten der vorbarocken Kulissenwelt der böhmischen, bayerischen und österreichischen Schauplätze des Historienspiels um Wallenstein und Ferdinand den Anderen, Einzug halten. Im *Wallenstein* breitet Döblin das Gemälde einer Weltlandschaft aus, die von immer neuen Schauern todbringender Kriegerhorden durchpflügt wird und trotzdem oder gerade deshalb sich in den Kabinetten und Residenzen der lebensprallen Prasserei hingibt. Der Konflikt ist in seiner entscheidenden Weichenstellung schon geschehen, vermeintlich sogar schon entschieden, als der Roman mit seinem opulenten Festmahl einsetzt.

> Nachdem die Böhmen besiegt waren, war niemand darüber so froh wie der Kaiser. Noch niemals hatte er mit rascheren Zähnen hinter den Fasanen gesessen, waren seine fältchenumrahmten Augen so lüstern zwischen Kredenz und Teller, Teller Kredenz gewandert.[14] (W 9)

Der *Wallenstein*-Roman veranstaltet Schlachtfeste und Festschlachten des expressionistischen Reihungsstils und schichtet krude Sinnlichkeit auf, sei es bei den kaiserlichen Fressorgien oder beim Brandschatzen, Foltern, Vergewaltigen in Dörfern, Städten und Landstrichen. „Im Reich – wovon ließ sich sprechen –, im Reich ging's gut daher." (W 9) Etwa bei der Wildschweinjagd: „Schweißhunde, Saufinder, die schwarze und braunschwarz gezeichnete Meute" (W 18). „Wind war

---

14 Döblin, Alfred: *Wallenstein*. Kommentierte Gesamtausgabe. Hg. v. Erwin Kobel. Düsseldorf, Zürich 2001; Zitate nach dieser Ausgabe werden im Haupttext fortlaufend nachgewiesen mit der Sigle W und der jeweiligen Seitenzahl.

nicht mehr Wind, Wald nicht Wald, Morast nicht Morast. Die Pferde flogen, kaum den Boden tastend, um ihre Hälse wehte Dampf. Zäune Häuschen Büsche sprangen mit einem Satz gegen sie, hinter sie zurück." (W 19) Dann, später, die Kriegszüge, die auf der Gegenseite der „überschäumende Mansfeld" und „seine blutrünstigen Horden" (W 95) veranstalten.

> Die Gäule in die Ställe; Muskete auf der Schulter, Pike in der Hand, knurrend die Mägen zogen sie auf Menschenjagd. Schossen durch die Fenster, in die Scheunen, unter die Betten. In die Kirchen stiegen sie ein, vor den aufgesprengten Portalen machten sie die Pulverprobe, übten Anfänglinge im Treffen auf Heiligenbilder, die stillhielten, und schreiende Kinder. Priester samt Gemeinde schossen sie ab von den Fenstersimsen; nachher gingen sie in die Ecken, hoben den Rest auf Piken. Sie bestrichen ihre Schuhe mit dem Heiligen Öl und Chrisam, zu Rotten trieben sie die Weiber und Mädchen zusammen auf Marktplätze, in Scheunen, in Waldlichtungen, verderbten sie am hellen Tag mit Unzucht. (W 94)

Döblins Selbstaussage, er habe bei diesem historischen Roman in Fakten und Akten förmlich geplanscht und würde sie am liebsten roh haben verwenden wollen,[15] weist auf eine „Schilderungslust" (so Walter Muschg),[16] die sich in der Beschreibung von Grausamkeit nicht zurückhält, ganz im Gegenteil. Nehmen wir nochmals die Landknechte und marodierenden Horden in den Blick, bei welchen notabene keine große Rolle mehr spielt, auf welcher Seite des Religionsstreites und für welchen Dienstherrn sie eigentlich kämpfen.

> Wenn sie sich schnaubend von ihren Späßen erholt hatten, wischten sie sich die Mäuler, nahmen ein Bad mit den Weibern, die sie unter das blasenquellende Wasser hielten, bis sie sich ruhig gezappelt hatten. Da wollten sich einige üben im Menschenfleischessen, mußten es aber zum Gelächter der anderen aufgeben, meinten, katholisches Fleisch schmecke sauer. Wollte ein Bauer frei sein, mußte er den Kot eines anderen fressen, den der eben gelassen hatte; ging es nicht rasch, erstickten sie ihn kopfüber in dem warmen Gesudel. In der Wollust der Grausamkeit gingen sie wie Wahnsinnige herum; nicht viel fehlte, daß sie mit den Steinen am Weg zu kämpfen anfingen, die Vorlauben niedermetzelten, die Luft anspien, daß sie die Pferde zwischen ihren Schenkeln mit Stichen zu Tode quälten. (W 94 f.)

Immer noch Schilderungslust? Man könnte diese Szenen, eine Momentaufnahme aus dem Dreißigjährigen Krieg, fast für ein episodisches Genrebild der frühbarocken Malerei nehmen, wäre ihr krudes Sujet nicht außerhalb des bildlich noch Vorzeigbaren. In einer Art von Verkehrte-Welt-Handlungstaumel spielen die niedrigen Chargen des Krieges die Exzesse der Herrschenden nach, sie an sou-

---

15 Döblin, Alfred: „Epilog" (1948). In: ders.: *Schriften zu Leben und Werk*. Hg. v. Erich Kleinschmidt. Olten, Freiburg i. Br. 1986, S. 287–321, hier S. 309.
16 Muschg, Walter: „Nachwort". In: Alfred Döblin: *Wallenstein*. Hg. v. Walter Muschg. Olten, Freiburg i. Br. 1965, S. 746.

veräner Rohheit noch überbietend. Was Döblins Erzählstil hier betreibt, ist Mimesis; Annäherung, schreibende Anverwandlung an einen Rausch der überbordenden, die Gesittung und selbst die Naturordnung herausfordernden, insofern kosmo-polemischen Gewaltausübung.

Wiederum im bilanzierenden Rückblick sieht Döblin die „sehr naheliegende Ähnlichkeit zwischen 1914/18 und damals: ein europäischer Krieg", er nimmt gleichsam eine kontinentale Perspektive ein, um strukturelle Analogien dieser epochal distinkten europäischen Großkatastrophen betonen zu können. Etwas ganz anderes aber ist die sprachästhetische Beeinflussung der Schreibarbeit durch die Nachbarschaft, in der Döblin seinen Feld-Schreibtisch aufgestellt hatte.

> Nachmittags und abends konnte ich schreiben, – natürlich gestört durch Dienstpflichten – und von der Gefahr durch Luftangriffe bedroht. [...] Vielleicht ist etwas von der furchtbaren Luft, in der das Buch entstand, Krieg, Revolution, Krankheit und Tod in ihm.[17]

„Geschichte" im Sinne einer abgeschlossenen gesellschaftlichen Bestandsaufnahme und eines darin eingebetteten kausalen Ereignisverlaufs war für den *Wallenstein*-Autor kein angestrebtes Darstellungsziel. Auch darin unterscheidet sich Döblins *Wallenstein* von seinem literaturgeschichtlichen Vorläufer, von Friedrich Schillers *Wallenstein*-Drama und mehr noch von Schillers *Geschichte des Dreißigjährigen Krieges*, die in epischer Breite vom Aufstieg und zweimaligen, jähen Fall des böhmischen Feldherrn erzählt. Für Schiller war es darum gegangen, aus dem Abstand von einhundertfünfzig Jahren (und folglich mit dem feuerhellen Licht der Französischen Revolution) einen strukturgeschichtlichen Blick zurück auf die europäische Kriegslandschaft von ehedem zu entfalten. Geschichte wird zum neuen Organisationsprinzip der Stoffsuche wie der gedanklichen Formgebung.

In Döblins *Wallenstein* fehlt zwar die große Geschichte, sie fällt als Orientierungsrahmen weitgehend aus, doch was bleibt, ist ihre räumliche Logik des Nebeneinanders von selbständig erzählbaren, synchron parallelisierten Handlungskernen. Wie schon in Gutzkows historisierendem Monumentalroman *Die Ritter vom Geist* kann man, wenngleich mit anderen narrativen Mitteln erzielt, von einem „Roman des Nebeneinander" sprechen. Döblins *Wallenstein*, dieses „Kolossalgemälde für Kurzsichtige",[18] stößt die Leser zwar mit der Nase überall auf

---

[17] Döblin: *Schriften zu Leben und Werk*, S. 185.
[18] Scherpe, Klaus R.: „‚Ein Kolossalgemälde für Kurzsichtige'. Das Andere der Geschichte in Alfred Döblins ‚Wallenstein'". In: *Geschichte der Literatur. Formen der Repräsentation von Vergangenheit*. Hg. v. Hartmut Eggert, Ulrich Profitlich u. Klaus R. Scherpe. Stuttgart 1990, S. 226–241.

historische Details, ohne doch im Resultat auf eine Welt der Vergangenheit zu schauen. Der beabsichtigte Suggestions-Effekt ist nicht der eines ‚Es war einmal'-Abstands, sondern derjenige der *Präsenz*, der Überbietung bildhafter Evidenz mit sprachästhetischen Mitteln.

Das Prassen und Fressen, das Niederbrennen und Töten werden in der expressionistischen Sprache dergestalt nachgebildet, dass sie im Diskurs ein zweites Mal, nein: zum ersten Mal als Sprachereignisse stattfinden. Es sind die Ladungszustände und freiwerdenden Energiequanten, die das Dargestellte mit seiner Darstellung verbinden bzw. es darin aufrufen.

Der kontinentaleuropäische Zusammenhalt des Geschehens liegt in Döblins *Wallenstein* einesteils im aufgespannten politischen und militärstrategischen Handlungsrahmen, welcher vergleichbar ist demjenigen, den Musils *Mann ohne Eigenschaften* (Ende der 1920er-Jahre) im berühmten ersten Kapitel und der Schilderung großterritorialer Hoch- und Tiefdruckverschiebungen eröffnet. „Über dem Atlantik befand sich ein barometrisches Minimum; es wanderte ostwärts, einem über Rußland lagernden Maximum zu, und verriet noch nicht die Neigung, diesem nördlich auszuweichen."[19] Musils erzählte Meteorologie spielt im August 1913; genau ein Jahr später übersetzen die Folgen des Sarajewo-Attentats den Tanz der Isobaren in Militär-Topographie. Anderenteils sind es demnach die Kriegswirren (ein Pleonasmus) selbst, deren Fronten, Linien, Züge und Ströme die Landkarte Europas durchmessen und dabei als einen handlungskonstitutiven Schauplatz aktivieren. Und auch schon im *Wallenstein* kann der europäische Raum, um die Kernlande Böhmens, Bayerns, der Pfalz herum in regionalen Clustern entfaltet und vom Fluchtpunkt des Wiener Hofstaats perspektivisch gebrochen, mehr als Produkt der Schreibleistung Döblins gesehen werden denn als deren real-referentielle Grundlage.

Zu einem kartographischen Kraftfeld verwandelt sich dieses Europa erst und endlich im Lichte der bei Döblin heraufgehobenen, bei Musil bevorstehenden Kriegshandlungen. Sie laden die poetische Imagination auf mit Landhunger und Raumbedarf. Im Geonarrativ Döblins macht es das Wesen des Krieges aus, durch Verheerung Landschaft niederzuwalzen und neu zu modellieren. Die Omnipräsenz des Krieges in der Erdgeschichte wird von Döblin, spätestens mit *Berge Meere und Giganten*, gleichsam in der Deutungsrichtung umgekehrt; nun zeigt sich die Erdgeschichte selber als dieser Krieg. Es tobt seit den Anfängen schon ein Kampf, der geoplastisch arbeitet; und solange er andauert, sind diese Anfänge nicht zu Ende.

---

19 Musil, Robert: *Der Mann ohne Eigenschaften*. Hg. v. Adolf Frisé. Reinbek 1978, S. 9.

III Europas Zukunft: Nachkriegslandschaften

Berge Meere und Giganten erschien bei S. Fischer, Berlin, im Jahr 1924. Eine der handlungskonstitutiven Ideen Döblins zur fabulierenden Überbrückung der epochalen Zeitkluft zwischen Schreib- und Rezeptionsgegenwart und dem Jahrhunderte distanten Schauplatz des Zukunftsromans ist im dritten und vierten Buch des Romans die phantasievolle Ausgestaltung des Szenarios einer grünfundamentalistischen Öko-Revolution, die von der sogenannten Stadtschaft Berlin ihren Ausgang nimmt. Als eine politradikale „Siedler"-Bewegung bündelt diese Öko-Revolte im 26. Jahrhundert die wachsenden Proteste gegen die allumfassende technisch-synthetische Substitution des Lebens durch industrielle Surrogate. Zu einer solchen anti-technischen, anarchischen Wendung musste (bzw. muss) es an einem gewissen kritischen Punkt der Geschichte kommen, so die Suggestion der Romankonstruktion, wenn die schon in der Schreibgegenwart sich abzeichnende Übermacht von Naturwissenschaft, Industrie und Technik als exponentielle Dynamik in die Zukunft hinein verlängert wird. Es brauchte wenig Originalität, um in der narrativen Zukunftsprognostik zunächst einmal den Weg einzuschlagen, einfach die zeitgenössischen Tendenzen – und zwar sowohl diejenigen des Industrialismus wie diejenigen des Krieges – gleichsam in vergrößertem Maßstab zu extrapolieren. Die Zukunftswelt wird das sein, was die vorgeschobensten Errungenschaften der Gegenwart andeuten; nur eben wird alles noch viel technischer, viel amerikanischer, viel kapitalistischer und viel massenhafter geraten. Eine derartige Prognose bildet selbstverständlich nicht Zukunfts-Optionen ab, sondern den Stand der Erwartungen am Ende des Ersten Weltkriegs und am Beginn der Amerikanisierung West- und Mitteleuropas; eine mentalitätspsychologische Funktion solcher Zukunfts-Szenarien ist es geradezu, den mit Krieg und Nachkrieg verbundenen Moderne-Schock zu verschieben und dadurch therapeutisch zu dämpfen.

Wie eine Präambel setzt Döblins visionäres Geonarrativ nochmals an der Todesbilanz des jüngstvergangenen Krieges an.

> Es lebte niemand mehr von denen, die den Krieg überstanden hatten, den man den Weltkrieg nannte. In die Gräber gestürzt waren die jungen Männer, die aus den Schlachten zurückkehrten, die Häuser übernahmen, welche die Toten hinterlassen hatten (BMG 13).

Eine ganze Stafette immer neuer Geschlechter sprießt hervor, sinkt hinab, bildet Sedimente immer neuer Deck-Schichten über den Gräben und über den Gräbern. Generation um Generation schiebt sich über jene „Urkatastrophe" des 20. Jahrhunderts, die den Ausgangspunkt von Döblins Schreibarbeit bildet. „Geschlecht um Geschlecht war wie von einer langsam rutschenden Wand umgelegt worden.

Sie begaben sich in die dunklen Wohnungen, die die Elemente bereiteten." (BMG 13) „Umgelegt", dieses Liquidations-Schlüsselwort aus Gangsterfilmen, hat in diesem Kontext eine plastische, eine geologische Bedeutung; aus den je nachwachsenden Geschlechtern und Generationen werden Sedimente, von ihnen bleiben Schicht-Ablagerungen im Untergrund des Bodens. Mehr als nur Gras muss wachsen, wenn über den Schützengräbern eine neue Erde emporsteigen soll. Gerade deshalb bleibt das Jüngstvergangene in Döblins futurischem Roman untergründig präsent. Den Nukleus der Zeitflucht bildet der latente Kriegs-Schock. Ihn zu verdecken oder auch nur wegzuschieben, darin besteht Döblins selbsterteilter kultureller Auftrag einer imaginativen Regression nach vorn. Nichts anderes meint das Amalgam von Industrialismus und Primitivismus in der Avantgarde der 1910er-Jahre, als das paradoxe Programm einer Regression nach vorn.

Die bis ins 24. Jahrhundert stetig weiter zunehmenden Fortschritte in Wissenschaft und Technik, so das Szenario, führen zu einer Überschussproduktion an Lebensressourcen, Gütern und Energievorräten, deren Distribution sich zu einem immer konfliktträchtigeren gesellschaftlichen Organisationsproblem auswächst. Globalisierung setzt sich durch (wenngleich Döblin ganz ohne diesen Begriff auskommt) als Diffusion der Kultur-, Sprach- und Rassengrenzen – und zwar durch einen wachsenden substantiellen Anteil der (von Europa aus gesehen) südlichen und östlichen Komponenten. Europa wird zu einem metonymisch der Weltdiffusion voraus greifenden Schauplatz und Modellfall hybrider, kreolisierter „Gleichförmigkeit".

> Wie die Hautfarben, die Gesichter arabisch ägyptisch negerhaft sich veränderten, die Sprachen zu einem Kauderwelsch wurden, in dem sich nördliche und südliche Zonen berührten, so verloren die Staaten ihren alten strengen Charakter. Eine fast gleichförmige Menschenmasse bevölkerte das Gebiet von Christiania bis Madrid und Konstantinopel. (BMG 22)

Die etablierten nationalen Staatsgebilde zerfallen, aus ihnen gehen „Stadtschaften" hervor (ein Sprachkonglomerat aus Stadt und Landschaft also), in welchen neue Herrschaftseliten die Kontrolle über die Ressourcen und Arbeitsabläufe übernehmen. Als Machtzentren etablieren sich einerseits im Westen ein Zusammenschluss der Stadtschaften New York und London,[20] andererseits die asiatischen Großreiche China, Japan und Indien; auch diese Prognostik verbleibt durchaus im Rahmen des um 1920 Extrapolierbaren. Dass einem futuristischen Planspiel nach dem Ersten Weltkrieg eigentlich nichts grundsätzlich Neues ein-

---

20 „Langsam war in zwei neuen Jahrhunderten der westliche Völkerkreis unter das Imperium London-Neuyork gekommen." (BMG 22)

fallen kann, bezeichnet den allgemeinen kulturellen Erfolg dieser Bewegung wie auch ihr damit notwendiges Scheitern als Avantgarde.

Von dem proleptisch eingenommenen Zukunftsblick her gesehen, stellt sich der im 24. Jahrhundert dann bereits vergangene Fortschritt dergestalt dar, dass „man von den Entdeckungen der vergangenen Jahrhunderte lebte und sie sich ungehindert auswirken ließ" (BMG 22). Ein solches Laisser-faire der Geschichte führt in ebenso absehbarer Weise zu einer „Erschlaffungsperiode" (Döblin kreuzt also das futuristische Narrativ mit jenem der Dekadenz). Der immense produktive Überschuss löst eine „erste große, nicht lärmende Katastrophe" aus, eine westliche Reichtumskrise mit flagranten Verteilungskämpfen, die in der Implosion der parlamentarischen Politik kulminiert. „Es gab, wie man sich offen, der Besitzende und der Ausgehaltene, gegenüberstand, kein Halten mehr." Über den Ort, an dem die Abdankung der europäischen Demokratien eingeleitet wird, hegt Döblin keinen Zweifel. „Im Belgischen, in Brüssel, wurde zuerst der Schlag geführt." (BMG 24) Die Machtfrage konzentriert sich hernach auf die „den Erdball umlaufenden Verständigungsapparate" (BMG 26) und deren Störung. Eine wichtige Zäsur in der Entwicklung markiert dann im 25. Jahrhundert die Erfindung der „künstlichen Lebensmittelsynthese"; sie führt zum sofortigen Kollaps jeglicher auf eine Ökonomie der Knappheit gegründeten gesellschaftlichen Institutionen und Ordnungsgefüge. Mit der beliebig ausdehnbaren Produktion künstlicher Ressourcen wird die Menschheit unabhängig vom natürlichen Ertrag des Bodens und löst sich von den vegetativen Grundlagen und natürlichen Zyklen des Ökosystems der Erde.

Indem sich zwei große Machtblöcke formieren, der eine mit dem Machtzentrum auf die Stadtschaft London ausgerichtet, der andere als indisch-japanisch-chinesischer Block, bereitet sich eine neue antagonistische Welt-Kriegs-Ordnung allein schon durch den topographischen Dualismus der Welt-Aufteilung vor – die Ost-West-Antagonismen des Kalten Krieges und der rivalisierenden Blöcke aus der zweiten Hälfte des 20. Jahrhunderts sind in diesem Planspiel erstaunlich gut getroffen. Allerdings entlädt sich die Spannung bei Döblin fast notwendigerweise im nächsten großen Krieg. Die immense transkontinentale Gewalt-Explosion des sogenannten Uralischen Krieges, bei welcher der „Westen" seine technoide Zerstörungswut vergeblich gegen die Völkerschaften Asiens richtet, endet mit einem verlustreichen Rückzug, damit schließt die erste Phase des vom Roman ausgebreiteten geschichtlichen Handlungsganges ab.

„Die Stadtlandschaften bewegten sich. Scharen über Scharen von Männern Frauen begehrten Einstellung zum Kampf. Mit einigen zehntausend Menschen, sachgeübten, war der Krieg zu führen." (BMG 105) In dem geographisch ausgreifenden Szenario der Landschaftsräume des Uralischen Krieges lässt Döblin mehrfach ganze Serien asyndetisch gereihter Städtenamen aufflackern, ein Trommelfeuer scheinbar wahllos aneinandergesetzter Ortsnamen.

> Die Asiaten gaben die russische Tiefebene nicht frei. In drei Staffeln rückten die Westländer vor, überflogen überrannten auf Brücken Schienen, die sie in wenigen Tagen vor sich auswarfen, aus Polen Rumänien Galizien dringend, Witebsk Mohilew Poltawa Cherson. Der Dnjepr und seine Sümpfe lagen hinter ihnen. [...] Dichter wurde vor ihnen, unter ihnen das Maschennetz der Dörfer, Gehöfte, verstreuten Siedlungen. Jenseits Jaroslaw Wladimir Woronez Charkow näherten sie sich den Flußläufen, die die große Wolga aufnahm. (BMG 105 f.)

Bereits im *Wallenstein* hatte Döblin große territoriale Zusammenhänge evoziert, indem er etwa die Truppenbewegungen mithilfe der Abbreviaturen solcher im Telegrammstil niederprasselnder Ortsnamen nachstellte. Wenn die dicht auf dicht fallenden Ortsnamen rasante Tempowechsel suggerieren, so ist ihre Unverbundenheit zumindest in *Berge Meere und Giganten* eine nur scheinbare. Die innere Kohärenz der aufgezählten Toponyme offenbart sich, sobald man die Ortsmarkierungen in ihrer kartographischen Repräsentationslogik ernst nimmt und auf dem Bildraum der Landkarte nachverfolgt.

Obwohl Döblin einen Zukunftsroman aus dem 26. Jahrhundert vorlegte, entsprechen die herangezogenen Ortsbezeichnungen wie „Witebsk Mohilew Poltawa Cherson" oder „Jaroslaw Wladimir Woronez Charkow" den in der Schreibzeit real existierenden geographischen Gegebenheiten, sie bezeichnen russische Orte westlich bzw. östlich von Moskau. Oder eher: deren Repräsentation und Konfiguration auf den von Döblin mit obsessiver Faszination benutzten Landkarten. Die paratiktische Reihung ist mit gutem Grund hierarchielos, weil sie koexistierende (also synchrone) Koordinaten im Raume zu einer gemeinsamen „Ortsnamenlinie" verbindet. Die erstgenannte Reihe ergibt, auf der Landkarte abgetragen, eine von Norden nach Süden führende Linie westlich von Moskau, die zweite eine ebensolche Nord-Süd-Achse östlicherseits. Hier geht es folglich nicht um konsekutive Truppenbewegungen in der Filmästhetik eines *travelling shots*, sondern um die Ausmarchung eines militärischen Kampfgebietes mit großflächiger strategischer Optik.

Züge, Linien, Aufmarschgebiete fasst Döblin mit den Toponym-Reihen im Medium einer (karto)graphischen, geometrisierten Ästhetik,[21] die sich im Hinblick auf die späteren Romanschauplätze Island und Grönland desto mehr noch bewähren wird, als Beschriftung nämlich eines papierenen, freien Areals, welches

---

[21] Die kartographische Systematik der durch diese Toponyme gebildeten Linien und geometrischen Figuren wird ausführlich dargelegt in der Basler Lizentiatsarbeit von Cyrill Feigenwinter: *Erzählte Räume in Alfred Döblins ‚Berge Meere und Giganten'. Versuch einer kartographischen Lesart.* Deutsches Seminar der Universität Basel 2007.

mit seinen white spots zu diesem Schreib- und Eroberungsakt der geonarrativen Imaginationskraft förmlich einlädt. In den ozeanographischen Vermessungs-Vorgängen zwischen Island und Grönland werden sodann Golfstromdrift, Ostgrönlandstrom und Labradorstrom (BMG 420) diejenigen Rollen einnehmen, die im Uralischen Krieg die Feuerlinien zwischen östlichen und westlichen Truppenbewegungen spielten. Statt der Erzählung punktueller Einzelereignisse rafft Döblin mit Linien- und Strömungsmodellen die Zonen von Ereignis-Wahrscheinlichkeiten zu einer virtuellen kartographischen Schautafel zusammen. Geschichte als ein Zugleich des nebeneinander Geschehenden bildet, wie schon im *Wallenstein*, ein Tableau.

Das Verfahren, in kartographische Repräsentationen diagrammatische Proportionen, Kräfteverhältnisse und Vektoren einzuziehen, ist anfangs des 19. Jahrhunderts aus der naturkundlichen Beschäftigung mit der Pflanzengeographie, aus der Erfassung ihrer natürlichen Migrationsformen sowie klimatisch bedingten Distribution entstanden. Das Grundprinzip diagrammatischer Darstellung stellte Alexander von Humboldt 1818 in einem Referat „Ueber die gleichwarmen Linien" vor. Darin erläuterte Humboldt die Datenerhebung von globalgeographisch verteilten örtlichen Durchschnittstemperaturen und ihrer kartographischen Zusammenführung mithilfe des diagrammatischen Darstellungsverfahrens von Iso-Linien. Will man die „Vertheilung der Wärme über der Erdkugel" in ihren Gesetzmäßigkeiten erfassen, so Humboldts Argument, dann sind zwar möglichst genaue Messungen und Aufzeichnungen an vielen weit verstreuten Stationen eine wichtige Voraussetzung. Doch das Geheimnis des intrinsischen Zusammenhangs einzelner Momentaufnahmen erschließt sich erst durch ihre Erhebung auf das Abstraktionsniveau der großen Zahl. Erst indem punktuelle Werte in zeitlicher Kontinuität und räumlichen Relationen verfolgt und miteinander verbunden werden, können umfassende Gemeinsamkeiten, Differenzen und Analogien herausgearbeitet werden.

„Die Anwendung der Bezeichnung durch Linien", so Humboldt wörtlich,

> wird den Phänomenen, welche so sehr wichtig für den Ackerbau und den gesellschaftl. Zustand der Bewohner sind, vieles Licht geben. Wenn wir statt geographischer Charten nichts als Tabellen der Coordinaten der Breite, der Länge und der Höhe hätten, so würden sehr viele merkwürdige Verhältnisse welche die festen Länder in ihrer Bildung und ihrer ungleichen Fläche darbieten, auf immer unbekannt geblieben seyn.[22]

---

22 Humboldt, Alexander von: „Ueber die gleichwarmen Linien". In: ders.: *Das große Lesebuch*. Hg. v. Oliver Lubrich. Frankfurt a. M. 2009, S. 114–133, hier S. 117.

Warum das so ist, dazu kann der Vergleich zwischen einer Daten-Auflistung in Tabellenform und der kartographischen Darstellung gewisse Evidenz beibringen. Die Lesbarkeit der Datentabelle ist nur indirekt gegeben, denn deren Werte können erst durch nochmalige mathematische Vergleichskalkulationen zum Sprechen gebracht werden. Hingegen zeigt die Isothermen-Karte in allographischer Sinnfälligkeit jene Verknüpfungen, die sie selbst herstellt. Sie verbindet die Punkte gleicher Temperatur zu über den Erdball sich hinziehenden Linien und trägt damit eine integrierte Datensynthese genau dort ein, nämlich in das kartographische Erdmodell, wo auch derjenige globale Wirkungszusammenhang zu verorten ist, auf den die beobachtbaren Gesetzmäßigkeiten der gemessenen Daten-Distribution kausal zurückgeführt werden können. Auf der Isothermen-Karte kommen Erkenntnismodell und Darstellungsmodell überein; das ästhetische Prinzip der Zusammenschau und des totalen Bildes, wenn man so will: Humboldts goethezeitliches Erbe gewinnt in der diagrammatisch übercodierten Landkarte eine neue operationale Qualität. Humboldts Isothermen-Modell hat über die physische Geographie hinaus eine kaum zu überschätzende epistemologische Bedeutung für die Wissensordnung der Moderne und ihre kulturellen Deutungsmuster gewonnen. So etwa auch in dem bereits erwähnten Romananfang von Robert Musils *Der Mann ohne Eigenschaften* (1930).

Bei Döblin wird die geostrategische Bedeutung der Toponym-Linien im geschilderten Landschafts-Szenario des Uralischen Kriegs vor allem dann handlungsentscheidend, als es – wie an der veränderten Choreographie der Namen ablesbar – nur noch um den *Rückzug*, um die Abwendung der Niederlage gehen kann. „Da warfen die Westler sich rückwärts, verließen fliegend fahrend die Linie der Wolga. Von Cherson bis zur Waldaihöhe im Norden bauten sie sich auf." (BMG 108) Döblin begnügt sich nicht mit der Reproduktion realgeographischer Raumverhältnisse, er schafft durch die Anordnung seiner Toponymreihen ganz neue, eigenständige Konfigurationen. „Sie hatten überflogen Mohilew Smolensk Tschernikow Poltawa Kiew Jekaterinoslaw; Orel Kursk Kaluga Tula Twer Nowgorod Tambow. Das Feuer wanderte von Osten gegen sie, vom Uralgebirge stieg es". (BMG 108) Die uralischen Bergwerke sind vollgepackt mit Sprengstoff; ihre Ladungen detonieren reihenweise, die Serie von grunderschütternden Explosionen vereitelt die westliche Kriegsführung und lässt nicht einmal mehr überhaupt eine Frontbildung zu. Selbst an geordneten Rückzug ist dabei nicht mehr zu denken. Denn in das Koordinatensystem der Kartographie übersetzt, ergeben die aufgereihten Toponyme zwei komplexe Graphiken in Gestalt von einander opponierenden und teils sogar überlagernden Zickzacklinien.

Die in Namenspunkten abzutragenden Ortslinien bringen dem entsprechend komplexe Handlungsverläufe über ein figuratives Schema zum Ausdruck: „Erschaudernd, ihr Grausen nicht überwindend, schlugen sich die angefahrenen

Soldaten, ihre Schiffe den Flüchtenden preisgebend, nach Norden durch, um eine Linie zu ziehen zwischen Cherson und Taranrog." (BMG 110) Indem er die genannten Namenslinien trichterförmig an der nördlichen Schwarzmeerküste münden lässt, markiert der Autor kartographisch die Handlungslogik der von zwei einander als Feuerwalzen sich nähernden Kampflinien weggedrängten, südwärts abfließenden Flüchtlingsströme. „Sie wollten, zwischen Cherson und Taranrog auf der noch unversehrten Erde zwischen den beiden Feuerlinien vorgehend, den Brand vom Ural aufhalten." (BMG 111 f.) Die aus der Erde hervor berstenden Explosionen bilden eine Kettenreaktion, die nicht mehr zu bändigen ist.

> Noch auf der Flucht, nach rechts und links kämpfend, sahen die Truppen die westliche Feuerwoge sprengend und lohend sich in großen Sätzen erheben und grün der östlichen zulaufen. [...] In der Linie Berdjansk Charkow Orel Taluga Twer packten sich die springenden Reihen der Bergwerke, stießen knallten grimmten in einem einzigen Feuertosen zusammen. (BMG 111 f.)

Es bleibt im Fortgang der Handlung nicht bei dieser euroasiatischen Konfrontationslogik. Auch die interkontinentalen Bewegungen des Romans lassen sich kartographisch nach-visualisieren, etwa mithilfe eines kartographischen Figuren-Duos von ostasiatischem Bogen und westamerikanischem Pfeil.[23] Die eigentlich zukunftsweisende Ausrichtung, die der Roman vorschlägt, entsteht indes durch einige eher unauffällige Triangulationen im Zusammenspiel der europäischen Stadtschaften; darin ergibt sich einerseits ein von England und Schottland aus spitz auf die Insel Island zulaufender spitzwinkliger Richtungspfeil, zum anderen aus den französischen Stützpunkten Nantes, Lyon und Toulouse ein breitwinklig Richtung Grönland weisendes Wegzeichen.

IV Die koloniale Mission

Mit der Rückkehr des in der Seele kranken Kriegers Marke beginnt in dem 3. und 4. Buch des Romans eine Grüne Revolution der Siedler-Bewegung, die autarke, nichttechnoide Lebensformen propagiert. Es kommt zur Vernichtung von Lebensmittelvorräten und Energiegewinnungs-Anlagen; ein neues Aufflackern von Kämpfen, sogar die gezielte und planmäßige Vernichtung von Überbevölkerung mithilfe von Strahlenwaffen und Brandwerfern sind die Folgen. Eine Generation von neuen Troubadours, Theater spielenden Gruppen aus afrikanischen Ländern, zieht mit ihrem Programm aus alten Legenden und Tiergeschichten durch die

---

23 Feigenwinter: *Erzählte Räume*.

Stadtschaften Europas. Die gespielten Fabeln und Märchen knüpfen an die Stoffe der ethnologischen Sammlungen eines Gustav Nachtigall, Friedrich Ratzel oder Leo Frobenius an,[24] während die Darbietungsweise sich der mündlichen, sanglichen Auftrittsform der Troubadourlyrik bedient oder zumindest mit ihr verglichen wird.

Zunehmend wird nicht nur die Bewegung der „Siedler", sondern der öffentliche Diskurs insgesamt von dem Ziel der Aneignung oder Schaffung neuer Siedlungsräume bestimmt. Hoffnung keimt auf, als die Parole der Abschmelzung Grönlands zum Zwecke der Landgewinnung die Runde macht. Die geographische Ausrichtung nach Norden, nach Island und Grönland als den *white spots* der Haupthandlung, wird durch eine aus ethnographischer Überlieferung stammende Legende eingeleitet. „Damals", in einer unbestimmten Vorzeit der Zukunft, trugen die Schlangen eine für die Menschen bestimmte Fabel mit sich herum, ein Märchen aus der Zeit der tropischen Indianer-Mythen. Diese Geschichte ist niemandes Besitz, weil sie zum kollektiven Gedächtnis gehört und immer wieder von Mund zu Ohr weiterläuft, aus einem Text in den nächsten springt, um bei Döblin literarisch aktenkundig zu werden:

> Es gab ein fernes Land, das unter warmem Himmel mit fruchtbaren Bäumen in tiefster Ruhe lag. Die Menschen glänzten und verblichen wie Sonnenstrahlen. In diesem Land lebte ein großes sanftes Tier. Dicht und schwarz, war es von einem Pelz umhüllt. Es lagerte träge, ein Bär, in seiner Höhle. Da drangen Ungetüme mit Wut, Wagen Waffen Geräten hinter sich, in das Land. Mit Keulen und Beilen schlugen die Leute auf das träge sanfte Tier. Sein Fell war so dick, daß es nicht einmal knurrte. Man stieß es und zwickte es mit feurigen Zangen [...]. Als man die Höhle um den Bären zum Einsturz brachte, machte er sich auf die Wanderschaft. (BMG 351)

Der Bär, halb blind von den Feuerzangen, schnuppert Seeluft, wirft sich ins Wasser, schwimmt ins Offene. Ein Wassergeist unterwegs weist ihm die Richtung. Er sagt zum Bären: „Du mußt weiter schwimmen, nach Norden, wo es eiskalt ist, wo kein Sand ist, wo auch nichts wächst." (BMG 352) Der Bär, je weiter er schwamm, nahm eine zunehmende Helligkeit wahr.

> Vom weißen unermeßlichen Eis ging die Helligkeit aus. Er stieg aus dem Meer, schüttelte sich. Trottete, den Kopf abwärts, über die Eisplatte, vor eine Grotte, die eben zufror. Da kroch er hinein, legte sich. Er lag völlig ruhig. Keinen Schritt kam er über das Eis. Nur wenn er Hunger hat, bricht er ein Loch in die Grotte, fängt sich Fische auf dem Meer. (BMG 353)

---

24 Zu Döblins Quellenarbeit bei der Auswertung ethnographischer Materialien vgl. Sander: *Nachwort*, S. 773 f.

Das Märchen von der Selbstrettung des Bären vor dem Angriff der bewaffneten Angreifer mit ihren Feuerzangen sucht und findet den Trost in der Sphäre endloser weißer Kälte. Gegen die feurige Wut hilft nur das Wegschwimmen, ein neues Heim bietet die friedlich und allmählich über dem bewegten Wasser sich schließende Eisdecke. So ist aus dem Bären südlicher Breiten der Eisbär geworden; seine Geschichte ist eine aitiologische Mythe, die den unterschiedlichen Klimazonen eine entlang der Wärme- und Kälte-Skala aufzureihende kausal-chronologische Abfolge zuweist. Die Botschaft ist klar, sie lautet: Auf nach Norden, ins gelobte Land. So ist mythisch bereits der Boden bereitet, auf dem sich die neue geographische Utopie der westlichen Weltgesellschaft des 27. Jahrhunderts formieren wird. „Man war noch im ungewissen über Einzelheiten des neuen Plans. Als eines Tages bei einer Beratung zu London das Wort Grönland fiel und augenblicklich die Seelen bezwang. Der Schleier war gefallen." (BMG 355)

Der Plan ist bizarr und kompliziert; dass er Begeisterung zu mobilisieren vermag, gar in die Tat umgesetzt wird, mutet selber schon hochgradig phantastisch an. Ziel des Unternehmens ist es, auf Grönland, der größten irdischen Insel, neues Siedlungsgebiet zu gewinnen und urbar zu machen. Hierfür müsste dieses arktische Terrain aber zunächst einmal von seiner hunderte von Metern dick auf dem Erdboden lastenden Eisschicht befreit werden. Um das Grönlandeis und das die Insel umklammernde Packeis auseinandersprengen und zum Schmelzen bringen zu können, werden immense Vorräte an lokal freisetzbarer Wärmeenergie benötigt. Die Techniker der westlichen Stadtschaften finden bzw. erfinden nun einen Stoff, den sie als hochkapazitiven Energiespeicher für eine solche Aufgabe heranzüchten und einsetzbar machen, eine Turmalin-Legierung. Diese wird in einem hephaistischen Stahlwerk zu einem riesigen metallisch-elastischen Netz zusammengeschmiedet, zu einem Turmalin-Schleier, der alles versengt, verschmilzt, einarbeitet und legiert, was sich ihm nähert, seien es Gesteine, Pflanzen, Tiere oder Menschen.

> Man war darauf gekommen, sich der Turmaline zu bedienen um Wärme, die lose verschwimmende flüchtige Kraft, in die strengere feste der Elektrizität zu drängen. [...] Das zertrümmerte Gestein wurde gereinigt, die getrennten Bergarten geschmolzen, umkristallisiert. Man fertigte schleierartige Gebilde aus ihnen an. (BMG 429)

Das Unternehmen startet wie ein epochaler Kriegszug, mit dem Auslaufen einer hochgerüsteten Flotte. Islands Vulkane werden auf breiter Front mit wuchtigsten Explosionen aufgesprengt, die feurig hervorquellende Lava spaltet und teilt bald die ganze Insel in mehrere Stücke. In gigantischer Aufstellung rund um den Schauplatz eines neuen Urfeuers liegen die Schiffe und auf ihnen die Turmalinschleier bereit, um den Energiestrom aufzunehmen und umzuwandeln.

> Die Völker der Turmaline hingen, Geschöpf neben Geschöpf, elastisch schwingend da aneinander [...]. Sie waren es, die das strahlende Feuer der Vulkane an sich saugen sollten, ihre Glut in den Fluß der Elektrizität verwandeln, den sie dann später wieder auf Grönland in lockerer Glut aushauchen sollten. (BMG 429)

Die Aufsprengung Islands, ein technoutopisches Projekt nicht der Naturbeherrschung, sondern der Natur-Neuschöpfung, gleicht einem gigantischen, ins Globale erweiterten kolonialen Beutezug. Schon das Aussenden der Flotte und das In-Stellung-Gehen der Schiffe vor den Küsten der nördlichen Inseln sind kulturgeschichtliches Zitat; sie wiederholen jene Urszene der Landnahme Kolonialspaniens in Amerika. Gewaltsam erobert und angeeignet wird nun aber nicht ein terrestrisches Oberflächen-Phänomen und der daran geknüpfte territoriale Eigentumsanspruch, der neue Zugriff zielt tiefer. Indem aus der Erde das Feuer hervorgehoben, domestiziert und für weitere Usurpationen als Waffe nutzbar gemacht werden soll, greift mit diesen Island- und Grönland-Expeditionen die Menschheit nach dem mythischen Tat-Vorbild des Prometheus. Der von den Göttern das Feuer holte, ist der Heros des technischen Zeitalters. Die Umwälzung der Berge und Meere in Döblins Zukunftsroman ist eine Fortsetzung des Krieges und des Kolonialismus mit anderen, nämlich biochemischen und geologischen Mitteln. Hatte die alte Choreographie des Krieges westliche und östliche Großmacht im uralischen Feuer aufeinander losgejagt, so lässt die Menschheit, respektive ihre Ingenieure, nun die Elementarkräfte Feuer und Eis aufeinander los; dass die Menschheit selbst eine Epoche der geoplastischen Umschöpfung ihres unverfügbaren Besiedlungs-Grundes anordnet und tatsächlich ins Werk setzt, ist in Döblins Narration der bis dato unerhörte Gipfelpunkt an Hybris.

Literaturverzeichnis

Badenberg, Nana: „Art nègre. Picasso, Einstein und der Primitivismus". In: *Das Fremde. Reiseerfahrungen, Schreibformen und kulturelles Wissen.* Hg. v. Alexander Honold u. Klaus R. Scherpe. Bern u. a. 2000 (Zeitschrift für Germanistik. Beihefte; 2 [1999]), S. 219–248.
Döblin, Alfred: „Bemerkungen zu *Berge Meere und Giganten*". In: ders.: *Schriften zu Leben und Werk.* Hg. v. Erich Kleinschmidt. Olten, Freiburg i. Br. 1986, S. 49–60.
Döblin, Alfred: *Berge Meere und Giganten.* Hg. v. Gabriele Sander. Düsseldorf 2006 (Sigle BMG).
Döblin, Alfred: „Epilog" (1949). In: ders.: *Schriften zu Leben und Werk.* Hg. v. Erich Kleinschmidt. Olten, Freiburg i. Br. 1986, S. 287–321.
Döblin, Alfred: *Hamlet oder Die lange Nacht nimmt ein Ende.* Olten 1966.
Döblin, Alfred: *Im Buch – Zu Haus – Auf der Straße. Vorgestellt von Alfred Döblin und Oskar Loerke* (1928). Mit einer Nachbemerkung von Jochen Meyer. Marbach 1998.

Döblin, Alfred: *Wadzeks Kampf mit der Dampfturbine*. Hg. v. Anthony W. Riley. Olten 1982.
Döblin, Alfred: *Wallenstein*. Kommentierte Gesamtausgabe. Hg. v. Erwin Kobel. Düsseldorf, Zürich 2001 (Sigle W).
Feigenwinter, Cyrill: *Erzählte Räume in Alfred Döblins ‚Berge Meere und Giganten'. Versuch einer kartographischen Lesart*. Lizentiatsarbeit, Deutsches Seminar der Universität Basel 2007.
Humboldt, Alexander von: Ueber die gleichwarmen Linien. In: ders.: *Das große Lesebuch*. Hg. v. Oliver Lubrich. Frankfurt a. M. 2009, S. 114–133.
Klotz, Volker: *Nachwort zu Berge Meere und Giganten*. Olten 1977.
Lorf, Ira: *Maskenspiele. Wissen und kulturelle Muster in Alfred Döblins Romanen ‚Wadzeks Kampf mit der Dampfturbine' und ‚Die drei Sprünge des Wang-lun'*. Bielefeld 1999.
Luschan, Felix von: *Anleitung für ethnographische Beobachtungen und Sammlungen in Afrika und Oceanien*. 3. Aufl. Berlin 1904.
Mansfeld, Alfred: *Urwald-Dokumente. Vier Jahre unter den Crossflußnegern Kameruns*. Berlin 1908.
Muschg, Walter: „Nachwort". In: Alfred Döblin: *Wallenstein*. Hg. v. Walter Muschg. Olten, Freiburg i. Br. 1965.
Musil, Robert: *Der Mann ohne Eigenschaften*. Hg. v. Adolf Frisé. Reinbek 1978.
Sander, Gabriele: *Alfred Döblin*. Stuttgart 2001.
Sander, Gabriele: „Alfred Döblins Roman ‚Berge Meere und Giganten' – aus der Handschrift gelesen. Eine Dokumentation unbekannter textgenetischer Materialien und neuer Quellenfunde". In: *Jahrbuch der deutschen Schillergesellschaft* 45 (2001), S. 39–69.
Sander, Gabriele: „Nachwort". In: Alfred Döblin: *Berge Meere und Giganten*. Hg. v. Gabriele Sander. Düsseldorf 2006, S. 766–793.
Scherpe, Klaus R.: „‚Ein Kolossalgemälde für Kurzsichtige'. Das Andere der Geschichte in Alfred Döblins ‚Wallenstein'". In: Hartmut Eggert, Ulrich Profitlich u. Klaus R. Scherpe (Hg.): *Geschichte der Literatur. Formen der Repräsentation von Vergangenheit*. Stuttgart 1990.

Elisabeth Heyne
Die Stimmen der „Primitiven" in Canettis *Masse und Macht*

Zur Kommunikation zwischen Erzähler und ethnologischem Material

> *Le texte est un tissu de citations, issues des mille foyers de la culture.*[1]

I Einführung

Als Elias Canetti nach über dreißig Jahren Recherche, Planung und Umsetzung *Masse und Macht* schließlich veröffentlichte, sah er selbst es schon längst als sein eigentliches Haupt- und „Lebenswerk" an.[2] Nur zu verständlich sind deshalb die Hoffnungen, die er mit seiner Arbeit verband, und auch die Enttäuschung über die fehlende Resonanz nach der Publikation im Jahr 1960. Die Forschung sieht diesbezüglich in der ungeklärten Gattungszugehörigkeit des Werkes eine der Hauptursachen; sowohl die Versuche, es dem poetischen Werk Canettis zuzuordnen, als auch eine ausschließlich sozialwissenschaftliche Lesart scheitern. Stattdessen wird durch immer neue Begriffe wie „poetische Anthropologie",[3] „Gegenwissenschaft"[4] und „Gegendichtung"[5] versucht, der Hybridform von *Masse und Macht* und seiner Verweigerung von Kategorisierung Rechnung zu tragen.

Sicher ist es entscheidend für die Rezeption, das Werk zwischen Literatur und Wissenschaft zu verorten – es sollte jedoch dabei nicht vergessen werden, dass sich Canetti selbst gegen exakte Kategorisierungen und Systematisierungen

---

[1] Barthes, Roland: „La mort de l'auteur". In: ders.: *Le bruissement de la langue*. Paris 1984, S. 61–67, hier S. 65.
[2] Vgl. Canetti, Elias: *Die Provinz des Menschen. Aufzeichnungen 1942–1972*. Frankfurt a. M. 1976, S. 7.
[3] Vgl. Barnouw, Dagmar: *Elias Canetti. Zur Einführung*. Hamburg 1996.
[4] Vgl. Friedrich, Peter: *Die Rebellion der Masse im Textsystem. Die Sprache der Gegenwissenschaft in Elias Canettis ‚Masse und Macht'*. München 1999.
[5] Schüttpelz, Erhard: „Elias Canettis Primitivismus". In: *Der Überlebende und sein Doppel*. Hg. v. Susanne Lüdemann. Freiburg i. Br. 2008, S. 287–312, hier S. 292.

sträubte, was sich u. a. in seiner Feindschaft gegenüber abgeschlossenen wissenschaftlichen Theorien zeigt. In den *Aufzeichnungen* heißt es:

> Die Wahrheit ist ein Meer von Grashalmen, das sich im Winde wiegt; sie will als Bewegung gefühlt, als Atem eingesogen sein. Ein Fels ist sie nur für den, der sie nicht fühlt und atmet; der soll sich den Kopf an ihr blutig schlagen.[6]

An dieser Stelle soll es nicht darum gehen, eine sozialwissenschaftliche Überprüfung oder Ergänzung von *Masse und Macht* vorzunehmen,[7] geschweige denn seine Anwendbarkeit auf Canettis – oder unser – Jahrhundert nachzuweisen. Es geht mir stattdessen darum, einen Schritt zurückzutreten und mich *Masse und Macht* von einem erzähltheoretischen Standpunkt aus zu nähern. Die Methode, mithilfe derer Canetti sein anthropologisches Wissen präsentiert und verwendet, soll hier im Zentrum stehen. Auch darin zeigt sich Canettis Feindseligkeit gegen versteinerte Wahrheiten und geschlossene Theorien. Canettis Anspruch, „mit dem Denken ganz von neuem zu beginnen",[8] ist oft diskutiert worden.[9] Von dort aus lässt sich leichter verstehen, wie sämtliche ethnologische Theorie in *Masse und Macht* beiseite gelassen werden konnte. Dieser Anspruch erstreckt sich nicht nur auf die theoretische Basis, sondern bis in die stilistische Konzeption hinein. Canetti ist, u. a. durch sein Chemiestudium, mit den Regeln von Wissenschaftlichkeit selbstverständlich vertraut, er verletzt und ignoriert sie aber bewusst und lässt damit literarischen und wissenschaftlichen Stil miteinander kollidieren.[10] Dementsprechend lässt sich *Masse und Macht* als Großessay bezeichnen, aber auch als Roman.[11]

---

6 Canetti: *Die Provinz des Menschen*, S. 54.
7 Vgl. dazu den ausführlichen Forschungsüberblick von Penka Angelova: *Elias Canetti. Spuren zum mythischen Denken*. Wien 2005, S. 109 ff.
8 Canetti: *Die Provinz des Menschen*, S. 50.
9 Vgl. dazu u. a.: Stammen, Theo: „Lektüre des Anderen – Elias Canettis anthropologischer Blick". In: *Canetti als Leser*. Hg. v. Gerhard Neumann. Freiburg i. Br. 1996, S. 161–176, hier S. 175. Stammen beschäftigt sich in seinem Text ebenfalls mit dem Problem der Lektüre, zielt jedoch darauf ab, Canetti in die Tradition von humanistischen und hermeneutischen Verfahren zu stellen. Außerdem: Angelova: *Elias Canetti*, u. a. S. 10 ff. und Mack, Michael: *Anthropology as Memory. Elias Canetti's and Franz Baermann Steiner's Responses to the Shoah*. Tübingen 2001, S. 9 ff.
10 Vgl. dazu Mack: *Anthropology as Memory*, S. 10 ff. oder auch Angelova: *Elias Canetti*, S. 11 ff.
11 Schüttpelz: „Elias Canettis Primitivismus", S. 294: „*Masse und Macht* ist ein anthropologischer Roman, ein Menschheitsroman".

Ihren Ausgang nimmt die „anti-wissenschaftliche", „anti-dichterische"[12] Methode laut Canetti bei der „Faszination für primitive Zustände",[13] die er in den *Aufzeichnungen* ausführlich erläutert. Durch sie scheint es, als ob innerhalb des Werkes der Anspruch auf Originalität gänzlich an die Autorität der ethnologischen, literarischen und psychiatrischen Quellen abgetreten würde.[14] Angeblich geht es darum, die Stimmen „primitiver" und „moderner" Zivilisationen sprechen zu lassen und dahinter zurückzutreten:[15] „Nicht als eine erzählte Geschichte erfahren wir die Erinnerung der Welt, sondern als eine Vielstimmigkeit der Zivilisationen, die zum Sprechen gebracht werden."[16] Penka Angelova spricht in ihrer Monografie zu *Masse und Macht* von einem „fluktuierenden Zusammenspiel der Erzählperspektiven",[17] in denen verschiedene Positionen in der Geschichte der Menschheit eingenommen werden. Dass aber auch die Stimmen der Zivilisationen nicht von sich aus sprechen, sondern schon gefasst sind und selbst erzählt werden, scheint Angelova zu entgehen. Wie genau interagieren die Erzähler der Quellen und der Erzähler von *Masse und Macht* miteinander?[18]

In seinen *Aufzeichnungen*, die teilweise parallel zur Arbeit an *Masse und Macht* entstanden sind und diese kommentierend begleiten, schreibt Canetti:

> Die Abenteuer der Begegnung mit einigen wenig bekannten Quellenwerken von enormer Tragweite sollten dem Leser nicht vorenthalten bleiben. Es wäre verfehlt in solchen Fällen an ‚Lektüre' im üblichen Sinn des Wortes zu denken. Erregungen von solcher Heftigkeit, die den Menschen auf Wochen und Monate in Atem halten und auch später nicht mehr loslassen, sind in ihrer Wirkung auf ihn nur mit Forschungsreisen zu unbekannten Stämmen zu vergleichen; sie haben manchmal – ich kann es nicht zahmer oder ruhiger sagen – die Gewalt von Offenbarungen.[19]

---

12 Ebd., S. 293.
13 Canetti: *Die Provinz des Menschen*, S. 171.
14 Zur Frage der „primitivistischen Autorschaft" und der „Nicht-Originalität" des Dichters vgl. Schüttpelz: „Elias Canettis Primitivismus", S. 290 ff.
15 Vgl. Angelova: *Elias Canetti*, S. 156 u. S. 114 zu Canettis Technik der „mimetischen Quellenrepräsentation".
16 Ebd., S. 114.
17 Ebd., S. 156.
18 Es soll innerhalb dieses Textes stets von „Erzählern" der Quellen die Rede sein, obwohl das vielgestaltige Quellenmaterial sowohl fiktionale als auch faktuale Texte umfasst. Angelova weist jedoch darauf hin, „dass auch wissenschaftliche Abhandlungen den ‚Standpunkt des Erzählers' oder Berichterstatters nicht ganz verhehlen können, dass es keine absolute Objektivität des Berichtens, der Untersuchung oder der Faktenauslese gibt." In: Angelova: *Elias Canetti*, S. 156.
19 Canetti: *Die Provinz des Menschen*, S. 8.

Es soll hier nur auf den Begriff der „Offenbarung" ankommen. Jene Offenbarungserlebnisse hallen noch deutlich in *Masse und Macht* nach, auch wenn von ihnen selbst nicht die Rede ist. Der Begriff entrückt Canettis Beschäftigung mit den Quellenwerken in einen religiösen Kontext und verschleiert, wie genau innerhalb des Textes mit den einzelnen ethnologischen, imaginären und psychiatrischen Zitaten umgegangen wird. Es soll deshalb hier exemplarisch diskutiert werden, wie die Quellen eingebunden und kommentiert werden und wer jene Offenbarungen eigentlich erlebt. Schließlich bleibt die Frage, was im Zuge dieses Verfahrens mit der Quelle selbst und mit der „Stimme der Primitiven", die aus Canettis Lektüre zu ihm spricht, geschieht.

II Der Rhythmus des „Primitiven"

Besonders auffallend an *Masse und Macht* ist die Erzählperspektive, ganz gleich, ob man das Werk nun als Großessay, als Roman oder Hybridform zwischen Anthropologie und Literatur behandelt. Die Anwesenheit des Erzählers ist zu jedem Zeitpunkt im Text evident, er kommentiert und organisiert das umfangreiche, heterogene ethnologische, imaginäre und literarische Material. Zunächst mag es dabei tatsächlich so scheinen, als ob „für ihn [...] die alten Kulturen, die Bilder aus ihnen, die er vermittelt, nur einzelne Stimmen eines menschlichen Dramas" seien, die er als „Zitate unverfälscht zur Geltung kommen"[20] lässt.

Was hat es aber in einem solchen hybriden Werk mit der scheinbaren „Unverfälschtheit" auf sich? Inwiefern kann man der Naivität und objektiven Vermittlung des Erzählers von *Masse und Macht*, der seinen Quellen in suspekter Regelmäßigkeit ihre Wahrheit und Wahrhaftigkeit durch Kommentare bescheinigt, die vor Superlativen strotzen, vertrauen?[21]

Das erste ausführliche wörtliche Quellenzitat findet sich im Kapitel über den „Rhythmus" der Masse. Es handelt sich dabei um die Schilderung des Haka, ursprünglich ein Kriegstanz der Maori Neuseelands, die metonymisch für alle zuckenden, d. h. rhythmischen Massen deren Eigenschaften beschreiben soll:

> Der Tanz, Haka genannt, mußte jeden, der ihn zum erstenmal erlebte, mit Schrecken und Angst erfüllen. Die ganze Gesellschaft, Männer und Frauen, Freie und Sklaven, waren durcheinander gemischt, ohne Rücksicht auf den Rang, den sie in der Gemeinde einnahmen.

---

[20] Angelova: *Elias Canetti*, S. 155 f.
[21] Vgl. Canetti, Elias: *Masse und Macht*. Frankfurt a. M. 1981. Formulierungen wie „Ein Bericht, der unheimlicher und zwingender ist, wird sich schwerlich finden lassen." (S. 170) häufen sich in *Masse und Macht*.

> Die Männer waren vollkommen nackt, bis auf eine Patronentasche, die sie um den Leib hängen hatten. [...] Die jungen Weiber, auch die Frauen des Häuptlings, nahmen mit entblößtem Oberkörper am Tanze teil.
> Der Takt des Gesanges, der den Tanz begleitete, wurde sehr streng eingehalten. Ihre Beweglichkeit war erstaunlich. Plötzlich sprangen sie vom Boden senkrecht in die Höhe, alle genau zugleich, als wären die Tanzenden alle zusammen von *einem* Willen belebt. Im selben Augenblick schwangen sie ihre Waffen und verzerrten das Gesicht, und mit den langen Haaren, die Männer wie Frauen bei ihnen offen haben, glichen sie einem Heer von Gorgonen. [...]
> Sie rollten die Augen hin und her, manchmal war nur das Weiße davon sichtbar, es war, als würden sie im nächsten Moment aus den Höhlen fallen. Den Mund verzerrten sie bis zu den Ohren auseinander. Alle zugleich streckten die Zungen ganz lang zum Munde heraus, nie hätte ein Europäer es ihnen nachtun können; eine frühe und lange Übung hatte sie dazu befähigt. Ihre Gesichter boten einen schrecklichen Anblick, es war eine Erleichterung den Blick von ihnen abzuwenden.[22]

An dieser Stelle sei das lange Zitat abgebrochen. Exemplarisch kann hier gezeigt werden, wie der Erzähler von *Masse und Macht* mit den einzelnen Erzählern der jeweiligen Quellen kommuniziert und welche Verfahren er dabei anwendet.

Autor der zitierten Beschreibung ist Joel Samuel Polack, der in Neuseeland Handelsbeziehungen mit den Maori aufbaute und, nach England zurückgekehrt, ein zweibändiges Werk über seine Reisen und Erlebnisse schrieb, das er 1838 veröffentlichte. Der Erzähler des Textausschnittes gibt sich als „Ethnograf" Polack zu erkennen und identifiziert sich deutlich als Europäer. Er inszeniert seinen Untersuchungsgegenstand vor allem über seine Anspielungen auf Europa als fremd – auch wenn er sich eigentlich selbst „in der Fremde" befand. Indem er die Haka-Tänzer mit griechischen Schreckgestalten vergleicht und ihre dezidiert nichteuropäischen Körpertechniken beschreibt, zeigt sich, dass ihm nur europäische Vergleiche zur Verfügung stehen. Er schreibt als Europäer für Europa und berichtet von dort aus über die fremden, wilden Tänzer und ihre angsteinflößenden Rhythmen. Entscheidender ist jedoch der starke Akzent, den der Erzähler hier auf seine Empfindungen dem Fremden gegenüber legt: Angst und Schrecken erfassen ihn – da er jedoch mit dem Leser eine (über europäische Symbole geknüpfte) Einheit bildet, ist es nicht nur seine ganz individuelle Angst-Erfahrung, sondern ein Gefühl, das sich zwingend auch bei jedem anderen Fremden – wäre er in der gleichen Situation gewesen – eingestellt hätte: „Man kann sich vorstellen, welche Wirkung dieser Tanz in Kriegszeiten hatte, [...] wie er die Abneigung der beiden Parteien gegeneinander auf die Spitze trieb".[23] Zunächst ist der Erzähler der Quelle

---

22 Ebd., S. 30 f. Hervorhebungen im Original.
23 Ebd.

über die Bewegungen und die Beweglichkeit der „Primitiven" erstaunt, schließlich verlieren die Haka-Tänzer jedoch alle menschlichen Eigenschaften, werden zu mythologischen Gestalten. Der Zivilisierte muss den Blick abwenden, um nicht zu Stein zu erstarren. Hier lässt der Erzähler verschiedene Deutungsansätze zu. Zum einen kann der Verlust des menschlichen Gesichts als Teil einer Inszenierung als Fremdes gedeutet werden, zur Abschreckung von Feinden. Zum anderen kann aber auch behauptet werden, dass Polack den Haka über europäische Symbole und Befindlichkeiten beschreibt, die diese Fremdheit erst entstehen lassen.

Den Erzähler von *Masse und Macht* interessiert getreu der Kapitel-Überschrift an diesem Bericht ausschließlich, dass alle Tänzer als außergewöhnlich gleichwertig beschrieben werden, dass sie, „von einem Willen" getrieben, alle die gleichen Bewegungen auszuführen imstande sind. Gerade darin besteht das Wesen der rhythmischen Masse. Bezeichnend ist, dass sowohl vor als auch nach dem ausführlichen Zitat der Quelle jenes Hauptmerkmal beschrieben wird. Die darauffolgende Analyse der Quelle ist keine bloße Wiederholung und Hervorhebung, sondern bereits eine Deutung.[24]

Die entscheidende Position als *Beobachter*, die der Erzähler der Quelle einnimmt, registriert auch der Erzähler von *Masse und Macht:* „Denn alles geschieht nur unter der Voraussetzung, daß es gesehen wird: der Feind schaut zu."[25] Weiter heißt es aber: „Die Intensität der gemeinsamen Drohung macht den Haka aus".[26] Der Erzähler beschränkt seine Interpretation auf die Wirkung der Masse: Es ist nicht der Beobachter, der diese hervorbringt, sondern die Masse selbst. Wo es noch in der Quelle von der rhythmischen Masse heißt: „als *wären* die Tanzenden alle zusammen von *einem* Willen belebt",[27] konstatiert der Erzähler von *Masse und Macht:* „die Menschen in jedem ihrer kleinsten Teile *sind* von dieser Gleichheit ergriffen".[28] In seiner Lesart resultieren die Empfindungen des Erzählers der Quelle – Angst, Schrecken und vor allem der Eindruck von vollständiger Einheit der Masse – direkt aus dem Tanz, nicht aus einer Konstruktion durch den Betrachter, wie man es auch ohne postkoloniale Theorieschulung noch aus der Lektüre der Quelle hätte deuten können.

Auch legt der Erzähler von *Masse und Macht* den Rhythmus des Haka nicht als spezifische Technik der Maori und ihrer Tänze aus – im Sinne der Mauss'schen Körpertechniken, wie es der Ausschnitt aus Polack zunächst nahelegt –, sondern

---

24 Wie beispielsweise: „Das Rollen der Augen und das Herausstrecken der Zunge sind Zeichen des Trotzes […]". Ebd., S. 31.
25 Ebd., S. 32.
26 Ebd.
27 Ebd., S. 30. Erste Hervorhebung E.H.
28 Ebd. Hervorhebung E.H.

als eine universale Eigenschaft aller rhythmischen Massen, die nicht nur damals und dort, sondern auch jetzt und hier gilt.

Schließlich wird die Empfindung von Gleichheit über die Figur des Beobachters wieder zurück auf den Untersuchungsgegenstand projiziert: „In diesem Tanze, an dem alle teilnehmen können, empfindet sich der Stamm als Masse. [...] Dank dem Haka ist ihre Einheit von innen her nie ernsthaft gefährdet."[29]

Festzuhalten ist zunächst, dass es sich hier hauptsächlich um Empfindungen und Eindrücke aus Beobachtungen handelt. Die Beziehungen aber, die zwischen tanzender Masse und Beobachter bestehen, existieren für den Erzähler von *Masse und Macht* nur aus der Perspektive der Masse. Die Masse wird subjektiviert, sie fühlt, sie will wachsen, sie liebt die Dichte – nach Canetti die elementaren Eigenschaften der Masse. Die Perspektive des einzelnen Beobachters wird aber in der Deutung der Quelle ignoriert, ebenso die Vermittlung zwischen der Masse und dem Erzähler von *Masse und Macht*. Auch die Ambivalenz, die der Erzähler der Quelle im Hinblick auf die Inszenierung und Wahrnehmung als Fremdes einführt, löst der Erzähler von *Masse und Macht* vom europäischen Blick und löscht sie aus.[30]

Ebenso verhält es sich in Bezug auf den Rhythmus. Die rhythmischen Bewegungen der Masse und ihre exakt simultane Koordination sind Grundbausteine der Typisierung der verschiedenen Massenphänomene in *Masse und Macht*. Gerade aber der Rhythmus ist als primitivistisches Element in Kunst und Musik zu finden: Die Mythen vom „Negerrhythmus" beispielsweise beziehen sich nicht nur auf seine angeborene Musikalität, sondern implizieren immer auch eine Nähe des „Negers" (des „Primitiven") zum Rhythmus der Natur, von dem sich die Zivilisierten bereits weit entfernt hätten.[31]

Vom Ende des 19. Jahrhunderts an entstanden um den Begriff „Rhythmus" zahlreiche künstlerische und wissenschaftliche Konzepte,[32] angefangen bei Karl

---

29 Ebd., S. 32.
30 An zahlreichen Stellen in *Masse und Macht* werden diese Universalisierungen von Empfindungen deutlich. Zur Haltung zum Tod und den Gefühlen, die den Toten zugeschrieben werden, heißt es beispielsweise: „Die gleiche Empfindung, scheint es, beherrscht die Verstorbenen aller Völker." Ebd., S. 292.
31 Vgl. den Eintrag zu „Rhythmus, rhythmisch" in: Schultz, Joachim: *Wild, irre und rein. Wörterbuch zum Primitivismus der literarischen Avantgarden in Deutschland und Frankreich zwischen 1900 und 1940*. Gießen 1995, S. 165.
32 „Phänomen und Begriff ‚Rhythmus' entgrenzten und universalisierten sich, Rhythmus wurde zu einem bevorzugten Wahrnehmungsmodell und zum Erklärungsprinzip von Gestaltungs-, Rezeptions-, Kommunikations-, Wirtschafts-, Arbeits-, Geschichts- sowie allgemeinen Lebensprozessen – und zu einer Kategorie der Raumbetrachtung." Vgl. die Übersicht von Marianne Streisand in ihrem Aufsatz: „Rhythmische Räume". In: *Topographien*

Büchers *Arbeit und Rhythmus* von 1896. In dem zu seiner Zeit viel diskutierten Werk geht Bücher davon aus, dass der Rhythmus aus bestimmten Körperbewegungen entsprang, die vor allem an „primitive" Arbeiten geknüpft waren. „Primitive" Arbeitsbewegungen – wie beispielsweise Holzhacken, Melken, Sägen – werden von durch die Körperbewegungen initiierten Lauten begleitet, die den Tonrhythmus, den „Takt der Arbeit",[33] bilden. Dieser erleichtert die körperliche Arbeit, vor allem wenn er durch mehrere ausgeführt, multipliziert und verstärkt wird. Der Rhythmus wird zum „disciplinierenden Element" und steigert die Produktivität. Dieser Punkt in Büchers Betrachtungen zum Rhythmus ist auffallend kongruent mit Canettis Ausführungen zur rhythmischen Masse: „Durch Vorspielen von Dichte und Gleichheit wird das Massengefühl kunstvoll hervorgerufen",[34] und zwar vermittelt durch „ein rhythmisches Geräusch".[35]

So beginnt auch das Kapitel in *Masse und Macht* mit dem Rhythmus der Füße, die abwechselnd am Boden aufschlagen, plötzlich springen oder stillstehen: Die Körperbewegungen der Schritte, wie Trommeln am Boden, sind, wie bei Bücher, aufs engste verbunden mit einem musikalischen Element, und so ist es auch nicht weiter verwunderlich, dass sich Büchers Schrift im umfangreichen Literaturverzeichnis[36] von *Masse und Macht* wiederfinden lässt. Die enge Verbindung, die

---

der Moderne. Medien zur Repräsentation und Konstruktion von Räumen. Hg. v. Robert Stockhammer. München 2005, S. 229–262, hier S. 229 ff. Streisand geht anschließend auf Émile Jaques-Dalcroze und die von ihm begründete rhythmisch-musikalische Erziehung ein. In seinen Überzeugungen und Thesen zeigt sich besonders deutlich eine Verbindung von Körper, Rhythmus und Primitivismus: Die modernen Menschen seiner Zivilisation seien „entrhythmisiert", durch den „Rhythmus als Erzieher" solle es allerdings möglich sein, „das Gleichgewicht der Sinne", das vor dem Zivilisationsprozess noch intakt war, im Sinne einer „künstlichen Primitivierung" wieder herzustellen. Dalcroze orientiert sich dabei an der Idee eines naturnahen, primitiven Rhythmus, wie ihn Bücher beispielsweise konzipiert. Es ist deutlich, dass auch Canetti in diese Linie eingeordnet werden kann: Der Rhythmus des Tanzes ist keine erlernte *Körpertechnik*, er ist ein in der Moderne verlorengegangener, ursprünglicher und primitiver Rhythmus, den der Mensch aber in der Masse wiederfinden kann.

33 Bücher, Karl: *Arbeit und Rhythmus*. Leipzig 1899, S. 27.
34 Canetti: *Masse und Macht*, S. 27.
35 Ebd., S. 28.
36 Canettis ausgedehntes Literaturverzeichnis wird in der Sekundärliteratur immer wieder bestaunt, wurde aber noch kaum untersucht. Die Schwierigkeiten damit begründen sich u. a. darin, dass die einzelnen, wörtlichen Quellenzitate zwar belegt werden, allerdings ohne einen Hinweis darauf im Text in Form von Fußnoten zu geben. Am Ende des Textes stößt man auf die Nachweise mit Seitenzahlen. Im darauffolgenden Literaturverzeichnis wird nicht zugeordnet, an welcher Stelle die aufgezählten Werke verwendet wurden. Es ist lediglich mit der Anmerkung versehen, dass viele „für die Gedankenbildung des Autors" entscheidende

Bücher zwischen der Arbeit und dem von ihr hervorgerufenen Rhythmus sieht, taucht zwar in *Masse und Macht* nicht auf, interessant ist dafür aber die Verknüpfung mit dem Tanz. Diesen sieht Bücher oft aus Nachahmung von Arbeitsvorgängen oder ähnlichen gemeinsamen Aktivitäten (wie z. B. Krieg) entstehen: Die Körperbewegungen der Arbeit, der daraus entstehende Rhythmus, welcher teilweise durch Gesang noch künstlich verstärkt wird, und der nachahmende Tanz bilden eine eng verbundene Kette.

In *Masse und Macht* liegt dem Rhythmus der Wunsch nach *Vermehrung* zugrunde, eine der Grundeigenschaften der Masse. Durch den Tonrhythmus *vermehrt* sich die Produktivität der Arbeit, durch das gemeinsame Arbeiten mehrerer täuschen ihre Rhythmen „eine größere Zahl von Menschen vor".[37] Vor allem geschieht dies im Tanz: „Sie ersetzen an Intensität, was ihnen an Zahl abgeht."[38] Dies erreichen sie durch die Gleichheit: „Schließlich tanzt vor einem ein einziges Geschöpf, mit fünfzig Köpfen, hundert Beinen und hundert Armen ausgestattet, die alle auf genau dieselbe Weise oder in einer Absicht agieren."[39] Der Rhythmus nimmt damit den Tänzern schließlich ihr menschliches Äußeres und lässt ein eigenes Wesen entstehen. Bezeichnenderweise ist diese Beobachtung dem Zitat von Polack noch vorangestellt. Der Erzähler weist bereits darauf hin, was er sucht, noch bevor die eigentliche „Offenbarung" durch die Quelle stattgefunden hat. Der ursprüngliche Rhythmus ist sowohl bei Bücher als auch bei Canetti und Polack ein Rhythmus der nackten Primitiven.[40]

Der Erzähler von *Masse und Macht* begibt sich schon vor dem Quellenzitat auf die Suche nach jenem „primitiven Rhythmus", das „Quellenerlebnis" scheint hier nur die Bestätigung seiner Erwartungen zu sein, auch Bücher zitiert er nicht, um sein Vorwissen zu erklären. Die „Offenbarung" scheint sich offensichtlich nicht zwischen der Quelle und dem Erzähler von *Masse und Macht* abzuspielen, zwischen wem aber dann?

Texte darin aufgeführt sind. Es schließt allerdings von Canetti abgelehnte Theorien meist von einer Erwähnung aus, wie es am Beispiel von Freud deutlich wird.
37 Canetti: *Masse und Macht*, S. 29.
38 Ebd.
39 Ebd., S. 30.
40 „Wie dem sein mag, sicher ist, dass der nackte Mensch eine grössere Neigung und Leichtigkeit der rhythmischen Körperbewegungen hat als der bekleidete, und dass auf niederen Stufen der menschlichen Entwicklung die Zahl der langwierigen gleichmässig fortzusetzenden Arbeiten bei weitem überwiegt." Bücher: *Arbeit und Rhythmus*, S. 34.

III Zur Kommunikation zwischen den Erzählern

„Die elementare Grunderfahrung ethnologischer Feldforschung besteht darin, entgegen der eigenen Intention und Selbstwahrnehmung als Beobachter und Lernender zunächst zum Objekt der Beobachtung gemacht zu werden."[41] Die Problematik der Beobachtung des Beobachtenden in *Masse und Macht* wird gänzlich ignoriert. Stattdessen spricht in Canettis Werk die Stimme der „Primitiven" direkt zum ihm:

> Ein starker Glaube und eine noch stärkere Erwartung treiben mich zu jeder Darstellung primitiven Lebens hin, und wann immer ich über diese Dinge lese, selbst in der vorsichtigen und verdünnten Deutung moderner Autoren, meine ich die eigentliche Wahrheit in der Hand zu haben.[42]

Aus der kontrastiven Lektüre der *Aufzeichnungen* zu *Masse und Macht* wird eindeutig ersichtlich, dass der Erzähler in letzterem ganz bewusst alle Zwischenschritte und Vermittlungsinstanzen außer Acht lässt. Die unumstößliche und unzerstörbare Wahrheit, die dem Mythos inne ist, ist durch keine Transfer-, Übersetzungs- und Interpretationsprozesse zu verfälschen. Die die primitiven Stammesmythen betreffenden Passagen der *Aufzeichnungen* sollen aber hier beiseite gelassen werden, ebenso wie die berühmt gewordene Rede über den Dichter als „Hüter der Verwandlung".[43] Der Erzähler geht in *Masse und Macht* selbst nicht auf seine Methode ein. Das versetzt zunächst in Erstaunen: Canetti will „mit dem Denken ganz von neuem" beginnen, wie es in den *Aufzeichnungen*, aber nicht in *Masse und Macht* erwähnt wird. Dessen Leser wird dadurch zunächst irritiert, da Canetti seine vielfältigen Quellen zwar wörtlich zitiert und kommentiert, aber nicht auf ethnologische Theorien Rücksicht nimmt.

Elias Canetti hat außer einer Reise nach Marrakesch Europa nie verlassen. Er ist nie zu den sogenannten „primitiven" Völkern gereist, stattdessen kamen sie durch die Lektüre zu ihm. Schrift, Lektüre, Bücher über ferne Völker sind Schlüsselthemen in Canettis Werk: der „Büchermensch" Peter Kien, Protagonist der *Blendung*, Canettis Lektüren als kleiner Junge, die er immer wieder in seinen

---

[41] Rottenburg, Richard: „Marginalität und der Blick aus der Ferne". In: *Geist, Bild und Narr. Festschrift für Fritz Kramer*. Hg. v. Heide Behrend. Berlin 2001, S. 37–44, hier S. 42. Zitiert nach und vgl. die Ausführungen dazu sowie das Kapitel „Ethnographische Situation und schriftliche Autorisierung" in: Schüttpelz, Erhard: *Die Moderne im Spiegel des Primitiven. Weltliteratur und Ethnologie (1870–1960)*. Paderborn 2005, S. 328 ff.
[42] Canetti: *Die Provinz des Menschen*, S. 171.
[43] Canetti, Elias: „Der Beruf des Dichters". In: ders.: *Das Gewissen der Worte*. München 1978, S. 257–267, hier S. 261.

Autobiografien beschreibt, die Passagen der *Aufzeichnungen*, die wieder und wieder auf das Thema der Lektüre zurückkommen. In der *Geretteten Zunge* heißt es: „Einige Monate nachdem ich in die Schule gekommen war, geschah etwas Feierliches und Aufregendes, das mein ganzes weiteres Leben bestimmte."[44] Der junge Canetti bekam sein erstes Buch geschenkt: *The Arabian Nights*, in einer Ausgabe für Kinder, gefolgt von *Robinson Crusoe, Gullivers Travels*, später dann Sven Hedins *Von Pol zu Pol:* „Schon der erste Band war eine Offenbarung. Da kamen Forschungsreisen in alle möglichen Länder vor [...]. Anhand der abenteuerlichsten Entdeckungsreisen lernte ich die Erde und ihre Völker kennen."[45]

Die räumliche Unbeweglichkeit des Schriftstellers steht vom ersten Moment der Lektüre an einem Reisen in den Büchern gegenüber. Durch die Schrift kommen die „Kontinente der Sehnsucht"[46] an seinen Schreibtisch. Trotz allem macht das Canetti nicht zu einem Schreibtisch*ethnologen*: „Denn seine Tiere sind nicht die der Zoologie, sondern die der Märchen."[47] Aus Träumen, Liedern und Sagen filtert er die Symbole der Masse heraus, er sammelt Wortfelder und lässt sich von ihnen treiben.[48] Es sind *literarische* Erlebnisse, die die „Offenbarungen" auslösen. In *Masse und Macht* vergisst man manchmal fast, wo der Erzähler eigentlich steht, wenn er von einer Zeit erzählt, „als man [...] die Drachen beinahe ausgerottet hatte".[49]

In seiner Sichtung der literarischen, imaginären und rituellen Produktionen der Völker der Welt ist der Erzähler stets auf der Suche nach universal geltenden Phänomenen, seine Erklärungen sollen die ganze Welt abdecken. Seine Quellen beglaubigt er mit immer neuen Beteuerungen. Er verfügt über „das echteste Zeugnis",[50] eines der „wesentlichsten Dokumente der Menschheit"[51] oder „einen unwiderleglichen Beweis".[52] Zum einen wird damit eine besondere Nähe zum Gegenstand, den „Primitiven", bezeichnet, wenn beispielsweise ein Missionar seine „Gewährsmänner selber sprechen"[53] lässt, indem er ihre Erzählungen in ihrer eigenen Sprache festhält. Anderseits kann der Erzähler auch ganz in die Imaginationen und Stammesmythen der „Primitiven" eintauchen und die Mythen

---

44 Canetti, Elias: *Die gerettete Zunge. Geschichte einer Jugend.* München 1977, S. 58.
45 Vgl. ebd., S. 117 f.
46 Liessmann, Konrad Paul: „Auf fremden Pfaden". In: *Einladung zur Verwandlung.* Hg. v. Michael Krüger. München 1995, S. 286–311, hier S. 287.
47 Ebd., S. 305.
48 Vgl. Canetti: *Masse und Macht*, S. 90 ff.
49 Ebd., S. 231.
50 Ebd., S. 295.
51 Ebd.
52 Ebd., S. 475.
53 Ebd., S. 295.

selbst als wahr empfinden, wie im Falle eines Textes von Konrad Theodor Preuss über einen Mythos der Uitoto: „Die Dichte dieses Mythus, wo sich alles wirklich Wichtige im Leib der Schlange abspielt, ist unabweisbar, er ist die Wahrheit selbst."[54] Es scheint, als wolle der Erzähler selbst zum primitiven Denker werden. Auch hier ist unklar, aus welcher Welt er eigentlich berichtet.

Um auf den Haka zurückzukommen, so kann dort von einer Vermittlungskette ausgegangen werden, die vom Tanz zum Betrachter und Erzähler der Quelle, über das Offenbarungserlebnis der Lektüre dieses Berichts durch den Erzähler von *Masse und Macht*, hin zum Leser führt und dabei von bestimmten Theorien zum Rhythmus beeinflusst wird. Für den Erzähler von *Masse und Macht* ist es trotz all dieser Vermittlungsstufen aber der Tanz selbst, der ihn fasziniert. Er sieht die „Primitiven" vor sich, sie sprechen aus der Lektüre zu ihm. Es ist, als ob er selbst anwesend gewesen wäre. Nach Clifford Geertz ist der Autor in ethnografischen Texten, anders als in der Literatur, noch lange nicht gestorben. Seine narrativen Strategien zielen darauf ab, den Leser zu überzeugen, dass es dem Autor als Beobachter tatsächlich gelungen ist, in eine fremde Lebensform einzudringen und sich trotzdem als Autor im Text zu manifestieren: „A there presence in a here text."[55]

Die Autorschaft Polacks wird vom Erzähler von *Masse und Macht* allerdings beinahe gelöscht, der Vermittlungsschritt übersprungen. Alle Fragen, die die dekolonialisierte Ethnologie betreffen – „What is the evidence? How was it collected? [...] How words attach to the world, texts to the experience, works to lives [...]"[56] –, die Geertz in seinem Werk stellt, überträgt der Erzähler auf sich selbst und nimmt sie aus der Verantwortung des eigentlichen Beobachters der „primitiven" Tänzer, des Ethnografen. Der Erzähler selbst versucht stattdessen, durch seine zahlreichen Beteuerungen Evidenz herzustellen. Vielleicht ist dies nicht die einzige Autorschaft, die in *Masse und Macht* verschwiegen wird.[57]

---

54 Ebd., S. 286.
55 Geertz, Clifford: *Works and lives. The anthropologist as author.* Cambridge 1988, S. 145.
56 Vgl. ebd., S. 135.
57 Nach wie vor ungeklärt ist der Anteil Veza Canettis an *Masse und Macht*: „Ich schicke Ihnen jetzt endlich ein Exemplar von ‚Masse und Macht', das mich über 20 Jahre meines Lebens gekostet hat. Vielleicht, wenn Sie es lesen, werden Sie finden, daß das elende Leben meiner Frau nicht ganz umsonst war. Ihr geistiger Anteil daran ist so groß wie meiner. Es gibt keine Silbe darin, die wir nicht zusammen bedacht und besprochen haben", schreibt Canetti in einem Brief an Herman Kesten, 4.12.1963, zitiert nach Schedel, Angelika: „‚Bitte das über seine Frau *nicht* auslassen'. Briefe an Erich Fried, eine ‚gefälschte' Autorschaft und Frauen im Hintergrund – ein Beitrag zu Veza Canettis Jahren im Londoner Exil". In: *Text und Kritik*, Heft 156, Veza Canetti, Oktober 2002, S. 82–94, hier S. 86.

So taucht der Erzähler durch die Lektüre hindurch. Genau darin besteht das Offenbarungserlebnis: Es ist eine literarische Erfahrung, das literarische Erleben der Worte und Bilder. Die Transferwege dazwischen aber, die zwischen dem Ethnografen, seiner Beobachterposition und seiner schriftstellerischen Tätigkeit, spielen keine Rolle mehr. Damit ist es keineswegs eine „dichte Beschreibung" im Sinne Geertz', die Canetti anfertigt,[58] denn der Erzähler von *Masse und Macht* beteuert zwar die Wahrheit und Originalität seiner Quellen, er ist eben dadurch aber kein Beobachter zweiter Ordnung, der Beobachter daraufhin beobachtet, *wie* sie beobachten. Das tatsächliche „Dort-Sein" will er zwar repräsentieren, kann es aber nicht, weil er eben kein Augenzeuge ist und deshalb auch keine Augenzeugenschaft reflektieren kann. Das wäre aber Voraussetzung einer dichten Beschreibung.[59] Die eigentliche Beobachtung bezieht sich in *Masse und Macht* nicht auf das Erlebnis des „Dort-Seins", sondern auf das Erlebnis der Lektüre. Der Erzähler zerlegt die Berichte und setzt sie durch Zitieren und Kommentieren in neue Zusammenhänge. Die primitiven Stämme und ihre Zeugnisse, aus denen die universalen Eigenschaften der Masse direkt zu ihm sprechen, sind für ihn nicht *data* im Sinne des folgenden Zitats von Geertz:

> this fact – that what we call our data are really our own constructions of other people's construction of what they and their compatriots are up to – is obscured because most of what we need to comprehend a particular event, ritual, custom, idea, or whatever is insinuated as background information before the thing itself is directly examined.[60]

IV Schluss: Canetti als Literarischer Primitivist

Eher als um die Stimmen fremder Zivilisationen geht es in *Masse und Macht* um deren Reflexe in der europäischen ethnografischen Erfahrung. Es sind literarische Wilde, die zum Erzähler sprechen. So bleibt es ohne Bedeutung, ob der Haka

---

58 Wie es Robertson für Canettis Beschreibungen des katholischen Ritus und des „Stehens auf der Ebene von Arafat" vorschlägt. Vgl. Robertson, Ritchie: „Canetti als Anthropologe". In: *Einladung zur Verwandlung*. Hg. v. Michael Krüger. München 1995, S. 190–207, hier S. 204. Ebenfalls zur Verbindung von Geertz und Canetti: Vgl. Mack: *Anthropology as Memory*, S. 48 ff.
59 Vgl. dazu auch: Wolff, Stephan: „Die Anatomie der Dichten Beschreibung. Clifford Geertz als Autor". In: *Zwischen den Kulturen? Die Sozialwissenschaften vor dem Problem des Kulturvergleichs*. Hg. v. Joachim Matthes. Göttingen 1992 (Soziale Welt. Sonderband; 8), S. 339–362.
60 Geertz, Clifford: "Thick Description: Toward an Interpretive Theory of Culture". In: ders.: *The interpretation of cultures: selected essays*. New York 1973, S. 9.

tatsächlich Schrecken verbreiten sollte, ob er eine Inszenierung war oder inwiefern man Polack als Autor „vertrauen" kann. Canetti webt ein Netz aus Texten, europäischen Texten über eine nicht-europäische Welt, die wiederum von Europäern rezipiert wurden. Der Rhythmus als einzelnes Element einer solchen Konstruktion ist sicherlich als primitivistisches Klischee zu betrachten, das in der Form des „Negerrhythmus" eine besonders zweifelhafte Ausprägung fand und noch immer findet.[61]

Canettis Primitivismus besteht weiterhin zum einen in der Gleichsetzung von „Geisteskranken" und „primitiven" Völkern, zum anderen im Glauben an die Nähe der „Primitiven" zum Ursprung. Das daraus entstammende „Trugbild der leichteren Überschaubarkeit"[62] reflektiert er zwar und bricht es damit.[63] In den *Aufzeichnungen* erkennt er zum Ende der Arbeit an *Masse und Macht* jenes Trugbild als europäische Konstruktion zum Zwecke der Vereinfachung. In *Masse und Macht* jedoch wirken das Bild und die damit verbundenen Offenbarungen aus den Quellen noch. Der Rhythmus des Haka, die Massen- und Machtformen der sogenannten „Primitiven" und „Geisteskranken" sind eins mit denen der Gesellschaft des 20. Jahrhunderts.

Den Eindruck des Eurozentrismus versucht der Erzähler mit aller Kraft zu bekämpfen, es geht ihm stets um Quellen der „Weltliteratur",[64] die stellvertretend für alle Völker der Erde gelten und Universalität bis hin zu individuellen Empfindungen beanspruchen können sollen. Diese Strategie scheint auch von Erfolg gekrönt zu sein; so sieht Penka Angelova Canettis Quellenauswahl und -interpretation lediglich auf eine männliche Perspektive beschränkt. So wie aber in Hinsicht auf die Geschlechterproblematik Skepsis an der Unvoreingenommenheit des Erzählers angebracht ist, so wäre auch in Bezug auf das Problem einer europäischen, weißen und modernen Perspektive die „weltliterarische" Strategie des Erzählers zu hinterfragen.

Neben einem europäischen Blick fällt an der Konstruktion des Erzählers vor allem auf, dass er sich selbst seiner subjektiven Empfindungen stets bewusst ist und sie penibel untersucht. Der Erzähler bildet dabei eine Einheit mit dem Leser,

---

61 Vgl. dazu z. B. Nicolas Sarkozys umstrittene Rede von Dakar: „Le paysan africain, qui depuis des millénaires, vit avec les saisons, dont l'idéal de vie est d'être en harmonie avec la nature, ne connaît que l'éternel recommencement du temps rythmé par la répétition sans fin des mêmes gestes et des mêmes paroles." Aus: Sarkozy, Nicolas: *Discours de Dakar*, 26.07.2007. <http://www.elysee.fr/president/les-actualites/discours/2007/discours-a-l-universite-de-dakar.8264.html> (Stand: 15.11.2011).
62 Canetti: *Die Provinz des Menschen*, S. 171.
63 Vgl. dazu die Ausführungen in: Schüttpelz: „Elias Canettis Primitivismus", S. 290.
64 Canetti: *Masse und Macht*, S. 259.

denn es ist kaum die Rede von einem Ich des Erzählers, sondern immer von einem „wir" oder „man".[65] Dieser Punkt führt erneut zum „Offenbarungserlebnis", das die Quellenerfahrung für den Erzähler bereithält. Sie ist Indikator für den Gehalt der Quelle, sie regt ihn zum Schreiben an und generiert durch ihre emotionale Kraft gleichzeitig eine Verbindung von Leser und Erzähler, die eine Einheit bilden, wie schon im Fall des Lesers und Erzählers bei Polacks Bericht über den Haka.

„Es steht dem Europäer des 20. Jahrhunderts schlecht an, sich über Barbarei erhaben zu dünken."[66] Der Erzähler von *Masse und Macht* selbst befragt sich (und damit den Leser) genau zu Gefühlen von Erhabenheit über fremde Kulturen. Er weigert sich aber, die Überlieferer seiner Quellen daraufhin zu untersuchen. Im Gegenteil: Über einen Bericht der Taulipang, aufgezeichnet von Koch-Grünberg, heißt es: „Es ist dieser Darstellung der Kriegsmeute kaum etwas hinzuzufügen. Unter unzähligen Berichten ähnlicher Art ist dieser in seiner Nacktheit der wahrhaftigste. Er enthält nichts, das nicht hineingehört, nichts ist vom Erzähler verbessert oder beschönigt worden."[67]

Der Bericht wird hier ausschließlich einem „primitiven" Erzähler zugeschrieben, seine Empfindungen sind unverfälscht und wichtiger Teil der Quelle, die der Erzähler universell auf sich und den Leser überträgt. Der Ethnograf Koch-Grünberg als Vermittlungsinstanz ist nur als Aufschreibender präsent und die Authentizität der Quelle scheint nur vom Taulipang-Erzähler abhängig, der nichts hinzufügt, nichts beschönigt.

So gibt der Erzähler von *Masse und Macht* letztendlich nur vor, die „primitiven" Völker zu beschreiben, stattdessen aber beschreibt er ihre Spiegelungen in der literarischen, ethnografischen und imaginären Produktion Europas. Er lauscht nicht etwa den Stimmen der „Primitiven" und ihren Rhythmen, auch wenn er dies zu inszenieren sucht,[68] sondern vielmehr den ethnografischen Fremd-Erfahrungen, in denen Phänomene wie der „Rhythmus der Naturvölker" zuallererst entstehen.

Die Quellen, aus denen der Erzähler seine Beobachtungen zieht, werden zu bloßen Gefäßen der Überlieferung und Übertragung. Die Texte selbst aber haben

---

65 Vgl. zur Darstellung der emotionalen Eingebundenheit des Lesers in den Text, die darauf abzielt, ihn bestmöglich zu überzeugen und den größtmöglichen Einfluss auf ihn zu haben: Mack: *Anthropology as Memory*, S. 54 ff. Macks Theorie ist eine leserzentrierte, es geht um den Aufbau der Kommunikation zwischen Erzähler und Leser. An dieser Stelle konzentriere ich mich vor allem auf die Kommunikation innerhalb des Textes, zwischen den Erzählebenen und Erzählerfiguren.
66 Canetti: *Masse und Macht*, S. 459.
67 Ebd., S. 113. Der Bericht ist angeblich wörtlich aufgezeichnet worden.
68 Zur Theaterproblematik in *Masse und Macht*, siehe Angelova: *Elias Canetti*, S. 168 ff.

einen konstruierten und konstruierenden Erzähler, der letztlich stillschweigend die „primitiven" Stimmen auslegt und mit dem Erzähler von Masse und Macht einen verdeckten Dialog unterhält. So kommen weniger die Stimmen verschiedener Zivilisationen zu Wort als die der Ethnografen und ihrer Erzähler, die von europäischen Wahrnehmungen und Selbstwahrnehmungen geprägt sind und die Canettis „Offenbarungserlebnisse" damit in letzter Konsequenz als europäische Selbsterfahrungen von Literatur erscheinen lassen.

Literaturverzeichnis

Angelova, Penka: *Elias Canetti. Spuren zum mythischen Denken.* Wien 2005.
Barnouw, Dagmar: *Elias Canetti. Zur Einführung.* Hamburg 1996.
Barthes, Roland: „La mort de l'auteur". In: ders.: *Le bruissement de la langue.* Paris 1984, S. 61–67.
Bücher, Karl: *Arbeit und Rhythmus.* Leipzig 1899.
Canetti, Elias: „Der Beruf des Dichters". In: ders.: *Das Gewissen der Worte.* München 1978, S. 257–267.
Canetti, Elias: *Die gerettete Zunge. Geschichte einer Jugend.* München 1977.
Canetti, Elias: *Die Provinz des Menschen. Aufzeichnungen 1942–1972.* Frankfurt a. M. 1976.
Canetti, Elias: *Masse und Macht.* Frankfurt a. M. 1981.
Friedrich, Peter: *Die Rebellion der Masse im Textsystem. Die Sprache der Gegenwissenschaft in Elias Canettis ‚Masse und Macht'.* München 1999.
Geertz, Clifford: „Thick Description: Toward an Interpretive Theory of Culture". In: ders.: *The interpretation of cultures: selected essays.* New York 1973.
Geertz, Clifford: *Works and lives. The anthropologist as author.* Cambridge 1988.
Liessmann, Konrad Paul: „Auf fremden Pfaden". In: *Einladung zur Verwandlung.* Hg. v. Michael Krüger. München 1995, S. 286–311.
Mack, Michael: *Anthropology as Memory. Elias Canetti's and Franz Baermann Steiner's Responses to the Shoah.* Tübingen 2001.
Robertson, Ritchie: „Canetti als Anthropologe". In: *Einladung zur Verwandlung.* Hg. v. Michael Krüger. München 1995, S. 190–207.
Rottenburg, Richard: „Marginalität und der Blick aus der Ferne". In: *Geist, Bild und Narr. Festschrift für Fritz Kramer.* Hg. v. Heide Behrend. Berlin 2001, S. 37–44.
Sarkozy, Nicolas: *Discours de Dakar,* 26.7.2007.
 <http://www.elysee.fr/president/les-actualites/discours/2007/discours-a-l-universite-de-dakar.8264.html> (Stand: 15.11.2011).
Schedel, Angelika: „‚Bitte das über seine Frau *nicht* auslassen'. Briefe an Erich Fried, eine ‚gefälschte' Autorschaft und Frauen im Hintergrund – ein Beitrag zu Veza Canettis Jahren im Londoner Exil". In: *Text und Kritik,* Heft 156, Veza Canetti, Oktober 2002, S. 82–94.
Schultz, Joachim: *Wild, irre und rein. Wörterbuch zum Primitivismus der literarischen Avantgarden in Deutschland und Frankreich zwischen 1900 und 1940.* Gießen 1995.
Schüttpelz, Erhard: *Die Moderne im Spiegel des Primitiven. Weltliteratur und Ethnologie (1870–1960).* Paderborn 2005.

Schüttpelz, Erhard: „Elias Canettis Primitivismus". In: *Der Überlebende und sein Doppel*. Hg. v. Susanne Lüdemann. Freiburg i. Br. 2008, S. 287–312.

Stammen, Theo: „Lektüre des Anderen – Elias Canettis anthropologischer Blick". In: *Canetti als Leser*. Hg. v. Gerhard Neumann. Freiburg i. Br. 1996, S. 161–176.

Streisand, Marianne: „Rhythmische Räume". In: *Topographien der Moderne. Medien zur Repräsentation und Konstruktion von Räumen*. Hg. v. Robert Stockhammer. München 2005, S. 229–262.

Wolff, Stephan: „Die Anatomie der Dichten Beschreibung. Clifford Geertz als Autor". In: *Zwischen den Kulturen? Die Sozialwissenschaften vor dem Problem des Kulturvergleichs*. Hg. v. Joachim Matthes. Göttingen 1992 (Soziale Welt. Sonderband; 8), S. 339–362.

Susanne Klengel
Mário de Andrade – Lehrling in Sachen Primitivismus? Oder: Vom Verlernen des Primitivismus

„Ich bin ein Laute schlagender Tupi" lautet ein wohlbekannter, meist autobiografisch gedeuteter Vers aus der großen avantgardistischen Gedichtsammlung *Pauliceia desvairada* (1922, dt. etwa: *Wahnwitziges São Paulo*) des brasilianischen Modernisten Mário de Andrade (1893–1945). Die Selbstbeschreibung wird von einem „Troubadour" formuliert, der seine Gefühle angesichts der fiebrigen, sich modernisierenden Stadt São Paulo im Sinne des neu gegründeten „-ismus", des *Desvairismo*, zum Ausdruck bringt. In dem kurzen Satz deutet sich bereits das spezifische Spannungsverhältnis an, das zunächst die brasilianische Avantgardebewegung des *Modernismo* und dann, in radikalisierter Form, die sogenannte *Antropofagia* charakterisiert: eine humorvolle und leidenschaftliche Auseinandersetzung mit der alten Dichotomie zwischen Zivilisation und Barbarei, mit den okzidentalen Bilderwelten des Guten Wilden und des Kannibalen, mit der kulturellen Hierarchie zwischen europäischem Zentrum und seinen Peripherien, aber auch mit der Widersprüchlichkeit der eigenen brasilianischen Kultur, die ebenfalls vom Gegensatz zwischen den Städten der Küste und einem wenig bekannten, rückständigen Hinterland geprägt ist.[1] Es zeigt sich in dem oben genannten Vers also auch eine Thematisierung des „Primitiven" (im spezifischen Sinne der historischen Avantgardebewegungen) und gleichzeitig eine primitivistische Geste, die den brasilianischen Avantgardebewegungen ebenso eigen war wie den europäischen, die sich aber dennoch aufgrund ihres brasilianischen Ortes der Enunziation von diesen unterschied. Der primitivistische Gestus der brasilianischen Avantgarde diente nämlich zusätzlich der Selbstidentifizierung mit einer „brasilianischen Kultur" und kann vor diesem Hintergrund, rückblickend betrachtet, auch als ein Beitrag zum modernen *nation building* gesehen werden.

---

[1] Die Avantgardebewegungen des Modernismo und der Antropofagia besitzen einen kanonischen Status in der brasilianischen Literatur- und Kulturgeschichte. Die Publikationen sind so zahlreich, dass an dieser Stelle vor allem auf eine einschlägige kommentierte Bibliografie und kritische Textsammlung verwiesen sei: Jackson, K. David u. Merlin Forster: *A vanguarda literária no Brasil: bibliografia e antologia crítica*. Frankfurt a. M. 1998. Zur kulturellen Anthropophagie-Bewegung und ihrer transnationalen Reichweite sei hier auch zusammenfassend die umfangreiche Studie von Jáuregui, Carlos A.: *Canibalia: Canibalismo, calibanismo, antropofagia cultural y consumo en América Latina*. Madrid 2008 erwähnt.

Doch wäre es verkehrt, die brasilianischen Avantgardebewegungen von vornherein als intentionales, strategisches Unternehmen in diesem Sinne zu verstehen. Ich möchte vielmehr, ausgehend von einem Buchprojekt Mário de Andrades mit dem Titel *O turista aprendiz* (ab 1927, dt. etwa: *Lehrling in Sachen Tourismus*), zunächst die Frage aufwerfen, in welchem Verhältnis die Vorstellung, der avantgardistische Künstler *sei* ein (neuer) Primitiver – als Dadaist und Sinn-Zerstörer, als Futurist und Sprachverflüssiger, als Surrealist und Verfechter einer unhintergehbaren Poetizität exzentrischer Residuen, als Expressionist und Katalysator einer unmittelbaren Gefühlswelt – und die Vorstellung stehen, die primitivistische Haltung sei eine angenommene, eine „erlernbare" Haltung.

Bekanntlich privilegiert der ästhetische Primitivismus der Avantgarden eine Form der Wahrnehmung, die einen spezifischen Blick auf die Dinge bzw. auf die umgebenden Welten voraussetzt, der das tief Vertraute fremd erscheinen lässt. André Breton z. B. sprach in diesem Zusammenhang vom „œil sauvage", Octavio Paz von einer „spezifischen Geisteshaltung". Beide meinen eine Bereitschaft, sich von der Poesie der Dinge und Umstände ergreifen und faszinieren zu lassen, möglicherweise bis hin zum Seitenwechsel von der eigenen Welt zur *anderen* poetisch-magischen Welt, sei es durch eine Annäherung an andere Logiken und Vorstellungswelten (wie etwa die „Bildnerei der Geisteskranken"), oder gar in Form eines programmatischen Bekenntnisses zum Wilden, wie z. B. im Falle der brasilianischen Modernisten: „só a antropofagia nos une" („nur die Anthropophagie eint uns") lautet der erste Satz des *Manifesto Antropófago* (1928).[2] Der künstlerisch-ästhetische Primitivismus bedarf schließlich auch gewisser materieller Techniken, um sich diesen fremden Welten anzuverwandeln, um sie umgekehrt auch hereinzuholen ins eigene Handeln, sie zu übersetzen in künstlerische Repräsentationen – performative Strategien also, bildnerische Techniken, sprachliche Fertigkeiten. Die Vorstellung vom psychischen Automatismus, zum Ausdruck gebracht durch die Strategie der *écriture automatique*, die auch in der Kunstpraxis angestrebt wurde, zeugt zum Beispiel von der Idee, dass eine solche unmittelbare Übersetzung möglich sei.

Vor diesem Hintergrund ist es interessant, dass Mário de Andrade in der Hochzeit des avantgardistischen Modernismo in Brasilien, als er selbst gerade dabei war, sein berühmtestes experimentelles Werk *Macunaíma* zu redigieren, den Begriff des „Lehrlings" aufbringt. Der Begriff erscheint in verschiedenen Schriften des Autors, der sich selbst anlässlich zweier Reisen nach Amazonien und in den

---

2 De Andrade, Mário: „Anthropophagisches Manifest" (1928). Übers. v. Maralde Meyer-Minnemann unter Mitarbeit v. Berthold Zilly. In: *Lettre International* 11 (1990), Heft 2, S. 40–41.

brasilianischen Nordosten (1927 und 1928) als „Lehrling in Sachen Tourismus", als „turista aprendiz" bezeichnet hatte – eine Formulierung, die er zunächst als Überschrift für eine Serie von Zeitungsartikeln verwendete und für eine spätere Buchpublikation vorsah.[3]

Zu jenem Zeitpunkt war Mário de Andrade bereits ein bekanntes Mitglied der modernistischen Avantgarde in Brasilien, die seit dem Jahr 1922 öffentlich in Erscheinung getreten war. Mit der „Woche der modernen Kunst", einem einwöchigen multidisziplinären Kunstereignis im Februar des Jahres 1922, das die Öffentlichkeit São Paulos überraschte und schockierte, war der avantgardistische Bruch mit der Tradition eingeleitet worden: Die Erneuerung wurde auf dem Gebiet der bildenden Kunst ebenso wie in der Literatur und Poesie, in der Musik und im Tanz proklamiert.[4] Der brasilianische Modernismo ist als Teil der europäischen und international verflochtenen Avantgarde-Bewegungen zu betrachten. Zu Beginn stand er vor allem dem Futurismus nahe, aber es gab auch Verbindungen zum bildnerischen Konstruktivismus und zum Surrealismus. Doch schon früh kam das Verlangen nach einer ästhetischen Eigenständigkeit zum Ausdruck, daher wird der avantgardistische Bruch mit der Tradition immer wieder in Form eines provokativen Wechselspiels zwischen der europäischen Kultur und dem nationalen „Eigenen" inszeniert. Der Höhepunkt dieses spannungsreichen Verhältnisses zwischen der Avantgardebewegung in der brasilianischen „Peripherie" und den Strömungen in Europa ist die bereits erwähnte Proklamation der Anthropophagie-Bewegung, d. h. eines kulturellen Kannibalismus, den die intellektuellen „Wilden" Brasiliens ab dem Jahre 1928 praktizierten und dem von da an die ganze europäische Kultur zum Opfer fallen sollte: Programmatisch und lustvoll verleibten sich die modernistischen Kannibalen die europäische Kultur ein, verdauten sie gründlich und transformierten sie in einem großen imaginären Metabolismus:

> [...] Tupí or not tupí: that is the question.
> [...] Mich interessiert nur, was mir nicht gehört. Gesetz des Menschen. Gesetz des Anthropophagen.

---

[3] Dieser Text wurde allerdings erst 1976 erstmals veröffentlicht. De Andrade, Mário: *O turista aprendiz*. Texterstellung, Einführung und Anmerkungen v. Telê Porto Ancona Lopez. São Paulo 1976.

[4] Im Jahre 1998 stand z. B. die Kunst-Biennale São Paulo im Zeichen einer universalistischen Relektüre des Modernismo und der Anthropophagie-Bewegung. Dadurch wurde die Schlüsselbedeutung des modernistischen Aufbruchs in der „Woche der Modernen Kunst" des Jahres 1922 unterstrichen und auf einer universellen Ebene sichtbar gemacht. Vgl. Herkenhoff, Paulo (Hg.): *Núcleo histórico: antropofagia e história de canibalismos* (Ausstellungskatalog, Bd. 1). São Paulo 1998.

> [...] Wir haben die Justiz als kodifizierte Rache. Die Wissenschaft als kodifizierte Magie. Anthropophagie. Die ständige Verwandlung von Tabu in Totem. [...]⁵

Mehrere Jahre vor der Ausrufung der Anthropophagie hatten sich die brasilianischen Modernisten bereits demonstrativ auf die eigene Kultur berufen – etwa im „Brasilholz"-Manifest *Pau Brasil* des Jahres 1924 und in dem ein Jahr später in Paris veröffentlichten Gedichtband *Pau Brasil*, in denen immer wieder, wie auf einen Fetisch, auf das rotbraune, schwere Tropenholz angespielt wird, das erste begehrte Exportgut der europäischen Kolonisatoren, die gleichzeitig dem tropischen Land erfolgreich die europäische Zivilisation aufzuzwingen begannen. In den *Pau Brasil*-Gedichten Oswald de Andrades wird eine humorvolle und subversive Neulektüre der brasilianischen Geschichte aus einer endogenen, selbstironischen, nationalistischen und gleichzeitig primitivistischen Perspektive vorgenommen, in der die Zivilisationsgeschichte Brasiliens als Geschichte imitierter europäischer Gelehrsamkeit dekonstruiert und zur Errichtung einer neuen brasilianischen Kultur aufgerufen wird, in der sowohl der „Wald" als auch die „Schule" als Basis des modernen Brasiliens gleichermaßen ernst zu nehmen seien.⁶ Die Modernisten haben damit die schöpferische und erkenntnisreiche Dimension einer Gleichzeitigkeit des Ungleichzeitigen erfasst bzw. wie David Jackson mit Blick auf dieses Spannungsverhältnis genauer beschreibt:

> European traditions are more deeply felt in Brazil because their coexistence with indigenous and Afro-Brazilian cultures brings them closer to the dark heart of their own primitive origins and occult meanings, where their symbolism is made more glaringly apparent as ritual and artifice.⁷

Ein wichtiger Impuls für die modernistische „Entdeckung" Brasiliens ging auch von Blaise Cendrars aus, dessen Schriften zu einer primitivistischen Ästhetik (z. B. die *Anthologie Nègre*, 1921) den häufig nach Paris reisenden brasilianischen Avantgardisten bekannt waren und der im Jahre 1924 einer Einladung nach Brasilien folgte. Mit Cendrars reisten Oswald de Andrade, Mário de Andrade, die

---

5 De Andrade: „Anthropophagisches Manifest", S. 40.
6 Der letzte Absatz des „Manifesto Pau Brasil" lautet: „Gläubige Barbaren, pittoresk und liebevoll. Zeitungsleser. Brasil-Holz. Der Wald und die Schule. Das Nationalmuseum. Küche, Bodenschätze und Tanz. Die Vegetation. Brasil-Holz." In: Mendonça Teles, Gilberto (Hg.): *Vanguarda Européia e Modernismo Brasileiro: Apresentação dos principais poemas, manifestos, prefácios e conferências vanguardistas, de 1857 até hoje*. 3. überarb. u. erw. Aufl. Brasilia 1976, S. 266–271, hier S. 271.
7 Jackson, K. David: „Three Glad Races: Primitivism and Ethnicity in Brazilian Modernist Literature". In: *Modernism/Modernity* (1994), Heft 1.2, S. 89–112, hier S. 98.

Malerin Tarsila do Amaral, Olívia Guedes Penteado und René Thiollier, Mäzene der Modernisten, im April 1924 ins Landesinnere nach Minas Gerais und entdeckten ein ganzes Feld von überraschenden künstlerischen Ausdrucksformen.[8] Für den europäischen Dichter boten diese Reiseerfahrungen allerdings nur weitere Einsichten unter vielen anderen in ein für ihn insgesamt fremdes und exotisches Land, während die Reise für die Paulistaner Avantgardisten indes eine tief greifende Begegnung mit Kulturformen des eigenen Landes bedeutete, die sie vorher überhaupt nicht wahrgenommen hatten: Hierzu gehörte vor allem die Begegnung mit der „naiven" Barockkunst des autodidaktischen Künstlers Aleijadinho wie insgesamt mit einer Spielart der Barockarchitektur in den Städten von Minas Gerais, die andere Züge aufwies als der europäische Barock, und die Begegnung mit Formen der Volkskultur, die in Städten wie São Paulo nicht mehr vorhanden war, d. h. die Begegnung mit einem ländlichen Brasilien, das die Europa-orientierten Paulistaner Städter überraschte und faszinierte.

Diese Begegnung mit dem Eigenen erfolgte im Kontext einer international vernetzten Avantgarde: Künstler und Dichter wie Tarsila do Amaral, Oswald de Andrade oder der Dichter und Essayist Sérgio Milliet reisten oft nach Europa und verstanden sich als Akteure und Vermittler avantgardistischer Konzepte und kulturellen Wissens in beide Richtungen. Mário de Andrade hingegen verweigerte sich dem Reisen, war jedoch sehr gut informiert über die internationalen Entwicklungen der neuesten Kunst. Als Berufsziel hatte er das Schreiben nicht angestrebt, er war vielmehr Pianist, hatte Musik studiert und lehrte Musikwissenschaft am Konservatorium in São Paulo. Mário de Andrade las und sprach mehrere Sprachen, er vertiefte sein Wissen – neben der brasilianischen Musikgeschichte und seinem Interesse für die musikalischen Praktiken in Brasilien – auch auf den Feldern der Ethnologie und Folklore. Seine meist autodidaktischen Studien richteten sich dezidiert auf die eigene Kultur, deren vielfältige Aspekte er in expliziter Abgrenzung zu Europa neu thematisieren wollte. Er kritisierte das in Brasilien weit verbreitete Syndrom einer mimetischen Übernahme der europäischen Kultur, die er sogar bei seinen Freunden beobachtete und ihnen zum Vorwurf machte. Aus diesem Grund stilisierte er sich bewusst und explizit als einen nicht-europäischen Intellektuellen, als einen „primitive intellectual", wie Vivian Schelling in einer wichtigen Studie analysiert.[9] Bei dieser bewussten und wohlüberlegten Selbststilisierung handelt es sich also um einen programmatischen

---

8 Zu Blaise Cendrars und seinem Verhältnis zur brasilianischen Avantgarde vgl. Alexandre Eulalio: *A aventura brasileira de Blaise Cendrars*. 2. v. Carlos Augusto Calil durchges. u. erw. Aufl. São Paulo 2001.
9 Schelling, Vivian: „Mário de Andrade: A Primitive Intellectual". In: *Bulletin of Hispanic Studies* 65 (1988), Heft 1, S. 73–86, insbes. S. 76.

primitivistischen Habitus, den Mário de Andrade durchaus mit anderen Avantgardisten teilte, der bei ihm aber deutlich im Kontext seines kulturellen Abgrenzungsmanövers und nationalistischen Kulturprojekts situiert ist. Aus diesem Grund ist das Thema des „Primitiven" und der Primitivismus bei ihm von Beginn an ein einerseits sehr ernstes Anliegen, das aber immer wieder ironisch gebrochen und in seiner Performativität sichtbar gemacht wird. Die programmatische Selbststilisierung Mário de Andrades bildet einen grundlegenden Zug seines Denkens und Handelns in den 1920er-Jahren, sie ist ernste Anverwandlung und spielerische Subversion zugleich.

Bemerkenswert ist nun, wie bereits eingangs angedeutet, Mário de Andrades ungewöhnliche Verwendung des Begriffs „aprendiz", des Lehrlings, im Kontext seiner Reisen der Jahre 1927/1928 ins brasilianische Hinterland. Die Position des Lehrlings verweist einerseits etwas kokett auf Mário de Andrades Sesshaftigkeit und vermeintliche Provinzialität, andererseits aber auch darauf, dass er genau in jene Regionen aufbrach, von denen er sich als „primitive intellectual" Aufschluss über die eigene kulturelle Situation erhoffte.

Diese Reise als „Lehrling in Sachen Tourismus" ist eine Reise, auf der er insbesondere Lektionen „in Sachen Primitivismus" erhält. Seit diesen Reisen lässt sich bei Mário de Andrade eine Bewegung beobachten, die auf eine Justierung seiner ästhetischen Erfahrung hinausläuft, eine Bewegung, die von der Poesie und Literatur zur Ethnologie läuft, von einer primitivistischen Programmatik und Praxis zu einer poetisch-autodidaktischen, ethnologischen bzw. ethnopoetischen Erkenntnisform. Darin steht Mário de Andrade nicht allein, denkt man z. B. an Michel Leiris, Alejo Carpentier oder auch an den Surrealisten Benjamin Péret, doch lässt sich der Prozess dieser Entwicklung anhand des zunächst eigentümlich anmutenden Begriffs des „Lehrlings" deutlicher fassen. Von welchen primitivistischen Positionen und Gesten wird sich Mário de Andrade also nach seinen Reisen allmählich entfernen?

Wie eingangs erwähnt finden sich die primitivistischen Anfänge Mário de Andrades in seinem futuristisch motivierten Stadtoratorium *Paulicea Desvairada* des Jahres 1922, das immer wieder als frühes primitivistisches Bekenntnis gelesen wird. Es verbindet sich insbesondere mit dem meist autobiografisch gedeuteten Vers aus dem Munde des Sängers, der ein riesiges urbanes Oratorium orchestriert und kommentiert und sich selbst als Laute schlagenden Tupi-Indianer beschreibt. Ein bekanntes fotografisches Selbstporträt de Andrades, das ihn mit Federschmuck zeigt und einige Jahre später während seiner Amazonasreise aufgenommen wurde, unterstreicht retrospektiv diese indianisierende Selbstdarstellung.[10]

In dem genannten Werk findet sich der primitivistische Gestus auch in einer Unterwanderung der portugiesischen Schriftsprache. Dies geschieht einerseits unter dem futuristischen Vorzeichen der Sprachverflüssigung und telegrammartigen Sprachbeschleunigung, zum anderen deutet sich auch eine Hinwendung zur Umgangs- und Alltagssprache an, die sich von der portugiesischen Sprachnorm unterscheidet. Diese Unterwanderungen der sprachlichen Norm werden bei Mário de Andrade im Laufe der Jahre weiter zunehmen, sie haben programmatische Züge, wie der Autor z. B. in Briefen an Sérgio Milliet oder Manuel Bandeira selbst bestätigt. So schreibt er in einem Brief des Jahres 1923 an Sérgio Milliet, der sich in Paris aufhält:

> [...] Und jetzt schreibe ich mit einem Mal brasilianisch. In ernsthaften Artikeln rechtfertige ich alles, was man psychologisch rechtfertigen kann, alle Fehler, die wir Brasilianer in der Sprache, wie sie in den Grammatiken Portugals steht, begehen. Das ist großartig und ganz und gar bekömmlich![11]

Ein paar Jahre später bringt er diese sprachliche Subversion noch einmal zugespitzt in einer berühmten Parodie der portugiesischen Sprachnorm zum Ausdruck, die Teil seines 1926 geschriebenen und 1928 nach mehrfacher Redaktion veröffentlichten Romans *Macunaíma. O herói sem nenhum caráter* ist.[12] In diesem Roman schreibt der Urwaldheld und pikareske Abenteurer Macunaíma, nachdem er die Herrschaft über die Amazonen erlangt hat, einen überaus eindrucksvollen Brief an seine Untertaninnen, die Icamiabas. Sein Stil charakterisiert sich durch ein antiquiertes, rhetorisch überdrehtes, am höfischen Gebrauch orientiertes

---

10 Die Fotografie mit der Legende „Ich, plötzlich ergriffen von ... peruanischem Heldentum" (1927) befindet sich im Nachlass Arquivo Mário de Andrade der Universidade de São Paulo. Sie wurde reproduziert in der von der UNESCO-Reihe Archivos herausgegebenen kritischen Ausgabe von de Andrade, Mário: *Macunaíma. O herói sem nenhum caráter*. Hg. v. Telê Porto Ancona Lopez. 2. Aufl. Paris 1996, o. S. [S. 236].
11 Duarte, Paulo: *Mário de Andrade por êle mesmo*. São Paulo 1971, S. 296 (Übers. S.K.).
12 De Andrade: *Macunaíma. O herói sem nenhum caráter*. Diese kritische Ausgabe enthält eine Vielzahl klassischer Studien bekannter brasilianischer Literaturwissenschaftler zu *Macunaíma*. Mário de Andrades dezidierte Hinwendung zum „Eigenen" – jenseits der urbanen Lyrik seines frühen Werks über São Paulo – findet sich aber schon vor *Macunaíma* in seinen Gedichten der Sammlung *Clã do Jabuti*, entstanden ab 1922 und veröffentlicht 1927 (z. B. in den Gedichten über den Karneval in Rio, über die Stadt Belo Horizonte, über die Region Acre), in die sowohl seine avantgardistischen sprachlichen Experimente aus dem Geiste des Futurismus als auch Erkenntnisse aus seinen Studien ethnologischer Texte und der brasilianischen Folklore eingegangen sind.

Portugiesisch, das gleichzeitig groteske Fehler aufweist, z. B. in der Rechtschreibung, aber auch beim Gebrauch von schwierigen Wörtern und Lehnwörtern. In der deutschen Übersetzung von Curt Meyer Clason, die nicht die ganze Drastik der Parodie zu vermitteln vermag, klingt dies wie folgt:

> An unsere vielgeliebten Untertaninnen,
> die Damen Amazonen.
> Dreißigster Mai Neunzehnhundertundsechsundzwanzig, São Paulo.
> Meine Damen:
>
> Nicht wenig werden euch sicherlich Anschrift und Wortlaut dieses Sendschreibens überraschen. Es ist indessen Unsere Pflicht, diese Zeilen der Sehnsucht und großen Liebe mit einer unangenehmen Neuigkeit zu beginnen. Es ist leider wahr, dass ihr in dieser guten Stadt São Paulo – der größten des Weltalls nach Aussagen ihrer wortreichen Bewohner – nicht als ‚Icamiabas', ein hier als unecht angesehener Name, bekannt seid, sondern unter der Bezeichnung ‚Amazonen'; man behauptet nämlich, dass ihr auf kriegerischen Streitrossen reitet und aus dem klassischen Hellas stammt und daher so benannt werdet. Sehr bekümmern Uns, Euren Imperator, solche Unsinnigkeiten der Gelehrsamkeit, dennoch werdet ihr mit Uns darin übereinstimmen, dass solcherart, von dieser ehrwürdigen Platina der Überlieferung und der uralten Reinheit betroffen, Ihr noch heldenhafter und berühmter werdet.[13]

Im portugiesischen Original gehört zum Duktus der portugiesischen Hochsprache die Anrede in der zweiten Person Plural, die sich vom Alltagsgebrauch radikal unterscheidet; auffallend sind auch die pompösen, unüblichen Wortstellungen, die im Brief des Urwaldkaisers grotesk erscheinen, oder die Vermischung der Patina mit der Platine. Der Brief steht in einem eindrucksvollen Gegensatz zum sonstigen Tenor des Romans, der durchgängig in der brasilianischen Umgangssprache geschrieben ist, reich an Brasilianismen im Wortschatz und in den Redewendungen, voller Wiederholungen und kolloquialer Einschübe, versetzt mit einer Vielzahl von Wörtern aus dem Tupí und Guaraní. All dies war zum Veröffentlichungszeitpunkt eine Provokation für das Publikum, da in der Schriftsprache die Regeln der portugiesischen Sprache verbindlich waren. Der Roman *Macunaíma* gilt heute als ein Schlüsselwerk des avantgardistischen Primitivismus in Brasilien, denn der Text bezieht sich nicht nur thematisch auf das Universum amazonischer Mythen und Legenden, die dem Verfasser vorher in Form von ethnologischen Quellensammlungen zugänglich waren, wie noch gezeigt werden wird, sondern es werden in ihm auch vielschichtige Sprach- und Bilderwelten strategisch „primitivistisch" inszeniert.

---

[13] De Andrade, Mário: *Macunaíma. Der Held ohne jeden Charakter.* Aus dem brasilianischen Portugiesisch und mit einem Nachwort und Glossar v. Curt Meyer-Clason. Frankfurt a. M. 1982, S. 67.

Mário de Andrades Interesse für die realen amazonischen Welten und seine eigenen Reiseabsichten deuten sich schon einige Jahre früher an. In einem Brief des Jahres 1924 scheint er sich bereits zu einer möglichen Amazonienreise geäußert zu haben,[14] mit Sicherheit aber steht sein Plan im Jahre 1926 fest.[15] Um 1924 aber, also bereits zur Zeit der aufschlussreichen Entdeckungsreise nach Minas Gerais mit Cendrars, Oswald de Andrade, Tarsila do Amaral und anderen, hatte Mário de Andrade mit einer Vielzahl ethnologischer Lektüren und Studien begonnen, durch die er seine Kenntnisse über die „wilden Völker Brasiliens", über ihre Lebensbedingungen, Sitten und Bräuche, ihre Vorstellungswelten, Mythen und Legenden erheblich erweiterte und verfeinerte. Zu jener Zeit studierte er auch intensiv die Schriften deutscher Brasilienforscher, darunter auch das Werk von Theodor Koch-Grünberg *Vom Roroima zum Orinoco*, vor allem den zweiten Band, der im Jahre 1916 als erster von fünf Bänden erschienen war.[16] Insbesondere die dort vorgestellten Mythen und Legenden der Arekuna und Taulipang im brasilianisch-venezolanischen Grenzland haben in Mário de Andrades Roman *Macunaíma* tiefe Spuren hinterlassen, der zu Recht auch als eine kreative *ré-écriture* dieser ethnografischen Texte bezeichnet werden kann. Ein Vergleich des Inhaltsverzeichnisses des Romans mit den im Inhaltsverzeichnis bei Koch-Grünberg aufgelisteten mythischen Erzählungen und ihren Kommentaren legt diesen Schluss schon beim ersten Blick nahe.

Interessant ist indes ein Vergleich der Erzählsituation im ethnografischen Text und im Roman. Koch-Grünberg schreibt in einem Vorwort über die Situation der Informationsaufzeichnung:

> In müßigen Stunden habe ich diese Mythen und Legenden aufgezeichnet am Lagerfeuer, während der Fahrt im schwankenden Kahn, wenn wir auf ruhigen Flussstrecken die Zelttücher als Segel benutzten, auf den von brausenden Wogen umspülten Felsen der Katarakte, unter den rauschenden Wipfeln der Urwaldbäume. Die Erzähler waren zwei treue Indianer, Monate lang meine Genossen in Freud und Leid, deren Inneres wie ein offenes Buch vor mir lag.[17]

Zur Beglaubigung dieser Erzählsituation findet man gleich zu Beginn des Bandes eine Fotografie, die diese Situation bestätigt: Man sieht den Forscher, der seinem indigenen Begleiter zuhört und offenbar das Gehörte aufschreibt.

---

14 Diese Information findet sich in de Andrade: *Turista aprendiz*, S. 17, Anm. 3.
15 De Andrade: *Turista aprendiz*, S. 16 (Brief an Manuel Bandeira, 19.5.1926).
16 Koch-Grünberg, Theodor: *Vom Roroima zum Orinoco. Ergebnisse einer Reise in Nordbrasilien und Venezuela in den Jahren 1911–1913*. Bd. 2: *Mythen und Legenden der Taulipang- und Arekuna-Indianer*. Berlin 1916.
17 Ebd., S. V.

In Koch-Grünbergs Werk folgen auf das kurze persönliche Vorwort das Inhalts- und das Abbildungsverzeichnis, die Fachliteratur und eine lange erläuternde Einführung, in der der Autor die Bedeutung der Märchen und Legenden erklärt. Im Anschluss findet man die Märchen als kompakte Texte, versehen mit Einzelüberschriften und einem ergänzenden Hinweis auf den jeweiligen indigenen Erzähler. Danach folgen einzelne Märchentexte transkribiert in den jeweiligen indigenen Sprachen neben ihren Übersetzungen – was vermutlich von großem Interesse für Linguisten und Ethnologen ist, aber auch für einen Poeten wie Mário de Andrade, der sich intensiv mit der ethnologischen Forschung befasste. Man könnte an dieser Stelle also sagen, dass dieser letzte Teil des Koch-Grünberg'schen Buchs tatsächlich Zugang zu den (transkribierten) Ursprungssprachen gewährt, und damit in gewisser Weise auch zur indigenen „Stimme".

Der Stoff und die Erzählsituation werden im Buch des Ethnologen methodisch reflektiert dargestellt und es liegt auf der Hand, dass Mário de Andrade hier ein ausgesprochen reiches und vielschichtiges Repertoire an Geschichten und Motiven, aber auch an sprachlicher Inspiration gefunden hat.

Doch in seinem Roman *Macunaíma* gestaltet er die Erzählstruktur und das Material auf ganz andere Weise komplex. Das Rätsel der Erzählsituation löst sich – im Gegensatz zur Fotografie als *incipit* bei Theodor Koch-Grünberg – erst am Ende des Romans völlig anders auf: Erst anhand des Epilogs wird sich der Leser des Romans klar darüber, dass er im Grunde eine Erzählung aus dritter, vierter oder fünfter Hand gehört hat: Macunaíma, der „Held ohne jeden Charakter", ist nach einer Reise durch ganz Brasilien und nach vielen Abenteuern in die Tiefe des Urwalds, aus dem er gekommen war, zurückgekehrt. Sein Stamm ist inzwischen ausgestorben, er kann niemandem die Geschichte seiner Abenteuer erzählen, außer einem Papagei, der ihm Gesellschaft leistet. Schließlich steigt Macunaíma zum Firmament auf, um ein Sternbild zu werden – auch diese Geschichte geht zurück auf eine der mythischen Erzählungen bei Koch-Grünberg.[18] Der Papagei des Romans gibt nun die Geschichte Macunaímas an einen Fremdling weiter, der zufällig in diese Gegend gelangt ist. Es ist der Rhapsode, der, begleitet von seinem Zupfinstrument, die Geschichte Macunaímas zu Ende erzählt:

> All das erzählte er [der Papagei] dem Manne und dann öffnete er seine Schwingen in Richtung Lissabon. Und der Mann bin ich, liebe Leute, und ich bin geblieben, um euch die Geschichte zu erzählen. Daher bin ich hierher gekommen. Ich habe mich auf dieses Blattwerk gekauert, habe mir die Zecken vom Leib gekratzt, habe auf meiner Gitarre gezupft und mit kühnen

---

18 Vgl. die Abb. In: ebd., Tafel IV.

Akkorden den Mund dem Antlitz der Welt geöffnet und in unreiner Rede die Worte und Taten Macunaímas, unseres Helden besungen, des Helden unseres Volkes. Und damit Schluß.[19]

Während die ethnografische Situation bei Koch-Grünberg durch mehrfache Beglaubigungen in Text und Bild eine gelungene Übersetzung der indigenen Erzählungen in die wissenschaftliche Publikation suggeriert, lässt uns der Roman mit seiner verschachtelten Erzählkonstruktion gerade über diese Authentizität im Zweifel. Als Leser ist man, so zeigt Mário de Andrades Text, trotz der Nähe zu Koch-Grünbergs wissenschaftlichem Werk, weit von der Originalquelle entfernt: Man liest die Geschichte Macunaímas, von einem Rhapsoden erzählt, der diese Geschichte von einem Papagei gehört hat (wobei sich die Frage nach der Verlässlichkeit dieser Quelle stellt), der sie von dem Schelm und Schwindler Macunaíma gehört haben will, der ein Alter Ego jenes Macunaíma ist, dessen Geschichten man, vielfach wissenschaftlich reflektiert, bei Theodor Koch-Grünberg nachlesen kann, dem sie wiederum von einem indigenen Informanten erzählt wurden. Der Schriftsteller, Musikwissenschaftler und Ethnologe Mário de Andrade verweist damit spielerisch auf die hochproblematische Annahme, dass es einen direkten Zugang zum fremden „primitiven" Wissen geben könne, und gleichzeitig auf die Notwendigkeit, Strategien zu entwickeln, um das epistemologische Problem als solches sichtbar zu machen.

Nimmt man nun die Ich-Äußerungen des Rhapsoden und Erzählers am Ende des Romans ernst – so autobiografisch ernst wie den „Laute schlagenden Tupi" aus der *Paulicea Desvairada* des Jahres 1922 – dann erscheint der Rhapsode ebenfalls als ein Alter Ego des Verfassers Mário de Andrade. Dieser war genau zu jenem Zeitpunkt, als er seinen Roman überarbeitete (den er im Jahre 1926 in angeblich nur sechs Tagen niedergeschrieben aber nicht veröffentlicht hatte), zum ersten und einzigen Mal in seinem Leben nach Amazonien gereist (1927), und zwar, wie er selbst sagte, als ein „Lehrling in Sachen Tourismus". Im Jahre 1928 folgte die zweite und letzte lange Reise, die ihn in den brasilianischen Nordosten führte.

Die Amazonienreise verlief von São Paulo über Rio de Janeiro die Küste entlang über Salvador da Bahia, Recife, Maceió, Fortaleza nach Belém, wo die ersten längeren Aufenthalte zu verzeichnen sind. Mário de Andrade reiste in Begleitung von Dona Olivia Guedes Penteado sowie deren Nichte und der Tochter der Künstlerin Tarsila do Amaral. Von der Reise sind verschiedene Dokumente Mário de Andrades überliefert, die in dem erwähnten Band *O turista aprendiz* im

---

19 De Andrade: *Macunaíma*, S. 162.

Jahre 1976 zusammengestellt und veröffentlich wurden.[20] Zu Lebzeiten waren diese Texte von Mário de Andrade nie als Buch publiziert worden, obwohl er hierzu mehrfach Anlauf genommen hatte. Nach seinem Tod im Jahre 1945 aber blieben die Materialien vollständig erhalten, und sie werden seit ihrer späten Veröffentlichung als wichtiger Teil von Mário de Andrades Werk zunehmend rezipiert. Leider steht bis heute eine systematische Publikation seiner fotografischen Arbeiten, die im Laufe der Reisen entstanden sind, aus.[21]

Mário de Andrade machte während beider Reisen zahlreiche Aufzeichnungen, die stichwortartige Notizen, aber auch weit ausholende Beschreibungen oder literarisierte Rekonstruktionen spezifischer Begebenheiten umfassen. Er bringt persönliche Emotionen in entsprechenden Beschreibungen fast physisch zum Ausdruck (etwa sein Wohlgefühl in der Stadt Belém), er beschreibt die langen Tage an Bord der Schiffe, die Ausflüge in den amazonischen Wald, gibt plastische Eindrücke von den Städten und Dörfern und Anlegestellen entlang des Flusses wieder, schreibt Geschichten über die indigene Bevölkerung auf, die ihm selbst erzählt worden waren – er betreibt in der Tat eine ethnografische Beobachtung und Sammelaktivität, immer wieder versetzt mit Reflexionen über seine persönliche Situation als Reisender.

Einige Monate nach seiner Rückkehr verwendet er schließlich bei einem Beitrag für die Tageszeitung *Diário Nacional*, welche bereits einige seiner Artikel über die Reise veröffentlicht hatte, den Titel *O turista aprendiz*. Zu dieser Selbstbezeichnung als „Lehrling in Sachen Tourismus" findet sich bereits in seinem Reisetagebuch mit Datum vom 21. Mai 1927, aufgezeichnet in Belém, eine aufschlussreiche Überlegung:

> Es ist unglaublich, wie aufgewühlt ich lebe, man merkt, dass ich noch gar nicht richtig weiß, wie man reist, es ist ein zu großes Lustgefühl, ich bin allzu sehr mit allem einverstanden, ich genieße mein Leben gar nicht richtig. Diese Tagebuchnotizen sind absurde Synthesen, gerade mal für den persönlichen Gebrauch, hingeworfen in einen kleinen Taschenkalender vom Brasilianischen Lloyd, der nur 5 Zeilen für jeden Tag vorsieht. Meine literarischen Notizen werfe ich in einem anderen Heft aufs weiße Papier, oder auf Briefpapier, auf Rückseiten von Rechnungen, Zeitungsrändern, irgendetwas, das gerade da ist. Hingeworfen. Ohne jede Sorgfalt. Mal sehen, was man daraus in São Paulo machen kann.[22]

---

20 Vgl. Fußnote 3.
21 Der Fotoband *Mário de Andrade. Fotógrafo e turista aprendiz*. São Paulo 1993 ist leider keine zuverlässige Quelle in Hinblick auf die abgebildeten Fotografien, da diese oft beschnitten und farblich hinterlegt sind. Vgl. aber in diesem Band den instruktiven Artikel von Ancona Lopez: „As viagens e o fotógrafo". In: ebd., S. 109–119. Demnach hat Mário de Andrade während seiner Amazonasreise etwa 500 Aufnahmen gemacht, darunter viele, die nicht nur dokumentarischen Charakters sind, sondern einen poetischen Gehalt aufweisen.
22 De Andrade: *Turista aprendiz*, S. 64 (Übers. S.K.).

Mário de Andrade plante mit Sicherheit eine Veröffentlichung dieser Texte; so schrieb er auch während seiner zweiten Reise, die ihn 1928 in den Nordosten führte, eine große Anzahl von Zeitungsartikeln, die regelmäßig in der Kolumne des *Diário Nacional*, erneut unter dem Titel *O turista aprendiz* erschienen und die gleichfalls auf ein Buchprojekt hindeuten. Doch dazu kam es nicht. Das Material aber bewahrte Mário de Andrade auf: Mitte der 1930er-Jahre wollte er das Projekt neu aufgreifen, doch ihm gefiel der modernistische Geist und Gestus der Texte nicht mehr. Er hätte seine einstigen Notizen gerne durch neue Perspektiven auf der Basis seiner wissenschaftlichen ethnologischen Recherchen ergänzt und erweitert und verzichtete letztlich auf eine Veröffentlichung. Ein letzter Anlauf zur Veröffentlichung erfolgte im Jahre 1942/43. Hierzu ist ein Vorwort erhalten, datiert auf den 30.12.1943:

> Ich habe hier alles zusammengetragen, was in den Mappen lag und was es an einzelnen Papieren gab, mal mehr, mal weniger. Ich habe nur ganz kleine Korrekturen auf den Kopien gemacht, wo es erforderlich war. Das Ganze riecht nach Modernismo und ist ganz schön gealtert. Aber weil ich so ein Reisegegner bin [*antiviajante*], der immer angeschlagen reist, im Alarmzustand, unvollständig, der sich immer unerwünscht fühlt in dem fremden Gefilde, das er bereist, hat das Wiederlesen dieser Notizen in mir so nahe und intensive Gefühle erweckt, dass ich es nicht schaffe, das hier Erhaltene zu zerstören. Geduld....[23]

Zusätzlich zu den Tagebuchaufzeichnungen, Zeitungsartikeln und weiteren schriftlichen Dokumenten finden sich auch Fotos mit zum Teil akribisch notierten Detailangaben zum Aufnahmezeitpunkt, zu technischen Details, bisweilen auch versehen mit witzigen ironisch-literarischen Anmerkungen, die als Legenden zu einzelnen Fotos gelesen werden können.[24]

Auch an dem auf der Dokumentenmappe notierten Titel erkennt man den selbstironischen Bezug zu seiner eigenen Reiseaktivität in Form einer ironischen Anspielung auf die professionellen Reisenden, deren Bücher er in den vergangenen Jahren gelesen hatte. Der auf der Mappe lesbare Titel lautet: *O turista aprendiz (Viagem pelo Amazonas até Perú, pelo Madeira até Bolivia e por Marajó até dizer chega)* oder in der Übersetzung: „Der Lehrling in Sachen Tourismus. (Reise auf dem Amazonas bis Peru, über den Madeira bis Bolivien und über den Marajó bis man sagt, jetzt reicht's)". Auf dem Umschlag sieht man auch eine zartlinige Zeichnung, die einen Mädchenkopf mit einer kleinen Krone zeigt, untertitelt mit den Großbuchstaben „AMERICA" – möglicherweise eine Anspielung

---

23 Ebd., S. 49 (Übers. S.K.)
24 Vgl. hierzu Fußnote 21, insbes. den Hinweis auf Ancona Lopez: *As viagens*.

auf den kanonischen indianistischen Roman *Iracema* (1865) von José de Alencar, dessen Titel als ein Anagramm des Namens „América" gelesen werden kann.[25]

Mário de Andrades Reise war, so lässt sich schließen, in der Tat eine Art Bildungsreise, die den frühen primitivistischen Blick des brasilianischen Avantgardisten auf poetische und faktische Weise anreicherte und gleichzeitig in Frage stellte. Mário de Andrade hatte als Laute schlagender Tupi-Troubadour begonnen, wurde nach und nach zum aufmerksamen Leser von ethnologischen und volkskundlichen Quellensammlungen, begann den Repräsentationsmodus von Texten und Bildern zu hinterfragen, indem er gleichzeitig diese Quellen spielerisch und kreativ in sein eigenes künstlerisches Schaffen einbaute. Er brach selbst zu einer Reise in jene Gegenden auf, die er in seinem Schlüsselroman *Macunaíma* als unergründlichen Lebensraum der „Nachtangst" im tiefen Urwald bezeichnet hatte, in jene Räume, aus denen sein Anti-Held Macunaíma kam und an den er sich selbst literarisch als Rhapsoden/Erzähler projizierte. Mário de Andrade, ethnologisch gebildet, mit seinem poetischen Wissen und seiner Erfahrung in avantgardistischen Schreibstrategien, setzte sich nun genau der Fremde aus, die er als Primitivist thematisiert hatte. Er vermeidet dabei eine Herausstellung des rein Exotischen, für ihn ist alles während der Reise faktisch und poetisch. Er sammelt Worte, Klänge, Gerüche, Empfindungen, Bilder (mithilfe seiner Kamera) und lässt diese Beobachtungen und Erfahrungen in die Korrekturarbeiten an seinem Roman *Macunaíma* einfließen, der insofern als Höhe- und Endpunkt des Andrade'schen Primitivismus zu betrachten ist. In den folgenden Jahren wendet er sich weitgehend von der Literatur ab und wechselt in den Bereich der Folkloreforschung und der Musikethnologie über. Seine Lehrzeit in Sachen Tourismus, die auch eine Lehrzeit in Sachen Primitivismus war, bedeutete im Grunde, zu lernen wie man den avantgardistischen Primitivismus *ver*lernt, was ihn vom sicheren avantgardistischen Wissen zur Ethnologie führte.

Literaturverzeichnis

De Andrade, Mário: „Anthropophagisches Manifest" (1928). Übers. v. Maralde Meyer-Minnemann unter Mitarbeit v. Berthold Zilly. In: *Lettre International* 11 (1990), Heft 2, S. 40–41.

De Andrade: *Macunaíma. Der Held ohne jeden Charakter.* Aus dem brasilianischen Portugiesisch und mit einem Nachwort und Glossar v. Curt Meyer-Clason. Frankfurt a. M. 1982.

---

25 Vgl. de Andrade: *Turista aprendiz*, Abb. S. 48.

De Andrade, Mário: *Macunaíma. O herói sem nenhum caráter* (erstmals 1926/1928). Hg. v. Telê Porto Ancona Lopez. 2. Aufl. Paris 1996.
De Andrade, Mário: *O turista aprendiz*. Texterstellung, Einführung und Anmerkungen von Telê Porto Ancona Lopez. São Paulo 1976.
Duarte, Paulo: *Mário de Andrade por êle mesmo*. São Paulo 1971.
Eulalio, Alexandre: *A aventura brasileira de Blaise Cendrars*. 2. v. Carlos Augusto Calil durchges. u. erw. Aufl. São Paulo 2001.
Herkenhoff, Paulo (Hg.): *Núcleo histórico: antropofagia e história de canibalismos* (Ausstellungskatalog, Bd. 1). São Paulo 1998.
Jackson, K. David u. Merlin Forster: *A vanguarda literária no Brasil: bibliografia e antologia crítica*. Frankfurt a. M. 1998.
Jackson, K. David: „Three Glad Races: Primitivism and Ethnicity in Brazilian Modernist Literature". In: *Modernism/Modernity* (1994), Heft 1.2, S. 89–112.
Jáuregui, Carlos A.: *Canibalia: Canibalismo, calibanismo, antropofagia cultural y consumo en América Latina*. Madrid 2008.
Koch-Grünberg, Theodor: *Vom Roroima zum Orinoco. Ergebnisse einer Reise in Nordbrasilien und Venezuela in den Jahren 1911–1913*. Bd. 2: *Mythen und Legenden der Taulipang- und Arekuna-Indianer*. Berlin 1916.
Lopez, Ancona: „As viagens e o fotógrafo". In: *Mário de Andrade. Fotógrafo e turista aprendiz*, S. 109–119.
Mário de Andrade. Fotógrafo e turista aprendiz. São Paulo 1993.
Mendonça Teles, Gilberto (Hg.): *Vanguarda Européia e Modernismo Brasileiro: Apresentação dos principais poemas, manifestos, prefácios e conferências vanguardistas, de 1857 até hoje*. 3. überarb. u. erw. Aufl. Brasilia 1976.
Schelling, Vivian: „Mário de Andrade: A Primitive Intellectual". In: *Bulletin of Hispanic Studies* 65 (1988), Heft 1, S. 73–86.

Aage A. Hansen-Löve
Vom Vorgestern ins Übermorgen: Neoprimitivismus in der russischen Avantgarde

I Die Avantgarde der Avantgarde

Im Dezember 1912 konnte man in Moskau folgendes Flugblatt ins Gesicht geweht bekommen – mit dem späterhin berühmten Titel: „Eine Ohrfeige dem öffentlichen Geschmack".[1] Unterschrieben war der Text von David Burljuk, einem unermüdlichen Organisator des russischen Futurismus, Aleksej Kručenych dem „Oberdadaisten" der Bewegung, Vladimir Majakovskij dem Expressions-Futuristen, und von Velimir Chlebnikov – „dem Vorsitzenden des Erdballs"[2], unter welchem Titel er gerne unterschrieb und mit Malevič,[3] dem „Präsidenten des Kosmos", korrespondierte. Die Ohrfeige erschallte in folgendem Wortlaut, wobei hier der Akzent tatsächlich auf laut liegt – auf einer gebrüllten Selbstanzeige:

---

[1] Vgl. die deutsche Übersetzung bei Ingold, Felix Philipp: *Der große Bruch – Rußland im Epochenjahr 1913. Kultur, Gesellschaft, Politik*. München 2000. Zum Neoprimitivismus in Wort- und Bildkunst um 1913 vgl. ebd. den Abschnitt: „Innovation durch Archaisierung", S. 139 ff., 179 ff. und vor allem „Kubofuturismus und Neoprimitivismus", S. 183 ff. Eine russische Textsammlung zum Futurismus und seinen neoprimitivistischen Strömungen liefern: Markov, Vladimir: *Manifesty i programmy russkich futuristov / Die Manifeste und Programme des russischen Futurismus*. München 1976; vgl. auch die Überblicksdarstellung bei: Markov, Vladimir: *Russian Futurism: A History*. Berkeley, Los Angeles 1968; Terechina, Vera u. Aleksej Zimenkov (Hg.): *Russkij futurizm. Teorija.– Praktika. Kritika. Vospominanija*. Moskau 1999. Eine Zusammenschau der russischen wie westlichen Manifeste der Avantgarden liefert Asholt, Wolfgang u. Walter Fähnders (Hg.): *Manifeste und Proklamationen der europäischen Avantgarde (1909–1938)*. Stuttgart, Weimar 2005.
[2] Chlebnikov, Velimir: *Werke*. Bd. 2. Reinbek bei Hamburg 1972, S. 9; zu Chlebnikov und Neoprimitivismus vgl. Markov: *Russian Futurism*, S. 31 ff.; zu Chlebnikov und Bildkunst vgl. Milner-Gulland, Robin: „Khlebnikov's eye". In: *Russian Literature, Modernism and the Visual Arts*. Hg. v. Catriona Kelly u. Stephen Lovell. Cambridge 2000, S. 197–219.
[3] Zu Malevič vgl. zusammenfassend: Malevič, Kazimir: *Gott ist nicht gestürzt! Schriften zu Kunst, Kirche, Fabrik*. Hg., eingeleitet und kommentiert von Aage Hansen-Löve. München 2004; ders.: „Die Kunst ist nicht gestürzt. Das suprematistische Jahrzehnt". In: ders.: *Kasimir Malevič*, S. 255–603; Hansen-Löve, Aage: „Im Namen des Todes: Endspiele und Nullformen der russischen Avantgarde". In: *Am Nullpunkt. Positionen der russischen Avantgarde*. Hg. v. Aage Hansen-Löve, Boris Groys u.a. Frankfurt a. M. 2005, S. 700–748.

> Den Lesenden unser Neues Erstes Unerwartetes.
> Nur *wir sind das Gesicht unserer* Zeit.[4] Das Horn der Zeit röhrt durch uns in der Wortkunst. Das Vergangene ist zu eng. Die Akademie und Puschkin sind unverständlicher als Hieroglyphen.
> Runter mit Puschkin, Dostoevskij, Tolstoj und ihresgleichen vom Dampfer der Gegenwart.[5]
> [...]
> Wir *befehlen*, die Rechte der Dichter zu achten:
> 1. Auf die Vergrößerung des Vokabulars in *seinem Umfang* durch willkürliche und abgeleitete Wörter (Wort-Innovationen).
> 2. Auf den unüberwindlichen Haß gegen die Sprache, die *vor* ihnen bestanden hat. [...]
> Und wenn *einstweilen* auch in unseren Zeilen noch die dreckigen Male Eures ‚Gesunden Menschenverstands' und ‚guten Geschmacks' zurückgeblieben sind. So schillert in ihnen doch *erstmals* bereits das Morgenglühen der Neuen Künftigen Schönheit des Selbstwertigen Worts.[6]

Wenige Monate später heißt es 1913 dann in einem Manifest, das praktisch alle Futuristen der frühen Jahre unterzeichnet hatten:

> Wir haben aufgehört, Wortbau und Wortaussprache nach grammatischen Regeln zu betrachten [...] Wir haben die Syntax zerrüttet.
> Wir haben begonnen, den Wörtern nach ihrer schriftbildhaften und *phonetischen* Eigenart Inhalt zu geben [...]
> Im Namen der Freiheit des persönlichen Zufalls negieren wir die Rechtschreibung [...]
> Wir halten das Wort für den Schöpfer des Mythos, das Wort gebiert, sterbend, den Mythos und umgekehrt. [...]
> Wir sind die neuen Menschen eines neuen Lebens.[7]

Beispiele solcher Appell-Texte finden wir in der gesamten internationalen Avantgarde – bei den Dadaisten ebenso wie bei den italienischen Futuristen etc. Marinetti im Gründungsmanifest des Futurismus vor etwa 100 Jahren:

> Ein ungeheurer Stolz schwellt unsere Brust, denn wir fühlen, in dieser Stunde die einzigen Wachen und Aufrechten zu sein, wie stolze Leuchttürme oder vorgeschobene Wachposten vor dem Heer der feindlichen Sterne, die aus ihren himmlischen Feldlagern herunterblicken.
> 1. Wir wollen die Liebe zur Gefahr besingen [...]
> 2. Mut, Kühnheit und Auflehnung werden Wesensmerkmale unserer Dichtung sein.
> 3. [...] Wir wollen preisen die angriffslustige Bewegung, die fiebrige Schlaflosigkeit, den Laufschritt, den Salto mortale, die Ohrfeige und den Faustschlag.

---

4 Kursiv in den Zitaten von Aage Hansen-Löve.
5 Schreibweise der russischen Wörter und Namen entweder in Zitaten wie im Original oder nach der wissenschaftlichen Umschrift.
6 Burljuk, David, A. Kručenych, V. Majakovskij u. V. Chlebnikov: „Eine Ohrfeige dem öffentlichen Geschmack" (Moskau 1912). In: Ingold: *Der große Bruch*, S. 397.
7 Burljuk, David u.a.: „Die Richterfalle" (1913). In: Ingold: *Der große Bruch*, S. 310.

4. Wir erklären, dass sich die Herrlichkeit der Welt um eine neue Schönheit bereichert hat: die Schönheit der Geschwindigkeit[...] Ein Rennwagen [...] ist schöner als die Nike von Samothrake. [...]
7. Schönheit gibt es nur noch im Kampf. Ein Werk ohne aggressiven Charakter kann kein Meisterwerk sein.
9. Wir wollen den Krieg verherrlichen – diese einzige Hygiene der Welt – , den Militarismus, den Patriotismus, die Vernichtungstat der Anarchisten, die schönen Ideen, für die man stirbt, und die Verachtung des Weibes.
10. Wir wollen die Museen, die Bibliotheken und die Akademien jeder Art zerstören und gegen den Moralismus, den Feminismus und gegen jede Freiheit kämpfen, die auf Zweckmäßigkeit und Eigennutz beruht.[8]

Nicht weniger radikal – und stereotyp – fallen die Appelle der Dadaisten[9] in Zürich, Berlin oder Paris aus: Sie alle gleichen einander wie ein Ei dem anderen – oder genauer: wie eine geworfene Tomate der anderen. Und auch die Empörung des mehr oder weniger exakt getroffenen Publikums war so stereotyp und vorhersehbar wie die masochistische Lust – oder war es eine List? – der Betroffenen, sich mit Kennermiene beschimpfen zu lassen.

Das sich hier etablierende *double bind* ist im Übrigen Markenzeichen und Betriebsgeheimnis aller manieristischen, analytischen, kalkulierten Avantgarden, um deren typologische Merkmale es nach einem Blick auf die „historischen Avantgarden" des letzten Jahrhunderts gehen soll.

Als avantgardistisch gelten also Merkmale wie: Aggressivität, die Lust am Schock und am Konventionsbruch, der Skandal um seiner selbst willen – kurzum: ein totalitäres Gehabe, das vielen im Nachhinein als Vorspiel erschien zu jenen Totalitarismen, die nach den „Goldenen Zwanzigern" in den stählernen Dreißigern die totale Macht und dann den totalen Krieg eroberten.

---

8 Marinetti, F. T.: „Gründung und Manifest des Futurismus" (1909). In: Apollonio, Umbro: *Der Futurismus. Manifeste und Dokumente einer künstlerischen Revolution 1909–1918*. Ostfildern 1972, S. 30–36; vgl. auch: Asholt u. Fähnders: *Manifeste und Proklamationen der europäischen Avantgarde (1909–1938)*, S. 3 ff.
9 Ebd., S. 121 ff.; zur russischen Rezeption des Dadaismus vgl. den frühen Aufsatz von Roman Jakobson: „Pis'ma s zapada. Dada" (1921). In: ders.: *Raboty po poètike*. Hg. v. M. L. Gasparov. Moskau 1987, S. 430–439; Magarotto, Luigi, Marcio Marcaduri u. Daniely Ricci (Hg.): *Zaumnyj futurizm i dadaizm v russkoj kul'ture*. Bern 1991, darin: Oraič Tolič, Dubravka: „Zaum' I dada", S. 57–80; Janfgel'd, Bengt: „Jakobson, zaum' i dada", S. 247–254; Bowlt, John E.: „Demented Words. Kazimir Malevich and the Energy of Language", S. 295–312.

Als Kontrapunkt und Unterpfand der Eigenständigkeit der russischen Avantgarde gegenüber dem italienischen Militanz-Futurismus nimmt sich ihr pazifistischer Appell besonders markant aus:[10]

Marinetti richtet seinen Hauptschlag gegen die Museen Italiens,

> wir [...] aber entbieten dem Polytechnischen Museum unseren Gruß! (Donnernder Applaus) Ich bin in Italien gewesen und begreife die Rebellion der Futuristen: dort hat man die schönsten Städte in reine Friedhöfe von Museen, Panoptiken und Antiquariaten verwandelt; dort wird Handel getrieben mit einer alten, tausendjährigen Geschichte, dort wird die heutige Zeit von den Gräbern der Vergangenheit erdrückt. Und eben von dort – aus den Katakomben Romas – erschallen Marinettis Lieder, der Museen und Bibliotheken zerstören will und der den Krieg als die einzige Hygiene der Welt rühmt? Wir jedoch wollen keinerlei Krieg zwischen den Völkern! (Schreie: ‚Recht so!') [...][11]

Eben dieser pazifistischen Tendenz an der Schwelle zum Völkergemetzel des Ersten Weltkriegs begegnen wir auch nach der Revolution 1917 immer wieder: Generell gilt für die Russen jedenfalls der differenzierte Einsatz des Verfremdungs-Postulats und der Gleichsetzung von Innovation und Ästhetizität: also die Abwendung von der Brachialität einer Gewaltanwendung und die wesentlich radikalere Zuwendung zu einem Totalumbau des Codes von Sprache und Kultur.

Im Gegensatz zu den „Italienern" wollte man sich nicht mit bloßen Oberflächenphänomenen und dem reinen Geschwindigkeitsrausch der technischen Modernität aufhalten:[12] und ganz im Sinne des russischen Logozentrismus zum pulsierenden Lebenskern aller vitalen und kollektiven Erneuerungen gelangen:

---

10 Zum ausgeprägten Pazifismus – und damit zur Anti-Marinetti-Haltung der russischen Futuristen – zumal der Richtung des Chlebnikovschen „Zukünftlertums" vgl. Markov: *Russian Futurism*; Hansen-Löve, Aage: „Gott ist nicht gestürzt! Mensch und/als Gott bei Kazimir Malevič. In: *Wiener slawistischer Almanach* 50 (2002), S. 143–216; vgl. auch die „slawophilen" Manifeste (Ingold: *Der große Bruch*, S. 378 ff.) von Olga Rozanova u. David Burljuk („Die Wilden Russlands", S. 379–380), von Natalija Gončarova („Wir und der Osten", S. 383–386) und von Venedikt Lifšic („Wir und der Westen", S. 386–393). Zu Rozanova und der frühen russischen Avantgarde vgl. die fundierte Studie von Gur'janova, Nina: *Ol'ga Rozanova i rannij russkij avangard*. Moskau 2002.

11 Kamenskij, W.: „Zum Tee bei den Futuristen" (1931). In: Ingold: *Der große Bruch*, S. 493–500, hier S. 496 f.

12 Zu Malevič und seiner Kritik am italienischen Tempo-Futurismus vgl. ausführlich: Hansen-Löve: „Gott ist nicht gestürzt", S. 153–216; Hansen-Löve, Aage: „Kazimir Malevič meždu Kručenych i Chlebnikovym". In: *Russian Literature*. Special Issue Velimir Chlebnikov LV-I/II/III (2004), S. 229–258; Hansen-Löve, Aage: „Malevičs verbaler Suprematismus als Kritik des russischen Sprach-Futurismus". In: *Krise und Kritik der Sprache. Literatur zwischen Spätmoderne und Postmoderne*. Hg. v. Reinhard Kacianka u. Peter Zima. Tübingen, Basel 2004, S. 171–192.

mit dem Ziel einer Total-Erneuerung der Zeichen, und damit einer Kulturrevolution der Sprache insgesamt.

Die Innovatorik sollte – anders als im Symbolismus – nicht mehr bloß die Adjektiva von den Substantiven befreien, sondern in die Grammatik und den Laut- wie Morphembestand der Sprache selbst eingreifen. Mit Blick auf Chlebnikov sollte dies Roman Jakobson später als „Poesie der Grammatik und Grammatik der Poesie" bezeichnen.[13]

Hatte man sich bisher mit der Lockerung der Referenzfunktion begnügt und damit eher ein semantisches Anti-Programm bedient, ging es jetzt quasi an den „Arbeitsspeicher" und das „Betriebssystem" des Sprach-Codes, der insgesamt – in welchem Medium auch immer – zerstückelt, analytisch zerlegt, dissoziiert wurde in seine „disiecta membra", um daraus eben in einem zweiten Akt Sprache und Körper des Neuen Menschen zu formen.

Im Primärakt der Verfremdungspoetik postulierte die futuristische Avantgarde die Destruktion der Sprache – im zweiten Akt der konstruktiven Avantgarden: ihre Neuschöpfung auf der Basis archaischer und/oder utopischer Konzepte.[14]

Das sicherlich berühmteste Manifest der russischen Futuristen Kručenych und Chlebnikov steht unter dem programmatischen Titel: „Das Wort als solches":

> Damit geschrieben und gesehen werde in einem Augenblick – also eine krass verfremdete Wahrnehmung der Wirklichkeiten – ertappt ‚in flagranti', in den peinlichsten Momenten ihrer Unabsichtlichkeit und Spontaneität.[15]

---

13 Jakobson, Roman: *Poetik. Ausgewählte Aufsätze 1921–1971*, Frankfurt a. M. 1979, S. 233– 263; zu Jakobson und der Poetik der Avantgarde: Hansen-Löve, Aage: „Randbemerkungen zur frühen Poetik Roman Jakobsons". In: *Roman Jakobsons Gedichtanalysen. Eine Herausforderung an die Philologien*. Hg. v. Hendrik Birus, Sebastian Donat u. Burkhard Meyer-Sickendiek. Göttingen 2003, S. 89–120; ders.: „Einleitung und Kommentare zu Roman Jakobson: ‚Die neueste russische Poesie'". In: Jakobson, Roman: *Poesie der Grammatik und Grammatik der Poesie. Sämtliche Gedichtanalysen. Kommentierte deutsche Ausgabe.* Bd. I. Poetologische Schriften und Analysen zur Lyrik vom Mittelalter bis zur Aufklärung. Hg. v. Hendric Birus u. Sebastian Donat. Berlin, New York 2007, S. 1–123.
14 Hansen-Löve, Aage: *Der russische Formalismus. Methodologische Rekonstruktion seiner Entwicklung aus dem Prinzip der Verfremdung*. Wien 1978, S. 65 ff.; Jakobson, Roman: „Die neueste russische Poesie". In: ders.: *Poesie der Grammatik und Grammatik der Poesie. Sämtliche Gedichtanalysen. Kommentierte deutsche Ausgabe.* Bd. I. Poetologische Schriften und Analysen zur Lyrik vom Mittelalter bis zur Aufklärung. Hg. v. Hendrik Birus u. Sebastian Donat. Berlin, New York 2007, S. S. 1–123; Hansen-Löve: „Einleitung und Kommentare zu Roman Jakobson".
15 Kručenych, Aleksey u. Chlebnikov, Velimir: „Das Wort als solches" (1913). In: Ingold: *Der große Bruch*, S. 324–325.

Wortwörtlich dieselbe Forderung wird einige Jahre später Dziga Vertov stellen – nämlich mit dem „Kamera-Auge" des Dokumentarfilmers das Leben *in flagranti* zu ertappen, also in all seiner Unwillkürlichkeit und Zufälligkeit.[16] Dass dieser „flagrante" „Schnappschuß" durch die Avantgarde-Maschine der Montage gedreht wurde, konfrontiert die Natürlichkeit dieser Kontingenz mit der totalen Manipulation und Künstlichkeit ihrer Bearbeitung.

Genau in dieser Spannung zwischen ‚Flagranz' und Planung, Zufall und Notwendigkeit, Spontaneität und Absicht bewegte sich auch die Avantgarde in all ihren Erscheinungsformen: Sensibilisierung durch „Aufrauhung" der Aufmerksamkeit und Schock auf der einen Seite, Reflexionssteigerung bzw. Autoreflexivität des Mediums und „Bloßlegung der Verfahren" auf der anderen Seite – darin kulminierte ihre Doppelstrategie:[17]

> [...] damit – wie es gleich anschließend bei den Futuristen heißt, widerborstig geschrieben und widerspenstig und mühselig gelesen werde, unbequemer als geschmierte Stiefel oder ein Lastwagen im Salon [...]
>
> Wir sind nämlich der Meinung, dass die Sprache vor allem *Sprache* sein soll und wenn sie schon an irgend etwas erinnert, dann wohl am ehesten an eine Säge oder an den vergifteten Pfeil eines Wilden [...] Die Maler der Zukunftianer gebrauchen gerne Körperteile, Fragmente, und die Zukunftianer Wortschöpfer zerstückelten Wörter, Halbwörter und deren wunderliche listige Verbindungen (‚zaum'-Sprache)[18] [...]
>
> Die Wortschöpfer sollen auf ihre Bücher schreiben: Nach Lektüre zerreißen![19]

Ein Leseverhalten, das Chlebnikov selbst gerne und oft praktizierte, um die Totalität des Rezeptionsaktes jenem der Produktion anzupassen: In diesem Sinne

---

16 Dziga Vertov spricht explizit von „flagrantem Material" (Vertov, Dziga:. „Kinoki. Perevorot". In: *Lef* 3 (1923), S. 135–143, vgl. auch Hansen-Löve: *Der russische Formalismus*, S. 508.
17 Hansen-Löve: *Der russische Formalismus*, S. 197–201 (zur „Entblößung"), S. 220ff. (zur „Bremsung der Wahrnehmung").
18 Vgl. Chlebnikov, Velimir: „Die transrationale Sprache" (1919). In: Kovtun, Evgenij: *Sangesi – Die Russische Avantgarde. Chlebnikow und seine Maler.* Zürich 1993, S.123–125. Die „zaum"-Sprache der Futuristen versteht sich als eine jenseits der praktischen Alltagssprache angesiedelte „poetische Sprache", die über eigene, nicht-pragmatische Gesetzmäßigkeiten – also einen eigenen Code – verfügt (ausführlich dazu: Jakobson, Roman: *Poesie der Grammatik und Grammatik der Poesie*; Hansen-Löve, Aage: „Velimir Chlebnikovs poetischer Kannibalismus". In: *Poetica* 19 (1987) H. 1–2, S. 88–133; ders.: „Randbemerkungen zur frühen Poetik Roman Jakobsons". In: Birus, Donat u. Meyer-Sickendiek (Hg.): *Roman Jakobsons Gedichtanalysen*, S. 89–120.
19 Kručenych u. Chlebnikov: „Das Wort als solches". In: Ingold: *Der große Bruch*, S. 324–325. (Ingold übersetzt freilich den „widerborstigen" Stil mit: „damit stramm geschrieben und stramm gelesen werde", was in eine etwas andere Richtung weist.)

konnte man ein Buch tatsächlich „aus-lesen" – ebenso wie es womöglich „niedergeschrieben" worden war.

II Typologischer Exkurs: Die drei Modelle der russischen Avantgarde

Wie kaum eine andere europäische Avantgardebewegung verfügt die russische über ein Höchstmaß an „Vollständigkeit", was die konzeptuellen wie konkreten Realisierungsmöglichkeiten des Gesamtmodells anbelangt. Die russische und mutatis mutandis auch die internationalen Avantgarden sind aber alles andere als monolithisch, ja sie weisen im Falle der russischen Avantgarde(n) der 1910er- und 1920er-Jahre eine auffällig prägnante Dreiteilung auf.[20]

Es handelt sich dabei zuallererst um eine „Avantgarde der Avantgarden", also ein radikales Initialmodell[21] (*Avantgarde I*), das vielfach mit dem Begriff Futurismus assoziiert wird: Hier dominiert (wie auch im frühen Formalismus der 1910er-Jahre) eine „negative" Verfremdungs-Ästhetik, die den Schock, die Ab-

---

[20] Zur typologischen Triangulierung der Moderne und der Avantgarden vgl. Hansen-Löve: *Der russische Formalismus*. (Gliederung des Formalismus in eine avantgardistische Frühphase [F I], eine funktionalistische Phase [F II] und in eine Phase der Literaturpragmatik [F III]). Eine solche Dreiteilung entspricht der semiotischen Gliederung in Paradigmatik – Syntagmatik und Pragmatik. Ähnlich die Trias von S I (Frühsymbolismus), S II (Mythopoetischer Symbolismus) und S III (grotesk-karnevalesker Symbolismus) (Hansen-Löve, Aage: *Der russische Symbolismus. System und Entwicklung seiner Motive*. Band I. Diabolischer Symbolismus. Wien 1989, Einleitung). Die postsymbolistische Avantgarde gliedert sich analog in A I (verfremdungsästhetische, funktionalistische Frühphase), A II (neoprimitivistische Phase), A III (Akmeismus, Spätavantgarde: pragmatische Dominanz). Vgl. ders.: „Thesen zur Typologie der russischen Moderne". In: Zima, Peter u. Johann Strutz (Hg.): *Europäische Avantgarde*. Hg. v. Peter Zima u. Johann Strutz. Frankfurt a. M., Bern, New York, Paris 1988, S. 37–57, hier S. 56; ders.: „Faktur, Gemachtheit". In: *Glossarium der russischen Avantgarde*. Hg. v. Aleksandar Flaker. Graz 1989, S. 212–219; ders.: „Zur Periodisierung der russischen Moderne. Die ‚Dritte Avantgarde'". In: *Wiener slawistischer Almanach* 32 (1993), S. 207–264.
[21] Im Rahmen der russisch-sowjetischen Kultursemiotik entwickelte deren Leitfigur Jurij M. Lotman eine Typologie von Kulturen, die entweder initial oder final orientiert sind: vgl. dazu Lotman, Jurij: „Die modellbildende Bedeutung der Begriffe *Anfang* und *Ende* in künstlerischen Texten". In: *Semiotica sovietica 2. Sowjetische Arbeiten der Moskauer und Tartuer Schule zu sekundären modellbildenden Zeichensystemen (1962–1973)*. Hg. v. Karl Eimermacher. Bd. 2. Aachen 1986, S. 829–834; vgl. auch Lotman, Jurij u. Boris Uspenskij: „Zum semiotischen Mechanismus der Kultur". In: Eimermacher (Hg.): *Semiotica sovietica 2*, S. 853–876.

weichung, die Differenzqualitäten verabsolutiert („Alogismus"[22] in der Malerei [1912–1915], Dadaismus, reine Laut-Dichtung ohne differenzierte Semantik, Aktionismus, Happening).[23]

Dieser primäre, dem westlichen Dadaismus um Jahre vorauseilende Avantgardetypus galt lange Zeit als die eigentliche und einzige Ausprägung des Avantgardistischen, das sich und sein Publikum voll und ganz in negativen, aggressiven, totalitären, destruktiven Appellen zu erschöpfen schien: Kunst ist nichts als eine Technik zur Erzeugung von: Schock, Überraschung, Neuheit, Normbruch, Um- und Abwertung, Diskontinuität, Dissonanz, Disproportion etc. Die Schlagwörter sind schon deshalb so bekannt, weil sie aus den Randzonen der avancierten Kunstbewegungen in die Massenkultur der Moden und Trends mit Haut und Haar verinnerlicht wurden.

Parallel zu diesem ‚destruktiven' Modell einer negativen Verfremdungs-Ästhetik von *Avantgarde I* entfaltete sich – z.T. bei den selben Künstlern – eine *Avantgarde II:* Hier sollten die futurologischen Utopien über eine konstruktive, ‚positive Ästhetik' der archaischen, universellen, prähistorischen Archetypen erreichbar sein:[24] Dabei ging es nicht bloß um den negativen Schock der reinen Neuheitseffekte, sondern parallel dazu um die konstruktive Entfaltung archaischer Codes, einer Ur-Sprache, deren Semantik und Grammatik den Anspruch auf eine neue Universal-Sprache erhebt – und das in allen relevanten Medien der Epoche. Als großer Namengeber dieser Universalpoetik kann der russische „Zukünftler" Velimir Chlebnikov gelten,[25] den niemand anderer als Roman Jakobson zum Eideshelfer jener linguistischen Wende sublimiert hatte, als deren Folge sich das strukturale Sprach- und Kunstdenken des 20. Jahrhunderts entfalten sollte. Dieses ist ganz zweifellos ein Kind dieses Avantgardetyps.

---

[22] Ausführlich zur Konzeption dieser Richtung unter dem Titel „Fevralizm" vgl. zuletzt: Šatskich, Aleksandra: *Kazimir Malevič i obščestvo Supremus.* Moskau 2009, S. 11ff.; Chan-Magomedov, Selim: *Kazimir Malevič.* Moskau 2010, S. 30ff.

[23] Zur Verfremdung als Wurzel und Motor der Ästhetik der Moderne vgl. insgesamt Hansen-Löve: *Der russische Formalismus.* Auch bei Jurij Lotman gibt es eine fundamentale Unterscheidung in eine Ästhetik der Übereinstimmung bzw. der Identität (also eine affirmative Ästhetik) und eine Ästhetik der „Nicht-Übereinstimmung" (also der Verfremdung und Abweichung). Vgl. Lotman, Jurij: *Die Struktur des künstlerischen Textes.* Frankfurt a. M. 1973.

[24] Die Verbindung von Utopie und Archaik im französischen Kontext behandelt etwa Inboden, Gudrun: *Mallarmé und Gauguin. Absolute Kunst als Utopie.* Stuttgart 1978.

[25] Hansen-Löve, Aage: „Velimir Chlebnikovs Onomatopoetik. Name und Anagramm". In: *Kryptogramm. Zur Ästhetik des Verborgenen.* Hg. v. Renate Lachmann u. Igor P. Smirnov. Wien 1988 (Wiener slawistischer Almanach; 21), S. 135–224.

Diesem auf das Archaische wie das Archetypische orientierten Positivmodell eines Neoprimitivismus (*Avantgarde II/1*) stand aber auch ein konstruktivistisches, auf das Utopische und eine vorweggenommene Zukunft fixiertes Modell gegenüber: eben jene Konstruktivismen des Proletkult, der Produktionskunst, der Fabriks- und Maschinenutopien, die in der frühen Sowjetunion für einige wenige Jahre der Kulturrevolution das Feld beherrschen sollten. Im Grunde war das nicht die Sache der primitivistischen „Zukünftler", die mit den linksutopischen Futuristen und ihren konstruktivistischen Nachfolgern polemisierten.[26]

Während in den westlichen Avantgarden der primitivistische Zweig dieses Positivmodells durchaus nicht so systematisch ausgeprägt war wie in Russland, verfügt die konstruktivistische Strömung der Avantgarde (*Avantgarde II/2*) über eine ausgeprägt internationalistische Ausrichtung: Es gab den Konstruktivismus in der Architektur, im Design, in den neuen Medien wie Film und Plakate ebenso in Moskau, Leningrad und Prag, in Rom oder Mailand, in Budapest oder New York, in Weimar oder in Berlin. Das Stichwort „Bauhaus" steht hier für eine jahrzehntelange Avantgardetradition der angewandten Richtung und unterscheidet sich nicht wesentlich von seinen Wurzeln in den großen Kunstschulen von Moskau und Leningrad.[27] Besonders in der bildenden und darstellenden Kunst und Architektur entwickelt sich auch ein *angewandter Konstruktivismus*, der die universellen Grammatiken funktionalisiert und utilitarisiert (Lef-Bewegung, Konstruktivismus, Produktionskunst).

---

26 Die kunstphilosophische Herkunft des angewandten Konstruktivismus aus dem 19. Jahrhundert und vor allem aus der Konzeption des „Lebensschaffens" im Symbolismus untersucht eingehend Krieger, Verena: *Kunst als Neuschöpfung der Wirklichkeit. Die Anti-Ästhetik der russischen Moderne*. Köln, Weimar, Wien 2006; zur Rolle Malevičs in dieser Diskussion vgl. ebd., S. 185 ff. Vgl. die Polemik Malevičs gegen den Konstruktivismus bzw. Produktionismus und damit gegen eine jede „angewandte Kunst", diese setzt schon in der Witebsker Periode ein und entwickelt sich im Folgenden auch zu einer grundsätzlichen Abrechnung mit Tatlin, Rodčenko und zahlreichen anderen Avantgarde-Kollegen. Nichtsdestoweniger gab es aber auch einen treuen Anhängerkreis um Malevič, vor allem von Künstlerinnen (vgl. den Band: *V kruge Maleviča. Soratniki. Učeniki. Posledovateli v Rossii 1920–1950-ch*. Moskau 2000). Vgl. auch Hansen-Löve: „Gott ist nicht gestürzt!". In: *Wiener slawistischer Almanach*, S. 428 ff.). Zur Beziehung Chlebnikovs zu Tatlin vgl. Milner-Galland, Robin: „Poèt I chudožnik (Po povodu stichotvorenija V. Chlebnikova ‚Tatlin, tajnovidec lopastej..'". In: *Poèzija i živopis'. Sbornik trudov pamjati N.I. Chardžieva*. Hg. v. Michail Mejlach u. Dmitrij V. Sarab'janov. Moskau 2000, S. 302–398.
27 Zur Didaktisierung der Avantgarden in den Kunstakademien der frühen Sowjetunion vgl. Erler, Georg, Rainer Grübel u. a. (Hg.): *Von der Revolution zum Schriftstellerkongreß. Entwicklungsstrukturen und Funktionsbestimmungen der russischen Literatur und Kultur zwischen 1917–1934*. Berlin 1979.

Denkt man an dieses Getümmel der 1910er-Jahre, das übrigens Jahre *vor* der bolschewistischen Revolution des Jahres 1917 ausgebrochen war, kann man feststellen: Zuerst gab es die Kulturrevolution, zuerst die der Kunst und „Wortkunst", und *dann* erst jene Revolution, die in einem Bürgerkrieg kulminierte, dessen archaische Grausamkeit nur ein Vorspiel sein sollte für all das, was noch kommen sollte.

Betrachtet man die Kunstavantgarden, ja auch die Linksutopien unter dieser Perspektive, und übrigens auch unter dem Aspekt ihrer Vernichtung durch den Stalinismus, mag sich das Bild doch etwas ändern: Dann sehen wir unter der Oberfläche der aggressiven Manifeste und (welt)raumgreifenden Kunst- und Bildtektoniken zwar auch einen Totalanspruch, dieser bewegt sich aber weitgehend auf dem wenn auch schwankenden Boden einer Gleichsetzung des Utopischen mit dem Ästhetischen.[28] Es geht um nichts weniger als eine Ersetzung der fiktionalen Differenz der vorhergehenden Kulturen, die weitgehend narrativ geprägt waren, durch eine antifiktionale, antiillusionistische, antisymbolische Gleichsetzung von utopischer Vorwegnahme und künstlerischer Poiesis.

Auch die radikalen Kulturrevolutionäre und extremen Links-Avantgardisten waren für eine Abschaffung der Kunst und Kultur als bürgerliche Veranstaltung; dennoch bewegten sie sich im Feld einer utopisierten Ästhetik bzw. einer ästhetisierten Utopie, wo zwischen beiden Polen im Sinne einer *Vorwegnahme* (und das meint ja immer Utopie) Äquivalenz aber nicht Identität postuliert wird.

Dieser projektive, letztlich doch symbolische Charakter einer solchen utopischen Gestik war – trotz aller Radikalmanifeste – den linken Utopisten durchaus bewusst. Die ihnen unterstellte Totalität beschränkte sich weitgehend auf die Sphäre von Planung und Projektion – nicht auf jene der Durchführung und brachialen Umsetzung im Sinne von Gewalttätigkeit. Chlebnikov rief sich zwar selber zum „Vorsitzenden des Erdballs" aus – gemeint war aber eine Sprach-Welt, die als Welt-Sprache in ihm ihren Sprach-Schöpfer finden sollte.

Vereinfacht gesagt: Wer mit Tatlins „Le-Tatlin" fliegen will, wird ebenso abstürzen,[29] wie jener, der mit einem Flugzeug die Kunst einzuholen gedenkt. Und

---

28 Vgl. dazu: Zelinsky, Bodo: *Russische Avantgarde 1907–1921. Vom Primitivismus zum Konstruktivismus.* Bonn 1983; Krieger, Verena: *Von der Ikone zur Utopie. Kunstkonzepte der Russischen Avantgarde.* Köln, Weimar, Wien 1998; Hansen-Löve, Aage: „Die antiapokalyptische Utopik des russischen Futurismus". In: *Russian Literature.* Special Issue in Memory of Nils Ake Nilsson XL-III (1996), S. 319–354.

29 Der Name „Tatlin" realisiert also gewissermaßen anagrammatisch das russische Verbum für ‚fliegen', d. h. „LETA", womit die technische Seite von Haus aus bzw. an der Wort-Wurzel gepackt schon in den Bereich einer sprachlich konstituierten, ästhetischen Utopie verweist. In diesem Sinne könnte man sagen, dass auch bei Tatlin die Konstruktion technischer

Malevičs „Architektonen" passen nicht in die Welt von Hoch- und Tiefbau, da sie als Modelle eines Kosmos dienen, in der die Schwerkraft abgeschafft ist.[30]

Als Brücke zwischen diesen prä- wie posthistorischen, vor- und rückwärtsgewandten Utopien kann der Suprematismus Kazimir Malevičs gelten – ebenso der Abstraktionismus eines Kandinskij wie die Objektkunst Marcel Duchamps:[31] In all diesen Fällen wird das primäre Avantgardemodell noch einmal überschritten in eine kosmische, hermetische oder gar theosophische vierte oder fünfte Dimension. Damit stellt sich diese Avantgarde ebenso gegen den Materialismus und Utilitarismus der Konstruktivisten – wie gegen die weiterhin vorherrschende Dominanz eines Realismus, dessen Sozialismus die Große Kulturrevolution um 1920 hinter sich gelassen hatte.

Schließlich lässt sich auch noch ein drittes Avantgardemodell rekonstruieren (*Avantgarde III*), das sich dem Scheitern der Utopien und Neoprimitivismen verschreibt und dabei vor allem die Pragmatik von Sprachspielen und Diskurskonventionen verfremdend einsetzt (dominant in den spätavantgardistischen Konzepten des Absurdismus, wie der Oberiu-Bewegung bei Charms und Vvedenskij, teilweise auch im Surrealismus, der Neuen Sachlichkeit etc.).

In diesem finalen Avantgardemodell, das ganz unter dem Zeichen der Dekonstruktion steht, werden die den Avantgarden immanenten Totalitätsphantasien und ihre linksutopischen Projektionen selbst zum Gegenstand der Verfrem-

---

Produkte jenes Intermedium ansteuert, das zwischen Produktion und Kreation, Technik und Artefakt, Konstruktion und Konstrukt ebenso vermittelt wie Distanz schafft. Vgl. auch Strigalev, Anatolij u. Jürgen Harten (Hg.): *Vladimir Tatlin Retrospektive*. Köln 1994. Zur technischen Untauglichkeit der konstruktivistischen Artefakte – zumal jener Tatlins – vgl. auch Groys, Boris „Das Kunstwerk als nichtfunktionelle Maschine. Wladimir Tatlin". In: ders.:. *Die Erfindung Russlands*. München 1995, S. 112–119.
30 Zu Malevičs „Architektonen" vgl. Crone, Rainer u. David Moos (Hg.): *Kazimir Malevich. The climax of disclosure*. München 1991; Malevič, Kazimir: „Architektura kak stepen' naibol'šego osvoboždenija čeloveka ot vesa" (1924). In: *Kasimir Malevič. Živopis'. Teorija*. Hg. v. Dimitrij Sarab'janov u. Aleksandra Šatskich. Moskau 1993, S. 255–269; Erler u. Grübel u. a. (Hg.): *Von der Revolution zum Schriftstellerkongreß*; vgl. auch zuletzt: Chan-Magomedov: *Kazimir Malevič*, S. 161 ff., 213 ff. u. 220 ff.
31 Zu Marcel Duchamps „Objektkunst" gab es auch eine Entsprechung in den russischen „Konter-Reliefs" wie überhaupt in der von Kandinskij der „Großen Abstraktion" gleichgestellten „Großen Realistik" (Kandinskij, Vasilij: „Über die Formfrage" (1912). In: ders.: *Essays über Kunst und Künstler*. Teufen 1955, S. 15–45, hier S. 26 ff.), dazu: Hofmann, Werner: *Grundlagen der modernen Kunst. Eine Einführung in ihre symbolischen Formen*. Stuttgart 1966, S. 54; Hansen-Löve: *Der russische Formalismus*, S. 80–82). Zu den Dioskuren der modernen Malerei – Duchamp und Malevič – vgl. Hansen-Löve, Aage: „Zur Poetik des Minimalismus in der russischen Dichtung des Absurden". In: *Minimalismus. Zwischen Leere und Exzeß*. Hg. v. Mirjam Goller u. Georg Witte. Wien, München 2001, S. 133–186.

dung und kritischen Dissoziierung – all dies schon angesichts eines herrschenden Staats-Totalitarismus (Stalinismus). Damit wird aber auch die avantgardekritische Haltung der Postmoderne und ihre grundsätzliche Antiutopik in entscheidenden Punkten vorweggenommen.

III Vom Vorgestern ins Übermorgen

III.1 Neoprimitivismus *à la russe*

Die neoprimitivistische Grundströmung der russischen Avantgarde machte sich in ihren Ursprüngen schon vor 1910 bemerkbar, ja es gibt in dieser Frühphase der russischen Avantgardekunst (sie umfasst ja alle Kunstformen von der Malerei zur Dichtung bis zu den Performanzkünsten) keine bedeutende Künstlerpersönlichkeit, die sich nicht fundamental mit primitiven Kulturen, dem Archaisch-Magischen, dem Ursprungshaften theoretisch wie künstlerisch auseinandergesetzt hätte.[32] Dabei ist besonders wesentlich, dass sich für die russischen Künstler das Urige und Ursprüngliche direkt vor der Haustüre der urbanen Zivilisation entdecken ließ – archaisches bäuerliches Leben, gewaltige Ausläufer einer Sekten-Subkultur.[33]

Der Weg – oder eher schon der „Große Sprung"[34] – führt also vom Heute ins Vorvorgestern, um im „Überübermorgen" zu landen: Denn der eigentliche „Feind"

---

[32] Zum Neoprimitivismus in der Malerei vgl. Gray, Camilla: *Das große Experiment. Die russische Kunst 1863–1922*. Köln 1974; Žadova, Larisa: *Suche und Experiment. Aus der Geschichte der russischen und sowjetischen Kunst zwischen 1910 und 1930*. Dresden 1978; Krieger: *Von der Ikone zur Utopie*, S. 135 ff. (zum Primitivismus); Bowlt, John (Hg.): *Russian Art of the Avant-Garde. Theory and Criticism 1902–1934*. London 1998; Marcadé, Jean-Claude: *L'avant-garde russe 1907–1927*. Paris 1995, S. 23–54; Nilsson, Nils Ake: „Archaismus". In:, Flaker (Hg.): *Glossarium der russischen Avantgarde*, S. 126–131; Pospelov, Gleb: *Bubnovyj valet. Primitiv i gorodskoj fol'klor v Moskovskoj živopisi 1910-ch godov*. Moskau 2008; Juškova, Ol'ga: *Stancija bez ostanovki. Russkij avangard 1910–1920-e gody*. Moskau 2008. Zur Relation von Malerei und Dichtung bei Chlebnikov vgl. den Sammelband: Mejlach, Michail u. Dimitrij Sarab'janov (Hg.): *Poèzija i živopis', Sbornik trudov pamjati N.I. Chardžieva*. S. 302–398.
[33] Vgl. dazu Etkind, Aleksandr: *Chlyst. Sekty, literatura i revoljucija*. Moskau 1993 und in Bezug auch auf die russische Avantgarde: Hansen-Löve, Aage: „Allgemeine Häretik, russische Sekten und ihre Literarisierung in der Moderne". In: *Orthodoxien und Häresien in den slavischen Literaturen*. Hg. v. Rolf Fieguth. Wien u. a. 1995 (Wiener slawistischer Almanach. Sonderband; 41), S. 171–294.
[34] Die Idee, dass die russische Kultur zumal in Sprüngen und revolutionären Brüchen ablaufe, findet sich in der Kultursemiotik – v. a. beim späten Lotman – immer wieder: vgl.

war nicht das Uralte, sondern das banale Gestern, welches durch seine Konventionalität das Heute zukunftsunfähig macht. Insofern war im Neoprimitivismus nicht nur Platz für die russische Folklore[35] oder das Mittelalter, die afrikanische oder asiatische Exotik – das Vorgestern setzte schon im 18. Jahrhundert ein: etwa mit der Wiederentdeckung der *commedia dell'arte* für das Avantgarde-Theater[36] (was einer „Primitivisierung" des psychologischen Realismus gleichkam), oder die Reanimation des seriellen Abenteurerromans (englischer Herkunft) für eine metapoetische Massenliteratur, die bewusst hinter die „Standarts" der traditionellen Romankultur zurückfallen sollte. Beispiele dieser Art von Re-Archaisierung ließen sich zahlreich anführen. Gerade sie sind es, die etwa für die jungen Formalisten – zumal Viktor Šklovskij – jene avantgardistische „Sujetlosigkeit" (*bessjužetnost'*) verkörpern, die in der Malerei als „Ungegenständlichkeit" (*bes-predmetnost'*) in Erscheinung tritt.[37]

---

seine letzte, geradezu prophetische Schrift: Lotman, Jurij: *Kul'tura i vzryv*. Moskau 1992 (deutsch: *Kultur und Explosion*. Frankfurt a. M. 2010). Die Annahme einer der russischen Kultur immanenten Häretik bzw. eines entsprechenden radikalen Dualismus findet sich schon in der vielzitierten Studie: Lotman, Jurij u. Boris Uspenskij: „Die Rolle dualistischer Modelle in der Dynamik der russischen Kultur (bis zum Ende des 18. Jahrhunderts)". In: *Poetica* 9 (1991) H. 1, S. 1–40. Zur Gnosis in der russischen Kultur vgl. auch Lachmann, Renate: *Gedächtnis und Literatur. Intertextualität in der russischen Moderne*. Fankfurt a. M. 1990, S. 354 ff. u. 463 ff. Gerade in einer dezidiert postmodernen Sicht der (russischen) Geschichte dominiert dieses Prinzip eines radikalen Dualismus und damit einer Diskontinuität des permanenten „Beginnens" im Konzept des „Neuen": vgl. Groys, Boris: *Über das Neue. Versuch einer Kulturökonomie*. München 1992; ders.: *Die Erfindung Rußlands*. München 1995. Zum Radikalbild Russlands in diesem Sinne vgl. den Essay: Hansen-Löve, Aage: „,Wir wußten nicht, daß wir Prosa sprechen'. Die Konzeptualisierung Rußlands im russischen Konzeptualismus". In: *Wiener slawistischer Almanach* 44 (1997), S. 423–507; ders.: „Zur Kritik der Vorurteilskraft: Rußlandbilder". In: *Transit. Europäische Revue* 16 (1999), S. 167–185.
35 Petrova, Evgenija: „Narodnye istočniki I russkoe iskusstvo načala XX veka". In: *Avangard i ego russkie istočniki*. Hg. v. Evgenija Petrova u. Jochen Pötter. Baden-Baden 1993, S. 9–13; Misler Ikoletta u. Džon Boul: „Primitivizm i russkij avangard". In: Petrova u. Pötter (Hg.): *Avangard i ego russkie istočniki*, S. 15–25; Basner, Elena: „...my, ispovedujuščie neoprimitivizm kak religiju chudožnika, govorim..". In: Petrova u. Pötter (Hg.): *Avangard i ego russkie istočniki*, S. 27–32; Boguslavskaja, Irina: „Narodnoe iskusstvo". In: Petrova u. Pötter (Hg.): *Avangard i ego russkie istočniki*, S. 33–37; Kovtun, Evgenij: „Michail Larionov i Živopisnaja Vyveska". In: Petrova u. Pötter (Hg.): *Avangard i ego russkie istočniki*, S. 39–45.
36 Vgl. zuletzt den Sammelband: Kovalenko, Georgij (Hg.): *Avangard i teatr 1910–1920-ch godov*. Moskau 2008; *Russkij avangard 1910-x – 1920-ch godov i teatr*. St. Petersburg 2008.
37 Šklovskij, Viktor: *Chod konja*. Berlin 1923, S. 99–100; dazu: Hansen-Löve: *Der russische Formalismus*, S. 254 f. Zur Differenzierung von Ungegenständlichkeit (Malevič) und Abstraktion (Kandinskij) vgl. Hansen-Löve: „Gott ist nicht gestürzt". In: *Wiener slawistischer Almanach*; Zimmermann, Tanja: *Abstraktion und Realismus im Literatur- und Kunstdiskurs der*

Der anarchistische Typus eines archaistischen Futurismus war bei so gut wie allen russischen Avantgardisten jener Jahre weit verbreitet. Dies gilt für die Malerei (Kazimir Malevič, Michail Larionov,[38] Vasilij Kandinskij, Michail Matjušin[39]) ebenso wie für die futuristischen Mythopoeten Velimir Chlebnikov,[40] die Brüder David und Nikolaj Burljuk, Aleksej Kručenych,[41] Vladimir Majakovskij, Elena Guro,[42] Vasilij Kamenskij – oder für die Musik (z. B. Igor Stravinskijs *Sacre du printemps*).[43]

---

russischen Avantgarde. Wien, München 2007, S. 54 ff. (zu Abstraktion und Ungegenständlichkeit) und zuletzt: Podzemskaia, Nadežda: „Abstraction: un concept à définir. De la théorie de Kandinsky aux débats sur l'objet et la chose". In: *Ligeia. Dossiers sur l'art* XII (2009), S. 89–92, hier S. 33–46; Zimmermann, Tanja: „L'abstraction en tant que réalisme: Du paradoxe vers la construction du réel". In: *Ligeia. Dossiers sur l'art* XII (2009), S. 116–126.

38 Vgl. den Ausstellungskatalog: *Nathalie Gontcharova, Michail Larionov*. Centre Georges Pompidou 1995. Paris 1996; Sharp, Jane: „L'exercice de la répétition: les cycles et les compositions sérielles de Nathalie Gontcharova de 1907–1911". In: *Nathalie Gontcharova, Michail Larionov*, S. 178–187; Pospelov, Gleb: „L'oeuvre de Larionov et le style primitif". In: *Nathalie Gontcharova, Michail Larionov*, S. 199–204; Bowlt, John E. u. Matthew Drutt (Hg.): *Amazonen der Avantgarde. Alexandra Exter, Natalie Gontscharowa, Ljubov' Popowa, Olga Rosanowa, Warwara Stepanowa und Nadeschda Udalzowa*. Ostfildern 2000; Sharp, Jane: „Natalja Gontscharowa". In: Bowlt u. Drutt (Hg.): *Amazonen der Avantgarde*, S. 155–184; Gurianowa, Nina: „Olga Rosanowa". In: Bowlt u. Drutt (Hg.): *Amazonen der Avantgarde*, S. 213–240.

39 Vgl. Klotz, Heinrich (Hg.): *Matjuschin und die Leningrader Avantgarde*. Stuttgart, München 1991. (Matjušins Neoprimitivismus manifestierte sich vor allem in seiner „organizistischen" Richtung der Abstraktion, vgl. dazu *Organica. New Perception of Nature in the Russian Avant-Gardism of the 20th Century. The exhibition 2001*. Moskau 2001; Til'berg, Margareta: *Cvetnaja vselennaja: Michail Matjušin ob iskusstve i zrenii*. Moskau 2008 und zuletzt Wünsche, Isabel: *Kunst & Leben. Michail Matjušin und die Russische Avantgarde in St. Petersburg*. Köln, Weimar, Wien 2012.

40 Kovtun, Evgenij: *Sangesi*. (Einbettung Chlebnikovs in die Avantgardemalerei Malevičs, Filonovs, Tatlins, Mituričs u. a. mit zahlreichen Dokumenten); *Sieg über die Sonne. Aspekte russischer Kunst zu Beginn des 20. Jahrhunderts*. Ausstellung der Akademie der Künste. Berlin 1983; Langer, Gudrun: *Kunst – Wissenschaft – Utopie. Die „Überwindung der Kulturkrise" bei V. Ivanov, A. Blok, A. Belyj und V. Chlebnikov*. Frankfurt a. M. 1990.

41 Zu Kručenychs Primitivismus (im Vergleich zu jenem Chlebnikovs) vgl. Hansen-Löve, Aage: „Kručenych vs. Chlebnikov. Zur Typologie zweier Programme im russischen Futurismus". In: *AvantGarde, Interdisciplinary and International Review*. Amsterdam 1990, S. 15–44; zu Kručenych und Malevič vgl. Šatskich: *Kazimir Malevič*, S. 231 ff.

42 Guro, Elena: *Selected Prose and Poetry*. Stockholm 1988; Jensen, Kjeld: *Russian Futurism, Urbanism and Elena Guro*. Aarhus 1977.

43 Kursell, Julia: *Schallkunst. Eine Literaturgeschichte der Musik in der frühen russischen Avantgarde*. München 2003.

Das utopische Über-Morgen (der Futuristen und später der Links-Avantgarde), die postkulturelle „Über-Malerei" (im Suprematismus Malevičs oder in der Abstraktion Kandinskijs) fanden auch ihre Entsprechung in den utopischen Poetologien von Autoren wie Velimir Chlebnikov.[44] Auch hier sollte die Sprache der Zukunft, der verbale Kode einer neuen Welt nicht durch eine bloße *creatio ex nihilo* entspringen, sondern vielmehr durch die kalkulierte Regression in eine Ur-Sprache, in der nach onomatopoetischen Prinzipien[45] die präkulturellen Dinge aus der konventionellen Objekt-Welt der urbanen Zivilisation (Gegenstandssprache) herausgeschält werden.

Durch Entgegenständlichung zur Verdinglichung, durch den Schritt des *unlearning*, d. h. eines absichtsvollen Verlernens[46] der rezenten, rationalen Regeln der herrschenden Kulturpragmatik – zurück und zugleich voraus in die alogische, antipragmatische, unzivilisierte Archaik. Dieser Akt der freiwilligen Selbstprimitivisierung gehörte freilich auch zum gängigen Instrumentarium futuristischer bzw. avantgardistischer Schock-Therapien am bürgerlichen Publikum.

In diesem Avantgardekonzept geht es also zentral um eine Sprache der Zukunft, die mit den Wortwurzeln der Vorvergangenheit einen universalen Code rekreiert – und dies auch noch mit den prä- und subkulturellen Ausdrucksmitteln der ekstatischen Sekten und der Hermetiker:

> In der Kunst haben wir bereits erste Versuche einer Sprache der Zukunft. Die Kunst folgt in der Avantgarde einer psychischen Evolution. ... und es beginnt sich herauszubilden eine vierte Dimension – die ‚höhere Intuition' im Sinne von P. Uspenskijs *Tertium Organum*.
> In der Kunst verlauten wir: DAS WORT IST WEITER ALS DER SINN. [...]
> Menschen von außergewöhnlicher Ehrenhaftigkeit – die russischen Sektierer – haben sich dazu entschieden in freien Wortbildungen zu schreiben. Unter dem Ansturm religiöser Eingebung ... begannen sie in der Sprache des ‚heiligen Geistes' zu reden ... sie ‚tranken vom

---

44 Vgl. ausführlich Hansen-Löve: „Die Entfaltung des ‚Welt-Text'-Paradigmas in der Poesie Velemir Chlebnikovs". In: Nilsson, Nils Ake (Hg.): *Velimir Chlebnikov, A Stockholm Symposium April 24 1983*. Stockholm 1985, S. 27–88. Zur intermedialen Relation von Wort- und Bildkunst (in der Moderne bzw. Avantgarde) vgl. Flaker: *Glossarium*; und zuletzt Flaker, Aleksanadar: *Živopisnaja literatura i literaturnaja živopis'*. Moskau 2008.
45 Hansen-Löve: „Velimir Chlebnikovs Onomatopoetik". In: Lachmann, Renate u. Igor Smirnov (Hg.): *Kryptogramm. Zur Ästhetik des Verborgenen. Wiener slawistischer Almanach* 21 (1988), S. 135–224.
46 Das Prinzip des *unlearning* gibt es schon bei Reynolds: „to unlearn... to see the truth of things" (zit. bei: Hofmann, Werner: *Von der Nachahmung zur Erfindung der Wirklichkeit*. Köln 1970, S. 74 f. Der Begriff des ‚Verlernens' („razučivanie") findet sich auch im Manifest „Das Wort als solches": „Damit geschrieben und gesehen werde in einem Augenblick! (Sang, Platsch Tanz, [...] Vergessen, Verlernen" (bei Ingold: *Der große Bruch*, S. 324) hier irrtümlich „erlernen").

lebendigen Wasser'. Und da ergab sich denn ein *neues* Wort, das nun nicht mehr Lüge war, sondern wahrhaftiges Glaubensbekenntnis, Verkörperung unsichtbarer Dinge.

„namos pamos bagos"...„gereson drwolmire sdruwul | dremile tscheresondro fordej" (aus einer Rede des Geißlers Schischkov).

Bemerkenswert, dass einige Sektierer [...] von einer einfachen bäuerlichen Herkunft plötzlich nicht nur in einer derartigen transrationalen Sprache zu reden begannen, sondern auch in manchen Fremdsprachen, die ihnen zuvor unbekannt waren! [...]

In der Kunst mag es den *Mißklang (Dissonanz)* geben, nicht aber darf Grobheit sein, kein Zynismus und keine Unverschämtheit (was die italienischen Futuristen predigen) – denn Krieg und Kampf sollen nicht mit Schöpfertum zusammengebracht werden.

Wir sind seriös und feierlich, und nicht destruktiv-grob...

GIBT ES ERST EINMAL DIE NEUE FORM SO GIBT ES FOLGLICH AUCH EINEN NEUEN INHALT, DIE FORM BEDINGT SOMIT DEN INHALT...[47]

Der zentrale Kunst-Mythos der Moderne sieht die Kunst-Schöpfung als Wiederholung der Welt-Schöpfung; eine Variante dieser Künstler-Schöpfergott-Analogie ist die Vorstellung des Poeten als (neuer) Adam:

Die Wörter sterben, die Welt bleibt ewig jung. Der Künstler hat die Welt aufs neue gesehen – wie Adam – und gibt allem seine Namen die Lilie ist wunderschön, aber das Wort Lilie ist schrecklich abgegriffen und ‚abgetragen'. Daher nenne ich Lilie euy – und die ursprüngliche Reinheit ist wiederhergestellt.[48]

Die neue alte Weltformel lautet denn ganz konsequent: Die neuen Wörter schaffen neue Dinge, die vom Wortschöpfer neue Sprache generiert eine Neue Welt aus ebenso archaischen wie universellen Wort-Wurzeln: Die ganze Welt ein einziges – Gedicht. Umgekehrt erwächst die Universalsprache unmittelbar der Natur, ihr Ur-Text ist in der Text-ur der Biosphäre kodiert:[49] Der Sprachschöpfer „lehrte, dass es Wörter gibt, mit denen man sieht – Wörter-Augen und Wörter-Hände, mit denen man etwas tut. Hier sind einige seiner Taten."[50]

---

[47] Krutschonych, Aleksej: „Neue Wege des Wortes (Sprache der Zukunft Tod dem Symbolismus" (1912/1913)). Zit. nach: Ingold: *Der große Bruch*, S. 327–333.
[48] Kručenych, Aleksej: „Deklaration des Wortes als solches". *Manifeste* [1913]. In: Ingold: *Der große Bruch*, S. 323–324.
[49] Ausführlich zur Text(ur)-Metapher vgl. Hansen-Löve, Aage: „Entfaltungen der Gewebe-Metapher. Mandelstam-Texturen". In: *Der Prokurist* 16/17 (1999), Anschaulichkeit (bildlich). Hg. v. Oswald Egger, S. 71–152.
[50] Chlebnikov, Velimir: „Ka". In: Chlebnikov: *Werke*, Bd. 1 u. 2, S. 125ff. Zu Chlebnikovs „zaum"'-Poetik vgl. auch Lönnqvist, Barbara: *Xlebnikov and Carnival. An Analysis and the Poem „Poet"*. Stockholm 1979; Hansen-Löve: „Die Entfaltung des ‚Welt-Text'-Paradigmas". In: Nilsson (Hg.): *Velimir Chlebnikov*, S. 27–88, sowie ders.: „Velimir Chlebnikovs Onomatopoetik". In: Lachmann u. Smirnov (Hg.): *Kryptogramm*, S. 135–224.

Treffend wird Majakovskij später von Chlebnikovs „Periodensystem des Wortes"[51] sprechen – einer elementaren Liste von Ur-Lauten, aus der die Sprache einer jeden Zukunft ableitbar ist:

> Das Wort lenkt das Gehirn, das Gehirn – die Hände, die Hände – Reiche.
> Die Anfangskonsonanten regieren Schicksal und Weg des nachfolgenden Wortes – und das nach folgenden Universalgesetzen:
> M impliziert den Zerfall eines Ganzen in Teile
> L ist die gewaltlose Bewegung einer großen Kraft der Freiheit
> K – die Verwandlung einer Kraft der Bewegung in eine Kraft des Liegens
> T – die Unterordnung einer Bewegung unter eine große Kraft
> S – das Sammeln von Teilen zu einem Ganzen etc. etc.[52]

III.2 Russlands „Neue Wilde"[53]

Man kann sich dem Neoprimitivismus zuwenden – wie auch in allen anderen Fällen von Perioden und Epochen – als einem allgemeinen Kunstwollen, das als Typus zeit- und geschichtsunabhängig in der gesamten Kunstgeschichte immer wieder auftritt: So kann man von Renaissancen sprechen wie von Manierismen, Alexandrismen, Avantgarden, Realismen etc. Nebenbei bemerkt gibt es aber auch Perioden, die über ein sehr geringes Maß an typologischer Übertragbarkeit verfügen: Man denke an die Gotik, an die Romanik, bis zu einem gewissen Grad auch an die Empfindsamkeit oder den Surrealismus. Oder man beschränkt sich auf den „historischen" Abschnitt, der unter dem chronologisch messbaren Zeichen solcher Typologien steht: die „historische Moderne", die „historischen" Avantgarden der 1920er-Jahre, der „historische" Realismus der 1940er- bis 1980er-Jahre.[54]

---

51 Majakovskij, Vladimir: *Sobranie sočinenij v vos'mi tomach*. Pod redakciej L.V. Majakovskoj, V. V. Voroncova, A.I. Koloskova. Moskau 1968, Bd. 3, S. 416.
52 Zusammenfassend: Ziegler, Rosemarie: „Zaum'". In: Flaker: *Glossarium*, S. 512–532. „Ein semantisches Wörterbuch der Neologismen Chlebnikovs" bietet Percova, Natalja: *Slovar' neologizmov Velimira Chlebnikova*. Wien, Moskau 1995; vgl. auch Vroon, Ronald:. „O semantike glasnych v poėtike Velimira Chlebnikova". In: Mejlach u. Sarab'janov (Hg.): *Poėzija i živopis'*, S. 357–368. Siehe auch die gesammelten Studien von Grigor'ev, Viktor: *Budetljanin*. Moskau 2000.
53 Der Begriff des Künstlers als „Wilder" begegnet prominent bei David Burljuk im Rahmen des *Blauen Reiter* unter dem Titel „Die ‚Wilden' Rußlands". In: *Der Blaue Reiter. Dokumente einer geistigen Bewegung*. Leipzig 1986, S. 108–110.
54 Vgl. auch Hansen-Löve, Aage: „Der frühe russische Realismus und seine Avantgarde – Einige Thesen". In: *Analysieren als Interpretieren. Festschrift für Wolf Schmid*. Hg. v. Lazar Flejšman, Christine Gölz u. Aage Hansen-Löve. Hamburg 2004, S. 365–405.

Schließlich kann man das Bedeutungsfeld einer solchen Kategorie nochmals einengen auf das individuelle Oeuvre einzelner Künstler zu bestimmten Zeiten, die sich vielleicht nur wenige Jahre unter das Zeichen einer spezifischen der typologischen Ordnungen stellten, um die dann möglicherweise schon nach wenigen Jahren oder gar Monaten wieder zu verlassen. Damit steht diese Variante einer Lebensabschnittsrichtung im Gegensatz zum Schaffen von Künstlern, Dichtern und Komponisten, deren Gesamtwerk total, weitestgehend, dominant unter dem Zeichen einer bestimmten Strömung firmiert.

Im ersten Fall haben wir es mit der neoprimitivistischen Periode im Schaffen Picassos, Malevičs, Kandinskijs oder Strawinskys zu tun – im Gegensatz zu Künstlern, die insgesamt als mehr oder weniger monomane Vertreter einer einzigen Richtung auftraten.

Die Auseinandersetzung mit Anfangskonzepten orientiert sich am Ursprungsmodell einer präkulturellen, mythisch-prähistorischen „Arché" und einem kulturell und historisch reflektierten Initial-Modell, von dem aus ein jedes „Beginnen" seinen Ausgangspunkt wählt: sei es als „Logos" in der Semiosphäre oder als „Tat-Sache" in der gegenständlichen Welt der Aktion und Konstruktion.

Im ersten Fall dominiert eine Ur-Zeit und ein Ur-Raum vielfach vorgestellt als eine Art Paradies, in das ein jeder Archaismus, Neomythologismus oder Neo-Primitivismus seine *restitutio ad integrum* verlagert. Diese Suche nach dem Ursprünglichen ist freilich der klarste Beweis dafür, dass dieses Paradies verloren und ein postmythischer, also kultureller, historischer Status irreversibel erreicht ist. Der nun einmal erreichte rezente Status (einer Modernität) phantasiert sich in einen imaginären bzw. mythischen Urzustand zurück, der als Evidenz doch nie mehr erreichbar scheint, während zugleich eine lineare, vektorial gerichtete, final definierte Zeitvorstellung dominiert – immer mit Blick auf ein finales Ziel, auf das hin sich eine Intentionalität spannt vom Ausgangs- zum Endpunkt einer vektorial gerichteten Bestrebung. Diese wurzelt in einem konzeptuellen, bewussten „Initial"-Punkt, von dem aus sich das Weitere perspektivisch strukturiert auf das kausal wie temporal Folgende, Zukünftige. Zwischen dem *principium* und dem Zielpunkt vermittelt – als „Medium" wie „Transport" – eine prozessuelle, evolutionierende, sukzessive Zeitfolge, deren jeweiliger Moment als Momentum einer finalen Bewegung positioniert und initiiert ist.

Auch in der Kulturrevolution vor und nach 1917 wird dieses archai(sti)sche Potential der Avantgarde(n) beschworen. Dies gilt bis hinein in die narrativen Strukturen, die nun nicht mehr den historischen, vorrevolutionären Evolutionsmodellen kohärenter Sujets folgen mochten, sondern „sujetlos" wurden: Die Prosa der Kunst wie des Lebens wurde „disseminiert" und montagehaft.[55] Paradigmatisch für den revolutionären Bruch in der russischen Kultur hat dies Felix Ph. Ingold am Beispiel des Jahres 1913 vorgeführt.[56]

Dass man sich an die Stelle eines finalen Welt-, Lebens- oder Text-Endes nur zu gerne ein tausendjähriges Reich der Freiheit und des Geistes phantasierte, verlegt die apokalyptischen wie utopischen Paradiesgärten in ein Diesseits, das ungegenständlich und schwerelos geworden ist – jenseits der Gravitation jenes Reichs der Ananke, von dem Freud so ehrfürchtig zu sprechen weiß. Auch Malevič blickt in eben jene Richtung der Ungegenständlichkeit durch das schwarze Grabgeviert seines „Quadrats".[57] Dieses sollte ja Ende (der alten Welt, der alten Kunst) und Anfang (der/des Neuen) in einem sein. Die utopische Vorwegnahme des posthistorischen Zustandes, den Malevič konsequent hermetisch-mystisch als „in Gott Ruhen" definiert,[58] korrespondiert der Nachnahme jener Vorgeschichte, die auf eben jenen Nullpunkt zustreben und zusterben musste – nicht anders, als dies der Schnittpunkt zwischen der Welt vor Christi Geburt und nach Christi Geburt markiert. Das Zusammenfallen von Anfang und Ende, Arche und Telos, Progression und Regression – das große Nullsummenspiel – bleibt als das Hauptwerk der Moderne bestehen.

Homolog zu dieser Re-Pro-Bewegung – eines Sprunges ins Vorgestern zum Übermorgen – verhalten sich auch die damals allgegenwärtigen Spekulationen zur Überwindung der Raumwelt, also der Sphäre der Dreidimensionalität (3-D) durch eine Regression in die 2-D-Welt (die Sphäre der Zweidimensionalität, also der Flächigkeit)[59] und von hier – wieder im Sprung – zur 4-D-Welt (einer reinen Temporalität, oder – wie bei Malevič – einer totalen Ungegenständlichkeit).[60]

---

55 Vgl. zu dieser Vorgeschichte Möbius, Hanno: *Montage und Collage. Literatur, bildende Künste, Film, Fotografie, Musik, Theater bis 1933*. München 2000.
56 Ingold: *Der große Bruch*.
57 Hansen-Löve: „Der Suprematismus und die Quadratur des Nichts". In: *Das Schwarze Quadrat*. Hg. v. Hubertus Gassner. Hamburg 2007, S. 192–200. Eine eingehende und den neuesten Stand der Forschung reflektierende Darstellung der Entstehung des Suprematismus lieferte zuletzt Šatskich: *Kazimir Malevič*; Chan-Magomedov: *Kazimir Malevič*, S. 110 ff.
58 Hansen-Löve, Aage: „Von der Bewegung zur Ruhe mit Kazimir Malevič". In: *Kinetographien*. Hg. v. Georg Witte u. a. Bielefeld 2004, S. 79–114.
59 Zur Favorisierung der „Fläche" gegenüber der fiktionalen Simulation von Dreidimensionalität vgl. schon Wilhelm Worringer auch in Russland fast zeitgleich übersetzte und rezipierte Schrift *Abstraktion und Einfühlung* (München 1907) zur Fläche und Oberfläche in diesem Zusammenhang vgl. Hansen-Löve: *Der russische Formalismus*, S. 74 ff.; ders.: „Wie Faktura zeigt. Einige Erinnerungen an einen Begriffsmythos der russischen Avantgarde". In: *F(r)aktur*. Hg. v. Brigitte Obermayr. Wien 2006 (Wiener slawistischer Almanach; 63), S. 47–96, hier S. 50 ff.

Das utopische Über-Morgen (der Futuristen und später der Links-Avantgarde), die postkulturelle Über-Malerei (im Suprematismus Malevičs oder in der Abstraktion Kandinskijs) fanden auch ihre Entsprechung in den utopischen Poetologien von Autoren wie Velimir Chlebnikov: Auch hier sollte die Sprache der Zukunft, der verbale Kode einer Neuen Welt nicht durch eine bloße *creatio ex nihilo* entspringen, sondern vielmehr durch den kalkulierten Regress in eine Ur-Sprache, in der nach onomatopoetischen Prinzipien die präkulturellen Dinge aus den automatisierten Kultur-Realia (Gegenstandssprache) herausgeschält werden.

Den herbeigefürchteten wie ersehnten Zuständen der An-Archie entsprach das Gefühl einer massiven Ziellosigkeit der historischen wie narrativen Zeitläufe. Die inversive Vertauschung von Anfang und Ende in der futuristischen A-Historik ist ein beredter Beleg für diese Tendenz: Die Innovation lässt sich nur um den Preis der absichtsvollen Reprimitivisierung und Rearchaisierung erreichen: Der Übersprung sollte eben jenen archimedischen Ges(ch)ichtspunkt einholen, von dem aus die Welt (gemeint war die alte Welt und ihr Regime) aus den Angeln zu heben wäre. Genau dies ist ja im russischen Neoprimitivismus der 1910er-Jahre im Kernbereich der Avantgardebewegung auf radikale Weise vorexerziert worden – so v. a. von Kazimir Malevič, Velimir Chlebnikov, Michail Larionov oder Aleksej Kručenych.[61]

---

60 Zur Rolle der 4. Dimension (der Zeit) vgl.: Uspenskij, Petr: *Četvertoe izmerenie*. Sankt Peterburg 1913; ders.: *Tertium organum. Ključ k zagadkam mira*. St. Petersburg 1910; Carlson, Maria: *„No Religion Higher than Truth". A History of the Theosophical Movement in Russia 1875–1922*. New Jersey 1993; Glatzer Rosenthal, Bernice (Hg.); *The Occult in Russian and Soviet Culture*. Ithaca, London 1997; Hagemeister, Michael: „Die Eroberung des Raums und die Beherrschung der Zeit. Utopische, apokalyptische und magisch-okkulte Elemente in den Zukunftsentwürfen der Sowjetzeit". In: *Die Musen der Macht. Medien in der sowjetischen Kultur der 20er und 30er Jahre*. Hg. v. Jurij Murašov u. Georg Witte. München 2003, S. 257–284; Tuchmann, Maurice u. Judi Freemann (Hg.): *Das Geistige in der Kunst – abstrakte Malerei 1890–1985*. Stuttgart 1988; Henderson, Lynda D.: „Die moderne Kunst und das Unsichtbare: Die verborgenen Wellen und Dimensionen des Okkultismus und der Wissenschaften". In: *Okkultismus und Avantgarde*. Frankfurt a. M. 1995, S. 13–31; Matjušin, Michail u. Elena Guro: „Čuvstvo četvertogo izmerenija". In: *Organica*, S. 33 ff.. Vgl. auch Böhmig, Michaela: „Die Zeit im Raum: Chlebnikov und die ‚Philosophie des Hyperspace'". In: *Wiener slawistischer Almanach* 38 (1996), S. 51–74.

61 Zu Kručenych vgl. Ziegler, Rosemarie: „Zur Genealogie und Entwicklung des künstlerischen Subjekts im Schaffen von Aleksej Kručenych". In: Nilsson, Nils A. (Hg.): *The Slavic Literatures and Modernism*. Stockholm 1986, S. 83–94; Hansen-Löve: „Kručenych vs. Chlebnikov". In: *AvantGarde*, S. 15–44.

III.3 Neoprimitivismus in der Malerei (1907–1914): Ornamentale vs. analytische Primitivismen

Der russische Neoprimitivismus war – wie alle Strömungen jener Epoche – nur für wenige Jahre dominant – und nicht einmal das uneingeschränkt: Neben den neoprimitivistischen Bildern der Jahre 1907–1914 derselben Künstler und nicht selten derselben Werke koexistierten Merkmale des Kubo-Futurismus, des Alogismus, des „Rayonismus" („lučizm")[62] und Vorformen des Suprematismus und Abstraktionismus.

Eine solche Einengung des Bildes der Avantgarde zeigt sich ja etwa im Malevič-Bild der europäischen Neoavantgarde, das weitgehend geprägt war von seiner konstruktivistischen und funktionalistischen Dimension, die weder den ausgeprägt primitivistischen wie suprematistischen Tendenzen seines Schaffens gerecht wird.[63]

Dabei ist besonders wesentlich, dass sich für die russischen Künstler das Urige und Ursprüngliche direkt vor der Haustüre der urbanen Zivilisation entdecken ließ – archaisches bäuerliches Leben, gewaltige Ausläufer einer Subkultur der Sekten oder des Schamanismus,[64] dessen Bedeutung für die Avantgarde immer mehr in den Blick gerät.

Der Weg – oder eher schon der ‚Große Sprung' – führt *vom Heute ins Vorvorgestern, um im Überübermorgen* zu landen: von der Vorgeschichte führt ein Kopfsprung – über die Schwelle der Revolution hinweg – mitten in die „posthistoire". Denn der eigentliche Feind war nicht das Uralte, sondern das banale Gestern, welches durch seine Konventionalität das Heute zukunftsunfähig macht.

Gerade für die aus der zentral- und westeuropäischen Sicht randständigen, peripheren, kleinen Kulturen Europas (ganz zu schweigen der Übersee oder Asiens) bestand im Zeitalter des Nationalismus eine Art neofolkloristische Stereotypiepflicht,[65] wie wir sie in den böhmischen Musikgesten Dvořáks ebenso

---

62 Zu Larionovs kurzlebigem Kontrastprogramm zu Malevičs Suprematismus vgl.: Larionov, Michail: „Strahlenkunst" (1913). In: Ingold: *Der große Bruch*, S. 375–377. Manifeste des „Rayonismus" (bzw. „lučizm") finden sich in: Papanikolaou, Miltiadis (Hg.): *Licht und Farbe in der russischen Avantgarde*. Köln 2004, S. 122–125.
63 Vgl. Hansen-Löve: „Gott ist nicht gestürzt!". In: *Wiener slawistischer Almanach*, S. 153–216.
64 Zu Kandinskijs Beziehung zum Schamanismus und zur ostslavischen Folklore vgl. Weiss, Peg: *Kandinskij and Old Russia. The Artist as Ethnographer and Schaman*. New Haven, London 1995.
65 Eine schöne Dokumentation des sog. ‚russischen Stils' als ornamental-folkloristische Formensprache vgl. den reich illustrierten und kommentierten Band von Akseneva, Galina: *Russkij stil'. Genij Fedora Solnceva*. Moskau 2009. F. Solncev lebte von 1801–1892 und war

finden wie in den sattsam bekannten „ungarischen" Elementen von Haydn bis Bartók, die *à la turca*-Mode bei Mozart oder den epischen, nicht selten anstrengenden musikalischen Nationalismen von Sibelius oder Musorgskij.[66]

Gerade die Russen standen in der 2. Hälfte des 19. Jahrhunderts unter einem besonders ausgeprägten Drang nach Selbstfolklorisierung, der im Grunde bis heute das touristische Russland-Bild bestimmt. Vielfach handelt es sich hier um das mehr oder weniger gelungene Herbeizitieren der ornamentalen wie thematischen Oberflächen folkloristischer Motive und Konfigurationen, wie wir sie im interkulturellen Devotionalienhandel reichlich vorfinden können.

Auf einem einigermaßen höheren Niveau finden wir solche dekorativen Formen des Primitivismus in der Ornamentalisierung etwa der russischen Bühnenkunst des „fin de siècle", in der Buchkunst, in der Architektur, in der gesamten Lebensgestaltung des Jugendstils (*mir iskusstva*-Bewegung), ja schon in ihren Ursprüngen bei den Künstlern des Abramcevo-Kreises, der das gesamte Leben unter dem Aspekt einer slawophilen, ornamentalen Russifizierung stellen wollte.[67] Beispiele für die symbolistische Variante einer solchen ornamentalen Inszenierung des Primitiven finden wir in der russischen Bühnenkunst und der dazugehörigen Malerei seit 1900 – also *vor* der Avantgarde, parallel zu ihr (man denke etwa an die Dekorationen zu den *Ballets russes*, 1909–1929) und vor allem dann als Phänomen der Emigration als Primitivismus *à la russe* in Paris oder Berlin.[68]

---

eine prägende Gestalt der ornamentalen Fixierung des ‚russischen Stils' zwischen Historismus und leerer Dekoration.
66 Zu Musorgskij musikalischem „Primitivismus" vgl. Hansen-Löve: „Schisma und russische Mentalität in Mussorgskys *Chowanschtschina*". In: *Programmbuch zur Neuinszenierung Chowanschtschina*. Hg. v. Ingrid Zellner. München 2007, S. 48–57.
67 Zum russischen Jugendstil und seiner Konzeption der „Synthese der Kunstformen" vgl. *Mir iskusstva* und Azizjan, Irina A.: *Dialog iskusstv Serebrjanogo veka* [Dialog der Künste des Silbernen Zeitalters]. Moskau 2001; Kennedy, Janet: *The ‚Mir Iskusstva' Group and Russian Art 1898–1912*. New York, Kondon 1977; Kamensky, Aleksander: *The World of Art Movement in Early 20th-century Russia*. Leningrad 1991; Bowlt, John: *Moskau & Petersburg. Kunst, Leben und Kultur in Russland 1900–1920*. Wien 2008, S. 161ff. (Djagilev und die „Welt der Kunst"); Kublickij, Josef: *Simvolizm v Rossii*. St. Peterburg 1996.
68 Zur Präsenz der russischen Neoprimitivisten in der Theaterkunst der Avantgarde in Russland wie in Europa vgl. Iljuchina, Evgenija: „Spektakl' ‚Zolotoj petušok' v oformlenii N. Gončarovoj". In: *Russkij avangard 1910-ch – 1920-ch godov I teatr*. St. Petersburg 2000, S. 280–288; vgl. zuletzt den Sammelband von Kovalenko (Hg.): *Avangard i teatr*. Hier vor allem: Iljuchina, Evgenija „Maski M. Larionova i N. Gončarovoj". In: *Russkij avangard 1910-ch – 1920-ch godov I teatr*, S. 443–455. Zusammenfassend mit reichlich Bildmaterial: Jeschke, Claudia u. Nicole Haitzinger (Hg.): *Schwäne und Feuervögel. Die Ballets Russes 1909–1929*. München 2009. Zu den *Ballets Russes* in Paris und „Petruška" vgl. Soboleva, Olga:. *The Silver Mask. Harlequinade in the Symbolist Poetry of Blok and Belyj*. Oxford 2008, S. 27ff.

Abb. 1: N. Gončarova, *Der Goldene Hahn*, 1914 (Zentrales Staatliches Theatermuseum A.A. Bachrušin, Moskau).

Es ist ganz entscheidend, dass jener Primitivismus, der mich hier interessiert von diesen durchaus vordergründigen und effektvollen Stilisierungen nichts wissen will: Es handelt sich eben nicht um eine synthetische Stilisierung und Thematisierung des Archaisch-Primitiven, sondern um eine analytische Entblößung archaischer, vorbewusster, primitiver Denkstrukturen (also des „Wilden Denkens" im Sinne von Claude Lévi-Strauss).[69]

Bei all dem ging es nicht um bloße Oberflächen-Stereotypen eines falschen ästhetischen Bewusstseins, das sich rustikal gibt oder sonst wie urig sein möchte, wie wir das ja auch aus allen möglichen Formen der Wellness-Kultur kennen, es

---

[69] Er paarte sich aber auch mit einem ausgeprägten konstruktiven Interesse an den Strukturen des Ur-Spünglichen, d. h. am Wilden Denken, wie es später bei Claude Lévi-Strauss heißen sollte, am „Denken mit Dingen" statt mit Begriffen, am unperspektivischen Darstellungssystem einer flächigen, magischen Kunstvorstellung: Vgl. dazu Lévi-Strauss, Claude: „Die Wissenschaft vom Konkreten". In: *Das wilde Denken*. Frankfurt a. M. 1973, S. 11–48. Vgl. die zusammenfassende Darstellung zum archaischen Denken bei Opitz, Michael: *Notwendige Beziehungen. Abriß der strukturalen Anthropologie*. Frankfurt a. M. 1975; auch Belting, Hans: *Bild und Kult. Eine Geschichte des Bildes vor dem Zeitalter der Kunst*. München 1990. Zur Fortentwicklung von Pavel Florenskijs Konzeption der „Umgekehrten Perspektive" in der Ikonenmalerei vgl. die prägnante Darstellung bei Uspenskij, Boris A.: „Zur Untersuchung der Sprache alter Malerei". Einleitung zu: Shegin, Lew Fjodorowitsch: *Die Sprache des Bildes. Form und Konvention in der alten Kunst*. Dresden 1982.

ging um ein doppeltes: 1. die *restitutio ad integrum* in einen Urzustand, der authentisch, eigentlich, unverstellt im Vorgestern, im Unterbewussten, im Vorkulturellen als eigene Denk- und Bewusstseinshaltung dominiert, darüber hinaus aber 2. aus der Perspektive der Gegenwart, also des Neo – neologistisch wirkt und vom Vorgestern ins Übermorgen katapultiert. Insofern ist die analytische Strömung des Neoprimitivismus aus meiner Sicht das weitaus relevantere Gebilde der Kunst- und Literaturgeschichte und es lohnt sich, eine solche eher puristische, eben avantgardistisch zugespitzte Perspektive des Neoprimitivismus in der russischen Kunst vor allem um 1910 (plus minus 3 – 4 Jahre, also von 1907 – 1914/15) zu rekonstruieren und anhand einiger Beispiele vor allem aus der Bildkunst deutlich zu machen.

Bei aller Liebe der Abramcevo-Künstler Ilja Repin, Valentin Serov, Michail Vrubel, Michail Nesterov u. a.[70] für die Volkskunst – die Übernahme des Ornamentalen, der naiven Farbenpracht blieb vielfach an der Oberfläche, während die als defekt angesehenen verzerrten Proportionen und Perspektiven dieser Vorlagen stillschweigend den rezenten Darstellungkonventionen angepasst wurden. Wir dürfen nicht vergessen, dass bei aller Ikonenbegeisterung des späten 19. Jahrhunderts der eigenständige künstlerische Status und die Eigengesetzlichkeit der Ikonenmalerei mitnichten geschätzt wurden.[71]

Für die russische Kunstentwicklung hatte die ornamentale, synthetische Bewegung eine nicht zu unterschätzende Langzeitwirkung, wenn auch ihr eher dekorativer Charakter den Puristen der Avantgarde, und also unseren Neoprimitivisten ein Dorn im Auge war. Und selbst Kandinskij musste in der entscheidenden Phase seiner Entwicklung vom stilisierten Ornamentalismus seiner symbolistischen Frühphase[72] zur Abstraktion permanent den Versuchungen, ins Dekorative abzugleiten, entgegenwirken – ein Problem, das im übrigen alle Neoprimitivisten

---

70 Vgl. dazu: Gray: *Das große Experiment*, S. 11 ff.
71 Ausführlich zur Bedeutung der Ikonen für die russische Avantgarde vgl. Krieger: *Von der Ikone zur Utopie*, S. 32 ff.; zu Malevič und Ikonenmalerei vgl. Marcadė, Jean Claude: „Malevič I pravoslavnaja ikonografija". In: Meljach u. Sarab'janov (Hg.): *Poėzija i živopis'*, S. 167 – 173. Zu „Icon – Lubok" und Avantgarde (zumal Malevič) vgl. Tarasov, Oleg: *Icon and Devotion. Sacred Spaces in Imperial Russia*. London 2002, S. 361 ff.
72 Symbolismus und Kandinskij: Wünsche, Isabel: *Galka E. Scheyer & Die Blaue Vier. Briefwechsel 1924 – 1945*. Bern 2006; Sheppard, Richard: „The Avant-Garde as Rear-Guarde". In: *Der frühe Kandinskij 1900 – 1910*. Hg. v. Magdalena Möller. München 1994; Smolik, Noemi: *Von der Ikone zum gegenstandslosen Bild. Der Maler Vasilij Kandinskij*. München 1992. Und zuletzt: Turčin, Valerij: *Kandinskij. Opyty raznych let. Summa iskusstv. Chudožnik v Rossii I v Germanii*. Moskau 2008; zum Blauen Reiter: ebd., S. 70 ff.

betraf und auch die Gončarova wie ihren Mann Larionov in der Kooperation mit Djagilev vor allem in der Emigration in Paris einholen sollte.[73]

Djagilevs Rolle bei der Entwicklung und Internationalisierung der russischen Kunstszene um und nach 1900 kann nicht hoch genug eingeschätzt werden. Auch in seinem Kreis sammelte man Spielzeug, Ladenschilder, alte Einblattdrucke (Lubki)[74] und vor allem auch Ikonen, die 1906 in dem von ihm in Paris kuratierten „Salon d'Automme" erstmals dem Westen präsentiert wurden.[75] Wie so oft ging es auch hier um die so effektive Strategie des Export-Imports, wobei die Ikonen und die (hier ornamentale) Lust am Primitiven erst durch die externe Präsentation im Westen ihre Ästhetisierung und Valorisierung im eigenen Osten legitimieren konnte.[76]

Gleiches galt auch für den Exportschlager der *Ballets russes* – im Rahmen der alsbald weltberühmten *Saisons russes* seit 1909, also vor nun genau 100 Jahren, die jahrzehntelang das externe Russlandbild prägen sollten. Djagilev war es gelungen, nicht nur die Weltspitzen des Tanzes und der Choreographie in seinen als Gesamtkunstwerk[77] angelegten Inszenierung zu präsentieren, sondern eben auch die entsprechend spektakuläre Musik eines Strawinsky, Debussy, Satie u. a. sowie die Bühnendekorationen der russischen Neoprimitivisten Natalija Gončarova,

---

[73] Bowlt: *Moskau & St. Petersburg*, S. 223ff.
[74] Zu den russischen Einblattdrucken – den „Lubki" – vgl. auch Lotman, Juri: *Die künstlerische Natur der russischen Volksbilderbögen*. In: *Lubok. Der russische Volksbilderbogen*. Hg. v. Wolfgang Till. München 1985, S. 21–34.
[75] Die Entdeckung der Ikonenmalerei als Kunst und ihre Bedeutung für die Avantgarden behandelt Bayer, Waltraud: *Die Moskauer Medici. Der russische Bürger als Mäzen 1850–1917*. Wien, Köln, Weimar 1996, S. 132–136; Krieger: *Von der Ikone zur Utopie*.
[76] Hier wurden interessanterweise die aus dem 19. Jahrhundert stammenden europakritischen Stereotypen der Slawophilen (in ihrem Kampf gegen die ‚Westler') reaktiviert. Der Neoprimitivist regrediert in einen slawophil eingefärbten ‚Osten', der als kreatives, ja generisches Potential den de-generierten Westen ‚retten' soll. Gerade dieser Aspekt einer mit allen Merkmalen des Primitivismus werbenden ‚Ost-Kunst' spielte in der Auseinandersetzung mit der Avantgarde des Westens eine zentrale Rolle. Es gab keinen Vertreter der russischen Avantgarde, der in den 1910er-Jahren nicht mit slawophilen Argumenten für eine spezifisch primitivistische Avantgarde in Russland Partei ergriffen hätte. Am deutlichsten taten dies Malevič, Kandinskij, Olga Rozanova, Larionov, Lifšic, Matjušin und Chlebnikov (Zusammenfassung bei Ingold: *Der große Bruch*, S. 85ff.).
[77] Zur Wirkung von Wagners Idee des Gesamtkunstwerks auf die russischen Symbolisten vgl. Soboleva: *The Silver Mask*, S. 60; zur Rolle des Gesamtkunstwerks bei Ivanov und Chlebnikov vgl. Langer: *Kunst – Wissenschaft – Utopie*, S. 141. Boris Groys leitet *Das Gesamtkunstwerk Stalin* aus der entsprechenden Theaterkonzeption des Symbolisten Vjačeslav Ivanov ab.

Michail Larionov, aber auch der seiner *Mir-iskusstva*-Bewegung entstammenden Künstler wie Nikolaj Rerich oder Leon Bakst, um nur einige zu nennen.[78]

Dabei soll aber auch nicht übersehen werden, dass es sich hier um eine durchaus dekorative Ornamentalität handelt, die in diesen inszenierten Primitivismen dominierte – dies gilt in gewisser Weise auch für die Musik Strawinskys, die zwar einen der berüchtigsten Skandale der Musikgeschichte auslöste, aber im Grunde ihres Herzens doch sehr stark einer apollinischen Bändigung des Dionysischen verpflichtet war.[79] Es war denn auch kein Zufall, dass Strawinsky wenige Jahre später ganz auf eine neoklassische Linie einschwenkte – gipfelnd in seinem *Apollon musagete*. Den Übergang in diese Richtung zeigt schon ein Vergleich des *Feuervogel* mit dem *Le Sacre du Printemps*.[80]

III.4 Kandinskijs bayerisch-russische Zwiebeltürme und Blaue Reiter

Kandinskijs neoprimitivistische Phase speist sich bekanntlich aus seiner Münchener bzw. oberbayerischen Wahlheimat und – man denke an die phallischen Zwiebeltürme – aus einer starken Moskauer und darüber hinaus ethnographischen Folklorebasis. Berühmt dafür ist sein Schlüsselerlebnis eines Blicks auf die Kremltürme im Abendrot, deren „seelische Vibration" ihn als „innerer Klang" begleiten sollte hin zur großen Abstraktion.[81]

Entscheidend für den jungen Kandinskij, der ja eigentlich als Jurist ausgebildet wurde, war die Entdeckung der internen Exotik Russlands in Gestalt einer ethnographischen Expedition nach Vologda 1889, die ihn weit über seine primitivistische Phase hinaus entscheidend prägen sollte:

---

78 Ingold: *Der große Bruch*, S. 94 ff. Zur Rolle Djagilevs vgl. Wehrmeyer, Andreas: „„…ein neues Wort in der europäischen Kunst…'. Sergej Diagilew als Vermittler und Propagandist russischer Kultur". In: Jeschke u. Haitzinger: *Schwäne und Feuervögel*, S. 152–156.
79 Zum intermedialen Konzept des Dionysischen und Apollinischen vgl. Hansen-Löve, Aage: „Eine Ästhetik der ‚Kalyptik'. Apollinische Motive bei Vladimir Nabokov". In: *Gedächtnis und Phantasma. Festschrift für Renate Lachmann*. Hg. v. Susi Frank u. Erika Geber. München 2001 (Die Welt der Slaven. Sammelbände; 13), S. 524–555; zur russischen Moderne zwischen „Apollo und dem Selbstmord der Kunst" vgl. Bowlt: *Moskau & St. Petersburg*, S. 295–318.
80 Zu Igor Strawinskys *Le Sacre du Printemps* vgl. Haitzinger, Nicole: „Russische Bildwelten in Bewegung". In: Jeschke u. Haitzinger (Hg.): *Schwäne und Feuervögel*, S. 14–57, hier S. 55 ff.
81 Zu Kandinskijs Frühphase vgl. Turčin: *Kandinskij*, S. 48 ff. u. 70 ff. Zum Begriff der Vibration vgl. ebd., S. 143 ff.

Ich fuhr erst mit der Bahn in dem Gefühle, daß ich auf einen anderen Planeten reise [...] Ich kam in Dörfer, wo plötzlich die ganze Bevölkerung von oben bis unten grau gekleidet war und gelblichgrüne Gesichter und Haare hatte, oder plötzlich eine Buntheit der Tracht zeigte, die wie bunte lebende Bilder auf zwei Beinen herumliefen.

Die großen, mit Schnitzereien bedeckten Holzhäuser werde ich nie vergessen. In diesen Wunderhäusern habe ich eine Sache erlebt, die sich seitdem nicht wiederholt hat. Sie lehrten mich, im Bilde mich zu bewegen, im Bilde zu leben [...] Der Tisch, die Bänke [...] die Schränke und jeder Gegenstand waren mit bunten, großzügigen Ornamenten bemalt. Auf den Wänden Volksbilder ... Als ich endlich ins Zimmer trat, fühlte ich mich von allen Seiten umgeben von Malerei, in die ich also hineingegangen war.[82]

Es gab also drei Wurzeln für Kandinskijs Primitivismus: eine authentisch ethnographische Auseinandersetzung mit dem Schamanismus der nordrussischen Komi einerseits, die Moskauer Kuppeln des Kreml, die dann mit den Zwiebeltürmen des bayerischen Barock verschmolzen andererseits – und – wie auch für Malevič – das stark stilisierte symbolistische Urbild eines heiligen Russlands, das bis in die 10er-Jahr hinein in seiner Malerei und Graphik fortstrahlte.

Kandinskij selbst – mehr noch als Malevič und die Suprematisten – hatte viele Jahre mit den Versuchungen einer solchen doch sehr dem Dekorativen verpflichteten Malerei zu kämpfen und auch in seinen theoretischen Schriften der Periode des Blauen Reiters, vor allem in *Über das Geistige in der Kunst* und *Über die Formfrage* ist die Verwurzelung im Symbolismus mehr als deutlich zu spüren.[83]

---

82 Kandinskij, Vassilij: „Rückblicke" (1913). In: ders.: *Gesammelte Schriften*. Bern 1980, S. 27–50, hier S. 37f.
83 Ausnahmslos alle Avantgardisten – nicht nur in der Malerei – hatten ihre symbolistische Phase. Im Laufe der historischen Rekonstruktion der Strömung wurde mehr und mehr klar, dass gerade die mythopoetische Phase des russischen Symbolismus von 1900–1907 für die unmittelbar darauf folgende bzw. parallel sich entfaltende Avantgardeströmung des Neoprimitivismus von höchster Relevanz war. Dies gilt besonders für die archaisierenden, dionysischen Aspekte einer ‚Religionskunst', wie sie vor allem von Andrej Belyj, Aleksandr Blok und Vjačeslav Ivanov vertreten und realisiert wurde (Hansen-Löve, Aage: *Der russische Symbolismus. System und Entfaltung der poetischen Motive. Band II: Mythopoetischer Symbolismus, Kosmische Symbolik*. Wien 1998). Grundlagen dafür lieferte der Symbolist Vjačeslav Ivanov mit seinen bahnbrechenden Studien zur Entstehung der Tragödie aus dem ‚Urdionysischen' („pradionisijstvo") (vgl. Vestbruk, Filip [Philip Westbroek]: *Dionis i dionisijskaja tragedija. Vjačeslav Ivanov. Filologičskie i filosofskie idei o dionisijstve*. München 2009). Damit wurde Ivanov aber auch zum Propagator der Idee des Gesamtkunstwerkes – verstanden als Restitution eines intermedialen, kulturumfassenden Ursynkretismus der Kunstformen, der sich nach der Revolution zu den kollektiven Masseninszenierungen der linken Avantgarde verselbstständigen sollte (Groys, Boris: *Gesamtkunstwerk Stalin – Die gespaltene Kultur in der Sowjetunion*. München 1988 sowie *Die Erfindung Rußlands*).

Kandinskij war denn auch extrem empfindlich auf den Deco-Vorwurf gerade auch in seiner Murnauer Periode um 1908, konnte sich aber lange nicht aus den Versuchungen einer solchen Gefälligkeitsmalerei befreien. „Die Gefahr einer Ornamentik stand klar vor mir, die tote Scheinexistenz der stilisierten Formen konnte mich nur abschrecken."[84]

III.5 Der Wilde Osten – Russen mit oder ohne Bart

Zurück zu den Wurzeln des Neoprimitivismus *à la russe:* Der Begriff selbst entstammt dem Titel einer Broschüre des Kunsttheoretikers und Malers Aleksandr Ševčenko: *Neoprimitivismus. Seine Theorie, seine Möglichkeiten, seine Leistungen*,[85] auf russisch erschienen in Moskau 1913, dem Umbruchjahr des kulturellen wie politischen Russlands an der Schwelle zum Ersten Weltkrieg, Schlüsseljahr für die russische Moderne zu eben jenem Zeitpunkt, den auch Musil zur Entfaltung seiner Parallelaktionen vorgesehen hatte.

Das Paradoxon bestand also darin, das Eigene aus Elementen – wenn nicht Versatzstücken – des Fremdartigen zusammenzusetzen: seien es Motive der Negerplastik, die in Russland noch vor den deutschen Expressionisten entdeckt wurde, oder Elemente der byzantinischen oder altrussischen Kunst: Für beides war Vladimir Markov ausgewiesener Experte, der sein breit gestreutes Wissen an die Praktiker des Neoprimitivismus vermittelte – eben so wie Aleksej Griščenko, der *Über die Beziehungen der russischen Malerei mit Byzanz und dem Westen des 13.–20. Jahrhunderts* (Moskau 1913) arbeitete. Es ist schon ein Jammer, dass die bahnbrechenden Schriften Vladimir Markovs – etwa zur *Kunst der Osterinseln* (St. Petersburg 1914) und vor allem seine *Kunst der Neger* (1919) Jahre vor Carl Einsteins *Negerplastik* verfasst wurden und doch erst verspätet erscheinen konnten. Markov war 1914 verstorben.[86]

Es ist kein Zufall, dass eben jener „Lubok" Pate gestanden hatte bei einem Schlüsselwerk der neoprimitivistischen Avantgarde: Larionovs ebenso kraftvoll wie absichtsvoll schlampig, ja „hässlich" gemalte Genrebilder, die das Wirken eines Barbiers zum Gegenstand haben – und das vor dem Hintergrund der von den Neoprimitivisten gesammelten und verehrten Volksbilderbögen – wie etwa der

---

[84] Kandinskij: „Rückblicke". In: ders.: *Die Gesammelten Schriften*, Bd. I, S. 27–50.
[85] Ševčenko, Aleksandr: *Neo-primitivizm. Ego teorija. Ego vozmožnosti. Ego dostiženija.* Moskau 1913 (engl. Übers. in: Bowlt (Hg.): *Russian Art of the Avant-Garde*, S. 41–54). Vgl. auch Ševčenko, Aleksandr: „Das Prinzip des Kubismus und anderer zeitgenössischer Strömungen in der Malerei aller Zeiten und Völker" (Moskau 1913). In: Ingold: *Der große Bruch*, S. 362–366.
[86] Ausführlicher dazu: Ingold: *Der große Bruch*, S. 85 ff.

Abb. 2: N. Goncharova, *Salzsäulen*, 1908.

Lubok aus dem 18. Jahrhundert mit dem Titel:[87] „Der Barbier will einem Altgläubigen den Bart abschneiden", der zum Vorbild für Larionovs „Frisör-Bild" wurde: „Männerfrisör" (1907–1909).[88]

Das zwanghafte Bartscheren der altgläubigen Bojaren durch das neue Regime – konkret: die Kastration der alten Welt, des heiligen Russlands.

Der Bart muss ab – war die Formel der Reformer und Revolutionäre, während die Verfechter des Archaischen, Wilden, Ureigensten im Russentum lieber das Gesicht verlieren wollten, als den Bart: *Vom Gesicht ohne Bart kippt das Bild zum Bart ohne Gesicht:*[89]

---

[87] Zu Bojaren-Lubok vgl. auch: Bowlt:. *Moskau & St. Petersburg*, S. 289 (Konfrontation des Bartscheer-Lubok mit Larionovs Friseurbild). Zu den russischen „Lubki" vgl. den Katalog von: Till, Wolfgang (Hg.): *Lubok. Der russische Volksbilderbogen*. München 1996.
[88] Larionov: „Der Offiziersfrisör"; vgl. dazu auch Bowlt: *Moskau & Petersburg*, S. 289.
[89] Zu den gesichtslosen Figuren des späten Malevič und dem literarischen Kontext im Werk Platonovs vgl. Wachtel, Andrew: „Meaningful voids: facelessness in Platonov and Malevich". In: Kelly u. Lovell (Hg.): *Russian Literature, Modernism and the Visual Arts*, S. 250–277 und Zlydneva, Natalija: *Izobraženie i slovo v ritorike russkoj kul'tury XX veka*. S. 77 ff. u. 209 ff. (zu Platonov und Malerei).

Abb. 3: Lubok, *Der Zar schert den Bojaren die Bärte*.

III.6 Der zweifache Bauern-Malevič

Der Farbstoff selbst ist es, der die Faktur der Bilder ausmacht: Diese arbeiten nicht mehr mit den optischen Gestellen einer zentralperspektivischen Illusionserzeu-

Vom Vorgestern ins Übermorgen: Neoprimitivismus in der russischen Avantgarde — 299

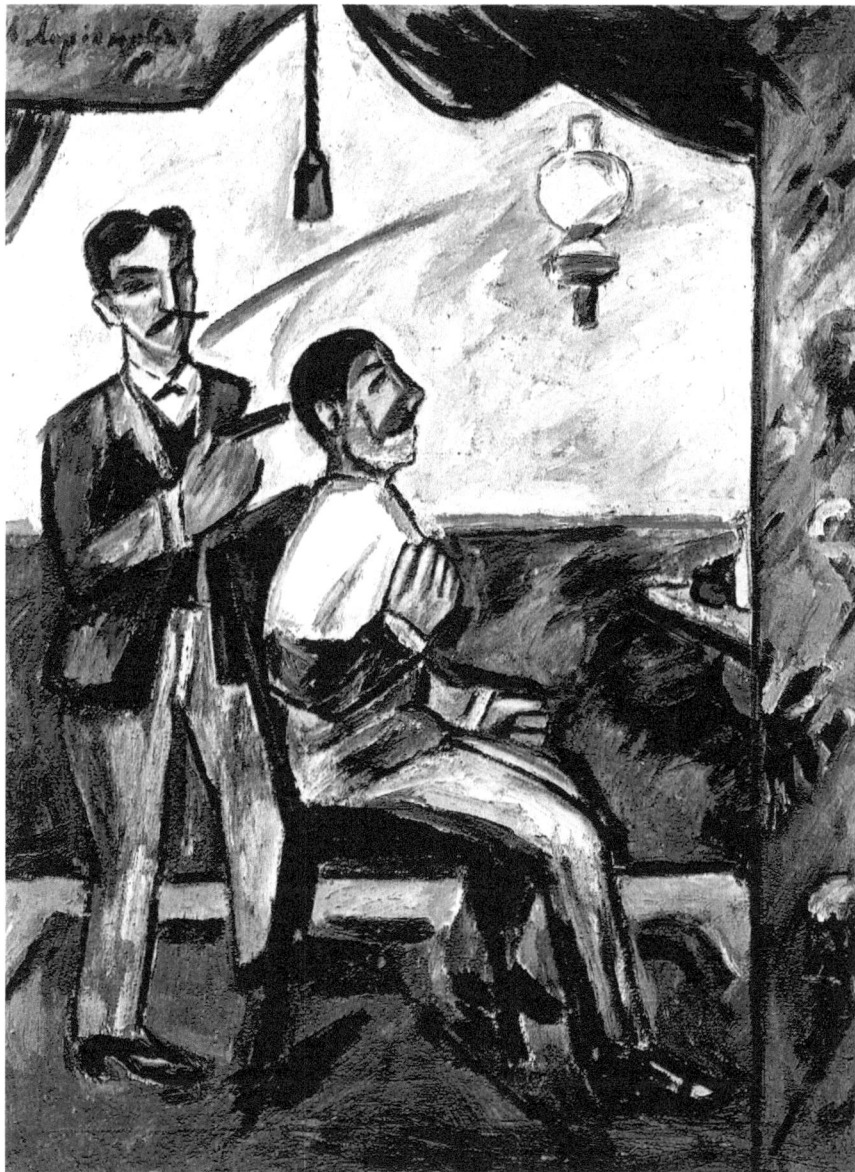

Abb. 4: M. Larionov, *Männerfrisör*, 1907–1909.

Abb. 5: K. Malevič, *Zwei männliche Figuren*, 1928–1932 (Staatliches Russisches Museum, St. Petersburg).

gung (vom 3-D des Raums zum 2-D der Bildfläche):⁹⁰ Der Neoprimitivismus löst eine fundamentale „Schubumkehr" aus: weg vom Wahrnehmungsrealismus der Impressionisten, der die Wirklichkeit zu einer Wirkung auf der Retina erklärt – und hin zu einer Überwirklichkeit der bisher versklavten Signifikanten Farbe, Pig-

---

90 Vgl. ausführlich zur absichtsvollen „Regression" der Avantgardemalerei – v. a. des „Bauern-Malevič" – auf die Zweidimensionalität Hansen-Löve: „Die Kunst ist nicht gestürzt". In: ders. (Hg.): *Malevič*, S. 380 ff. Die magisch-hermetischen Hintergründe eines solchen Rückganges von der Räumlichkeit auf die Fläche wurden in den 1910er-/1920er-Jahren vielfach reflektiert (s. dazu ebd., S. 329 ff.). Zur Flächigkeit s. auch die klassischen Darstellungen bei Worringer: *Abstraktion und Einfühlung*; Leonhard, Kurt: *Die Heilige Fläche. Gespräche über moderne Kunst.* Stuttgart 1948; Hofmann: *Grundlagen*, S. 46 ff. Zur Bedeutung der Materialisierung bzw. Verdinglichung der (Ober-)Flächigkeit in der Malerei vgl. Hansen-Löve: „Wie Faktura zeigt. In: Obermayr (Hg.): *F(r)aktur. Wiener slawistischer Almanach* 63 (2006), S. 47–96.

mente, Textur, Pinselsprache: Eben diese Leibeigenen einer Darstellung wurden in der malerischen Bauernbefreiung Malevičs und der Neoprimitivsten allgemein befreit und in die Autonomie einer freien Malwelt entlassen. Jedenfalls war für Malevič die Hauptverbindung zur Folklore nicht so sehr die Thematik, sondern die Autonomie der Farben und die magische Flächigkeit der Darstellung.[91]

Im Allgemeinen galt das Frühwerk des „Bauern-Malevič" – analog zum vorabstrakten Folklore-Kandinskij oder „Ornament-Mondrian"[92] – als gefälliges, gern gesehenes Dekorum, dessen Wahrung den schaudernden oder abschätzigen Blick auf den Skandal oder das Fanal des „Schwarzen Quadrats"[93] erträglich macht. Umgekehrt hat der postsuprematistische Malevič durch die Rück- und Umdatierung seiner Spätwerke eben den Konvergenzzwang zwischen beiden Enden seines Schaffens verstärkt.

Zweifellos sind die frühen primitivistischen Bauernbilder Malevičs – im Rückblick – auch schon als Vorstufen zum Suprematismus deutbar: So etwa Malevičs „Schnitterin", deren quadratisches Format und monumentale Flächigkeit den Kolorismus der Volkskunst wie der Ikonenmalerei aufgreift und zur reinen Farbmalerei radikalisiert:[94]

Eine andere Schnitterin Malevičs ist mit 1909 oder 1928 datiert, sodass sich die Frage stellt, ob diese 2. Schnitterin vielleicht eine Vorstufe der ersten sei.

So konnte der späte Malevič – jener der „leeren Gesichter" – den Bogen zurück schlagen zum „frühen Malevič" der geometrischen Bauern-Bilder: Im ersten Fall befinden wir uns *vor* der Revolution, vor dem Suprematismus, im zweiten – in jeder Hinsicht – *danach* und mitten im stalinistischen Totalitarismus samt seiner „tabula rasa", in die er vor allem das bäuerliche Russland – Paradies der Neoprimitivisten – verwandeln sollte.[95]

---

[91] Marcadé, Valentine: „Die Thematik des Bäuerlichen im Werk von Kasimir Malewitsch". In: *Kasimir Malewitsch. Zum 100. Geburtstag.* Köln 1978, S. 94–119.
[92] Zu Mondrian und Ornament mit Blick auf den ‚Ikonoklasmus' der abstrakten Malerei vgl. Prange, Regine: *Das ikonoklastische Bild. Piet Mondrian und die Selbstkritik der Kunst.* München 2006, S. 50 ff.
[93] Vgl. Gassner, Hubertus: *Das Schwarze Quadrat. Hommage an Malewitsch.* Ostfildern 2007.
[94] Malevič stellte seine radikale Farbmalerei („cvetopis'") der überkommenen „Lichtmalerei" („sveteopis'") gegenüber (vgl. dazu Hansen-Löve: „Die Kunst ist nicht gestürzt". In: ders. (Hg.): *Malevič*, S. 286 ff.). Siehe dazu auch den umfangreichen Katalog: Papanikolaou (Hg.): *Licht und Farbe;* Raev, Ada: „Farbe und Licht bei den Kubofuturisten". In: Papanikolaou (Hg.): *Licht und Farbe*, S. 108–112. Zur „Vorherrschaft der Farbe" vgl. Malevič, Kasimir: „Licht und Farbe". In: Papanikolaou (Hg.): *Licht und Farbe*, S. 164.
[95] Zur späten Avantgarde der „Oberiuty" (Charms, Vvedenskij) und zum Spätwerk Malevičs vgl. Zlydneva: *Izobraženie I slovo*, S. 237 ff.; dies.: „*Strašnoe* v živopisi pozdnego

Abb. 6: K. Malevič, *Getreideernte*, 1912 (Staatliches Russisches Museum, St. Petersburg).

III.7 Das „Schwarze Quadrat": „Ikone der Avantgarde"

Das alttestamentarische Bilderverbot (getreu der Formel: „Du sollst dir kein Bild von Gott machen") ebenso wie die ostkirchliche Ablehnung einer Fiktions- und Porträtmalerei[96] erfährt bei Malevič eine letzte Zuspitzung im „Schwarzen Qua-

---

avangarda".In: Ičin, Kornelija (Hg.): *Avangard i ideologija: Russkie primery.* Belgrad 2009, S. 521–531.

96 Zum Ikonoklasmus der ungegenständlichen Avantgarde-Kunst vgl. Prange: *Das ikonoklastoche Bild.* Das Problem der Fiktionalität vs. Imaginativität (der Kultästhetik) behandelt auch: Belting: *Bild und Kult.* Vgl. auch Florenskij, Pavel: *Die umgekehrte Perspektive. Texte zur Kunst.* Berlin 1989.

Vom Vorgestern ins Übermorgen: Neoprimitivismus in der russischen Avantgarde — 303

Abb. 7: V. Malevič, *Schnitterin*, 1928–1932 (Staatliches Russisches Museum, St. Petersburg).

drat", das auf einzig zulässige Weise das kosmische Bewusstsein eines authentischen Gottes-Null-Bildes realisieren bzw. indizieren, anzeigen sollte:[97]

> Wer nämlich von der Überzeugung ausgeht, daß die Vergegenständlichung einer gegenstandslosen Empfindung deren Verfälschung bedeutet, muß sich mit dem leeren Quadrat abfinden [...] Aus dieser Einstellung heraus ergeben sich Beziehungen zur altrussischen Ikonenmalerei, die in einer 1913 veranstalteten Ausstellung von den avantgardistischen Künstlern entdeckt wurde. Auch die Ikone behauptet eine geistige Wesensschau, die, einmal in einem Prototyp formuliert, weder bereichert noch abgewandelt, sondern nur wiederholt werden kann.[98]

---

[97] Ausführlicher dazu Hansen-Löve: „Gott ist nicht gestürzt!". In: *Wiener slawistischer Almanach* 50 (2002), S. 153–216.
[98] Hofmann: *Grundlagen*, S. 363.

Die Bezeichnung des „Schwarzen Quadrats" als „Ikone des Suprematismus" oder gar der Moderne insgesamt wurde bekanntlich durch die unmissverständliche Hängung dieses Ur-Bildes im Rahmen der epochemachenden Ausstellung *0,10* im Jahr 1915 unterstrichen:[99] Malevič postierte sein „Quadrat" nämlich an eben jenem „schönen Winkel" im orthodoxen Haushalt (Katholiken würden vom „Herrgottswinkel" sprechen), wo üblicherweise die Ikone(n) in entsprechender Schrägposition zwischen Wandecke und Plafond fixiert sind.

Die Ablehnung des Mimetischen bei Malevič steht zunächst in der Tradition der orthodoxen Ikonentheologie, die ja ihrerseits der Auseinandersetzung mit dem Ikonoklasmus entstammt und von ihm ex negativo „gezeichnet" ist. Somit ist die Ikone nie eine Nachahmung, dient weder der Identifikation durch den Betrachter (Andachtsbild) noch der perspektivisch korrekten Gegenstandsdarstellung.

Dennoch verleitet immer wieder Malevičs „Schwarzes Quadrat" zur griffigen Formel, es würde sich dabei um eine „Ikone der ungegenständlichen Malerei" handeln (s.u.).

So ist es auch nur auf den ersten Blick erstaunlich, dass Malevič sein Schlüsselbild des Jahres 1915 mit dem seltsamen Titel versieht: *Malerischer Realismus einer Bauernfrau in 2 Dimensionen, genannt: Rotes Quadrat.*

Hier ist die zentrale Re-Pro-Bewegung des Neoprimitivismus ‚Vom Heute über das Vorgestern ins Übermorgen' verlagert in die homologe Re-Pro-Bewegung der Dreidimensionalität der „Weltschachtel" über die Zweidimensionalität zur vierten Dimension. Dabei markiert das suprematistische „Rote Quadrat" zugleich das Ende der Bauernmalerei des Neoprimitivismus und den Nullpunkt des Suprematismus, an dem sich – wie im Jahr Null an der Schnittstelle von ‚vor und nach Christi Gerburt' – die Geister scheiden.

Die Bauernbilder des späten Malevič nach 1928 können als letzter Reflex des Neoprimitivismus der frühen 1910er-Jahre gelten und dies auch um den Preis von Umdatierungen und anderen Manipulationen, die uns hier nicht weiter beschäftigen sollen.

Zur anhaltenden Verwirrung der Nachwelt hat gerade Malevič konsequent beide Richtungen verfolgt und vertreten – die einer evolutionären und einer revolutionären Haltung; darüber hinaus hat er in seiner Spätphase (Ende der 1920er-Jahre bis zu seinem Tod 1935) ein Konzept entwickelt, beiden Ansprüchen gerecht zu werden, indem er zum einen eine devolutionäre Strategie verfolgte und vor allem in den neofigurativen Bildern quasi spiegelförmig die Entwicklung von

---

[99] Zur Geschichte dieser Ausstellung ausführlich zuletzt: Šatskich: *Kazimir Malevič*, S. 61ff. u. S. 115ff.; Gassner, Hubertus: „Kasimir Malewitsch". In: ders.: *Das Schwarze Quadrat*, S. 16–21, hier S. 17.

Cezanne bis zum Nullpunkt des „Schwarzen Quadrats" in umgekehrter Reihenfolge „durchspielte" – also ein konzeptualistisches Experiment wagte (gipfelnd in der Selbstdarstellung als Renaissance-Maler) – und damit das Paradoxon des Endes der Kunst (im Suprematismus) zugleich aufhob und vorführte. Zum andern aber bilden die im Spätwerk auftretenden neofigurativen Bilder (Bauern und Menschen mit Null-Gesichtern) nicht nur ein Pendant zu den Bauernbildern der frühen 1910er-Jahre (der neoprimitivistischen Phase), sondern auch eine eigene, „neue" Richtung, die am ehesten mit der Poetik und Noetik der absurden Dichter-Denker Daniil Charms, Aleksandr Vvedenskij oder der Prosa Andrej Platonovs vergleichbar ist.[100] Aus dieser Perspektive erscheint das „Spätwerk" als Teil der späten Avantgarde und ihrer Orientierung an religiös-existentialistischen, absurdistischen und paradoxalen Motiven und Untergründen, die jene der Postmoderne auf erstaunliche Weise vorwegnehmen.

Jedenfalls handelt es sich bei diesem spätavantgardistischen Spiegelbild der Frühavantgarde um einen nicht mehr optimistischen, naiven Neoprimitivismus (oder gar um eine Linksutopie), sondern eher um einen Metaprimitivismus unter den Bedingungen des realen (Kunst-)Stalinismus und seinem Diktat des sozialistischen Realismus: Vor diesem Hintergrund konnte die Urszene und der Ur-Sprung der absoluten Kunst – im Nullpunkt des „Schwarzen Quadrats" – auch als das Jahr „Null" gelesen werden, das die Geschichte in eine Epoche *vor* und eine *nach* dieser Zeitenwende spiegelförmig pro- oder regredieren lässt.

Während der Neoprimitivismus vor dem Ersten Weltkrieg eine trotz allem hochkünstlerische Unternehmung war, kippte er Ende der Avantgarde, am Ende der *Golden Twenties* um in eine Primitivität, die nun nicht mehr primär von ästhetischen Kalkülen bestimmt war (also der Begründung einer neuen Ästhetik und Lebenskunst), sondern von der Zwangswirtschaft der Entkulakisierung, der provozierten Hungersnöte und der in der Geschichte einmaligen Ausrottung der Bauernschaft samt ihren urbanen Kunden. Das Herunterholen der Kunst-Fertigkeit in die defekte, pauperisierte, deroutierte Zustandsform eines ehemaligen Bauernreiches steht hier ebenso vor uns wie die Frage, ob der Nullpunkt einer Kunstrevolution nicht auch der *ground zero* der Revolutionskunst geworden war.

Damit ist aber auch schon der Bogen markiert, den der russische Neoprimitivismus überspannt – vom Pol des Archaik-Kults Anfang des 20. Jahrhunderts zu Beginn der Avantgarde bis zu einer brachialen Primitivität, wie sie das brutale

---

100 Zur Typologie der (russischen) Spätavantgarde (Ende 1910er-/Anfang 1930er-Jahre) vgl. Hansen-Löve, Aage: „Zur Periodisierung der russischen Moderne. Die ‚Dritte Avantgarde'". In: *Wiener slawistischer Almanach* 32 (1993), S. 207–264; ders.: „Konzepte des Nichts im Kunstdenken der russischen Dichter des Absurden (Oberiu)". In: *Poetika* 26 (1994) H. 3–4, S. 308–373.

Ende der Avantgarde an der Schwelle zu den stalinistischen 1930er-Jahren auszeichnen sollte.

Literaturverzeichnis

Akseneva, Galina: *Russkij stil'. Genij Fedora Solnceva*. Moskau 2009.
Apollonio, Umbro: *Der Futurismus. Manifeste und Dokumente einer künstlerischen Revolution 1909–1918*. Ostfildern 1972.
Asholt, Wolfgang u. Walter Fähnders (Hg.): *Manifeste und Proklamationen der europäischen Avantgarde (1909–1938)*. Stuttgart, Weimar 2005.
Azizjan, Irina A.: *Dialog iskusstv Serebrjanogo veka* [Dialog der Künste des Silbernen Zeitalters]. Moskau 2001.
Basner, Elena: „...my, ispovedujuščie neoprimitivizm kak religiju chudožnika, govorim..". In: Petrova u. Pötter (Hg.): *Avangard i ego russkie istočniki*, S. 27–32.
Bayer, Waltraud: *Die Moskauer Medici. Der russische Bürger als Mäzen 1850–1917*. Wien, Köln, Weimar 1996, S. 132–136.
Belting, Hans: *Bild und Kult. Eine Geschichte des Bildes vor dem Zeitalter der Kunst*. München 1990.
Birus, Hendric, Sebastian Donat u. Burkhard Meyer-Sickendiek (Hg.): *Roman Jakobsons Gedichtanalysen. Eine Herausforderung an die Philologien*. Göttingen 2003.
Bobrinskaja, Ekaterina: *Russkij Avangard: Istoki i metamorfozy*. Moskau 2003.
Boguslavskaja, Irina: „Narodnoe iskusstvo". In: Petrova u. Pötter (Hg.): *Avangard i ego russkie istočniki*, S. 33–37.
Böhme, Hartmut: *Fetischismus und Kultur. Eine andere Theorie der Moderne*. Reinbek bei Hamburg 2006.
Böhmig, Michaela: „Die Zeit im Raum: Chlebnikov und die ‚Philosophie des Hyperspace'". In: *Wiener slawistischer Almanach* 38 (1996), S. 51–74.
Bowlt, John E.: „Demented Words. Kazimir Malevich and the Energy of Language". In: Magarotto, Marcaduri u. Ricci (Hg.): *Zaumnyj futurizm i dadaizm v russkoj kul'ture*, S. 295–312.
Bowlt, John E. (Hg.): *Russian Art of the Avant-Garde. Theory and Criticism 1902–1934*. London 1998.
Bowlt, John E. u. Matthew Drutt (Hg.): *Amazonen der Avantgarde. Alexandra Exter, Natalie Gontscharowa, Ljubov' Popowa, Olga Rosanowa, Warwara Stepanowa und Nadeschda Udalzowa*. Ostfildern 2000.
Bowlt, John E.: *Moskau & St. Petersburg. Kunst, Leben und Kultur in Russland 1900–1920*. Wien 2008.
Burenina, Olga (Hg.): *Absurd vokrug. Sbornik statej*. Moskau 2004.
Burenina, Olga: *Simvolistskij absurd i ego tradicii v russkoj literature i kul'ture pervoj poloviny XX veka*. Moskau 2005.
Burljuk, David, A. Kručenych, Vladimir Majakovskij u. Velimir Chlebnikov: *Eine Ohrfeige dem öffentlichen Geschmack*. Moskau 1912.
Burljuk, David u. a.: „Die Richterfalle" (1913). In: Ingold: *Der große Bruch*, S. 310.
Burljuk, David: „Die ‚Wilden' Rußlands". In: Hüneke (Hg.): *Der Blaue Reiter*, S. 108–110.

Carlson, Maria: „No Religion Higher than Truth". A History of the Theosophical Movement in
    Russia 1875–1922. New Jersey 1993.
Chan-Magomedov, Selim: Kazimir Malevič. Moskau 2010.
Chlebnikov, Velimir: Werke. Bd. 1 u. 2. Reinbek bei Hamburg 1972.
Chlebnikov, Velimir: „Ka". In: ders.: Werke, Bd. 1 u. 2, Reinbek bei Hamburg 1972, S. 125 ff.
Chlebnikov, Velimir: „Die transrationale Sprache" (1919). In: Kovtun: Sangesi, S.123–125.
Crone, Rainer u. David Moos (Hg.): Kazimir Malevich. The climax of disclosure. München 1991.
Donat, Sebastian: „Auslotung von Grenzen. Ein Vorschlag zur gattungstheoretischen
    Neubestimmung der literarischen Absurde". In: Poetica 38 (2006), S. 259–276.
Eimermacher, Karl (Hg.): Semiotica sovietica 2. Sowjetische Arbeiten der Moskauer und Tartuer
    Schule zu sekundären modellbildenden Zeichensystemen (1962–1973). Bd. 2. Aachen
    1986.
Erler, Georg, Rainer Grübel u. a. (Hg.): Von der Revolution zum Schriftstellerkongreß.
    Entwicklungsstrukturen und Funktionsbestimmungen der russischen Literatur und Kultur
    zwischen 1917–1934. Berlin 1979.
Etkind, Aleksandr: Chlyst. Sekty, literatura i revoljucija. Moskau 1993.
Flaker, Aleksandar (Hg.): Glossarium der russischen Avantgarde. Graz 1989.
Flaker, Aleksandar: Zivopisnaja literatura i literaturnaja zivopis'. Moskva 2008.
Florenskij, Pavel: Die umgekehrte Perspektive. Texte zur Kunst. Berlin 1989.
Gassner, Hubertus: Das Schwarze Quadrat. Hommage an Malewitsch. Ostfildern 2007.
Glatzer Rosenthal, Bernice (Hg.): The Occult in Russian and Soviet Culture. Ithaca, London
    1997.
Gončarova, Natalija: „Wir und der Osten". In: Ingold: Der große Bruch, S. 383–386.
Gray, Camilla: Das große Experiment. Die russische Kunst 1863–1922. Köln 1974.
Grigor'ev, Viktor: Budetljanin. Moskau 2000.
Grob, Thomas: Daniil Charms unkindliche Kindlichkeit. Ein literarisches Paradigma der
    Spätavantgarde im Kontext der russischen Moderne. Bern u. a. 1994.
Groys, Boris: Gesamtkunstwerk Stalin – Die gespaltene Kultur in der Sowjetunion. München
    1988.
Groys, Boris: Über das Neue. Versuch einer Kulturökonomie. München 1992.
Groys, Boris: Die Erfindung Rußlands. München 1995.
Groys, Boris: „Das Kunstwerk als nichtfunktionelle Maschine. Wladimir Tatlin". In: ders.: Die
    Erfindung Russlands, S. 112–119.
Groys, Boris u. Michael Hagemeister (Hg.): Die Neue Menschheit. Biopolitische Utopien in
    Rußland zu Beginn des 20. Jahrhunderts. Frankfurt a. M. 2005.
Gur'janova, Nina: „Olga Rosanowa". In: Bowlt u. Drutt (Hg.): Amazonen der Avantgarde,
    S. 213–240.
Gur'janova, Nina: Ol'ga Rozanova I rannij russkij avangard. Moskau 2002.
Guro, Elena: Selected Prose and Poetry. Stockholm 1988.
Hagemeister, Michael: „Die Eroberung des Raums und die Beherrschung der Zeit. Utopische,
    apokalyptische und magisch-okkulte Elemente in den Zukunftsentwürfen der Sowjetzeit".
    In: Murašov u. Witte (Hg.): Die Musen der Macht, S. 257–284.
Haitzinger, Nicole: „Russische Bildwelten in Bewegung". In: Jeschke u. Haitzinger (Hg.):
    Schwäne und Feuervögel, S. 14–57.
Hansen-Löve, Aage: Der russische Formalismus. Methodologische Rekonstruktion seiner
    Entwicklung aus dem Prinzip der Verfremdung. Wien 1978.

Hansen-Löve, Aage: „Die Entfaltung des ‚Welt-Text'-Paradigmas in der Poesie Velemir Chlebnikovs". In: Nilsson, Nils Ake (Hg.): *Velimir Chlebnikov. A Stockholm Symposium*. April 24 1983. Stockholm 1985, S. 27–88.

Hansen-Löve, Aage: „Metamorphosen der ‚truba' in der mythopoetischen Welt V. Chlebnikovs". In: Holthusen, Johannes u. a. (Hg.): *Velimir Chlebnikov*. München 1985, S. 71–105.

Hansen-Löve, Aage: „Velimir Chlebnikovs poetischer Kannibalismus". In: *Poetica* 19 (1987) H. 1–2, S. 88–133.

Hansen-Löve, Aage: „Velimir Chlebnikovs Onomatopoetik. Name und Anagramm". In: *Kryptogramm. Zur Ästhetik des Verborgenen*. Hg. v. Renate Lachmann u. Igor P. Smirnov. Wien 1988 (Wiener slawistischer Almanach; 21), S.135–224.

Hansen-Löve, Aage: „Thesen zur Typologie der russischen Moderne". In: Zima, Peter u. Johann Strutz (Hg.): *Europäische Avantgarde*. Frankfurt a. M., Bern, New York, Paris 1988.

Hansen-Löve, Aage: *Der russische Symbolismus. System und Entwicklung seiner Motive*. Band I. Diabolischer Symbolismus. Wien 1989.

Hansen-Löve, Aage: „Faktur, Gemachtheit". In: Flaker (Hg.): *Glossarium der russischen Avantgarde*, S. 212–219.

Hansen-Löve, Aage: „Kručenych vs. Chlebnikov. Zur Typologie zweier Programme im russischen Futurismus". In: *AvantGarde, Interdisciplinary and International Review*. Amsterdam 1990, S. 15–44.

Hansen-Löve, Aage: „Zur Typologie des Erhabenen in der russischen Moderne". In: *Poetika* 23 (1991), S. 166–216.

Hansen-Löve, Aage: „Psychopoetische Typologie der russischen Moderne". In: *Psychopoetik. Wiener slawistischer Almanach* 31 (1992), S.195–288.

Hansen-Löve, Aage: „Zur Periodisierung der russischen Moderne. Die ‚Dritte Avantgarde'". In: *Wiener slawistischer Almanach* 32 (1993), S. 207–264.

Hansen-Löve, Aage: „Konzepte des Nichts im Kunstdenken der russischen Dichter des Absurden (Oberiu)". In: *Poetika* 26 (1994), S. 308–373.

Hansen-Löve, Aage: „Allgemeine Häretik, russische Sekten und ihre Literarisierung in der Moderne". In: *Orthodoxien und Häresien in den slavischen Literaturen*. Hg. v. Rolf Fieguth. Wien u. a. 1995 (Wiener slawistischer Almanach. Sonderband; 41), S. 171–294.

Hansen-Löve, Aage: „Die antiapokalyptische Utopik des russischen Futurismus". In: *Russian Literature*. Special Issue in Memory of Nils Ake Nilsson XL-III (1996), S. 319–354.

Hansen-Löve, Aage: „‚Wir wußten nicht, daß wir Prosa sprechen'. Die Konzeptualisierung Rußlands im russischen Konzeptualismus". In: *Wiener slawistischer Almanach* 44 (1997), S. 423–507.

Hansen-Löve, Aage: *Der russische Symbolismus. System und Entfaltung der poetischen Motive*. Band II: Mythopoetischer Symbolismus, Kosmische Symbolik. Wien 1998.

Hansen-Löve, Aage: „Entfaltungen der Gewebe-Metapher. Mandelstam-Texturen". In: *Der Prokurist* 16/17 (1999), Anschaulichkeit (bildlich). Hg. v. Oswald Egger, S. 71–152.

Hansen-Löve, Aage: „Zur Kritik der Vorurteilskraft: Rußlandbilder". In: *Transit. Europäische Revue* 16 (1999), S. 167–185.

Hansen-Löve, Aage: „Zur Poetik des Minimalismus in der russischen Dichtung des Absurden". In: *Minimalismus. Zwischen Leere und Exzeß*. Hg. v. Mirjam Goller u. Georg Witte. München 2001, S. 133–186.

Hansen-Löve, Aage: „Eine Ästhetik der ‚Kalyptik'. Apollinische Motive bei Vladimir Nabokov". In: *Gedächtnis und Phantasma. Festschrift für Renate Lachmann*. Hg. v. Susi Frank u. Erika Geber. München 2001 (Die Welt der Slaven. Sammelbände; 13), S. 524–555.

Hansen-Löve, Aage: „Gott ist nicht gestürzt! Mensch und/als Gott bei Kazimir Malevič". In: *Wiener slawistischer Almanach* 50 (2002), S. 153–216.
Hansen-Löve, Aage: „Randbemerkungen zur frühen Poetik Roman Jakobsons", In: Birus, Donat u. Meyer-Sickendiek (Hg.): *Roman Jakobsons Gedichtanalysen*, S. 89–120.
Hansen-Löve, Aage: „Kazimir Malevič meždu Kručenych i Chlebnikovym". In: *Russian Literature*. Special Issue Velimir Chlebnikov LV-I/II/III (2004), S. 229–258.
Hansen-Löve, Aage: „Die Kunst ist nicht gestürzt. Das suprematistische Jahrzehnt". In: Malevič: *Gott ist nicht gestürzt!*, S. 255–603.
Hansen-Löve, Aage: „Malevičs verbaler Suprematismus als Kritik des russischen Sprach-Futurismus". In: Kacianka u. Zima (Hg.): *Krise und Kritik der Sprache*, S. 171–192.
Hansen-Löve, Aage: „Von der Bewegung zur Ruhe mit Kazimir Malevič". In: Witte u. a. (Hg.): *Kinetographien*, S. 79–114.
Hansen-Löve, Aage: „Vom Archaismus zum Anarchismus. Kazimir Malevičs Naturrevolutionen". In: *Russian Literature*. Festschrift Aleksandar Flaker. LVI (2004), S. 169–198.
Hansen-Löve, Aage: „Der frühe russische Realismus und seine Avantgarde – Einige Thesen". In: *Analysieren als Deuten. Wolf Schmid zum 60. Geburtstag*. Hg. v. Lazar Fleishman, Christine Gölz u. Aage Hansen-Löve. Hamburg 2004, S. 365–405.
Hansen-Löve, Aage, Boris Groys u. a. (Hg.): *Am Nullpunkt. Positionen der russischen Avantgarde*. Frankfurt a. M. 2005.
Hansen-Löve, Aage: „Im Namen des Todes: Endspiele und Nullformen der russischen Avantgarde". In: ders., Groys u. a. (Hg.): *Am Nullpunkt*, S. 700–748.
Hansen-Löve, Aage: „Wie Faktura zeigt. Einige Erinnerungen an einen Begriffsmythos der russischen Avantgarde". In: *F(r)aktur*. Hg. v. Brigitte Obermayr. Wien 2006 (Wiener slawistischer Almanach; 63), S. 47–96.
Hansen-Löve, Aage: „Der absurde Körper und seine Tot-Geburt: Verbale Brachialitäten bei Daniil Charms". In: *Festschrift für Hans Günther*. Hg. v. Gudrun Heidemann u. a. *Wiener slawistischer Almanach* 57 (2006), S. 151–230.
Hansen-Löve, Aage: „Die Natur der Natur bei Kazimir Malevič". In: *Kritik und Phrase. Festschrift für Wolfgang Eismann*. Hg. v. Peter Deutschmann. Wien 2007, S. 423–440.
Hansen-Löve, Aage: Einleitung und Kommentare zu: R. Jakobson: „Die neueste russische Poesie". In: Jakobson, Roman: *Poesie der Grammatik und Grammatik der Poesie. Sämtliche Gedichtanalysen. Kommentierte deutsche Ausgabe*. Bd. I. Poetologische Schriften und Analysen zur Lyrik vom Mittelalter bis zur Aufklärung. Hg. v. Hendrik Birus u. Sebastian Donat. Berlin, New York 2007, S. 1–123.
Hansen-Löve, Aage: „Zwischen Körper- und Personenkult – Fedorov, Malevič, Platonov". In: Frank, Susi K. u. a. (Hg.): *Archiv und Anfang. Festschrift für Igor' Pavlovič Smirnov zum 65. Geburtstag*. Wiener slawistischer Almanach 59 (2007), S. 285–318.
Hansen-Löve, Aage: „Der Suprematismus und die Quadratur des Nichts". In: Gassner, Hubertus (Hg.): *Das Schwarze Quadrat*. Ostfildern 2007, S. 192–200.
Hansen-Löve, Aage: „Schisma und russische Mentalität in Mussorgskys Chowanschtschina". In: Zellner, Ingrid (Hg.): *Programmbuch zur Neuinszenierung Chowanschtschina*. München 2007, S. 48–57.
Harten, Jürgen (Hg.): *Vladimir Tatlin Retrospektive*. Köln 1994.
Henderson, Lynda D.: „Die moderne Kunst und das Unsichtbare: Die verborgenen Wellen und Dimensionen des Okkultismus und der Wissenschaften". In: *Okkultismus und Avantgarde*. Frankfurt a. M. 1995, S. 13–31.

Hofmann, Werner: *Grundlagen der modernen Kunst. Eine Einführung in ihre symbolischen Formen*. Stuttgart 1978.
Hofmann, Werner: *Von der Nachahmung zur Erfindung der Wirklichkeit*. Köln 1970.
Inboden, Gudrun: *Mallarmé und Gauguin. Absolute Kunst als Utopie*. Stuttgart 1978.
Hinton, Charles H.: *An Episode of Flatland: or how a plane folk discovered the third dimension*. London 1907.
Hüneke, Andreas (Hg.): *Der Blaue Reiter. Dokumente einer geistigen Bewegung*. Leipzig 1986.
Iljuchina, Evgenija: „Spektakl' ‚Zolotoj petušok' v oformlenii N. Gončarovoj". In: *Russkij avangard 1910-ch – 1920-ch godov I teatr*. St. Petersburg 2000, S. 280–288.
Iljuchina, Evgenija „Maski M. Larionova i N. Gončarovoj". In: *Russkij avangard 1910-ch – 1920-ch godov I teatr*, S. 443–455.
Ingold, Felix Philipp: *Der große Bruch – Rußland im Epochenjahr 1913. Kultur, Gesellschaft, Politik*. München 2000.
Jakobson, Roman: „Die neueste russische Poesie". In: ders.: *Poesie der Grammatik und Grammatik der Poesie. Sämtliche Gedichtanalysen. Kommentierte deutsche Ausgabe*. Bd. I. Poetologische Schriften und Analysen zur Lyrik vom Mittelalter bis zur Aufklärung. Hg. v. Hendrik Birus u. Sebastian Donat. Berlin, New York 2007, S. S. 1–123.
Jakobson, Roman: *Poetik. Ausgewählte Aufsätze 1921–1971*. Frankfurt a. M. 1979.
Jakobson, Roman: *Poesie der Grammatik und Grammatik der Poesie. Sämtliche Gedichtanalysen. Kommentierte deutsche Ausgabe*. Bd. I. Poetologische Schriften und Analysen zur Lyrik vom Mittelalter bis zur Aufklärung. Hg. v. Birus, Hendrik u. Sebastian Donat. Berlin, New York 2007.
Jakobson, Roman: „Pis'ma s zapada. Dada" (1921). In: ders.: *Raboty po poėtike*. Hg. v. M. L. Gasparov. Moskau 1987, S. 430–439.
Janfgel'd, Bengt: „Jakobson, zaum' i dada". In: Magarotto, Marcaduri u. Ricci (Hg.): *Zaumnyj futurizm i dadadizm v russkoj kul'ture*, S. 247–254.
Jensen, Kjeld: *Russian Futurism, Urbanism and Elena Guro*. Aarhus 1977.
Jeschke, Claudia u. Nicole Haitzinger (Hg.): *Schwäne und Feuervögel. Die Ballets Russes 1909–1929*. München 2009.
Juškova, Ol'ga: *Stancija bez ostanovki. Russkij avangard 1910–1920-e gody*. Moskau 2008.
Kacianka, Reinhard u. Peter Zima (Hg.): *Krise und Kritik der Sprache. Literatur zwischen Spätmoderne und Postmoderne*. Tübingen, Basel 2004.
Kamensky, Aleksander: *The World of Art Movement in Early 20th-century Russia*. Leningrad 1991.
Kamenskij, W.: „Zum Tee bei den Futuristen" (1931). In: Ingold: *Der große Bruch*, S. 493–500.
Kandinskij, Vasilij: „Über die Formfrage" (1912). In: ders.: *Essays über Kunst und Künstler*. Teufen 1955, S. 15–45.
Kandinskij, Vasilij: *Die Gesammelten Schriften*. Bd. I. Bern 1980.
Kandinskij, Vasilij: „Rückblicke" (1913). In: ders.: *Gesammelte Schriften*, S. 27–50.
Kasimir Malewitsch zum 100. Geburtstag. Köln 1978.
Kelly, Catriona u. Stephen Lovell (Hg.): *Russian Literature, Modernism and the Visual Arts*. Cambridge 2000.
Kennedy, Janet: *The ‚Mir Iskusstva' Group and Russian Art 1898–1912*. New York 1977.
Klotz, Heinrich (Hg.): *Matjuschin und die Leningrader Avantgarde*. Stuttgart, München 1991.
Kovalenko, Georgij (Hg.): *Avangard I teatr 1910–1920-ch godov*. Moskau 2008.
Kovtun, Evgenij Fjodorovič: *Sangesi – Die Russische Avantgarde. Chlebnikow und seine Maler*. Zürich 1993.

Kovtun, Evgenij Fjodorovič: "Michail Larionov i Živopisnaja Vyveska". In: Petrova u. Pötter (Hg.): *Avangard i ego russkie istočniki*, S. 39–45.
Krieger, Verena: *Kunst als Neuschöpfung der Wirklichkeit. Die Anti-Ästhetik der russischen Moderne*. Köln, Weimar, Wien 2006.
Krieger, Verena: *Von der Ikone zur Utopie. Kunstkonzepte der Russischen Avantgarde*. Köln, Weimar, Wien 1998.
Kručenych, Aleksej u. Chlebnikov, Velimir: "Das Wort als solches" (1913). In: Ingold: *Der große Bruch*, S. 324–325.
Kublickij, Josef: *Simvolizm v Rossii*. St. Peterburg 1996.
Kursell, Julia: *Schallkunst. Eine Literaturgeschichte der Musik in der frühen russischen Avantgarde*. München 2003.
Lachmann, Renate: *Gedächtnis und Literatur. Intertextualität in der russischen Moderne*. Fankfurt a. M. 1990.
Langer, Gudrun: *Kunst – Wissenschaft – Utopie. Die „Überwindung der Kulturkrise" bei V. Ivanov, A. Blok, A. Belyj und V. Chlebnikov*. Frankfurt a. M. 1990.
Larionov, Michail: "Strahlenkunst" (1913). In: Ingold: *Der große Bruch*, S. 375–377.
Leonhard, Kurt: *Die Heilige Fläche. Gespräche über moderne Kunst*. Stuttgart 1948.
Lévi-Strauss, Claude: "Die Wissenschaft vom Konkreten". In: ders.: *Das wilde Denken*. Frankfurt a. M. 1973.
Lifšic, Venedikt: "Wir und der Westen". In: Ingold: *Der große Bruch*, S. 386–393.
Lönnqvist, Barbara: *Xlebnikov and Carnival. An Analysis and the Poem „Poet"*. Stockholm 1979.
Lotman, Jurij: *Die Struktur des künstlerischen Textes*. Frankfurt a. M. 1973.
Lotman, Juri: "Die künstlerische Natur der russischen Volksbilderbögen". In: Till (Hg.): *Lubok*, S. 21–34.
Lotman, Jurij: "Die modellbildende Bedeutung der Begriffe *Anfang* und *Ende* in künstlerischen Texten". In: Eimermacher (Hg.): *Semiotica sovietica 2*, S. 829–834.
Lotman, Jurij: *Kul'tura i vzryv*. Moskau 1992.
Lotman, Jurikj: *Kultur und Explosion*. Frankfurt a. M. 2010.
Lotman, Jurij u. Boris Uspenskij: "Zum semiotischen Mechanismus der Kultur". In: Eimermacher (Hg.): *Semiotica sovietica 2*, S. 853–876.
Lotman, Jurij u. Boris Uspenskij: "Die Rolle dualistischer Modelle in der Dynamik der russischen Kultur (bis zum Ende des 18. Jahrhunderts)". In: *Poetica 9* (1991), S. 1–40.
Magarotto, Luigi, Marcio Marcaduri u. Daniely Ricci (Hg.): *Zaumnyj futurizm i dadadizm v russkoj kul'ture*. Bern 1991.
Majakovskij, Vladimir: *Sobranie sočinenij v vos'mi tomach*. Pod redakciej L.V. Majakovskoj, V.V. Voroncova, A.I. Koloskova. Moskau 1968, Bd. 3.
Malevič, Kazimir: "Architektura kak stepen' naibol'šego osvoboždenija čeloveka ot vesa" (1924). In: Sarab'janov u. Šatskich (Hg.): *Kasimir Malevič*, S. 255–269.
Malevič, Kazimir: *Gott ist nicht gestürzt! Schriften zu Kunst, Kirche, Fabrik*. Hg., eingeleitet u. kommentiert v. Aage Hansen-Löve. München 2004.
Marcadé, Jean-Claude: *L'avant-garde russe 1907–1927*. Paris 1995.
Marcadé, Jean Claude: "Malevič I pravoslavnaja ikonografija". In: Meljach u. Sarab'janov: *Poėzija I živopis'*, S. 167–173.
Marcadé, Valentine: "Die Thematik des Bäuerlichen im Werk von Kasimir Malewitsch". In: *Kasimir Malewitsch zum 100. Geburtstag*, S. 94–119.

Marinetti, F. T.: „Gründung und Manifest des Futurismus" (1909). In: Apollonio, Umbro: *Der Futurismus. Manifeste und Dokumente einer künstlerischen Revolution 1909–1918.* Ostfildern 1972, S. 30–36

Markov, Vladimir: *Russian Futurism: A History.* Berkeley, Los Angeles 1968.

Markov, Vladimir: *Manifesty i programmy russkich futuristov / Die Manifeste und Programme des russischen Futurismus.* München 1976.

Matjušin, Michail u. Elena Guro: „Čuvstvo četvertogo izmerenija". In: *Organica,* S. 33.

Meljach, Michail u. Dmitrij Sarab'janov (Hg.): *Poėzija I živopis'. Sbornik trudov pamjati N.I. Chardžieva.* Moskau 2000.

Milner-Gulland, Robin: „Khlebnikov's eye". In: Kelly u. Lovell (Hg.): *Russian Literature, Modernism and the Visual Arts,* S. 197–219.

Milner-Galland, Robin: „Poėt I chudožnik (Po povodu stichotvorenija V. Chlebnikova ,Tatlin, tajnovidec lopastej..'". In: Mejlach u. Sarab'janov (Hg.): *Poėzija i živopis',* S. 302–398.

Misler Ikoletta u. Džon Boul: „Primitivizm i russkij avangard". In: Petrova u. Pötter (Hg.): *Avangard i ego russkie istočniki,* S. 15–25.

Möbius, Hanno: *Montage und Collage. Literatur, bildende Künste, Film, Fotografie, Musik, Theater bis 1933.* München 2000.

Möller, Magdalena (Hg.): *Der frühe Kandinskij 1900–1910.* München 1994.

Murašov, Jurij u. Georg Witte (Hg.): *Die Musen der Macht. Medien in der sowjetischen Kultur der 20er und 30er Jahre.* München 2003.

Nathalie Gontcharova, Michail Larionov [et les collections du Musée national d'art moderne]. Paris 1996.

Nilsson, Nils Ake : „Archaismus". In: Flaker (Hg.): *Glossarium der russischen Avantgarde,* S. 126–131.

Opitz, Michael: *Notwendige Beziehungen. Abriß der Strukturalen Anthropologie.* Frankfurt a. M. 1975.

Oraič Tolič, Dubravka: „Zaum' I dada". In: Magarotto, Marcaduri u. Ricci (Hg.): *Zaumnyj futurizm i dadadizm v russkoj kul'ture,* S. 57–80.

Organica. New Perception of Nature in the Russian Avant-Gardism of the 20th Century. The exhibition 2001. Moskau 2001.

Papanikolaou, Miltiadis (Hg.): *Licht und Farbe in der russischen Avantgarde.* Köln 2004.

Percova, Natalja: *Slovar' neologizmov Velimira Chlebnikova.* Wien, Moskau 1995.

Petrova, Evgenija: „Narodnye istočniki I russkoe iskusstvo načala XX veka". In: Petrova u. Pötter (Hg.): *Avangard i ego russkie istočniki,* S. 9–13.

Petrova, Evgenija u. Jochen Pötter (Hg.): *Avangard i ego russkie istočniki.* Baden-Baden 1993.

Podzemskaia, Nadežda: „Abstraction: un concept à définir. De la théorie de Kandinsky aux débats sur l'objet et la chose". In: *Ligeia. Dossiers sur l'art* XII (2009), S. 89–92 u. S. 33–46.

Pospelov, Gleb: *Bubnovyj valet. Primitiv i gorodskoj fol'klor v Moskovskoj živopisi 1910-ch godov.* Moskau 2008.

Pospelov, Gleb: „L'oeuvre de Larionov et le style primitif". In: *Nathalie Gontcharova, Michail Larionov,* S. 199–204.

Prange, Regine: *Das ikonoklastische Bild. Piet Mondrian und die Selbstkritik der Kunst.* München 2006.

Raev, Ada: „Farbe und Licht bei den Kubofuturisten". In: Papanikolaou (Hg.): *Licht und Farbe in der russischen Avantgarde.* Köln 2004, S. 108–112.

Rozanova, Olga u. David Burljuk: „Die Wilden Russlands". In: Ingold: *Der große Bruch*,
S. 379–380.
Sarab'janov, Dimitrij u. Aleksandra Šatskich (Hg.): *Kasimir Malevič. Živopis'. Teorija.* Moskau 1993.
Šatskich, Aleksandra: *Kazimir Malevič i obščestvo Supremus.* Moskau 2009.
Sharp, Jane: „L'exercice de la répétition: les cycles et les compositions sérielles de Nathalie Gontcharova de 1907–1911". In: *Nathalie Gontcharova, Michail Larionov*, S. 178–187.
Sharp, Jane: „Natalja Gontscharowa". In: Bowlt u. Drutt (Hg.): *Amazonen der Avantgarde*,
S. 155–184.
Sheppard, Richard: „The Avant-Garde as Rear-Guarde". In: Möller (Hg.): *Der frühe Kandinskij 1900–1910*.
Sieg über die Sonne. Aspekte russischer Kunst zu Beginn des 20. Jahrhunderts. Ausstellung der Akademie der Künste, Berlin, und der Berliner Festwochen vom 1. September bis zum 9. Oktober 1983. Berlin 1983.
Šklovskij, Viktor: *Chod konja.* Berlin 1923.
Ševčenko, Aleksandr: „Das Prinzip des Kubismus und anderer zeitgenössischer Strömungen in der Malerei aller Zeiten und Völker" (Moskau 1913). In: Ingold: *Der große Bruch*,
S. 362–366.
Ševčenko, Aleksandr: *Neo-primitivizm. Ego teorija. Ego vozmožnosti. Ego dostiženija.* Moskau 1913.
Smolik, Noemi: *Von der Ikone zum gegenstandslosen Bild. Der Maler Vasilij Kandinskij.* München 1992.
Soboleva, Olga: *The Silver Mask. Harlequinade in the Symbolist Poetry of Blok and Belyj.* Oxford 2008.
Strigalev, Anatolij u. Jürgen Harten (Hg.): *Vladimir Tatlin Retrospektive.* Köln 1994.
Tarasov, Oleg: *Icon and Devotion. Sacred Spaces in Imperial Russia.* London 2002.
Terechina, Vera u. Aleksej Zimenkov (Hg.): *Russkij futurizm. Teorija.– Praktika. Kritika. Vospominanija.* Moskau 1999.
Till, Wolfgang: (Hg.): *Lubok. Der russische Volksbilderbogen.* München 1996.
Til'berg, Margareta: *Cvetnaja vselennaja: Michail Matjušin ib iskusstve i zrenii.* Moskau 2008.
Tuchman, Maurice u. Judi Freeman (Hg.): *Das Geistige in der Kunst – abstrakte Malerei 1890–1985.* Stuttgart 1988.
Turčin, Valerij: *Kandinskij. Opyty raznych let. Summa iskusstv. Chudožnik v Rossii I v Germanii.* Moskau 2008.
Uspenskij, Petr: *Tertium organum. Ključ k zagadkam mira.* St. Petersburg. 1910.
Uspenskij, Petr: *Četvertoe izmerenie.* St. Petersburg 1913.
Uspenskij, Boris A.: „Zur Untersuchung der Sprache alter Malerei". Einleitung zu: Shegin, Lew Fjodorowitsch: *Die Sprache des Bildes. Form und Konvention in der alten Kunst.* Dresden 1982.
V kruge Maleviča. Soratniki. Učeniki. Posledovateli v Rossii 1920–1950-ch. Moskau 2000.
Vertov, Dziga: „Kinoki. Perevorot". In: *Lef* 3 (1923), S. 135–143.
Vestbruk, Filip [Philip Westbroek]: *Dionis i dionisijskaja tragedija. Vjačeslav Ivanov. Filologičskie i filosofskie idei o dionisijstve.* München 2009.
Wachtel, Andrew: „Meaningful voids: facelessness in Platonov and Malevich". In: Kelly u. Lovell (Hg.): *Russian Literature, Modernism and the Visual Arts*, S. 250–277.

Wehrmeyer, Andreas: „„...ein neues Wort in der europäischen Kunst...'. Sergej Diagilew als Vermittler und Propagandist russischer Kultur". In: Jeschke u. Haitzinger (Hg.): *Schwäne und Feuervögel*, S. 152–156.
Weiss, Peg: *Kandinskij and Old Russia. The Artist as Ethnographer and Schaman*. New Haven, London 1995.
Witte, Georg u. a. (Hg.): *Kinetographien*. Bielefeld 2004.
Worringer, Wilhelm: *Abstraktion und Einfühlung*. München 1907.
Wünsche, Isabel: *Galka E. Scheyer & Die Blaue Vier. Briefwechsel 1924–1945*. Bern 2006.
Wünsche, Isabel: *Kunst & Leben. Michail Matjušin und die Russische Avnatgarde in St. Petersburg*. Köln, Weimar, Wien 2012.
Žadova, Larisa: *Suche und Experiment. Aus der Geschichte der russischen und sowjetischen Kunst zwischen 1910 und 1930*. Dresden 1978.
Zelinsky, Bodo: *Russische Avantgarde 1907–1921. Vom Primitivismus zum Konstruktivismus*. Bonn 1983.
Ziegler, Rosemarie: „Zur Genealogie und Entwicklung des künstlerischen Subjekts im Schaffen von Aleksej Kručenych". In: *The Slavic Literatures and Modernism*. Hg. V. Nils Ake Nilsson. Stockholm 1986, S. 83–94.
Ziegler, Rosemarie: „Zaum'". In: Flaker (Hg.): *Glossarium*, S. 512–532.
Zima, Peter u. Johann Strutz (Hg.): *Europäische Avantgarde*. Frankfurt a. M., Bern, New York, Paris 1988.
Zimmermann, Tanja: *Abstraktion und Realismus im Literatur- und Kunstdiskurs der russischen Avantgarde*. Wien, München 2007.
Zimmermann, Tanja: „L'abstraction en tant que réalisme: Du paradoxe vers la construction du réel". In: *Ligeia. Dossiers sur l'art*. XII (2009), S. 116–126.
Zlydneva, Natalija: *Izobraženie i slovo v ritorike russkoj kul'tury XX veka*. Moskau 2008.
Dies.: „*Strašnoe* v živopisi pozdnego avangarda". In: *Avangard I ideologija: Russkie primery*. Hg. V. Kornelija Ičin. Belgrad 2009, S. 521–531.

Burkhard Meyer-Sickendiek
Primitivismus
Literarische „Anti-Kunst" im Spannungsfeld von Provokation und Diskriminierung

Die Deformationsästhetik moderner Malerei, wie diese im Kubismus Picassos vorliegt, hat einen seit längerer Zeit bekannten und erforschten Bezug zu westafrikanischen Plastiken und Skulpturen. Man spricht diesbezüglich selbst heute noch von Picassos „Negerperiode"[1] und meint damit insbesondere das 1907 entstandene Bild *Les Demoiselles d'Avignon*, ein zentrales Beispiel jener Kunstform, welche aus dieser Rezeption afrikanischer Plastiken entstanden ist: der „Primitivismus".[2] Angesichts seiner provokanten Darstellung deformierter menschlicher Körper kann der Primitivismus Picassos als die radikalste Variante einer Ästhetik des kulturell Fremden angesehen werden; seine Vorläufer sind etwa die exotistischen Phantasien des französischen Malers Paul Gauguin.[3] Der Bezug auf fremdländische und insbesondere afrikanische Kulturen ist allerdings nicht nur eine Inspirationsquelle kubistischer und expressionistischer Malerei, sondern in hohem Maße auch Thema der diversen literarischen Avantgarden vom Dadaismus über Expressionismus bis hin zum Surrealismus. Beispiele deutschsprachiger Literatur sind z. B. Max Dauthendeys impressionistisch-exotische Novellen *Die Acht Gesichter am Biwasee* von 1911, Kasimir Edschmids Novellensammlung *Timur* von 1916, Robert Müllers Roman *Tropen* aus dem gleichen Jahr, Hans Grimms *Südafrikanische Novellen*, die Arbeiten Carl Einsteins, insbesondere die Abhandlung über die *Negerplastik*, Hans Henny Jahnns Dramen *Medea* und *Straßenecke*, Carl Sternheims *Ulrike* oder Gottfried Benns frühe Erzählungen wie etwa *Der Geburtstag*. Stereotype Elemente afrikanischer Kulturen spielen zudem eine enorme Rolle in den Aktionskünsten des Dadaismus: So waren etwa die „Negertrommeln" eines der wichtigsten Requisiten des *Cabaret Voltaire* in Zürich seit 1916, mit denen der Dadaist Richard Huelsenbeck den „Negerrythmus" da-

---
1 Vgl.: Jean Laude: *La peinture française (1905–1914) et „l'Art nègre"*. Paris 1968, Bd. II, S. 269 ff.; Wilfried Wigand: *Pablo Picasso. Mit Selbstzeugnissen und Bilddokumenten.* Reinbek bei Hamburg 1973, S. 63; sowie John Berger: *Glanz und Elend des Malers Picasso.* A. d. Engl. von Anna Stolz. Reinbek bei Hamburg 1988, S. 88 ff.
2 William Rubin (Hg.): *Primitivismus in der Kunst des zwanzigsten Jahrhunderts*. München 1984; Martin Ortmeier: *Der Primitivismus moderner Malerei: eine gattungs- und rezeptionstheoretische Studie.* München 1983.
3 Werner Schmalenbach: „Gauguin's Begegnung mit der Welt der Naturvölker". In: *Weltkulturen und moderne Kunst.* Ausstellung im Haus der Kunst. München 1972, S. 445 ff.

daistischer Lautgedichte hervorheben wollte. „Meine Idee vom Dadaismus", so heißt es entsprechend in einem Brief Hugo Balls an August Homann vom 7.10.1916, ist „die Idee der absoluten Negerei, angemessen den primitiven Abenteuern unserer Zeit".[4]

Nun kann man wohl kaum ernsthaft behaupten, dass sich diese Gesten der Avantgarden als genuiner Dialog mit außereuropäischen Kulturen begreifen lassen, wenngleich man mit einer gewissen Vorsicht durchaus von einer Imitatio (Dadaismus), einer strukturellen Analyse (Einstein/Kubismus) oder gar einer Radikalisierung (Expressionismus) afrikanischer Kulturtechniken sprechen könnte. Diese Adaptionen lassen sich jedoch sicherlich nicht trennen von Stereotypisierungen, wie sie aus dem Kolonialismus der Epoche hervorgingen. Zumindest zeugt der Begriff „Primitivismus" von einem signifikanten Wandel des „ethnologischen Blicks", welcher sich gemäß der Arbeiten des Ethnologen Karl-Heinz Kohl „im 19. Jahrhundert, dem Zeitalter des Imperialismus" vollzogen habe: Das „räumliche Nebeneinander von ‚Wilden' und ‚Zivilisierten'" transformiere sich angesichts von Fortschrittsglaube und technologischer Entwicklung europäischer Gesellschaften „in ein zeitliches Nacheinander".[5] Begriffsgeschichtlich gesehen, geht die Etablierung des Begriffes „Primitive" nach Kohl auf eben diesen Wandel zurück;[6] wollte man daher primitivistische Literatur von eher „exotistischen" Phantasien unterscheiden, so ließe sich auf Kohl Bezug nehmen. Zwar sind sowohl Exotismus als auch Primitivismus jeweils Formen einer „Zivilisationsflucht" – dies zumindest ist das Ergebnis einer Arbeit Wolfgang Reifs –, während jedoch der „exotistische Roman", wie Reif dies nachwies, primär räumliche Phantasien inszeniert,[7] bedienen sich die literarischen Adaptionen des „Primitivismus" dagegen immer schon des Glaubens an ein „zeitliches Nacheinander". Es lassen sich demnach drei grundsätzliche Merkmale des Primitivismus herausheben. Zum einen seine Genealogie in den Avantgarden der emphatischen Moderne, denn während der „Exotismus" eine über das Mittelalter bis ins Altertum zurückreichende Tradition besitzt,[8] bezieht sich das Phänomen eines Drittwelt-

---

[4] Hugo Ball: *Der Künstler und die Zeitkrankheit*. Hg. v. Hans Burkhard Schlichting. Frankfurt a. M. 1984, S. 436.
[5] Karl-Heinz Kohl: *Ethnologie – die Wissenschaft vom kulturell Fremden. Eine Einführung*. München 1993, S. 19.
[6] Ebd., S. 20.
[7] Wolfgang Reif: *Zivilisationsflucht und literarische Wunschträume. Der exotistische Roman im ersten Viertel des 20. Jahrhunderts*. Stuttgart 1975.
[8] Vgl. *Weltkulturen und moderne Kunst. Die Begegnung der europäischen Kunst und Musik im 19. und 20. Jahrhundert mit Asien, Afrika, Ozeanien, Afro- und Indo-Amerika*. Entwicklung und Leitung: Sigfried Wichmann. Ausstellung veranstaltet vom Organisationskomitee für die

zentrierten „Primitivismus" ganz auf das frühe zwanzigste Jahrhundert. Zum zweiten die schon in der Begrifflichkeit selbst angelegte Tendenz zur „Regression", insofern die Inszenierung von „Primitivität" sowohl eine Motivik des Archaischen und „Wilden", als auch des Brutalen, Barbarischen, Subhumanen oder gar Animalischen impliziert, wie dies in der Epochendarstellung zum Expressionismus von Richard Hamann und Jost Hermans nachgewiesen worden ist.[9] Und zum dritten, dies zeigt schon der Vergleich zwischen Gauguin und Picasso, ein Bekenntnis weniger zu einer fremden Lebensform, wie dies etwa in den exotischen Phantasien Paul Gauguins der Fall ist, denn vielmehr dasjenige zu einer das europäische Publikum gezielt befremdenden Ästhetik: die durch die Rezeption afrikanischer Plastiken ausgelöste Ästhetik der „Anti-Kunst".[10] Alle drei genannten Aspekte verweisen nunmehr auf ein weiteres Charakteristikum: „Primitivismus", so ließe sich grundsätzlich sagen, intendiert immer schon den radikalen Bruch mit der Tradition, kann daher als ein innerästhetisches Potenzierungsprinzip verstanden werden.

Bei all diesem den literarischen Primitivismus als Avantgardephänomen kennzeichnenden Interesse an der Rezeption außereuropäischer Kulturen darf man dennoch nicht vergessen, dass es eine ganze Reihe avantgardistisch-primitivistischer Schriftsteller gegeben hat, die vorübergehend oder für längere Zeit, aufgrund eher oberflächlicher Faszination oder auch aus tieferliegenden Gründen mit der Ideologie des italienischen Faschismus und des deutschen Nationalsozialismus sympathisiert haben, also von politischen Bewegungen affiziert waren, die alles andere als international und multikulturell gewesen sind: Autoren wie Gabriele d'Annunzio, Filippo Tommaso Marinetti, Gottfried Benn, Knut Hamsun, Ezra Pound, William Butler Yeats, T.S. Eliot oder Louis Ferdinand Céline. Die offizielle Zurückweisung, die manche dieser Schriftsteller durch die politischen Machthaber erfuhren, kann nicht darüber hinwegtäuschen, dass diese in diktatorischen Systemen die Erfüllung von Hoffnungen erkannten, die ihrem eigenen Denken nicht einfach nur äußerlich waren, sondern oft tief in ihm wurzelten. Dass diese Mischung aus Primitivismus und ideologischer Nähe zum Faschismus in

---

Spiele der XX. Olympiade München 1972, 16. Juni bis 30. September im Haus der Kunst. München 1972.

9 Richard Hamann und Jost Hermand: *Epochen deutscher Kultur von 1870 bis zur Gegenwart*, Bd 5: Expressionismus. Frankfurt a. M. 1977, S. 50f.

10 Vgl. dazu: Enno Stahl: *Anti-Kunst und Abstraktion in der literarischen Moderne (1909–1933). Vom italienischen Futurismus bis zum französischen Surrealismus*. Frankfurt a. M. 1997. Mit den Kategorien „Anti-Kunst" und Abstraktion charakterisiert Stahl die historischen Avantgardebewegungen vom italienischen und russischen Futurismus, über den STURM-Expressionismus, Dada in Zürich, Berlin und Köln bis hin zum französischen Surrealismus.

manchen Fällen rassistische Auswüchse haben kann, lässt sich z. B. an einigen Texten des Expressionisten Kasimir Edschmid nachweisen: in *Basken Stiere Araber* (1926), *Afrika nackt und angezogen* (1929) oder *Glanz und Elend Süd-Amerikas* (1931) schreibt Edschmid z. B. über „die Berber, die Nigger, die weißen und die schwarzen Araber, die Mauren und die Mischlinge", über „die niggerhaften Gesichter der Atlasstämme [...] einer Rasse, die in einem Taumel von Schmutz und Geschwür ersticken zu müssen scheint. Wenn das Menschen sind, so ist die Menschheit bis zur Frivolität von ihrer Vorsehung geschändet".[11]

Ausgehend von der Beobachtung, dass die Programmatik der „Nicht mehr schönen Künste" im frühen zwanzigsten Jahrhundert – Kubismus, Dadaismus, Expressionismus – also in hohem Maße an Konzepten der „Primitivität" orientiert ist, möchte ich deshalb im Folgenden fragen: *Inwiefern basieren sowohl die soziale Abwehr als auch das künstlerische Verlangen gegenüber dem kulturell oder sexuell Fremden auf analogen Formen der Verarbeitung?* Freilich ist diese Frage speziell in der angelsächsischen Forschung schon umfangreich erörtert worden. Dass sich Identifikationen kultureller Alterität in der englischen Literatur des neunzehnten Jahrhunderts bei Autoren wie Rudyard Kipling oder Joseph Conrad stets an der Grenze des stereotypen Klischees bewegt haben, hat beispielsweise Patrick Brantlinger in seiner Arbeit *Rule of Darkness. British Literature and Imperialism*[12] nachgewiesen. Zudem ist der für die Bewegung des literarischen „Primitivismus" äußerst einflussreiche Text – Joseph Conrads Novelle *Heart of Darkness* – mit dem Vorwurf einer rassistischen Diskriminierung konfrontiert worden.[13] Und noch ein weiteres Dokument des „Primitivismus" – Picassos schon genanntes Bild *Les Demoiselles d'Avignon* – ist auf seine rassenbiologischen Klischees hin befragt worden.[14] Summarisch wurden die Stereotypen kolonialer Phantasien schließlich von Homi K. Bhabha in seinem Aufsatz *The Other Question: Difference, Discri-*

---

11 Kasimir Edschmid: *Basken, Stiere, Araber.* Berlin 1927, S. 149.
12 Patrick Brantlinger: *Rule of Darkness. British Literature and Imperialism, 1830–1914.* Ithaca, London 1988.
13 Chinua Achebe: „An Image of Africa: Racism in Conrad's ‚Heart of Darkness'". In: *Massachusetts Review* 18 (1977), S. 782–794; sowie: Dies.: *Hopes and Impediments.* London 1988, S. 1–20. Vgl. auch: Patrick Brantlinger: „Heart of Darkness: Anti-Imperialism, Racism, or Impressionism?" In: *Criticism* 27/4 (1985), S. 363–385; sowie: Cedric Watts: „‚A Bloody Racist': About Achebe's View of Conrad". In: *Yearbook of English Studies* 13 (1983), S. 196–209.
14 Vgl. dazu: Sander L. Gilman: „Black Bodies, White Bodies: Toward an Iconographie of Female Sexuality in Late Nineteenth-Century Art, Medicine and Literature". In: *„Race", Writing and Difference.* Ed. by Henry Louis Gates, Jr. Chicago, London 1986, S. 223–261, hier S. 251 f., sowie: Hal Forster: „‚Primitive' Scenes". In: *Critical Inquiry* 20 (1993/94), S. 69–102.

mination, and the Discourse of Colonialism auf die folgenden Aspekte hin konzentriert:

> The black is both savage (cannibal) and yet the most obedient and dignified of servants (the bearer of food); he is the embodiment of rampant sexuality and yet innocent as a child; he is mystical, primitive, simple-minded and yet the most worldly and accomplished liar, and manipulator of social forces.[15]

Ich möchte die von Bhabha erarbeiteten Diskriminierungsstrategien des postkolonialen Diskurses[16] im Folgenden zuspitzen zur Frage nach der Figur der „Diskriminierung" als einem Darstellungsprinzip moderner Avantgardekunst. Wie eng ist der ästhetische Zusammenhang von kultureller oder sexueller Alterität einerseits und literarischer „Anti-Kunst" andererseits? Wenn der koloniale Diskurs nach Ansicht Bhabhas die Kolonisierten als eine „population of degenerate types on the basis of racial origin"[17] konstruiert, um so die Eroberung dieser kolonialen Gebiete zu rechtfertigen (to justify conquest), welche Rolle spielt dann dieses Konstrukt für die Rhetorik einer radikalen, weil „nicht mehr schönen" Literatur? Wenn wir davon ausgehen, dass der ästhetische Primitivismus wohl nicht diese von Bhabha behauptete Legitimationsstrategie verfolgte, welchen Sinn kann es dann haben, die Inszenierung von Alterität im ästhetischen Primitivismus als rassistisch bzw. als diskriminierend zu identifizieren, wie dies in den genannten Beispielen aus den *postcolonial studies* geschah? Dabei geht es mir keineswegs um ein moralisches Veto, sondern um die Diskussion einer strukturellen Problematik der Avantgarden des 20. Jahrhunderts, insofern deren Gestus der Provokation zweifellos an Konzepten kultureller Alterität orientiert ist. Wie rassistisch im engeren Sinne diese waren, vor allem aber, warum sie im engeren Sinne rassistisch

---

15 Homi K. Bhabha: "The Other Question: Difference, Discrimination, and the Discourse of Colonialism". In: *Black British Cultural Studies. A Reader.* Ed. by Houston A. Baker, Jr., Manthia Diawara and Ruth H. Lindeborg. Chicago, London 1996, S. 87–106, hier S. 105.
16 Vgl.: Brian V. Street: *The Savage in Literature: Representations of „Primitive" Society in English Fiction, 1858–1920.* London 1975; Homi K. Bhabha: „Representation and the colonial Text: A critical Exploration of some Forms of Mimeticism". In: *The Theory of Reading.* Ed. by Frank Gloversmith. Brighton 1984, S. 93–122; Peter Hulme: *Colonial Encounters. Europe and the Native Caribbean 1492–1797.* London, New York 1986; Patrick Brantlinger: „Victorians and Africans: The Genealogy of the Myth of the Dark Continent". In: *„Race", Writing and Differenz.* Ed. by Henry Louis Gates, Jr. Chicago, London 1986, S. 185–222; Peter Mason: *Deconstructing America. Representations of the Other.* London 1990; Helen Carr: *Inventing the American Primitive. Politics, Gender and the Representation of Native American Literary Traditions 1789–1936.* New York 1996; Fulford, Tim and Peter Kitson (Hg.): *Romanticism and colonialism. Writing and Empire 1780–1830.* Cambridge 1998.
17 Bhabha: *The Other Question*, S. 92.

waren, inwiefern dies also zu ihrer Wirkungsstrategie gehört, gilt es zu ermitteln. Mein Plädoyer wird letztlich sein, den ästhetischen Primitivismus anhand einer Theorie der „abjection" im Sinne Julia Kristevas und Judith Butlers neu zu durchdenken, um so die konstitutive Nähe von sozialer Verwerfung und ästhetischer Subversion der Verwerfung für eine Ästhetik des Primitivismus fruchtbar zu machen. Dabei analysiere ich diese konstitutive Nähe anhand zweier zeitnaher Texte: Zum einen Alfred Rosenbergs *Der Mythos des 20. Jahrhunderts* von 1930 – ein dezidiert rassistisches Werk –; zum anderen Hans Henny Jahnns Drama *Medea* von 1926, eine der radikalsten Tragödien des Expressionismus.

I Rassistische Blutmystik in Rosenbergs *Mythus des 20. Jahrhunderts*

Alfred Rosenbergs *Mythus des 20. Jahrhunderts* stellt den wohl bekanntesten Versuch eines nationalsozialistischen Denkers dar, die Nazibewegung weltanschaulich bzw. pseudo-philosophisch zu fundieren. Rosenberg unternimmt in diesem Werk den Versuch, den Machtkampf der NSDAP in den 1920er-Jahren als Höhe- und Endpunkt eines welthistorischen Prozesses zu deuten, in dessen Mittelpunkt der ewige Kampf der nordisch-atlantischen Völker gegen die jüdisch-semitischen stünde. Ausgehend von der Vorstellung, dass die gesamte Kulturentwicklung des Abendlandes von germanischen Stämmen getragen, aber stets durch die „Verschwörer des internationalen Judentums" vom Niedergang bedroht sei, sieht Rosenberg den Zeitpunkt gekommen, da sich aus dem „Mythus des Blutes"[18] ein rasserеines germanisches Imperium verwirklichen werde. Die Blutmystik, welche Rosenberg seinem Rassebegriff zugrunde legt, ist keine primär biologische, die „nordische Rasse" lässt sich also nicht auf Körperbau, Schädelformen und ähnliches reduzieren. Vielmehr wird der Rassebegriff überhöht, d. h. zum geistigen Phänomen erklärt. Jede Rasse sei vergleichbar dem Individuum von einer eigenen Seele bestimmt, der „Rassenseele": „Seele aber bedeutet Rasse von innen gesehen. Und umgekehrt ist Rasse die Außenseite einer Seele",[19] so heißt es in der Einleitung zum *Mythus*. Für diese am „Mythus des Blutes" orientierte Rassengeschichte werden von Meister Eckart über Kant zu Wagner alle Größen der deutschen „Geistesgeschichte" als Belege für die Überlegenheit der nordischen Rasse herangezogen:

---

18 Alfred Rosenberg: *Der Mythos des 20. Jahrhunderts. Eine Wertung der seelisch-geistigen Gestaltenkämpfe unserer Zeit.* München 1938 (129.–132. Auflage), S. 114.
19 Ebd., S. 2.

> Heute beginnt ein ganzes Geschlecht zu ahnen, daß nur dort Werte geschaffen und erhalten werden, wo noch das Gesetz des Blutes Idee und Tat des Menschen bestimmt ... Rasse ist das Gleichnis einer Seele, das gesamte Rassengut ein Wert an sich ohne Bezug auf blutleere Werte ... Rassengeschichte ist deshalb Naturgeschichte und Seelenmystik zugleich; die Geschichte der Religion des Blutes aber ist, umgekehrt, die große Welterzählung vom Aufstieg und Niedergang der Völker, ihrer Helden und Denker, ihrer Erfinder und Künstler.[20]

Die Kunst besteht nun darin, die Geschichte einer arischen bzw. nordischen Rasse zu erzählen, die gemäß der Etymologie des Wortes „Arier" ihren Ursprung in Indien und später dem Iran habe, und dann den langen Weg bis ins Deutschland des 20. Jahrhunderts finde. Die Ahnenreihe, die Rosenberg bezüglich dieses welthistorischen Prozesses konstruiert, ist also vollkommen spekulativ: Aus einem fiktiven Ausgangspunkt namens Atlantis hervorgegangen, seien Inder und Perser die ersten historisch erkennbaren Träger des nordisch-atlantischen Volkes, das „arische Indien beschenke dann die Welt mit Metaphysik", das „arische Persien dichtete uns den religiösen Mythus", das „dorische Hellas erträumte die Schönheit auf dieser Welt", das „italische Rom zeigte uns die formale Staatszucht", und das „germanische Europa beschenkte die Welt mit dem leuchtendsten Ideal des Menschentums": Charakterwert, Ehre, Gewissen und Treue.[21] Das Ganze erinnert an eine vollkommen banalisierte Karriere des Weltgeistes. Wie in einer Art rassistischer Umdeutung der Hegel'schen Geschichtsphilosophie ist das sich entwickelnde Bewusstsein der arischen Rassenseele der Gehalt dieser welthistorischen Reihung. Im Vordergrund steht dabei stets der Rassenkampf: Die Metaphysik der Inder beinhaltet die Vorherrschaft der weißen Arier über die „niederrassigen Eingeborenen",[22] die persische Religion den Gedanken des „Rassenschutzes, der Sippenehre",[23] das dorische Hellas das Ideal des „blonden schöpferischen Blutes",[24] das italische Rom die „rassengeschichtlich ungeheuer wichtige Tat" der Zerstörung des phönizisch-semitischen „Pestherdes" Karthago[25] sowie des etruskisch-asiatischen „Satanismus",[26] das germanische Europa das „artgebundene Volksbewußtsein als größte Blüte der deutschen Seele".[27]

In extrem vereinfachender Form entsteht so ein Schwarz-Weiß-Gemälde, in dem letztlich der Sonnengott Helios für alles Helle, Lichtnahe, und der Unter-

---

20 Ebd., S. 22–23.
21 Ebd., S. 114–115.
22 Ebd., S. 29.
23 Ebd., S. 32.
24 Ebd., S. 35.
25 Ebd., S. 55.
26 Ebd., S. 63.
27 Ebd., S. 85.

weltengott Hades für alles chtonisch Erdverhaftete, Dunkle, Geheimnisvolle steht, das es zu bekämpfen gilt. Gelingt dies nicht, mischen sich also diese Bereiche, so entsteht eine orgiastische Unordnung, entstehen „Bastarde" und „Mischlinge". Dionysos etwa sei so eine fatale, die nordische Kultur bedrohende Mischung, weshalb auch die dionysische „Religion der Besessenheit" mit ihrem Ursprung in einer „vorderasiatisch-afrikanischen Unterwelt"[28] die „arischen" Griechen und Römer als etwas „rassisch und seelisch Fremdes"[29] in den Verfall gezerrt habe. Siegt diese Rassenmischung, sei das Ergebnis barbarisch: eine alle „gleich machende Sinnlichkeit" und „weltbeherrschende Wollust", „asiatische Magie, Hexenwesen, verbunden mit Päderastie, Selbstbegattung, Knabenmord".[30] Was Rosenberg hier halluzinierend bereits in der Welt der Klassik als schreckliche Folgen der „Rassenmischung" zwischen den „arischen Nordvölkern" und den „afrikanisch-vorderasiatischen" Ureinwohnern der Mittelmeerländer schildert, begreift er als Effekt bzw. als Erbschaft der „dunklen" Rassen des afrikanischen Kontinents. Auch unter der Oberfläche des scheinbar Zivilisiertesten wartet daher stets das orgiastisch-sadistische Chaos der „Bastardisierung" auf eine Gelegenheit, ausbrechen zu dürfen:

> Diese geistige Bastardisierung spielte sich naturgemäß dort am deutlichsten ab, wo die erobernde griechische Schicht nur sehr dünn war und sich gegen die zahllosen Träger des chtonischen Wesens nicht nachhaltig wehren konnte: in Kleinasien, einigen Inseln und in Kolchis. Die großen und langdauernden Kämpfe werden in Sage und Mythus natürlich zusammengedrängt: Im Argonautenzug des Apolloniden Jason. [...] Überall, wohin die Jasoniten gleichsam als griechische Wikinger gelangen, sehen sie sich dunklen chtonischen Göttern, einer Amazonenherrschaft und sinnlichster Lebensführung gegenüber.[31]

II Die Tragödie des Abjekten: Hans Henny Jahnns *Medea*

Ich habe die Passage zum „Argonautenzug" aus Rosenbergs *Mythus* zitiert, um ein genaueres Verständnis für die genuin und explizit rassistische Deutung des Mythos zu entfalten. Dies führt mich nunmehr zu Hans Henny Jahnns Tragödie *Medea*

---

28 Ebd., S. 45 ff.
29 Ebd., S. 44.
30 Ebd., S. 52.
31 Ebd., S. 46.

von 1926,³² die eben eine moderne Bearbeitung der Argonautensage darstellt, und zudem jene „geistige Bastardisierung" der Griechen zum Thema hat, wie sie sich nach Rosenberg u. a. in „Kolchis" vollzogen habe. Der von Jahnn verarbeitete mythische Stoff ist bekannt: Medea ist in der griechischen Sage die zauberkundige Tochter des Aietes von Kolchis; die aus Liebe zu Jason diesem dabei hilft, mitsamt den Argonauten das nach Kolchis gebrachte Goldene Vlies wieder nach Griechenland zu holen. Nach dem Raub des Vlieses flieht Medea mit den Argonauten und vermählt sich auf der Heimfahrt mit Jason. In Korinth wirbt Jason jedoch um Glauke bzw. Kreusa, die Tochter des Korintherkönigs Kreon, der schließlich die Heirat beider bewilligt. Hans Henny Jahnn konzentriert sich in seiner Tragödie – neben einer auffallenden Fokussierung der beiden Söhne Jasons – vor allem auf eine neuartige Erklärung der Greueltaten der rasend eifersüchtigen Medea: Als der König in die Heirat von Jason und Kreusa einwilligt, tötet Medea Kreusa und Kreon sowie ihre beiden eigenen Kinder, die sie Jason geboren hatte, und verflucht schließlich auch die Sklaven des königlichen Hauses.

Zunächst ist wichtig, die politische Position Hans Henny Jahnns deutlich zu machen: Wenn Jahnn seine Tragödie *Medea* zu den „anklagenden Kolonialdramen" seiner Zeit gezählt hat,³³ dann deshalb, weil der antike Mythenstoff auf spezifisch moderne Rassendiskriminierung hin ausgelegt wird. Die furchtbaren Taten, wie sie der Mythos überliefert – Medeas Ermordung des eigenen Bruders, die blutige Rache nach der Verstoßung durch den Ehemann Jason, die Ermordung der gemeinsamen Kinder, der Königstochter Kreusa sowie deren Vater Kreon – identifiziert Jahnn als Resultat einer rassistischen bzw. sexistischen Unterdrückung. Dass Jason sich von Medea trennt, erklärt sich für Jahnn durch den Abscheu, den diese bei ihrem Ehemann auslöst: Zum einen ist sie eine alte und hässliche Frau, zum anderen – darin ändert Jahnn den Mythos – eine „Negerin".³⁴

---

32 Ich lege im Folgenden die Ausgabe von 1926 zugrunde, nicht die Überarbeitung von 1959, welche in vielen Punkten eine Mäßigung der früheren Fassung darstellt.
33 In seiner Rede zur „Rechenschaft Kleistpreis" von 1928 erwähnt Jahnn diesbezüglich u. a. Wolfgang Weyrauch, dessen Schriften zu jener nicht mehr geringen „Zahl der Werke" zählen, „die Negern und Chinesen die Hand reichen wollen", vgl. Hans Henny Jahnn: *Aufzeichnungen eines Einzelgängers*. Eine Auswahl aus dem Werk, zusammengestellt von Rolf Italiaander. München 1959, S. 74.
34 Dazu heißt es in dem Aufsatz *Mein Werden und mein Werk* von 1848: „Mein Drama ‚Medea', 1926 geschrieben, lehnt sich an die ältesten Formen des Sagenkomplexes, der uns überliefert ist, an. Es ist archaischer als die Tragödie des Euripides. Neben das urtragische Problem, daß die Kinder gebärende Frau an der Seite eines jugendlichen Mannes früh altert, tritt das greise und immer noch gegenwärtige Problem des Rassengegensatzes. Jason ist Grieche, Medea Negerin. – Kolches liegt in Afrika. (Erst die Hellenen haben es an das schwarze Meer verlegt.)" Vgl.: Hans Henny Jahnn: „Die Nacht aus Blei. Kurze Prosa und

Während Medea im antiken Mythos vom „Schwarzen Meer" aus Kolchis kommt, stammt sie bei Jahnn aus Äthiopien, dem alten Königreich, der antike Sagenstoff wird also einerseits als vorantiker Mythos mit „ägyptischen Anklängen" aufgefasst, andererseits auf spezifisch moderne Rassenprobleme hin ausgelegt: Die Diskriminierung der Barbaren durch die Griechen entspricht also der Diskriminierung der farbigen Völker durch die weißen:

> Was für die Griechen die Barbaren waren, sind für uns heutige Europäer Neger, Malaien, Chinesen. – Einer der schamlosesten Gebräuche des europäischen Menschen ist die Nichtachtung vor den einzelnen Vertretern nicht weißhäutiger Rassen. Das Eheproblem Medea-Jason konnte ich im ganzen Ausmaß nur deutlich machen, indem ich die Frau als Negerin auf die Bühne brachte.[35]

Es wäre nun allerdings vordergründig, wollte man die Jahnn'sche Tragödie einzig als Kritik am Kolonialismus einer eurozentrischen Moderne lesen. Schon Inge Stephan hat die Ambivalenz dieser Tragödie mit der gebotenen Vorsicht formuliert: Man könne die *Medea* „als eine vehemente Anklage des Autors gegen eine Gesellschaft verstehen, in der die ‚Reinheit der Rasse' zu einer fixen Vorstellung wurde", man könne sie aber auch „als zutiefst ambivalente Verstrickung in einen Vorstellungskomplex deuten, der in einer antirassistischen Lesart nicht aufgeht".[36] In der Tat dient die Identifikation der Medea als einer „Negerin" in dieser Tragödie weniger dazu, den antiken Mythos vor dem politischen Hintergrund des Rassismus zu aktualisieren. Das Gegenteil ist der Fall: Medeas dezidiert primitive Natur ermöglicht es Jahnn, die antike Bearbeitung des Euripides (Medeia, um 430 v. Chr.) an Archaik zu überbieten. Diese Archaik wird durch zwei wesentliche Themenkomplexe motiviert: das Thema der unerwiderten Begierde, bedingt durch hässliche und abstoßende Leiblichkeit, sowie das Thema einer geradezu perversen sexuellen Orientierung, die auch die sogenannte „Leibnähe zum Tier" beinhaltet. Der jüngere Sohn Jasons begehrt eine Liebesnacht mit seinem Vater, die der ältere Sohn schon hinter sich hat,[37] sowie mit dem Bruder selbst,[38] in allen

---

Essays". In: *Jubiläumsausgabe in acht Bänden*. Hg. v. Ulrich Bitz und Uwe Schweikert, Bd. VIII. Hamburg 1994, S. 271.

35 Hans Henny Jahnn: *Dramen 1*. Frankfurt a. M. 1963, S. 741.

36 Inge Stephan: *Medea. Multimediale Karriere einer mythologischen Figur*. Köln 2006, S. 62.

37 „Von dir in dunklem Drang stahl sich dein Knabe, / war früh des Vaters Freund und Bettgenoß, / dem jüngeren Bruder trug er an die Liebe." Zitiert nach: Hans Henny Jahnn: „Dramen I". In: *Jubiläumsausgabe in acht Bänden*. Hg. v. Ulrich Bitz und Uwe Schweikert, Bd. I. Hamburg 1994, S. 428. In der späteren Fassung der *Medea* von 1959, die Grundlage der Reclam-Edition der *Medea* ist, entfällt der „Bettgenoß", es bleibt beim Freund.

Fällen wird dieses Begehren symbolisiert durch die Figur einer „milchweißen Stute". Dass sich der Vater dem jüngeren Sohn versagt, erklärt sich zudem aus der Tatsache, dass ihm der ältere Sohn weniger gleicht: Ist dieser doch das Produkt des Inzests zwischen Medea und ihrem Bruder, die überdies den Bruder noch zerstückelte. Diese Degradierung des Begehrens auf eine Mischung aus Homosexualität, Inzest und Animalität findet ihren Höhepunkt in einer extrem grellen Inszenierung sexuellen Paarungsverhaltens: Der ältere Sohn begegnet bei einem Ausritt auf seiner „milchweißen Stute" der Königstochter Kreusa, die auf einem „milchweißen Hengst" reitet; beide Tiere stürzen plötzlich übereinander her und paaren sich; ein Akt, aus dem Jahnn entgegen aller bis dato existierenden Interpretationen des Stücks die Liebesgefühle des Sohnes für die Königstochter Kreusa herleitet. Das Menschliche findet somit im Tierischen sein Vorbild; die kentaurische Mischung von Mensch- und Pferdeleib wird zudem dadurch gesteigert, dass der ältere Knabe die Begattung seines Pferdes als einen sexuellen Akt an sich selbst erlebt.

Man könnte nun in der Tat sagen, dass Hans Henny Jahnns Bearbeitung des Medea-Mythos einzig dazu dient, seine eigene homosexuelle Neigung auf das kulturell und sexuell „Andere" zu projizieren. Hinter der Darstellung der widerwärtigen Weiblichkeit der begehrenden Medea verbirgt sich jedoch nicht nur die Verarbeitung homosexuellen Begehrens, sondern überdies das Jahnn'sche Interesse am Ekelhaften bzw. physisch Widerwärtigen, welches schon in seinen frühen Dramen unschwer nachzuweisen ist. Man könnte weiter behaupten: Die Bearbeitung der Rassenproblematik fungiert als Medium der typisch Jahnn'schen primitiv-archaischen Anthropologie, wie diese etwa im Aufsatz *Spätgotische Umkehr* von 1927 formuliert wird. Jahnns „Bekenntnis zum Leib"[39] mit all seinen grotesken Implikationen – der „Allgewalt der Inneren Sekretion",[40] der „Leibnähe zum Tier" etc. – orientiert sich zwar an einer „interkulturellen" Perspektive, besetzt eben diese jedoch stets mit jenen rassenbiologischen Klischees, von denen sie sich zu entfernen versucht.[41] Insofern ist das vehemente Urteil Inge Stephans

---

38 „Ich will zum Vater/ und ihn anflehn, erlauben möge er, / daß ich, der jüngst Geweihte, dein / Genosse heiliger Bettstatt werde." Ebd., S. 403.
39 Jahnn: „Die Nacht aus Blei. Kurze Prosa und Essays", S. 197.
40 Ebd., S. 271.
41 In Jahnns „Glossen zum Schicksal gegenwärtiger Dichtkunst" heißt es etwa: „Die Aufgabe des Künstlers aber ist es, die Schöpfung auch noch in ihrem Abirren zu bejahen, weil anders er das ganze Werke Gottes verneinen müßte. Er ist diesseitig mit einem Schuß völkischer Moral behaftet, wenn auch ihm, im Gegensatz zu den Theoretikern der Rassenlehren, der Krieg ein Greuel und der Mischling eine wunderbare Blume, an der sich der Geist der Welt vergrößern kann. – Er denkt mit Leib und Blut." Vgl. Jahnn: „Die Nacht aus Blei. Kurze Prosa und Essays", S. 214.

durchaus nachvollziehbar: „Jahnn ist in den faschistischen Rassendiskurs der Weimarer Republik stärker involviert, als seine emphatischen Äußerungen über den ‚Bastard' vermuten lassen."[42] Und auch Kai Stalmann kommt unter Berufung auf Sander Gilmans Studien zur Überblendung von ‚Juden' und ‚Negern' im Rassendiskurs des 20. Jahrhunderts zu dem Ergebnis:

> Im Kontext des rassen- und gesellschaftsbiologischen Begriffs der ‚Entartung' galten Juden und Neger gleichermaßen als Gefahren. Juden zählten innerhalb der Antithese des ‚hellen Schönen' und des ‚häßlichen Schwarzen' zu den letzteren. [...] Paradigmatisch für Schwarze standen die Äthiopier; sie wurden auch von Jahnn – wenngleich unter sentimentaler Verklärung – nicht unbedingt als Menschen betrachtet.[43]

Sowohl Stephan wie auch Stalmann sehen die Analogie zum rassenbiologischen Diskurs in der auch bei Jahnn zweifellos vorhandenen Tendenz, das kulturell Fremde jenseits bzw. unterhalb einer bestimmten Menschlichkeit im Sinne von Individualität und Persönlichkeit anzusiedeln. Diese präpersonale Sphäre ist jedoch nicht der Mythos, denn dessen Gehalte werden in Jahnns *Medea* ebenso hintergangen wie in Rosenbergs *Mythus des 20. Jahrhunderts*. Die Gemeinsamkeit scheint vielmehr darin zu bestehen, dass sowohl in der expressionistischen als auch in der rassistischen Repräsentation des sexuell und/oder kulturell Anderen dieses als ein Wesen des Kreatürlichen, des „Abjekten" bzw. des Verwerflichen dargestellt wird. Aus eben diesem Grunde etwa fehlt in Jahnns Tragödie eine psychologische Begründung des Kindermordes, wie schon Matthias Luserke-Jaqui mit Recht bemängelte.[44] In der Jahnn'schen Tragödie ist die tragische, weil abstoßende Begierde einer alternden und dunkelhäutigen Frau nach ihrem ewig jungen und weißhäutigen Gatten nicht als psychologisches, sondern als abjektes Motiv einer niederen Kreatur erarbeitet: „Du bist ein Tier! Ungriechische Barbarin. Wie deine Haut so schwarz ist auch dein Werk"[45], so König Kreons Kommentar zu Medea, der weiß, „daß Neger und Barbaren Tiere sind, zu anderm nicht geschaffen, als daß man mit Pfeilen auf sie schieße und sie erlege, niederschlage, verbrenne wie die Schlangen."[46] Auch in Rosenbergs *Mythus des 20. Jahrhunderts*

---

42 Stephan: *Medea*, S. 62.
43 Kai Stalmann: *Geschlecht und Macht. Maskuline Identität und künstlerischer Anspruch im Werk Hans Henny Jahnns*. Köln 1988, S. 186.
44 „Der von Jahnn thematisierte Zusammenhang von Sexualität und Kindsmord erschließt sich nicht und hat mit der historischen Wirklichkeit des 20. Jahrhunderts nur wenig zu tun." Vgl. Matthias Luserke-Jaqui: *Medea. Studien zur Kulturgeschichte der Literatur*. Tübingen, Basel 2002, S. 209.
45 Jahnn: „Dramen I", S. 437.
46 Ebd., S. 443.

dient das Bild des Animalischen in durchaus vergleichbar degradierenden Formen als kreatürliche Gegenwelt für den Entwurf einer überlegenen nordischen Rasse. Dies verdeutlichen neben Äußerungen Rosenbergs über das „Niggertum"[47] natürlich in aller Widerwärtigkeit seine Kommentare zum jüdischen „Schmarotzertum":

> Dieser Begriff soll hierbei zunächst gar nicht als sittliche Wertung, sondern als Kennzeichnung einer lebensgesetzlichen (biologischen) Tatsache aufgefasst werden, genau so, wie wir im Pflanzen- und Tierleben von parasitären Erscheinungen sprechen. Wenn der Sackkrebs sich durch den After des Taschenkrebses einbohrt, nach und nach in ihn hineinwächst, ihm die letzte Lebenskraft aussaugt, so ist das der gleiche Vorgang, als wenn der Jude durch offene Volkswunden in die Gesellschaft eindringt, von ihrer Rassen- und Schöpferkraft zehrt – bis zu ihrem Untergang.[48]

Jahnns expressionistischer Entwurf einer radikal nichthumanistischen Tragödie und Rosenbergs rassistischer Entwurf höherer und niederer Rassen treffen sich also in dem beiden gemeinsamen Bezug zur kreatürlichen Sphäre des Abjekten bzw. Verwerflichen. Und dennoch muss klar betont werden: Was Rosenberg ausgrenzt, wird von Jahnn affirmativ und sicher sympathetisch besetzt. Zudem handelt es sich im Falle Jahnns um die Suche nach einer radikalen Tragödiensprache, die keineswegs auf jene realpolitische Umsetzung abzielt, wie sie zweifellos in Rosenbergs *Mythus* als einem Machwerk der Rassendiskriminierung vorliegt. Doch gerade jene „Leibnähe zum Tier", die sich vor allem im Begehren des älteren „Mulattensohnes" äußert,[49] lässt erkennen, dass Jahnn die fast obsessive Inszenierung einer „negroiden" Kreatürlichkeit mindestens ebenso wichtig war wie die Kritik am rassistischen Diskurs seiner Zeit. Und ebenso unverkennbar geht die Radikalität dieser Tragödiensprache vor allem aus Medeas Affirmation all jener diskriminierenden Kommentare (vor allem König Kreons) hervor, denen sie sich als alt gewordene farbige Kolcherin ausgesetzt sieht:

---

47 Vgl.: „Mag das Niggertum auch heute noch keine starke Macht darstellen: der Blutmythus ist auch hier erwacht, seine Kraft wird nach 50 Jahren ungeheuer angeschwollen sein. Bis dahin hat der nordische Mensch Vorsorge zu treffen, dass es in seinen Staaten keine Neger mehr gibt, keine Gelben, keine Mulatten und keine Juden." In: Rosenberg: *Der Mythus des 20. Jahrhunderts*, S. 668.
48 Ebd., S. 461.
49 „Treuloses Tier / ist jetzt dein Sohn und Mensch doch, dem / verziehn nicht wird und dem auch kein Gesetz / des Hengstes Recht einräumt. O könnt / ich […] vereinen / Geilheit und Erlösung und Tier und Mensch / und Mann und Weib und was sonst mich erregt." Vgl.: Jahnn: „Dramen I", S. 428.

> Hier steht
> das fette, schwärzlich graue Weib,
> hier, meine Brüste fett und schlaff zugleich.
> Der Klumpfuß passt zum Fett. Wollt ihr
> mich tanzen sehn, wie's schwappt an mir?
> Und hat ein Herz doch, die Entstaltete.
> Vergleicht mich mit dem Mann. Den liebte
> der mit Fett verbrämte Körper.
> Vor ihren Kindern schämen mußte sich
> die Mutter, und warn doch ihres Bluts
> und kotzten sich, wollt' sie sie küssen.[50]

III Die Diskriminierung: Eine subversive Form der Phantasie?

Diese Nähe eines der sicher wichtigsten Dramen des ästhetischen Primitivismus zum rassenbiologischen Diskurs bedarf einer grundlegenden theoretischen Reflexionen, die meines Erachtens in vergleichbaren Deutungen der *postcolonial studies* – in Arbeiten zu Conrad oder Picasso – bisher fehlte. Es fehlt an einem Verständnis für die Mechanismen rassistischer wie sexueller Diskriminierung, die deren ambivalente Relevanz für eine moderne Ästhetik erfassen könnten. Mein Vorschlag wäre, diese Mechanismen in der von Judith Butler umfangreich theoretisierten Praxis der Performativität zu suchen, weil diese theoretisch auf den Begriff der „abjection" zurückgeht, welcher von Julia Kristeva in *La révolution du langage poétique* und dann später in *Pouvoir de l'horreur. Essai sur l'abjection* entwickelt wurde. Kristeva beschreibt die Ausgrenzung und „Verwerfung" ekliger bzw. extrem befremdlicher Essenzen als Voraussetzung für die Konstitution von Subjektivität auf einer tiefpsychologischen Ebene und begreift die moderne Literatur etwa Louis Ferdinand Célines oder Comte de Lautréamonts als Prozess der Wiederbesetzung dieser abjekten Sphäre, als eine „perverse" Besetzung desjenigen, was der Selbstdisziplinierungsprozess im Sinne Freuds zuvor als verwerflich bzw. als „pervers" begriff.[51] Dieser Begriff des Abjekten, wie ihn Kristeva unter Bezugnahme der Freud'schen Psychoanalyse bzw. dem Konzept der Perversion aus Freuds *Drei Abhandlungen zur Sexualtheorie* entfaltet, ist also doppelt konnotiert. Im Sinne einer Verwerfung dient es der Konstitution einer

---

50 Ebd., S. 475.
51 Julia Kristeva: *Powers of Horror. An Essay on Abjection.* Translated by Leon S. Roudiez. New York 1982.

modernen Subjektivität, im Sinne einer erneuten Besetzung des Verworfenen dient es der Charakterisierung einer „revolutionären" Ästhetik des Abjekten, welche Kristeva sowohl als Revolution der poetischen Sprache am Beispiel Lautréamonts, Mallarmés und Baudelaires als auch als Literatur des Grauens und des Abscheus am Beispiel von Céline erarbeitet hat.

Begreifen wir diese auch für Jahnns Tragödie *Medea* zweifellos zentrale Figur der Abjektion im Sinne des Begriffes der Verwerfung als invers gewendetes Analogon zum Mechanismus einer sexuellen bzw. rassischen Diskriminierung, dann ist natürlich zunächst einmal zu klären, was „Diskriminierung" eigentlich meint. *Meyers Großes Konversations=Lexikon* von 1903 definiert den Begriff „Diskriminieren" noch im Sinne des lateinischen „discremen" als „unterscheiden, trennen, sondern", *Meyers Enzyklopädisches Lexikon* von 1972 dagegen definiert den Begriff der „Diskriminierung" unter Verweis auf die u. a. von Theodor W. Adorno herausgegebenen *Studien zum autoritären Charakter* als eine Form der „Herabwürdigung, Verdächtigung, Verächtlichmachung". Im Verständnis der 1970er-Jahre ist der Begriff der „Diskriminierung" – beeinflusst vor allem durch die Studien der Frankfurter Schule – also fast ausschließlich ein Begriff der „Sozialwissenschaften",[52] der Soziologie. Dass sich dieses Verständnis im Sinne des Poststrukturalismus und der *gender studies* gewandelt hat, lässt sich anhand von Judith Butlers Konzept der „performativen Macht" illustrieren, wie dieses in *Bodies that Matter* und *Excitable Speech. A Politics of the Performative* entworfen wird. Auch bei Butler geht es mit dem Begriff der performativen Macht um Mechanismen der Ausgrenzung. Allerdings stellt Butler direkte Bezüge zu Kristevas Begriff der „abjection" im Sinne einer Verwerfung her, der von Kristeva wesentlich aus Psychoanalyse und moderner Literatur gewonnen wurde. An Kristevas Begriff der „abjection" ist Butlers Begriff der „Performativität" orientiert, denn er wird im identischen Sinne als „Kraft des Ausschlusses und des Verwerflichmachens"[53] definiert.

Die theoretische Vorgeschichte, auf die Butler Bezug nimmt, ist die Kontroverse zwischen Sprechakttheorie (John L. Austin; John Searle) und Dekonstruktion

---

52 „In den *Sozialwissenschaften* wird der Begriff [der Diskriminierung, B.M.S.] beschränkt auf die negative Beurteilung und Behandlung sozialer Minderheiten aufgrund polit., ökonom., rass. oder ethn. Unterscheidungsmerkmale. Dabei werden den sozialen Minderheiten Eigenschaften zugeschrieben, die nicht notwendig mit deren fakt. Verhaltensweisen übereinstimmen. In diesem Sinne ist D. eng verbunden mit sozialen Vorurteilen. D. bedient sich dabei verschiedener Strategien, wodurch diskriminierte Gruppen in sozialer Distanz gehalten werden." Vgl.: *Meyers Enzyklopädisches Lexikon*, Bd. 6. Mannheim, Zürich, Wien 1972, S. 877.
53 Judith Butler: *Körper von Gewicht. Die diskursiven Grenzen des Geschlechts.* A. d. Amerik. v. Karin Wördemann. Frankfurt a. M. 1997, S. 23.

(Jacques Derrida, Paul de Man). Aus dieser erklärt sich, dass Butler am Begriff der „Performativität" weniger den Handlungs- denn den Zitatcharakter hervorhebt, die performative *Macht* also aus gesellschaftlichen Konventionen herleitet, die im performativen Sprechakt anzitiert und wiederholt werden.[54] Dieser sowohl sprechakttheoretische wie dekonstruktive Positionen integrierende Ansatz unternimmt nun den Versuch, die Funktionalität sprachlicher wie auch sozialer Ausgrenzungen auf die Macht gesellschaftlicher Konventionen zurückzuführen; das „Abjekte" ist vor diesem Hintergrund die konstitutive Gegensphäre der „performativen Macht".[55] Gesellschaftliche Strukturen entstehen, indem Normen permanent zitiert werden; keines der wiederholten Zitate ist jedoch mit dem vorherigen ganz und gar identisch. In dieser Inkongruenz liegt die Möglichkeit einer subversiven Verschiebung von Bedeutung. Einen alten Begriff in neuen Kontexten einzusetzen, heißt ihn verändern, ihn anders besetzen, ihn resignifizieren, wie Butler anhand der subversiven Umdeutung diskriminierender Begriffe erläutert. Ihr Beispiel für ein subversives Zitat ist die Aneignung des amerikanischen Schimpfwortes „queer" durch die Homosexuellen. Verbale Diskriminierung wird so in ein subversives, auf Irritation setzendes Spiel überführt. Mit Butlers Begriff der Performativität ließe sich also die Diskriminierung (Rosenberg) von einer zitierten, d. h. subversiv verfahrenden Diskriminierung (Jahnn) beschreiben.

Dieser erste Ansatz wäre nun zu ergänzen durch die in Butlers *Excitable Speech* erörterte Frage danach, „wie Sprache verletzen kann".[56] Butler perspektiviert in diesem Buch das Konzept der Performativität unter Bezugnahme auf Shoshana Felmans *Le scandale du corps parlant* durch das Zusammenspiel von Körper und Sprache. Der verletzende Effekt der „Excitable speech" entspringt demgemäß der physiologischen Basis sprachlicher Akte, als „‚Instrument' einer gewaltsamen Rhetorik", so Butler, „übersteigt der Körper des Sprechers die ausgesprochenen Worte und enthüllt den angesprochenen Körper, insofern dieser nicht mehr unter der eigenen Kontrolle steht".[57] Diese Definition trifft gleichfalls

---

54 In der Einführung zu *Körper von Gewicht* heißt es dazu: „Zunächst einmal darf Performativität nicht als ein vereinzelter oder absichtsvoller ‚Akt' verstanden werden, sondern als die ständig wiederholende und zitierende Praxis, durch die der Diskurs die Wirkungen erzeugt, die er benennt." Vgl. ebd., S. 22.
55 Für den „Ausschlusscharakter" der performativen Macht ist es daher konstitutiv, „einen Bereich verworfener Wesen hervorzubringen, die noch nicht ‚Subjekte' sind, sondern das konstitutive Außen zum Bereich des Subjekts abgeben", ein „Außen", welches Butler unter Bezugnahme auf Kristeva als „das Verworfene [the abject]" bezeichnet, ebd., S.23.
56 Ich zitiere hier aus der deutschsprachigen Fassung, vgl: Judith Butler: Hass spricht. Zur Politik des Performativen. A. d. Engl. v. Kathrina Menke und Markus Krist. Berlin 1998, S. 9 ff.
57 Ebd., S. 25. Butler bezieht sich hier auf: Shoshana Felman: *Le scandale du corps parlant. Don Juan avec Austin ou la séduction en deux langues.* Paris 1980, S. 131 f.

ins Zentrum der Funktionalität des literarischen Primitivismus à la Jahnn – man könnte aber Ähnliches bei Gottfried Benn nachweisen –, insofern auch dieser als Form einer „Körpererregungskunst" gelesen werden kann, wie Detlef Kremer am Beispiel des Romans *Perrudja* zeigte.[58]

Zusammenfassend ließe sich also sagen: Abjection im Sinne Kristevas benennt das künstlerische Verlangen gegenüber dem sexuell und kulturell Fremden, abjection im Sinne Butlers die soziale Abwehr und Ausgrenzung des sexuell und kulturell Fremden. Es ist eben die Nähe dieser zwei Bereiche, die es zu denken gilt. Sie führen letztlich zu der These, dass man den Mechanismus der Diskriminierung auch zu verstehen hat als ein konstitutives Darstellungsprinzip des ästhetischen Primitivismus, als Phantasiemodus einer modernen Ästhetik des Hässlichen, als integralen Bestandteil der „Anti-Kunst" des 20. Jahrhunderts. Entscheidend ist dabei, die Subversion, von welcher Butler spricht, in jener Neubesetzung des Abjecten zu erkennen, also in der Überwindung jener Ekelschranken, wie sie der diskriminierende Diskurs zunächst einmal setzt. Und zweifellos zählt Hans Henny Jahnn zu den wichtigsten Vertretern dieser affirmativen Besetzung des Abjekten, mit all der für die *Medea* kennzeichnenden Ambivalenz. Doch ohne eine derart subversive Partizipation am rassistischen Klischee ist die Wirkkraft einer modernen Ästhetik des Primitivismus wohl kaum zu haben.

Literaturverzeichnis

Achebe, Chinua: „An Image of Africa: Racism in Conrad's ‚Heart of Darkness'". In: *Massachusetts Review* 18 (1977), S. 782–794.
Achebe, Chinua: *Hopes and Impediments*. London 1988.
Ball, Hugo: *Der Künstler und die Zeitkrankheit*. Hg. v. Hans Burkhard Schlichting. Frankfurt a. M. 1984.
Berger, John: *Glanz und Elend des Malers Picasso*. A. d. Engl. v. Anna Stolz. Reinbek bei Hamburg 1988.
Bhabha, Homi K.: „Difference, Discrimination and the discourse of Colonialism". In: Peter Hulme u. a. (Hg.): *The Politics of Theory*. Colchester 1983, S. 194–211.
Bhabha, Homi K.: „Representation and the colonial Text: A critical Exploration of some Forms of Mimeticism". In: *The Theory of Reading*. Ed. by Frank Gloversmith. Brighton 1984, S. 93–122.

---

58 Diese Formulierung entstammt einem Aufsatz Detlef Kremers zu Hans Henny Jahnns *Perrudja*, vgl.: Detlef Kremer: „Das Geschlecht der Kentauren. Hans Henny Jahnns ‚Perrudja' und die ‚Metamorphose zum Realen'". In: *Archaische Moderne. Der Dichter, Architekt und Orgelbauer Hans Henny Jahnn*. Hg. v. Hartmut Böhme und Uwe Schweikert. Stuttgart 1996, S. 200–216, hier S. 205f. Kremer orientierte seine Lektüre an Michail Bachtins Konzept des grotesken Körpers, blendete die problematische Logik der Diskriminierung jedoch aus.

Bhabha, Homi K.: „The Other Question: Difference, Discrimination, and the Discourse of Colonialism". In: *Black British Cultural Studies. A Reader.* Ed. by Houston A. Baker, Jr., Manthia Diawara and Ruth H. Lindeborg. Chicago, London 1996, S. 87–106.

Brantlinger, Patrick: „Heart of Darkness: Anti-Imperialism, Racism, or Impressionism?" In: *Criticism* 27/4 (1985), S. 363–385.

Brantlinger, Patrick: *Rule of Darkness. British Literature and Imperialism, 1830–1914.* Ithaca, London 1988.

Brantlinger, Patrick: „Victorians and Africans: The Genealogy of the Myth of the Dark Continent". In: *„Race", Writing and Differenz.* Ed. by Henry Louis Gates, Jr. Chicago, London 1986, S. 185–222.

Butler, Judith: *Hass spricht. Zur Politik des Performativen.* A. d. Engl. v. Kathrina Menke und Markus Krist. Berlin 1998.

Butler, Judith: *Körper von Gewicht. Die diskursiven Grenzen des Geschlechts.* A. d. Amerik. v. Karin Wördemann. Frankfurt a. M. 1997.

Carr, Helen: *Inventing the American Primitive. Politics, Gender and the Representation of Native American Literary Traditions 1789–1936.* New York 1996.

Edschmid, Kasimir: *Basken, Stiere, Araber.* Berlin 1927.

Felman, Shoshana: *Le scandale du corps parlant. Don Juan avec Austin ou la séduction en deux langues.* Paris 1980.

Forster, Hal: „‚Primitive' Scenes". In: *Critical Inquiry* 20 (1993/94), S. 69–102.

Fulford, Tim and Peter Kitson (Hg.): *Romanticism and colonialism. Writing and Empire 1780–1830.* Cambridge 1998.

Gilman, Sander L.: „Black Bodies, White Bodies: Toward an Iconographie of Female Sexuality in Late Nineteenth-Century Art, Medicine and Literature". In: *„Race", Writing and Difference.* Ed. by Henry Louis Gates, Jr. Chicago, London 1986, S. 223–261.

Hamann, Richard und Hermand, Jost: *Epochen deutscher Kultur von 1870 bis zur Gegenwart,* Bd. 5: Expressionismus. Frankfurt a. M. 1977.

Hulme, Peter: *Colonial Encounters. Europe and the Native Caribbean 1492–1797.* London, New York 1986.

Jahnn, Hans Henny: *Aufzeichnungen eines Einzelgängers.* Eine Auswahl aus dem Werk, zusammengestellt von Rolf Italiaander. München 1959.

Jahnn, Hans Henny: „Die Nacht aus Blei. Kurze Prosa und Essays." In: *Jubiläumsausgabe in acht Bänden.* Hg. v. Ulrich Bitz und Uwe Schweikert, Bd. VIII. Hamburg 1994.

Jahnn, Hans Henny: *Dramen 1.* Frankfurt a. M. 1963.

Jahnn, Hans Henny: „Dramen I". In: *Jubiläumsausgabe in acht Bänden.* Hg. v. Ulrich Bitz und Uwe Schweikert, Bd. I. Hamburg 1994.

Kohl, Karl-Heinz: *Ethnologie – die Wissenschaft vom kulturell Fremden. Eine Einführung.* München 1993.

Kremer, Detlef: „Das Geschlecht der Kentauren. Hans Henny Jahnns ‚Perrudja' und die ‚Metamorphose zum Realen'". In: *Archaische Moderne. Der Dichter, Architekt und Orgelbauer Hans Henny Jahnn.* Hg. v. Hartmut Böhme und Uwe Schweikert. Stuttgart 1996, S. 200–216.

Kristeva, Julia: *Powers of Horror. An Essay on Abjection.* Translated by Leon S. Roudiez. New York 1982.

Laude, Jean: *La peinture française (1905–1914) et „l'Art nègre",* Bd. II. Paris 1968.

Luserke-Jaqui, Matthias: *Medea. Studien zur Kulturgeschichte der Literatur.* Tübingen, Basel 2002.

Mason, Peter: *Deconstructing America. Representations of the Other.* London 1990.
Meyers Enzyklopädisches Lexikon, Bd. 6. Mannheim, Zürich, Wien 1972.
Ortmeier, Martin: *Der Primitivismus moderner Malerei: eine gattungs- und rezeptionstheoretische Studie.* München 1983.
Rosenberg, Alfred: *Der Mythus des 20. Jahrhunderts. Eine Wertung der seelisch-geistigen Gestaltenkämpfe unserer Zeit.* München 1938 (129.–132. Auflage).
Reif, Wolfgang: *Zivilisationsflucht und literarische Wunschräume. Der exotistische Roman im ersten Viertel des 20. Jahrhunderts.* Stuttgart 1975.
Rubin, William (Hg.): *Primitivismus in der Kunst des zwanzigsten Jahrhunderts.* München 1984.
Schmalenbach, Werner: „Gauguin's Begegnung mit der Welt der Naturvölker". In: *Weltkulturen und moderne Kunst.* Ausstellung im Haus der Kunst. München 1972.
Stahl, Enno: *Anti-Kunst und Abstraktion in der literarischen Moderne (1909–1933). Vom italienischen Futurismus bis zum französischen Surrealismus.* Frankfurt a. M. 1997.
Stalmann, Kai: *Geschlecht und Macht. Maskuline Identität und künstlerischer Anspruch im Werk Hans Henny Jahnns.* Köln 1988.
Stephan, Inge: *Medea. Multimediale Karriere einer mythologischen Figur.* Köln 2006.
Street, Brian V.: *The Savage in Literature: Representations of „Primitive" Society in English Fiction, 1858–1920.* London 1975.
Watts, Cedric: „‚A Bloody Racist': About Achebe's View of Conrad". In: *Yearbook of English Studies* 13 (1983), S. 196–209.
Weltkulturen und moderne Kunst. Die Begegnung der europäischen Kunst und Musik im 19. und 20. Jahrhundert mit Asien, Afrika, Ozeanien, Afro- und Indo-Amerika. Entwicklung und Leitung: Sigfried Wichmann. Ausstellung veranstaltet vom Organisationskomitee für die Spiele der XX. Olympiade München 1972, 16. Juni bis 30. September im Haus der Kunst. München 1972.
Wigand, Wilfried: *Pablo Picasso. Mit Selbstzeugnissen und Bilddokumenten.* Reinbek bei Hamburg 1973.

Beiträgerinnen und Beiträger

Iris Därmann
Professorin für Kulturwissenschaftliche Ästhetik am Institut für Kulturwissenschaft der Humboldt-Universität zu Berlin. Studium der Philosophie, Soziologie und Sozialpsychologie und Promotion an der Ruhr-Universität Bochum. Venia legendi 2003 für die Fächer Philosophie und Kulturwissenschaft an der Universität Lüneburg. 2005–2006 Visiting Fellow am IFK Wien und Gastdozentin an der Leibnizpreis-Forschungsstelle „Kulturtheorie und Politische Theorie des Imaginären" der Universität Konstanz, 2007–2008 Fellow am Kulturwissenschaftlichen Kolleg des Exzellenzclusters „Kulturelle Grundlagen von Integration" der Universität Konstanz, 2009–2011 Professorin für Geschichte der Kulturtheorien am Exzellenzcluster Topoi. Seit WS 2012/13 ist sie Sprecherin der Forschergruppe „Oikonomia/Ökonomie" im Exzellenzcluster Topoi und Mitglied der Forschergruppe „Piktogramme" des Exzellenzcluster Bild Wissen Gestaltung. Publikationen: *Kulturtheorien.* Hamburg 2011; *Theorien der Gabe.* Hamburg 2010; *Figuren des Politischen.* Frankfurt am Main 2009; *Fremde Monde der Vernunft. Die ethnologische Provokation der Philosophie.* München 2005; *Tod und Bild. Eine phänomenologische Mediengeschichte.* München 1995.

Michael C. Frank
Dr. phil., ist seit 2003 wissenschaftlicher Mitarbeiter am anglistischen Lehrstuhl des Fachbereichs Literaturwissenschaft der Universität Konstanz. Neben seiner Dissertationsschrift – *Kulturelle Einflussangst. Inszenierungen der Grenze in der Reiseliteratur des 19. Jahrhunderts* (Bielefeld 2006) – veröffentlichte er verschiedene Sammelbände, darunter *Arbeit am Gedächtnis* (mit Gabriele Rippl; München 2007) und *Literature and Terrorism. Comparative Perspectives* (mit Eva Gruber; Amsterdam/New York 2012), sowie drei Themenhefte der *Zeitschrift für Kulturwissenschaften*, zuletzt *Kultur und Terror* (mit Kirsten Mahlke; 2010). Seine aktuellen Forschungsschwerpunkte sind Narrativierungen des Terrorismus vom Spätviktorianismus bis heute (laufendes Habilitationsprojekt) sowie das räumliche Imaginäre der Literatur (Edition mit Kirsten Mahlke, der deutschen Neuauflage von Michail Bachtins Chronotopos-Essay).

Nicola Gess
Professorin für Neuere deutsche Literaturwissenschaft an der Universität Basel. Studium der Germanistik, Musikwissenschaft und Querflöte in Hamburg und Princeton; Promotion an der Princeton University und der HU Berlin („co-tutelle"); im Anschluss wissenschaftliche Mitarbeiterin am Peter Szondi-Institut für AVL der

FU Berlin und akademische Rätin auf Zeit an der Universität Regensburg; Gastdozenturen an der LMU München und der Uni Zürich; seit 2011 Leitung des Teilprojekts „Die Visualität der Barockoper. Historische Perspektiven und gegenwärtige Aufführungspraxis" am Nationalen Forschungsschwerpunkt (NCCR) Bildkritik/eikones an der Uni Basel. Publikationen: *Primitives Denken. Wilde, Kinder und Wahnsinnige in der literarischen Moderne (Müller, Musil, Benn, Benjamin)*. Erscheint München 2013; *Gewalt der Musik. Literatur und Musikkritik um 1800*. Freiburg 2011 (zweite Auflage); *Barocktheater heute. Wiederentdeckungen zwischen Wissenschaft und Bühne*. Hg. mit Tina Hartmann u. Robert Sollich. Bielefeld 2008; *Hörstürze. Akustik und Gewalt im 20. Jahrhundert*. Hg. mit Manuela K. Schulz u. Florian Schreiner. Würzburg 2005.

Lucas Marco Gisi
Dr. phil., Leiter des Robert Walser-Archivs in Bern, laufendes Forschungsprojekt an der Universität Basel zum Thema „Charismatische Führerfiguren. Zur Politik des Primitivismus in der literarischen Moderne". Publikationen: „Das Schweigen des Schriftstellers. Robert Walser und das Macht-Wissen der Psychiatrie". In: Martina Wernli (Hg.): *Wissen und Nicht-Wissen in der Klinik. Dynamiken der Psychiatrie um 1900*. Bielefeld 2012, S. 231–259; „Die Biologisierung der Utopie als Apokalypse. Der Neue Mensch in Robert Müllers ‚Tropen'". In: Reto Sorg u. Stefan Bodo Würffel (Hg.): *Utopie und Apokalypse in der Moderne*. München 2010, S. 215–228; *Schreiben und Streichen. Zu einem Moment produktiver Negativität*. Hg. mit Hubert Thüring u. Irmgard M. Wirtz. Göttingen 2011; *Einbildungskraft und Mythologie. Die Verschränkung von Anthropologie und Geschichte im 18. Jahrhundert*. Berlin 2007.

Marcus Hahn
PD Dr. phil., Studium der Germanistik, Geschichte und Philosophie in Köln, Stipendiat im Konstanzer Graduiertenkolleg Theorie der Literatur und Kommunikation, danach im dortigen Sonderforschungsbereich Literatur und Anthropologie. Anschließend wissenschaftlicher Mitarbeiter an der Universität Siegen, Research Fellow am Internationalen Forschungszentrum Kulturwissenschaften in Wien, Vertretung einer Professur für Medienwissenschaft an der Universität Konstanz; seit 2011 Research Fellow am Institut für deutsche Sprache und Literatur der Universität Gent. Forschungsschwerpunkte: deutschsprachige Literatur vom 18. zum 20. Jahrhundert, Wissenschafts- und Kulturgeschichte, Medientheorie, Anthropologie. Publikationen: *Geschichte und Epigonen. ‚19. Jahrhundert'/‚Postmoderne', Stifter/Bernhard*. Freiburg 2003; Mhg.: *Disziplinen des Lebens. Zwischen Anthropologie, Literatur und Politik*. Tübingen 2004; Mhg.: *Trancemedien und Neue*

Medien um 1900. Ein anderer Blick auf die Moderne. Bielefeld 2009; *Gottfried Benn und das Wissen der Moderne 1905–1932.* Göttingen 2011.

Aage A. Hansen-Löve
Studium der Slawistik und Byzantinistik in Wien. Dissertation zum Thema *Der russische Formalismus* (ersch. Wien 1978). Studienaufenthalte in Prag und Moskau. In Wien 1984 Habilitation zum Thema *Der russische Symbolismus* (Bd. 1, Wien 1989; Bd. 2 1998, russ. Ausgaben Moskau). Seit 1987 Lehrstuhl für Slavische Philologie (Literaturwissenschaft) Universität München. 1999–2003: DFG-Projekt „Glossarium der Intermedialität in der russischen Moderne"; Stellvertr. Sprecher der DFG-Forschergruppe: Anfänge (in) der Moderne; Subprojekt: Vom Gestern zum Übermorgen. Neoprimitivismus in Russland. Seit 1999 Wirkliches Mitglied der Österreichischen Akademie der Wissenschaften. Publikationen zu den Themen: Wechselwirkung der Kunstformen (Leitung des Projekts der Deutschen Forschungsgemeinschaft „Intermedialität in der russischen Moderne"), Arbeiten zur Typologie und Periodisierung der russischen Literatur des 19. und 20. Jahrhunderts, Studien zu Mythopoetik, Psychopoetik, zum Verhältnis von Religion und Literatur und zu allgemeinen Fragen der Literatur- und Kunsttheorie; Forschungen zur Interkulturalität. Monographien zu: Kasimir Malewitsch, Philosophische Schriften: *Gott ist nicht gestürzt!* (Hanser-Verlag 2004) und Herausgabe von Dokumenten der russischen Avantgarde unter dem Titel: *Am Nullpunkt* (suhrkamp, 2005); *Schwangere Musen. Dichtende Helden. Antigenerisches Schreiben* (in Vorbereitung).

Elisabeth Heyne
M.A., studierte Allgemeine und Vergleichende Literaturwissenschaft und Französische Philologie in Berlin, Córdoba (Spanien) und Paris und schloss ihren Bachelor mit einer Arbeit zu Köper und Masse bei Céline ab. 2012 beendete sie ihr Masterstudium mit einer Abschlussarbeit über ethnologische und literarische Verfahren in Canettis *Masse und Macht*, an die ein weiterführendes Promotionsprojekt anschließen wird.

Alexander Honold
Ordinarius für Neuere deutsche Literaturwissenschaft an der Universität Basel. Studium der Germanistik, Komparatistik, Philosophie und Lateinamerikanistik in München und Berlin; Promotion 1994 an der Freien Universität Berlin mit einer Arbeit über Robert Musil und den Ersten Weltkrieg; Habilitation 2002 an der Humboldt-Universität zu Berlin mit einer Studie über die Astronomie im Werk Friedrich Hölderlins. Lehrtätigkeit u. a. an der FU Berlin, an der HU Berlin und der Universität Konstanz; Forschungsaufenthalte an der NYU und an der Stanford

University, Fellow am Kulturwissenschaftlichen Institut des Wissenschaftszentrums Nordrhein-Westfalen in Essen und am FRIAS der Uni Freiburg. Publikationen: *Mit Deutschland um die Welt. Eine Kulturgeschichte des Fremden in der Kolonialzeit.* Hg. mit Klaus Rüdiger Scherpe. Stuttgart 2004; *Hölderlins Kalender. Astronomie und Revolution um 1800.* Berlin 2005; *Ins Fremde schreiben. Gegenwartsliteratur auf den Spuren historischer und fantastischer Entdeckungsreisen.* Hg. mit Christof Hamann. Göttingen 2009; *Kilimandscharo. Die deutsche Geschichte eines afrikanischen Berges.* Hg. mit Christof Hamann. Berlin 2011; *Ästhetik des Opfers. Zeichen / Handlungen zwischen Ritual und Spiel.* Hg. mit Anton Bierl u. Valentina Luppi. München 2012.

Doris Kaufmann
ist Professorin für Neuere und Neueste Geschichte am Institut für Geschichtswissenschaft der Universität Bremen und arbeitet zur Zeit an einer Monographie über die Geschichte des Ornaments als kulturwissenschaftliches Objekt um die Jahrhundertwende.

Susanne Klengel
Professorin für Literaturen und Kulturen Lateinamerikas am Lateinamerika-Institut der Freien Universität Berlin; laufendes Forschungsprojekt zu literarischen und kulturellen Süd-Süd-Beziehungen zwischen Indien und Lateinamerika. Publikationen: *Die Rückeroberung der Kultur. Lateinamerikanische Intellektuelle und das Europa der Nachkriegsjahre (1945–1952).* Würzburg 2011; *Kultur, Übersetzung, Lebenswelten. Beiträge zu aktuellen Paradigmen der Kulturwissenschaften.* Hg. mit Andreas Gipper. Würzburg 2008; „'Baie des Tigres' de Pedro Rosa Mendes. Une traversée de l'Afrique à rebours". In: Hans-Jürgen Lüsebrink u. Isaac Bazié (Hg.): *Violences Postcoloniales. Perceptions médiatiques et représentations littéraires.* Münster 2011, S. 89–110; „Surrealistische und estridentistische Prä-Texte: Zur poetischen Spurensicherung des mexikanischen Infrarealismus in Roberto Bolaños ‚Los detectives salvajes'". In: Nanette Rißler-Pipka, Michael Lommel u. Justyna Cempel (Hg.): *Der Surrealismus in der Mediengesellschaft – zwischen Kunst und Kommerz.* Bielefeld 2009, S. 127–139.

Burkhard Meyer-Sickendiek
PD Dr. phil., studierte von 1990 bis 1996 Germanistik, Geschichte und Philosophie an der Universität Bielefeld. 1999 promovierte er an der Universität Tübingen, war dann Postdoc am DFG-Graduiertenkolleg Geschlechterdifferenz und Literatur der Ludwig-Maximilians-Universität München und wissenschaftlicher Koordinator für den Promotionsstudiengang Literaturwissenschaft der LMU München. 2008 habilitierte er mit einer Arbeit zur deutsch-jüdischen Moderne an der LMU München.

Im Oktober 2008 ging er als Gastprofessor an den Exzellenz-Cluster Languages of Emotion der Freien Universität Berlin, seit Oktober 2010 ist er Heisenberg-Stipendiat der DFG. Publikationen: *Die Ästhetik der Epigonalität – Theorie und Praxis wiederholenden Schreibens im 19. Jahrhundert: Immermann, Keller, Stifter, Nietzsche.* Tübingen 2001; *Affektpoetik – eine Kulturgeschichte literarischer Emotionen.* Würzburg 2005; *Was ist literarischer Sarkasmus? – ein Beitrag zur deutsch-jüdischen Moderne.* Paderborn 2009; *Tiefe – über die Faszination des Grübelns.* München 2010; *Lyrisches Gespür – Vom geheimen Sensorium moderner Poesie.* München 2011.

Claudia Öhlschläger
Professorin für Komparatistik und Intermedialität am Institut für Germanistik und Vergleichende Literaturwissenschaft an der Universität Paderborn. Sie promovierte 1994 an der LMU München mit einer Studie zu geschlechtsspezifischen Modellierungen voyeuristischer Blicke in der Literatur um 1800 bis zur Gegenwart. 2003 habilitierte sie sich mit einer Arbeit zur Abstraktionstheorie Wilhelm Worringers und deren Wirkung auf ästhetische und literarische Konzepte der Moderne. Publikationen: *„Unsägliche Lust des Schauens". Die Konstruktion der Geschlechter im voyeuristischen Text.* Freiburg 1996; *Abstraktionsdrang. Wilhelm Worringer und der Geist der Moderne.* München 2005; *Beschädigtes Leben, erzählte Risse. W.G. Sebalds poetische Ordnung des Unglücks.* Freiburg i. Br. 2006; *Narration und Ethik.* Hg. München 2009; *Realismus nach den europäischen Avantgarden. Ästhetik, Poetologie und Kognition in Literatur und Film der Nachkriegszeit.* Hg. mit Lucia Perrone Capano u. Vittoria Borsò. Bielefeld 2012.

Sabine Schneider
Studium der Germanistik, Geschichte und lateinischen Philologie in Würzburg. 2005–2012 Extraordinaria, seit September 2012 Ordinaria am Deutschen Seminar der Universität Zürich. Publikationen: Verheißung der Bilder. Das andere Medium in der Literatur um 1900 (2006); „Nicht völlig Wachen und nicht ganz ein Traum". Die Halbschlafbilder in der Literatur (mit Helmut Pfotenhauer, 2006); Poetik der Evidenz. Die Herausforderung der Bilder in der Literatur der Jahrhundertwende (Hg. mit Helmut Pfotenhauer und Wolfgang Riedel, 2005); Die Dinge und die Zeichen. Dimensionen des 'Realistischen' in der Literatur des 19. Jahrhunderts (Hg. mit Barbara Hunfeld, 2008); Die Grenzen des Sagbaren in der Literatur des 20. Jahrhunderts (Hg., 2008); Gleichzeitigkeit des Ungleichzeitigen. Formen und Funktionen von Pluralität in der ästhetischen Moderne (hg. mit Heinz Brüggemann, 2011).

Erhard Schüttpelz
Erhard Schüttpelz ist nach Studium und Forschung in Hannover, Exeter, Bonn, Oxford, Köln, New York, Konstanz und Wien seit 2005 Professor für Medientheorie an der Universität Siegen. Publikationen: *Die Moderne im Spiegel des Primitiven. Weltliteratur und Ethnologie (1870–1960)*. München 2005; *„Schlangenritual". Der Transfer der Wissensformen vom Tsu'ti'kive der Hopi bis zu Aby Warburgs Kreuzlinger Vortrag*. Hg. mit Cora Bender und Thomas Hensel. Berlin 2007; *Franz Baermann Steiner: Feststellungen und Versuche. Aufzeichnungen 1943–1952*. Hg. mit Ulrich van Loyen. Göttingen 2009; „Die ältesten in den neuesten Medien. Folkore und Massenkommunikation um 1950". In: *Navigationen* 6 (2006), S. 33–46; „Elias Canettis Primitivismus". In: Susanne Lüdemann (Hg.): *Der Überlebende und sein Double. Elias Canettis Gegenwissenschaft*. Freiburg 2008, S. 287–309; „'Ersatz Rebirth': Drei Liebesmodelle der Tätowierung". In: *Querformat* 4 (2011), S. 27–34.

Sven Werkmeister
Dr. phil., Studium der Literaturwissenschaft, Philosophie und Publizistik an der Universität Mainz, der Universidad de los Andes (Bogotá), der Freien Universität Berlin und der Humboldt Universität zu Berlin. 2004–2007 Stipendiat der DFG Graduiertenkollegs „Codierung von Gewalt im medialen Wandel". 2007/2008 Wiss. Mitarbeiter bei Prof. Dr. Joseph Vogel. 2009 Dissertation „Kulturen jenseits der Schrift. Zur Figur des Primitiven in Ethnologie, Kulturtheorie und Literatur um 1900" an der Humboldt Universität zu Berlin (veröffentlicht 2010). Seit 2009 Leiter des DAAD Informationszentrums Kolumbien und Dozent für Deutsche Literatur an der Universidad Nacional de Colombia in Bogotá. Zahlreiche Publikationen zur Literatur der Moderne, Medientheorie, Wissenschaftsgeschichte der Ethnologie, Ethnographie, Reiseliteratur.

www.ingramcontent.com/pod-product-compliance
Lightning Source LLC
Chambersburg PA
CBHW021753230426
43669CB00006B/70